中国禅宗典籍丛刊

锦江禅灯

［清］丈雪通醉　编
吴　华　杨合林　点校

中州古籍出版社
·郑州·

图书在版编目(CIP)数据

锦江禅灯 /（清）丈雪通醉编；吴华，杨合林点校
—郑州：中州古籍出版社，2019.11
（中国禅宗典籍丛刊）
ISBN 978-7-5348-8652-2

Ⅰ.①锦… Ⅱ.①丈… ②吴… ③杨… Ⅲ.①禅宗-佛教史-中国 Ⅳ.①B946.5

中国版本图书馆 CIP 数据核字（2019）第 086186 号

出版社：中州古籍出版社
（地址：郑州市郑东新区祥盛街 27 号 6 层　邮编：450016）
发行单位：新华书店
承印单位：河南瑞之光印刷股份有限公司
开本：890mm×1240mm　1/32　印张：16
字数：450 千字　印数：3 000 册
版次：2019 年 11 月第 1 版　印次：2019 年 11 月第 1 次印刷

定价：59.00 元
本书如有印装质量问题，由承印厂负责调换。

总 序

在中国传统文化中,儒学、佛教和道教鼎足而立,是三个最主要的组成部分。它们在相互排斥的同时又相互吸收,共同丰富和发展了中华民族的文化。

佛教本是从印度传来的外来宗教,然而它在中国这块辽阔丰饶的具有悠久历史文化的国土上传播,经过漫长岁月,已经与中国传统文化和宗教习俗密切结合,演变成中国的民族的主要的宗教。隋唐时期具有民族特色的佛教宗派的创立,标志着佛教中国化历程的基本结束,此后进入中国佛教的持续发展时期。在这些佛教宗派中,天台宗、华严宗和禅宗是最富有民族特色的宗派。在它们的蕴涵深刻哲学思辨内容的教义理论中,有说色空、色心和体用相即的宇宙存在论,有论善恶、净染的心性论,有讲出世不离世间的修行解脱论,有用以沟通色空、色心和体用的"不二"的方法论……这些在中国历史文化,特别是在哲学思想领域都产生过极为深远的影响。研究中国历史文化,研究中国哲学思想都离不开对佛教的考察和研究,这早已成为人们的共识。

禅宗虽奉北魏时期来华的印度僧菩提达摩为初祖,但从历史真实情况考察，实际创立者应是被后世禅宗奉为四祖、五祖的道信（580~651）和弘忍（601~675）。在弘忍去世之后，他的门下形成以神秀（约606~706）及其弟子普寂（651~739）为代表的北宗，以惠能（638~713）及其弟子神会（668或686~760）、行思（671~740）、怀让（677~744）为代表的南宗。在"安史之乱"（755~763）后，北宗逐渐衰微以至湮灭无闻，而南宗则迅速传遍大江南北，日益昌盛，并在唐末五代形成禅门五宗——临济宗、沩仰宗、曹洞宗、云门宗、法眼宗。进入宋代，临济宗又分成杨岐、黄龙二派。两宋是禅宗发展史上的鼎盛时期，它一跃而成为中国佛教宗派中的主流派，在当时社会的各个阶层和文化思想领域都有很大的影响。此后，中国儒、释、道三教日益会通融合，佛教内部各宗也互相融通，禅宗与净土念佛信仰的结合最为密切，以至形成"念佛禅"。

  禅宗虽标榜"以心传心，不立文字"，但从实际情况来看，它的文字著述最多，形式也多种多样，其中禅法语录最多。记录惠能言行的语录有《六祖坛经》，记录神会言行的语录有《菩提达摩南宗定是非论》等，此后怀让、马祖、怀海、希运以及禅门五宗的创始人义玄、灵祐和慧寂、良价和本寂、文偃、文益，后世各宗著名禅师几乎都有语录行世。语录有别集，有合集。在语录集子中既有禅师在开堂、上堂、小参、普说等各种场合的说法记录，也有师徒间的答问；有对前人公案的评说——拈古，也有评述这些公案的偈颂——颂古；有代前人回答质询的代语，也有在前人答语之外另作答语的别语；还有书信、法语、序跋、碑铭、题赞、札记、遗表等。在语录中，有贴近当时民众的通俗白话，有含意清丽玄远的诗偈；在语录外，有卷帙浩繁的史传，包括以语录为主的灯史、以记事为主的传记、按编年记述的通史。此外，还有论议、杂著、清规等。这些数量庞大的禅宗文献，无疑是我国宝贵的文化遗产。

我国在20世纪70年代末实行改革开放政策以后，随着社会科学界对宗教研究的深入展开，在对佛教文献的研究和整理、出版方面也取得很大的成绩，为从事佛教研究的人员和社会上广大读者提供了不少经过校订注释的有价值的佛教参考资料。然而在大量佛教文献面前，为了让研究者和读者使用方便，有必要按类别选择其中最重要的文献进行研究和整理，分阶段地作校勘、标点和注释出版。

现在奉献在诸位面前的《中国禅宗典籍丛刊》是一套中国禅宗系列的文献选编，其中收录了中国禅宗的部分重要史书、语录和清规等文献，皆请学者依据较好的版本作了校勘、分段和标点，并且一律改用现在通用的简化字。虽然所收文献的数量不是很大，但在目前公开出版的禅宗著述较少的情况下，这一套丛书的出版一定会给从事佛教禅宗研究和中国哲学、文史研究的学者和广大读者带来不少方便。我们深知此项工作并非轻而易举，希望边工作边改进，谨望读者今后经常给我们提出建议，不吝赐教，以便把这一工作做得更好。

杨曾文

1998年2月9日

导　读

　　《锦江禅灯》是禅宗史上第一本以区域为中心梳理禅宗发展脉络的佛教论著，汇集巴蜀地区历代禅师、高僧、神僧、护法居士等的生平、机锋、语录资料，对于今天研究西南禅宗史、中国佛教史等有着重要的参考意义。对其作者丈雪通醉，后人从探讨其生平、禅法及其在西南佛教史上的地位和影响等方面进行了不同程度的介绍与研究。①

　　巴蜀作为南北丝绸之路的交汇节点，伴随国际交通往来，自古佛道文化兴盛，人才辈出。近现代以来，随着历史资料的深入

---

① 王路平：《贵州禅宗大师丈雪及其佛教活动》，《贵州文史丛刊》，1991年第2期，第9~15页；王路平：《明末清初贵州禅宗大师丈雪和尚评传》，《贵阳师范高等专科学校学报》（社会科学版），2003年第1期；胡昌健：《成都昭觉寺诗僧丈雪通醉》，《四川文物》，1996年第2期，第57~60页；龙显昭：《巴蜀佛教的传播、发展及其动因试析》，《西华大学学报》（哲学社会科学版），2009年12月，第38页；杨曾文：《明末清初丈雪通醉禅师及其禅法略论》，《西南民族大学学报》（人文社会科学版），2010年第12期，第77~83页；黄夏年：《丈雪通醉禅师对四川佛教的贡献——兼谈明清四川佛教的性格》，《西南民族大学学报》（人文社会科学版），2010年，第12期，第84~89页；陈悦：《〈锦江禅灯〉及其文献价值考述》，《宜春学院学报》，2011年第11期，第59~62页。

发掘研究，巴蜀佛教的发展脉络越发清晰。如在敦煌文献中《楞伽师资记》和《历代法宝记》中就"揭开了巴蜀禅宗历史的帷幕，使我们比较清晰地知晓禅宗是怎样兴起于巴蜀的"①。龙显昭先生根据其所收集的千余通碑文推断："汉晋南北朝是巴蜀佛教的传入传播期，唐宋是其发展繁荣期，元明清则走向衰微而时有起落。"② 由于巴蜀佛教集中于唐宋以降，因此其佛教在古代也就主要是以禅宗为主。

巴蜀佛教僧众在全国范围内最为人称道的有马祖道一、圭峰宗密、德山宣鉴、悟达知玄、圆悟克勤与破山海明等祖师，而为巴蜀佛教做出重大贡献的还有五祖弘忍的十大弟子之一资州智侁及其门下之处寂、无相、无住等，以及聚云吹万、丈雪通醉等一大批活跃于西南地区的高僧大德。巴蜀佛门代不乏人，其在佛教起承转合之处贡献良多。关于巴蜀禅系的历史地位，已有学者从禅师辈出、禅宗门派的开创等角度进行了详细论证。冯学成先生在其《四川禅宗史概述》介绍了禅宗五大宗派中传承于四川的沩仰宗、临济宗、曹洞宗、云门宗等主要宗派的代表人物，并述及南宋以降四川禅宗在国际文化交流中之史实。其概述起于唐止于今，勾勒了四川禅宗发展的主要线索，为后人深入研究提供了不少方便。③

有如苏轼喜佛而寓禅理于诗文、圆悟克勤之于《碧岩录》与茶禅一味、道隆传禅法于日本、破山善巧方便以活万命等，贾题

---

① 龙显昭：《巴蜀佛教碑文集成》，成都：巴蜀书社，2004年，第9~10页。
② 龙显昭：《巴蜀佛教碑文集成》，成都：巴蜀书社，2004年，第16页。
③ 冯学成等编著：《巴蜀禅灯录》，成都：成都出版社，1992年。

韬先生说："凡举此影响禅宗成大发展之关键性的人物，使或缺焉，禅史将黯然失色，抑或未必能延续至今而弗替，而一一皆为蜀人。"① 可见，不管是在开宗立派，还是传承祖灯上面，巴蜀地区都作为禅宗的重要阵地，以其杰出的僧俗人才及其修行智慧等推动了禅宗的历史性发展。

《锦江禅灯》编纂者丈雪通醉禅师（1610~1695），四川内江人②，法名通醉，号禹门、华阳。从小喜佛，有出尘之志。少习《四书》，性情冲淡。曾随天祥法师习佛儒经史，后参白云洞鉴、天台了凡等人，不得要旨而返蜀闭关。后参谒破山海明，得个入处。后至天童拜密云老人。33岁还蜀见破山，35岁得破山海明传法，授源流与拂子。45岁时代表破山海明上天童扫塔。丈雪通醉接破山海明法脉后，成为临济宗杨岐派系南岳下第三十六世，天童下第二代。他在西南地区，尤其四川和贵州等地，弘传佛法，影响甚大。通醉禅师于清顺治三年（1646）起在遵义等地开堂传法8年，后于康熙三年（1664）回川中兴成都昭觉寺，并修水堤引水解决僧俗缺水之需。昭觉寺迭经增建，殿阁、禅堂、经楼、僧房和客室等达千余间，于乾隆五年（1740）得御赐龙藏，成为川西一大丛林。丈雪共住持七刹，分别是遵义府牛山雪居寺、沙滩禹门寺、汉中府静明寺、嘉兴府青莲庵、保宁府草堂寺、成都府昭觉寺、内江县般若寺。

丈雪以传承禅宗、弘传临济禅法为己任。其棒喝峻烈，禅法

---

① 见冯学成等编著：《巴蜀禅灯录》，成都：成都出版社，1992年，《序言》第3页。
② 王路平据民国《桐梓县志》卷四十二认为丈雪生于贵州桐梓，四川内江是其祖籍。见王路平：《贵州禅宗大师丈雪及其佛教活动》，《贵州文史丛刊》，1991年第2期，第9~15页。

猛迅，说法以即心即佛、直趋顿悟为宗旨。他认为："佛性是世界万有的本原、社会治理的依据、众生觉悟解脱之本。"门下弟子众多，据《锦江禅灯》卷十二记载，其嗣法弟子中有语录传世者有溪声圆、佛冤纲等20多人，其中包括居士5人、道人1位。丈雪法系遍布四川、贵州、陕西、湖北、云南诸省，至今传承不绝。明清时期的巴蜀临济宗以破山海明的法系最为活跃，而在破山法系中又以丈雪通醉禅师的一支最有影响。丈雪生前留心宗门历史，订《昭觉寺志》，书《不动轩》，辑有《破山全集》《锦江禅灯》。另有弟子彻纲等编《昭觉丈雪醉禅师语录》《昭觉丈雪醉禅师年录》，侍者常匡录《丈雪老人耆老篇》，侍者常炽录《丈雪通醉禅师青松集》，书记彻云录《丈雪通醉禅师里中行》等行世。

《锦江禅灯》全书20卷，附目录1卷。明末清初僧人丈雪通醉中兴昭觉寺时所编。成书于清康熙壬子（1672）前后，并于康熙三十二年（1693）重刊①，收于《卍续藏》第85册、《禅宗全书》第28册。内容辑录蜀籍或外籍而来蜀地说法之历代禅师与护法宰官、居士等的生平及其机锋、语录，共计收1000余人，实录430人。

《锦江禅灯》编纂缘起明末战乱，恐失世谱致宗派无稽。禅宗的传灯录反映其师承法脉，不管是从教育后人还是纪念先贤来看，均有一定的必要性。在反映禅宗师承法脉上，主要有《楞伽师资记》《历代法宝记》《祖堂集》《景德传灯录》《五灯会元》《指月录》等代表性作品。前述灯录主要以全国性的宗派为其叙

---

① 陈悦：《〈锦江禅灯〉及其文献价值考述》，《宜春学院学报》，2011年第11期，第60~61页。

述范围,而《锦江禅灯》《黔南会灯录》等则是以巴蜀与贵州等地为其记载区域。另有断代灯录《正源略集》,记载明清禅宗的世次和人物。①《锦江禅灯》作为第一本以区域性为主的禅史,所载禅宗谱系基本反映了巴蜀地区的佛教发展状况,对后人了解唐五代以至明清的禅宗历史有一个更为亲切直观的感受。

明代曹学佺《蜀中广记》虽曾收集四川的历代高僧以作记录,惜乎未能从禅宗角度广泛录其法脉传承与机锋语录,丈雪通醉编纂《锦江禅灯》正好补此不足。②《锦江禅灯》的编纂,并不局限于巴蜀禅师,还包括了外籍在川和川籍在外弘传禅宗有成就者。其价值不仅在于系统梳理收集巴蜀禅宗法脉,还在于保存禅宗历史文献。据之或可开拓古代政教关系、文明互动乃至于佛教社会问题等研究领域。

当然,作为历史作品,《锦江禅灯》不可避免有其局限性,如缺录巴蜀禅宗史上的智诜——无住禅系与聚云吹万禅系,漏失无明慧信、环溪唯一、剑关子益、西岩了慧、希叟绍昙、兀庵普宁等宋元之间在禅宗史上有重要地位的人物,以及无准师范与兰溪道隆(第一位到日本传授禅宗的中国禅师,深受日本朝野的尊仰)、日人瓦屋能兴与德始等代表中日文化交流的重要人物。另外,混淆禅师籍贯,如太原孚上座是太原人,江心了万是江西人;把福建(南)剑州的东林常总、云盖守智、曹源道生等误为

---

① 陈世强:《佛教宗派史上的谱系》,《复旦学报》(社会科学版),1991年第1期,第61~62页。
② 陈悦:《〈锦江禅灯〉及其文献价值考述》,《宜春学院学报》,2011年第11期,第61页。

四川的剑州。① 虽有诸多不足,《锦江禅灯》的问世仍足证巴蜀禅宗之兴盛。改革开放以来,更有张新民之校注,乃至于冯学成等人在其基础上以唐、宋、元、明、清四川的行政区域为准,重新收录禅宗史上的重要人物,辑有《巴蜀禅灯录》。《巴蜀禅灯录》实录为634人,与《锦江禅灯》实录人物430人相比,增加了近百分之五十;冯还对一些在禅宗史上有重要地位的人物,在有资料支撑的情况下,几乎进行了重编。此实为新时期巴蜀地区禅宗史的一大进展。

本次校注以《大藏新纂卍续藏经》(简称《卍续藏》)本为底本,以《景德传灯录》《五灯会元》以及其他灯录(随文附注)为校注本,另参考张新民校注本与冯学成等所编之《巴蜀禅灯录》。

本次校注,承蒙杨曾文教授关心,段玉明教授指导,由吴华校注前十卷,杨合林校注后十卷。初校以后,两人又经过多次互校修正,并由吴华统稿与撰写导读。导读借鉴了诸多前贤研究成果,在此一并致谢!可以说,本书是通力合作的成果。限于笔者才疏学浅,错漏谬误之处在所难免,还请方家指正!

---

① 冯学成等编著:《巴蜀禅灯录》,成都:成都出版社,1992年,第655~660页。

校注凡例

［1］《锦江禅灯》见于日本《卍续藏》第 85 册，此次校注以之为底本，参照该书中《古今采摭》所列书目进行他本校订。另同时参考张新民等人的校本及冯学成等人所著《巴蜀禅灯录》。

［2］原本为繁体，今一律改作简体。个别不可擅改处，仍以繁体存之。

［3］原本有《锦江禅灯目录》附于文末，今为便于查阅，置于文前。

［4］原本中目录有传名而文中不单列出，今按目录传名列出，后接以传文，以便于查阅。

［5］《锦江禅灯》之编撰当先制目录，后依录著文，故该目录也是本次校订所依据之重要材料。原本目录与正文标题不一致之处，保留原本，不再统一。

目 录

锦江禅灯序/1

序/3

序/5

序/7

题辞/9

古今采摭/11

辩讹/12

校讹篇/14

凡例/15

锦江禅灯卷第一/17

  初祖菩提达磨大师

  二祖慧可大祖禅师

  三祖僧灿鉴智禅师

  四祖道信大医禅师

  五祖弘忍禅师

  六祖大鉴慧能禅师

四祖下第三世

智严法嗣

  益州端伏禅师

  汉南法俊禅师

  西川敏居禅师

四祖下第六世(旁出)/17

金陵牛头山智威法嗣/17

  天柱崇慧禅师(有录)/17

五祖下第一世

  金州□持禅师

  资州智侁禅师

五祖下第二世

智侁法嗣

资州处寂禅师

五祖下第三世

处寂法嗣

　　益州无相禅师

　　长松马禅师

　　梓州晓了禅师

五祖下第四世/19

益州无相法嗣/19

　　保唐无住禅师(有录)/19

　　云顶王头陀

　　净众神会禅师

六祖大鉴下第一世/21

　　南岳怀让禅师(有录)/21

　　青原行思禅师

大鉴下第二世/24

南岳让法嗣/24

　　马祖道一禅师(有录)/24

荷泽神会法嗣/27

　　西隐进平禅师(有录)/27

　　益州南印禅师

　　涪州朗禅师

大鉴下第三世/28

马祖一法嗣/28

　　西山亮座主(有录)/28

　　则川和尚(有录)/28

　　章敬怀晖禅师

　　汉南良津禅师

南印法嗣

　　益州义俛禅师

大鉴下第四世/29

归宗常法嗣/29

　　汉南高亭和尚(有录)/29

章敬晖法嗣/30

　　金州操禅师(有录)/30

南泉愿法嗣/30

　　云顶日子和尚(有录)/30

石头迁法嗣

　　云顶常清禅师

荆南忠法嗣

　　益州如一禅师

　　遂州道圆和尚

大鉴下第五世(旁出)/31

遂州圆法嗣/31

　　圭峰宗蜜禅师(有录)/31

长庆安法嗣/33

　　大随法真禅师(有录)/33

赵州谂法嗣/36

　　益州西睦和尚(有录)/36

龙潭信法嗣/36

　　鼎州德山鉴禅师(有录)/36

锦江禅灯卷第二/41

大鉴下第五世/41

药山俨法嗣/41
  华亭船子德诚禅师(有录)/41
临济玄法嗣/43
  金沙和尚(有录)/43
沩山祐法嗣/44
  益州应天和尚(有录)/44
  金州法朗禅师
  兴元崇皓禅师
云水清法嗣
  长松神照禅师
常清法嗣
  龙槐如顺禅师

大鉴下第六世/44

夹山会法嗣/44
  嘉州白水禅师(有录)/44
香严闲法嗣/45
  益州南禅无染禅师(有录)/45
  益州长平和尚(有录)/45
  益州崇福演教禅师(有录)/45
投子同法嗣/46
  香山澄照禅师(有录)/46
  中梁遵古禅师(有录)/46
洞山价法嗣/46
  益州北院通禅师(有录)/46
  益州白禅师
  白水本仁禅师
  昭觉休梦禅师
禅照法嗣
  缙云有录禅师
夹山会法嗣
  益州西穆和尚
  益州夹山院和尚
石霜诸法嗣
  临邛守闲禅师
德山鉴法嗣
  双流尉迟和尚

大鉴下第七世/48

云盖元法嗣/48
  天台山灯禅师(有录)/48
洛浦安法嗣/48
  洞溪戒定禅师(有录)/48
  黑水华藏慧通禅师
曹山寂法嗣/49
  布水崖和尚(有录)/49
  蜀川西禅和尚(有录)/49

白马儒法嗣/50
　　青剉山如观禅师(有录)/50
岩头蒇法嗣/50
　　云顶玄泉彦禅师(有录)/50
　　灵岩慧宗禅师
龙牙遁法嗣/51
　　西川存禅师(有录)/51
雪峰存法嗣/51
　　普通山普明禅师(有录)/51
　　太原孚上座(有录)/51
　　鼓山神晏禅师(有录)/55
　　永安峰禅师
　　明水怀中禅师
　　益州怀果禅师
云居应法嗣
　　白水玮禅师
了觉法嗣
　　昭觉延美禅师
大鉴下第八世/56
青峰楚法嗣/56
　　西川灵龛禅师(有录)/56
　　益州归信禅师(有录)/57
玄泉彦法嗣/57
　　玄泉二世和尚(有录)/57

罗山闲法嗣/58
　　西川定慧禅师(有录)/58
　　灌州灵严和尚(有录)/59
芭蕉清法嗣/59
　　承天院辞确禅师(有录)/59
　　兴元牛头精禅师(有录)/60
　　觉城院信禅师(有录)/60
云门偃法嗣/61
　　香林院澄远禅师(有录)/61
　　荐福承古禅师(有录)/63
　　双峰竟钦禅师(有录)/64
　　青城大面山乘禅师(有录)/65

锦江禅灯卷第三/66

大鉴下第八世/66
云门偃法嗣/66
　　普通封禅师(有录)/66
　　铁幢觉禅师(有录)/66
　　福化充禅师(有录)/67
　　眉州黄龙赞禅师(有录)/67
鹿门真法嗣/67
　　益州崇真禅师(有录)/67
曹山霞法嗣/68

嘉州东汀和尚(有录)/68
云居岳法嗣/68
　　梓州龙泉和尚(有录)/68
含珠哲法嗣/69
　　龙穴山和尚(有录)/69
紫陵一法嗣/69
　　兴元府大浪和尚(有录)/69
大岩白法嗣
　　临邛碧云和尚
报慈屿法嗣
　　圣兴存和尚
瑞龙章法嗣
　　西川德言禅师
大鉴下第九世/70
黄龙机法嗣/70
　　黄龙继达禅师(有录)/70
　　玄都山澄禅师(有录)/70
　　嘉州黑水和尚(有录)/71
　　昌福达禅师(有录)/71
大龙洪法嗣/72
　　普通从善禅师(有录)/72
护国远法嗣/72
　　云顶德敷禅师(有录)/72
石门微法嗣/73

承天义勤禅师(有录)/73
德山密法嗣/73
　　中梁山崇禅师(有录)/73
　　东禅秀禅师(有录)/73
　　黑水承璟禅师
乾明信法嗣/74
　　西禅垂白禅师/74
　　保唐无约禅师
双泉宽法嗣/74
　　延庆宗本禅师(有录)/74
香林远法嗣/74
　　灌州罗汉和尚(有录)/74
　　青城香林信禅师(有录)/75
妙胜臻法嗣/75
　　西川雪峰钦山主(有录)/75
白兆楚法嗣
　　永庆继动禅师
云顶德敷法嗣
　　乐营将
五祖戒法嗣
　　梁山了奇禅师
大鉴下第十世/76
黄龙达法嗣/76
　　眉州黄龙禅师(有录)/76

清凉益法嗣/76
  大梅慧明禅师(有录)/76
梁山缘观法嗣/77
  梁山岩禅师(有录)/77
石门远法嗣/77
  云顶山鉴禅师(有录)/77
  清居山升禅师(有录)/77
黑水璟法嗣/78
  黑水义钦禅师(有录)/78
智门祚法嗣/78
  雪窦重显禅师(有录)/78
  长松袭禅师
德山远法嗣/82
  大中仁辩禅师(有录)/82
  菩提桂芳禅师(有录)/82
福昌善法嗣
  福昌询禅师

大鉴下第十一世/83

谷隐聪法嗣/83
  永福院延照禅师(有录)/83
  永庆光普禅师(有录)/83
叶县省法嗣/84
  什邡方水禅师(有录)/84
大阳玄法嗣/84

罗浮显如禅师(有录)/84
  云顶海鹏禅师(有录)/85
北塔广法嗣/85
  玉泉承皓禅师(有录)/85
雪窦显法嗣/86
  修撰曾会居士(有录)/86
  兴元道满禅师
延庆荣法嗣/87
  圆通居讷禅师(有录)/87
梁山岩法嗣/88
  梁山善冀禅师(有录)/88
圆觉昙法嗣
  灵岩圆日禅师
南华缘法嗣
  青剉智静禅师
继鹏法嗣
  临邛复首座
云居锡法嗣
  净众先禅师

大鉴下第十二世/89

琅玡觉法嗣/89
  归宗可宣禅师(有录)/89
浮山远法嗣/90
  玉泉谓芳禅师(有录)/90
称心倧法嗣/90

慧日尧禅师(有录)/90
石霜圆法嗣
　　菩提光用禅师
大愚芝法嗣
　　云顶继兰禅师
天衣怀法嗣
　　净众梵言禅师
　　净众择言禅师
天衣在法嗣
　　菩提志专禅师
玉泉琪法嗣
　　云顶宗永禅师

大鉴下第十三世/91

双峰回法嗣/91
　　光国文赞禅师(有录)/91
　　灵山彦文禅师
玉泉谓芳法嗣/91
　　延福智兴禅师(有录)/91
芙蓉楷法嗣/92
　　丹霞子淳禅师(有录)/92
　　宝峰惟照禅师(有录)/93

锦江禅灯卷第四/96

大鉴下第十三世/96

芙蓉楷法嗣/96
　　石门元易禅师(有录)/96
　　梅山己禅师(有录)/97
　　天宁齐琏禅师(有录)/97
　　鹿门法灯禅师(有录)/98
　　合州鉴禅师
大洪恩法嗣/98
　　大洪守遂禅师(有录)/98
蒋山泉法嗣/99
　　清献赵抃居士(有录)/99
法云秀法嗣/100
　　慈济聪禅师(有录)/100
　　佛国惟白禅师
　　明水法逊禅师
黄龙南法嗣/101
　　东林总禅师(有录)/101
　　黄檗胜禅师(有录)/102
　　福严慈感禅师(有录)/103
　　云盖守智禅师(有录)/103
　　灵隐德滋山主(有录)/105
　　景福顺禅师(有录)/105
　　灵岩确禅师
　　净众启蒙禅师
　　云顶清泰禅师

罗汉祖印林法嗣/105
　　富乐智静禅师(有录)/105
　　富乐智福禅师
承天珍法嗣
　　白水中白禅师
　　九顶智海禅师
云顶宗永法嗣
　　玉泉璋禅师
夹山遵法嗣
　　福昌知信禅师
慧日尧法嗣
　　大随道开禅师

大鉴下第十四世/106

白云端法嗣/106
　　五祖法演禅师(有录)/106
丹霞淳法嗣/109
　　真歇清了禅师(有录)/109
石门易法嗣/112
　　尼佛通禅师(有录)/112
　　九顶慈普禅师
大洪遂法嗣/112
　　大洪显庆禅师(有录)/112
黄龙心法嗣/112
　　三圣继昌禅师(有录)/112
　　中江法海禅师

东林总法嗣/113
　　内翰苏轼居士(有录)/113
　　青城清传禅师
　　慈姥岩子咏禅师
　　长松山锦禅师
　　慈姥岩谅禅师
宝峰文法嗣/113
　　西蜀广道者(有录)/113
　　泐潭湛堂准禅师(有录)/114
黄檗胜法嗣/116
　　昭觉纯白禅师(有录)/116
　　马祖怀俨禅师
　　云顶表奇禅师
仰山伟法嗣/116
　　谷隐静显禅师(有录)/116
黄龙肃法嗣/117
　　月珠祖鉴禅师(有录)/117
圆照本法嗣/117
　　逍遥聪禅师(有录)/117
　　圣寿省聪禅师
上蓝顺法嗣/118
　　参政苏辙居士(有录)/118
佛国惟白法嗣/118
　　乾明永因禅师(有录)/118

慧林冲法嗣
  福昌义端禅师
大沩喆法嗣
  象耳子真禅师
  昭觉师范禅师
五祖常法嗣
  昭化希绍禅师

锦江禅灯卷第五/120

大鉴下第十五世/120
天童觉法嗣/120
  清凉法真禅师(有录)/120
黄龙新法嗣/121
  九顶寂惺泉禅师(有录)/121
  性空妙普庵主(有录)/121
青原信法嗣/123
  正法希明禅师(有录)/123
  昭觉符禅师
兜率悦法嗣/124
  丞相张商英居士(有录)/124
法云杲法嗣/126
  西蜀銮法师(有录)/126
泐潭准法嗣/127

云岩天游禅师(有录)/127
大沩璘法嗣/129
  中岩慧目能禅师(有录)/129
  云顶宗印禅师(有录)/130
昭觉纯白法嗣/131
  信相宗显禅师(有录)/131
  成都安象禅师
俨首座法嗣/132
  天宁则禅师(有录)/132
浮山真法嗣/133
  灵岩徽禅师(有录)/133
信相显法嗣/133
  金纯文禅师(有录)/133
  云顶思旦禅师
五祖演法嗣/134
  昭觉勤禅师(有录)/134
  龙门远禅师(有录)/138

锦江禅灯卷第六/140

大鉴下第十五世/140
五祖演法嗣/140
  大随元静禅师(有录)/140
  无为宗泰禅师(有录)/142

五祖表自禅师(有录)/143
　　　龙华道初禅师(有录)/144
　　　九顶清素禅师(有录)/144
　　　牛心达禅师
　　　云顶才良禅师
　佛印明法嗣
　　　富乐德彰禅师
　石霜林法嗣
　　　卧龙思顺禅师
　开先瑛法嗣
　　　正法无照禅师
　继昌法嗣
　　　大随元信禅师
　　　曲尺慧照禅师
　宗演法嗣
　　　卧龙俞禅师
　惠章法法嗣
　　　云顶云峰禅师
大鉴下第十六世/145
　昭觉勤法嗣/145
　　　大沩泰禅师(有录)/145
　　　灵隐远禅师(有录)/147
　　　正法建禅师(有录)/148
　　　华藏民禅师(有录)/148
　　　昭觉元禅师(有录)/149

　　　象耳觉禅师(有录)/150
　　　中岩觉禅师(有录)/151
　　　福严演禅师(有录)/152
　　　昭觉祖首座(有录)/153
　　　丞相张浚居士(有录)/153
　　　成都范县君(有录)/154
　　　长松晓禅师
　　　九顶希问禅师
　　　正法化冲禅师
　　　九顶宗悟禅师
　　　师范首座
　太平勤法嗣/154
　　　文殊心道禅师(有录)/154
　　　南华昺禅师(有录)/157
　龙门远法嗣/158
　　　龙翔圭禅师(有录)/158
　　　云居悟禅师(有录)/159
　　　西禅琎禅师(有录)/160
　　　白扬顺禅师(有录)/161

锦江禅灯卷第七/163

大鉴下第十六世/163
　龙门远法嗣/163

归宗贤禅师(有录)/163

　　　世奇首座(有录)/164

　　　给事冯楫居士(有录)/165

大隋静法嗣/166

　　　石头回禅师(有录)/166

　　　护圣静禅师(有录)/167

　　　南岩胜禅师(有录)/168

　　　廓庵远禅师(有录)/168

　　　能仁悟禅师(有录)/169

　　　子言庵主(有录)/170

　　　南修道者(有录)/171

　　　莫将尚书(有录)/171

　　　龙图王萧居士(有录)/171

大鉴下第十七世/172

育王谌法嗣/172

　　　西岩宗回禅师(有录)/172

径山杲法嗣/172

　　　东林道颜禅师(有录)/172

　　　万寿护禅师(有录)/174

　　　连云能禅师(有录)/174

　　　灵隐印禅师(有录)/174

　　　秦国法真夫人(有录)/175

大沩泰法嗣/176

　　　慧通旦禅师(有录)/176

　　　正法灏禅师(有录)/177

　　　昭觉辩禅师(有录)/177

灵隐远法嗣/177

　　　东山已禅师(有录)/177

　　　知府葛郯居士(有录)/178

华藏民法嗣/179

　　　宝印禅师(有录)/179

　　　可宣禅师(有录)/180

泐潭明法嗣/180

　　　无为缘禅师(有录)/180

龙翔圭法嗣/181

　　　云居升禅师(有录)/181

云居悟法嗣/182

　　　云居圆禅师(有录)/182

黄龙忠法嗣/182

　　　信相修禅师(有录)/182

西禅琏法嗣/183

　　　西禅秀禅师(有录)/183

大沩杲法嗣/183

　　　玉泉琏禅师(有录)/183

石头回法嗣/184

　　　云居会禅师(有录)/184

锦江禅灯卷第八/185

大鉴下第十八世/185

东林颜法嗣/185
    报恩演禅师(有录)/185
    元庵慈禅师(有录)/185
    昭觉渊禅师(有录)/186
    敬夫张居士(有录)/187

西禅需法嗣/187
    剑门分庵主(有录)/187

大沩行法嗣/188
    德山涓禅师(有录)/188

育王光法嗣/189
    北涧简禅师(有录)/189

未详法嗣/190
    方辩禅师(有录)/190
    太瘤禅师(有录)/190
    仁王钦禅师(有录)/191
    德普禅师(有录)/191
    报恩熙禅师(有录)/193
    范蜀公(有录)/193
    无心广道者(有录)/194
    意中上座(有录)/194
    自庆藏主(有录)/195

    峨眉白长老(有录)/196

峰如法嗣
    木平章禅师
    武连鉴禅师
    飞龙首座
    月空禅师
    云顶静禅师
    梓州果禅师

大鉴下第十九世/197

密庵杰法嗣/197
    卧龙先禅师(有录)/197
    荐福生禅师(有录)/197

大鉴下第二十世/198

卧龙破庵先法嗣/198
    无准范禅师(有录)/198
    灵隐薰禅师(有录)/200
    即庵觉禅师(有录)/201

净慈颖法嗣/202
    江心万禅师(有录)/202

双林硼法嗣
    昭觉间禅师

大鉴下二十一世/203

无准范法嗣/203
    天童智禅师(有录)/203

金山开法嗣/204

石溪心禅师(有录)/204
大鉴下第二十二世/204
无用宽法嗣/204
　　　如海真禅师(有录)/204
虚州法嗣
　　　云顶真禅师
雪岩法嗣
　　　铁牛定禅师
断桥伦法嗣
　　　竹屋简禅师
大鉴下第二十五世/205
少林裕法嗣/205
　　　昭觉庆禅师(有录)/205
后庵照法嗣/205
　　　什邡进禅师(有录)/205
易道简法嗣
　　　平山杖禅师
大鉴下第二十六世/206
古拙俊法嗣/206
　　　无际悟禅师(有录)/206
大鉴下第二十七世/207
无际悟法嗣/207
　　　楚山琦禅师(有录)/207
　　　无碍鉴禅师(有录)/209

　　　宝月潭禅师(有录)/209
　　　雪峰瑞禅师(有录)/210
少室淳拙才法嗣/211
　　　益都亮禅师(有录)/211

锦江禅灯卷第九/212

大鉴下第二十八世/212
东明旵法嗣/212
　　　海舟慈禅师(有录)/212
　　　湛渊瀹禅师(有录)/214
天成奇法嗣/214
　　　济川洪禅师(有录)/214
　　　海珠意禅师(有录)/215
　　　大心源禅师(有录)/215
　　　智中国禅师(有录)/216
　　　豁堂裕禅师(有录)/217
　　　月光慧禅师(有录)/217
　　　古音韶禅师(有录)/218
西禅瑞法嗣/219
　　　宝文印禅师(有录)/219
八峰闻法嗣/220
　　　无碍通禅师(有录)/220
大鉴下第二十九世/220

古溪澄法嗣/220
　　西宗祐禅师(有录)/220
了禅能法嗣/221
　　宝藏通禅师(有录)/221
雪峰瑞法嗣
　　东明升禅师
大鉴下第三十世/221
天目进法嗣/221
　　宝明鉴禅师(有录)/221
大鉴下第三十一世/222
石门海法嗣/222
　　大休隆禅师(有录)/222
大鉴下第三十二世/223
不二际法嗣/223
　　仪峰象禅师(有录)/223
　　遍融圆禅师(有录)/224
休尘法嗣/225
　　灌阳鉴随和尚(有录)/225
大鉴下第三十三世/225
鉴随法嗣/225
　　彭州宝池禅师(有录)/225
　　了凡刚禅师(有录)/226
天甘济法嗣
　　金川聚禅师

大鉴下第三十五世/226
天童悟法嗣/226
　　万峰破山明禅师(有录)/226
　　天童林野奇禅师(有录)/227
未详法嗣/228
　　法玺印禅师(有录)/228
大鉴下第三十六世/229
三峰藏法嗣
　　潭吉忍禅师
　　默仙刘居士
破山明法嗣/229
　　象崖珽禅师(有录)/229
　　含璞灿禅师(有录)/230
　　灵筏昌禅师(有录)/231
　　无漏涵禅师(有录)/233
　　体宗宁禅师(有录)/233
　　离指示禅师(有录)/234
　　雪臂峦禅师(有录)/235
　　敏树相禅师(有录)/236

锦江禅灯卷第十/237

大鉴下第三十六世/237
破山明法嗣/237

澹竹密禅师(有录)/237

燕居申禅师(有录)/238

丈雪醉禅师(有录)/239

莲月正禅师(有录)/240

灵隐文禅师(有录)/241

慧觉衣禅师(有录)/242

灵木绶禅师(有录)/243

云幻宸禅师(有录)/243

寂光豁禅师(有录)/244

易庵师禅师(有录)/244

圣可玉禅师(有录)/245

快雪国禅师(有录)/246

石幢寿禅师(有录)/246

百城著禅师(有录)/247

遗闻幻禅师(有录)/248

两生从禅师(有录)/249

六岫金禅师(有录)/250

御木章禅师(有录)/250

耕云鉴禅师(有录)/251

云峤水禅师(有录)/251

竺意传禅师(有录)/253

不会法禅师(有录)/253

啸宗密禅师(有录)/254

相国吕居士(有录)/255

密行忍禅师(有录)/256

无私元禅师(有录)/257

四维宽禅师

空外逵禅师

破雪玺禅师

字水拙禅师

破浪舟禅师

竹微泰禅师

尼足澜禅师

本明彻禅师

圆明印禅师

孤石宪禅师

苍松鹤禅师

寿山福禅师

竹帆波禅师

默识悟禅师

觉城柱禅师

雪眉坤禅师

西瞿望禅师

石龙雪禅师

僧可实禅师

三际通禅师

普天圆禅师

大吼传禅师

本源液禅师

碧观嵩禅师	颖初显禅师
象含定禅师	苍峨海禅师
月宗心禅师	指北鉴禅师
古城坚禅师	灵源渊禅师
清溪昶禅师	如岳无禅师
耶湘∴禅师	
秋水能禅师	**锦江禅灯卷第十一**/258
万竹苇禅师	
直指归禅师	**大鉴下第三十六世**/258
九彦历禅师	弘觉忞法嗣/258
胜幢铠禅师	山晓晰禅师(有录)/258
唯旃道禅师	大贤咸禅师
中天朗禅师	冰豁禅师
三止升禅师	节岩琇禅师
千松万禅师	大朗裕禅师
深省钝禅师	省岩坚禅师
凝真空禅师	浮石贤法嗣/261
慈门毓禅师	岬樵溥禅师(有录)/261
忍微道禅师	退崖泐禅师(有录)/262
古拙可禅师	法旨禅师
丹台森禅师	砖镜禅师
卓尔文禅师	林野奇法嗣/263
含光玉禅师	自闲觉禅师(有录)/263
九昭朗禅师	二隐谧禅师(有录)/264
宝峰慧禅师	云峨喜禅师(有录)/265

连云用禅师

宕山远禅师

捃拾禅师

出冶禅师

龙池微法嗣

大博禅师

大鉴下第三十七世/266

象崖斑法嗣/266

石谷慧禅师(有录)/266

云腹智禅师(有录)/267

余山瑞禅师(有录)/267

惟雪禅师

灵锋禅师

灵筏昌法嗣/268

紫芝藏禅师(有录)/268

雪臂峦法嗣/269

语嵩裔禅师(有录)/269

书云昆禅师

敏树相法嗣/271

耳毒泰禅师(有录)/271

天隐崇禅师(有录)/272

空谷澄禅师(有录)/273

赤松岭禅师(有录)/274

继初尚禅师(有录)/274

大冶况禅师

天眼悟禅师

伯符禅师

象影禅师

天吼禅师

圣图行禅师

澹竹密法嗣/275

晓元济禅师(有录)/275

自彻琛禅师(有录)/276

吼一等禅师(有录)/276

充裕印禅师(有录)/277

从谷习禅师(有录)/277

天猷政禅师

明一远禅师

日嵩舜禅师

止水镜禅师

岑碧莲禅师

瞿也能禅师

古岸昙禅师

向木逯禅师

鹍化泽禅师

瑞琳㻁禅师

博山来法嗣/278

竹山严禅师(有录)/278

青龙愚法嗣/279

荐福谷禅师(有录)/279

锦江禅灯卷第十二/280

大鉴下第三十七世/280

丈雪醉法嗣/280

  溪声圆禅师(有录)/280

  月幢了禅师(有录)/281

  端碧万禅师(有录)/282

  懒生升禅师(有录)/283

  大憨我禅师(有录)/283

  懒石聆禅师(有录)/284

  憨月闻禅师(有录)/285

  佛冤刚禅师(有录)/286

  半生襄禅师(有录)/287

  耨云实禅师(有录)/288

  半月涵禅师(有录)/288

  问潮屿禅师(有录)/289

  竹浪生禅师(有录)/289

  月茎自禅师(有录)/290

  佛明清禅师(有录)/291

  竹镜嵩禅师(有录)/292

  不二贵禅师(有录)/292

  松斋中禅师(有录)/293

  其白富禅师(有录)/293

  希声咏禅师(有录)/294

  彻岩彭居士(有录)/295

  节度使坤育张居士(有录)/295

  尚书幻庵胡居士(有录)/296

  海岸良璧赵居士(有录)/297

  超斯庵头陀(有录)/297

  心斋鲁赵道人(有录)/299

  雨树愚禅师

  石琳玉禅师

  慎独德禅师

  砖镜皓禅师

  佛藏海禅师

  三一∴禅师

  云瑞载禅师

  野月奇禅师

  一句修禅师

  在璞禅师

  琪树一禅师

  可闻源禅师

  无念禅师

  惟白宗禅师

  铸颜杲禅师

  雪平实禅师

  灵芝从禅师

  玉洁莲禅师

殃雪瑄禅师

密行忍法嗣/299

嗣灯胤禅师(有录)/299

画先一禅师(有录)/300

心拙怀禅师

含拙祖禅师

昆拙鬶禅师

大幢相禅师

彻微慧禅师

别庵慧禅师

不昧寤禅师

古天成禅师

从拙微禅师

天仪享禅师

开极慧禅师

恬一静禅师

燕居申法嗣/301

石琴闻禅师(有录)/301

息机禅师

铁梅禅师

玉东昇禅师

灵隐文法嗣/301

师林育禅师(有录)/301

密印传禅师(有录)/302

天如觉禅师

大慈禅师

梅溪禅师

龙眉禅师

石珍禅师

锦江禅灯卷第十三/304

大鉴下第三十七世/304

慧觉衣法嗣/304

破峰重禅师(有录)/304

佛语御禅师(有录)/305

翠峨登禅师

琇峨脉禅师

正峨合禅师

清源懿禅师

大吼传法嗣/305

豁灵顺禅师(有录)/305

雨春智禅师(有录)/306

半水元禅师(有录)/306

易庵师法嗣/307

林我鉴禅师(有录)/307

圣可玉法嗣/307

还初佛禅师(有录)/307

南芝静禅师(有录)/308

子钟洪禅师(有录)/309
法空证禅师(有录)/310
浮石演禅师(有录)/310
价南仙禅师(有录)/311
上乘启禅师(有录)/312
不惑兴禅师(有录)/312
指云孝禅师(有录)/313
嘉石亮禅师(有录)/313
惟识典禅师(有录)/314
三渊惺禅师(有录)/315
大器成禅师(有录)/316
碧露梦禅师(有录)/316
提刑崙映高居士(有录)/317
帝臣王居士(有录)/318
雪林朗禅师
懒野益禅师
介休命禅师
体空玄禅师
彻我杲禅师
法达彻禅师
思歇荣禅师
瞎驴鸣禅师
松偶禅师
不厌乐禅师
再升旭禅师

月岑中禅师
纯充玺禅师
复问理禅师
惠吉邓居士
君硕刘居士

体宗宁法嗣/318
　湛一清禅师(有录)/318
　微密声禅师
　藏舟泽禅师
　澹玄瑶禅师
　清素讷禅师
　笑虚空禅师

两生从法嗣/319
　藏天宣禅师(有录)/319
　铁机常禅师(有录)/320
　涤玄性禅师

含光真法嗣/321
　佛先启禅师(有录)/321
　介眉寿禅师
　秋雪心禅师
　齿庵化禅师
　石头能禅师

啸宗密法嗣/321
　峨雪慧禅师(有录)/321
　昌昌慧禅师(有录)/322

二隐谧法嗣/322
　　梓舟船禅师(有录)/322
　　牧两霖禅师(有录)/323

锦江禅灯卷第十四/324

大鉴下第三十七世/324
自闲贤法嗣/324
　　憨余遏禅师(有录)/324
　　一融禅师
云峨喜法嗣/325
　　斌雅禅师(有录)/325
　　憨休乾禅师(有录)/326
　　雪照禅师
宕山远法嗣/327
　　孤月朗禅师(有录)/327
　　古宿尊禅师(有录)/327
　　祗然禅师
大雄峰法嗣/328
　　数庵愿禅师(有录)/328
响谷法嗣/329
　　眉雪宗禅师(有录)/329
凝真空法嗣/329
　　天然慧禅师(有录)/329

快雪国法嗣/330
　　莲池闻禅师(有录)/330
　　文心禅师
云峤水法嗣/330
　　苍谷桂禅师(有录)/330
　　幽源亮禅师
　　世奇瑞禅师
　　云石性禅师
　　晖贤昱禅师
　　乃昭晟禅师
　　苍严嵩禅师
　　大渊源禅师
　　心印传禅师
　　首一怀禅师
雪门璞法嗣
　　洞箫禅师
　　大云禅师
寿山福法嗣
　　范冶彬禅师
　　心池映禅师
竺意传法嗣
　　全渠禅师
　　自警严禅师
　　雪痕奴禅师
　　丈云怀禅师

圆初成禅师
本辉禅师
竺微泰法嗣
冻云禅师
苍松鹤法嗣
井觑登禅师
影木禅师
西瞿望法嗣
隐波禅师
林木绶法嗣
燕石禅师
击竹禅师
大有禅师
云幻宸法嗣
天凤炯禅师
寂光豁法嗣
啸苍禅师
百城着法嗣
石樵禅师
石幢寿法嗣
大参照禅师
卜芦临禅师
藏天月禅师
三止升法嗣
觑影铉禅师

忍微道法嗣
心远禅师
戒珠禅师
万竹苇法嗣
大恺禅师
据拾法嗣
电书颖禅师
山晓晰法嗣
圣铎智禅师
潭印杲禅师
笑传震禅师
庭南岳禅师
尼履渊懿禅师

大鉴下第三十八世/331

石谷慧法嗣/331
 云林地禅师(有录)/331
 月目初禅师(有录)/331
 苍桐华禅师(有录)/332
 楚南禅师
 居哲禅师
 云外禅师
紫芝藏法嗣/333
 天然贵禅师(有录)/333
 琼目温禅师(有录)/333
 涌泉汇禅师

　　　　法一禅师

　　　　慧庵禅师

　　　　洞初禅师

　语嵩裔法嗣/334

　　　　嵩耳住禅师(有录)/334

　　　　剖石禅师

　　　　古雪禅师

　　　　省贤禅师

　　　　观煦禅师

　　　　嵩目禅师

　　　　嵩眉禅师

　　　　牧水禅师

　　　　省愚禅师

　书云昆法嗣/334

　　　　舌响讷禅师(有录)/334

　　　　丽眉采禅师(有录)/335

　大冶况法嗣/336

　　　　舒光照禅师(有录)/336

　耳毒泰法嗣/337

　　　　幻住明禅师(有录)/337

　　　　纯备德禅师(有录)/337

　佛语御法嗣/338

　　　　瓢堂秀禅师(有录)/338

　　　　大玺宗禅师

　　　　舆若禅师

　　　　吼一等法嗣/338

　　　　文壁福禅师(有录)/338

　　　　逵哲禅师

　　　　享文慧禅师

　　　　勃昶禅师

瑞林莲法嗣/339

　　　　玉诺昌禅师(有录)/339

晓元济法嗣/340

　　　　大旭宗禅师(有录)/340

　　　　渊默禅师

　　　　大悟禅师

　　　　硕光禅师

　　　　祖裔禅师

佛冕刚法嗣/341

　　　　子开干禅师(有录)/341

　　　　天湛炽禅师(有录)/342

　　　　筹室灿禅师(有录)/343

　　　　大痴纯禅师

　　　　云彻明禅师

　　　　屡生知禅师

　　　　竖幢唅禅师

　　　　豁庵一禅师

　　　　偶庵全禅师

月幢了法嗣

　　　　玉泉古禅师

善权禅师
祖鼻禅师
懒生升法嗣
　竹友禅师
　芥腹禅师
大憨我法嗣
　天麟广禅师
半生裹法嗣
　香谷禅师
　云樵野禅师
憨月闻法嗣
　蠡山逵禅师
　西林空禅师
　白岩禅师
问潮屿法嗣
　非月禅师
半月涵法嗣
　三无法禅师
佛藏海法嗣
　以智闻禅师
佛明清法嗣
　续焰昶禅师
　莲池清禅师
　见机理禅师
　融通慧禅师

冰然敏禅师
可闻源法嗣
　昆谷环禅师
　与峨裕禅师
　昆石翔禅师
　自惺宗禅师

锦江禅灯卷第十五/344

大鉴下第三十八世/344

竹浪生法嗣/344
　翼云鹏禅师(有录)/344
　义喆纯禅师(有录)/345
　义奇一禅师(有录)/346
　正果因禅师
　绍梅瑞禅师
　古灯明禅师
　恒耀光禅师
　指南德禅师
　苍石云禅师
　颖参成禅师
　文炜智禅师
　浑全昂禅师
　三峨定禅师
　活一馨禅师

自竺悟禅师

文博鉴禅师

懒石聆法嗣/346

 非指明禅师(有录)/346

 来一禅师

 旨镜禅师

耨云实法嗣/347

 佛敏讷禅师(有录)/347

 体真禅师

 耳闻禅师

竹镜嵩法嗣/348

 文衡权禅师(有录)/348

其白富法嗣/348

 融彻顶禅师(有录)/348

指云孝法嗣/349

 勤正进禅师(有录)/349

 问水洪禅师

 万指开禅师

浮石演法嗣/350

 嵩云秀禅师(有录)/350

大器成法嗣/351

 济得正禅师(有录)/351

 联瞿性禅师

法空证法嗣/351

 素如佩禅师(有录)/351

词锋住禅师

赤松岭法嗣/352

 乾御源禅师(有录)/352

嗣灯胤法嗣/353

 隐南广禅师(有录)/353

井觑登法嗣

 念法禅师

自彻法嗣

 宇朋禅师

克裕法嗣

 敏睿禅师

从谷习法嗣

 慧剑禅师

 古音通禅师

继初尚法嗣

 渤如毅禅师

 成元昶禅师

 楚庵禅师

破峰重法嗣

 钦山祖禅师

 恒灿明禅师

 佛生莲禅师

 慈云慧禅师

空谷澄法嗣

 传灯续禅师

彻明现禅师
玺旨勤禅师
含润慈禅师
香林仁禅师
雪居旸禅师
佛山禅师
云腹法嗣
 瞿山禅师
石头能法嗣
 灵香寿禅师
 灵吼廉禅师
 灵相乘禅师
余山瑞法嗣
 双峰禅师
 遁峰禅师
 水谷遍禅师
天如觉法嗣
 大树禅师
密印法嗣
 烁吼禅师
南芝静法嗣
 若玺玉禅师
 语峰实禅师
林我鉴法嗣
 愚参禅师

祇然法嗣
 万固渊禅师
天眼法嗣
 印光禅师

大鉴下第三十九世/354

舌响讷法嗣/354
 大朗玺禅师（有录）/354
祖鼻法嗣/355
 沧溪月禅师（有录）/355
纯备德法嗣/356
 法幢远禅师（有录）/356
 觉幢洪禅师
 月幢深禅师
隐南广法嗣
 雪浦玉禅师
 楚石琮禅师
文壁福法嗣
 大树禅师
 子松玄禅师
 隐微禅师
 梅庵禅师
嵩耳住法嗣
 怀素元禅师
苍桐华法嗣
 了尘叶居士

灵香法嗣

  大慧彻禅师

渤如毅法嗣

  省岩哲禅师

大鉴下第四十世

怀素元法嗣

  彬松朗禅师

  完璧玉禅师

  跋/356

锦江禅灯高僧神僧传目录

锦江禅灯卷第十六/358

  唐多宝寺道因/358

  简州福聚寺靖迈/360

  梓州慧义寺神清/361

  京师楞严院灵著/363

  成都净众寺神会/363

  成都圣寿寺南印/364

  缙云连云院有缘/365

  汉州开照寺鉴源/366

  彭州丹景山知玄/368

  成都净众寺无相/371

  简州慈云寺待驾/373

  郫县法定寺惟忠/373

  资州兰若院处寂/374

  汉州栖贤寺大川/375

  唐西域难陀/376

  徐州安丰山怀空/377

  成都福感寺定光/378

  雅州开元寺智广/378

  成都法聚寺圆相/380

  阆州常乐寺法融/380

  成都东禅院贯休/381

锦江禅灯卷第十七/382

  唐成都府永安/382

  兴元渠山亡名/382

  唐法聚寺法江/383

  彭州茶笼山罗僧/384

  阆州光国院行遵/384

  周净众寺僧缄/385

  邛州灵鹫山点点师/385

  成都福感寺定兰/386

成都兰若院洪正／387
成都府雄俊／387
梓州慧义寺清虚／388
汉州开化寺亡名／389
成都府费长房／389
伧僧慧韶／389
阆中宝渊／391
安汉宝彖／392
阆中宝海／393
资州智方／394
成都玄续／395
河南道基／396
颖川灵睿／397
定林寺僧副／398
弘农昙询／400

成都智炫／408
武阳道会／411
梓潼植相／412
吴人僧林／413
康居道仙／414
益州青城山香阇黎／415
益州多宝寺猷禅师／416
狂人僧度／416
成都卫元嵩／417
广汉尚圆／418
相思寺无相禅师／419
绵州童进／419
净德寺富上／420
莫测德山／421
绵州慧琳／421

锦江禅灯卷第十八／402

鄢江僧渊／402
益州响应山法进／403
郫筒慧熙／404
台州世瑜／405
绵竹惠宽／405
徐州智诜／407

锦江禅灯卷第十九／423

苦形慧聪／423
贝州智隐／423
会州法凝／424
涪陵僧崖／425
玄武绍阇黎／426
雒县法建／426

益州慧恭/427
眉州法泰/429
绵竹宝琼/430
康居明达/431
南昌僧晃/432
梓州智通/433
陕州悟诠/433
巨鹿僧稠/434
霍山僧群/435
康居邵硕/435
始州惠主/436
襄州慧璿/437
简州道昭/438
嘉州常罗汉/438
长乐道汪/439
嘉州惠持/440
冀州慧叡/440
泸州罗贯山和尚/441
希夷陈先生/441
嘉兴楞严寺达观禅师/441
德升顽庵/442
犍为陈道人/442
瓦屋山角端/443
开元寺张三丰/443

嘉州凌云寺千峰大师/443
古寺杨关主/444
峨眉道者/444

锦江禅灯卷第二十/445

凉州贤护/445
高昌法绪/445
凉州法成/446
郫筒法期/446
炖煌道法/446
成都普恒/447
临邛法淋/447
安汉僧庆/448
郫筒僧生/448
铜梁显嵩/449
名山禅惠/449
涪陵宝崖/450
石岩昆法师/450
天竺阿世多尊者/450
资县道慧大师/450
崇庆州明采/451
汉州明本大师/451
香水空庵大师/452

华阳德爱大师/452
百花万竹大师/452
华阳妙琴法师/453
安县雪庵大师/453
九峰无退大师/454
荣昌真容大师/454
豫章实相大师/454
昭化晓宗大师/455
古城知慧菩萨/455
磻溪寺孤舟法师/455
三楚福湛法师/456
遂宁了用法师/456
河西玄畅法师/456
平田普岸法师/458
内江慧永法师/458
怀州灵灿法师/459
楚琦大师/459
峭山牟罗汉/459
江安印满法师/460
圣寿院冲古大师/460
成都承远法师/461

裴氏鹦鹉/461
成都僧诵法华经/462
九顶海通行僧/462
梵僧西天三藏/462
成都光远法师/463
明概法师表/463
峨眉通天和尚/464
洪椿坪得心和尚/464
木栋可尊法师/464
内江澄江宗主/465
蓬溪高原论师/465
东山寺无为和尚/466
燃灯寺钧天大师/466
昭觉惟一大师/466
江安辽阳大师/467
禹门策眉尊宿/467
讳号雷同传/467
攀高传/468

后　跋/469

锦江禅灯序

明莫明于日月，禅不名日月而名灯者，何哉？日月不可传，灯可传也。故曰：薪尽火传，膏竭灯传。日月在天之中，从上以来，自金襕①别付，及断臂得髓②，梅子熟③而菩提无树，一花开而五叶成枝④，灯灯相续，焰焰生光。千古无暗室、无迷途，赖此灯尔。

然则，此灯三千大千世界莫不有之，奚独震旦锦江⑤欤？夫

---

① 金襕：即金襕衣，也称金襕袈裟，传为释迦牟尼姨母摩诃波阇波提手织，后被释迦牟尼传给迦叶。禅宗以此为释迦牟尼传法的凭证。
② 断臂得髓：指慧可断臂的故事。达摩大师居嵩山少林寺时，慧可请道甚挚，立于雪夜，天明仍不见许，乃断其左臂以示求道决心，感动达摩，付与大法。后继承达摩衣钵，为禅宗第二祖。
③ 梅子熟：指禅宗"梅子熟也"的公案。唐德宗时，马祖令僧至大梅山闻讯法常，问："和尚见马师得个什么便住此山？"法常回答："马师向我道即心即佛，我便向这里住。"僧云："马师近日佛法又别。"法常问："作么生别？"僧云："近日又道非心非佛。"法常遂云："这老汉惑乱人未有了日！任汝非心非佛，我只管即心即佛。"僧回告以马祖，马祖赞其"梅子熟也"，暗示其已彻底开悟。
④ 一花开而五叶成枝：言禅宗的繁衍。《景德传灯录》卷第三称达摩曾言："吾本来兹土，传法救迷情；一花开五叶，结果自然成。"慧能以后，禅宗果然衍成了沩仰、临济、曹洞、云门、法眼五派，史称"一花五叶"。
⑤ 锦江：成都府河，古人用以代指成都。此处泛指古代巴蜀（即今四川、重庆两地）。

神禹自岷山导江，是山水发源于锦江。而西域谶云：金鸡解衔一粒粟，供养什邡罗汉僧①。爰出马驹，踏杀天下②。后代儿孙蕃衍，则谓灯独盛于锦江也亦宜。

昭觉丈老人得天童悟③键锤、破山明④衣钵，滴泪滴血，无法真传，为临济三十二世。中兴圆悟祖师⑤之法席，三十年来如涂毒鼓响。闻者咸失身丧命，劫灰扫荡。创建之余，汇集历代尊宿。凡产自蜀而阐扬宗风于异地，或产异地而大建法幢于西川者，皆录其源流行实、警语悟偈，垂训后人，名曰《锦江禅灯》，而以高僧神僧附焉，共二十卷。老人岂私一锦江哉？老人驻锡锦江则传锦江。三千大千世界俱露老人法身，则无不禅之灯也。谓锦江之灯，即三千大千之灯乎？三千大千之灯即锦江之灯也。

余虽谬现宰官，未忘本来面目，蒙老人印可，分一灯于行车。略言简端，勿谓葛藤饶舌。

时康熙二十五年丙寅仲秋，赐进士第通议大夫户部左侍郎、前都察院左副都御史左佥都御史、乙丑充殿试读卷官钦定纂修赋役全书总裁、大理寺少卿、四川按察司按察使、卓异赐蟒服特旨内升弟子胡昇猷顿首撰。

---

① 什邡罗汉僧：指马祖道一。马祖为什邡人，故有此称。
② 爰出马驹，踏杀天下：《景德传灯录》卷第六记载六祖慧能曾经言于怀让："向后佛法从汝边去，马驹踏杀天下人。"其后，马祖开创的洪州禅果然大布于天下。
③ 天童悟：指天童圆悟。通醉曾于其门下求法。
④ 破山明：指破山海明。通醉为其法嗣。
⑤ 圆悟祖师：指圆悟克勤，曾经两次驻锡成都昭觉寺。

序

原夫天文日月所以贞丽，人文藻火所以昭发，而吾辈亦有捏碎虚空者，有欹枕须弥者，有入水不湿、入火不焚者，此无他，乃精进勇猛之所使然耳。本师尝举谚云："春宵一刻值千金。"惟以此事激励后学。或抑或扬，揭示自家宝藏。所以年登七十，尤矍铄焉，谓："我本立誓愿，欲令一切众如我等无异，姑有是集之举。"

盖吾真丹国中人物多妄习，妄多则惑重，惑重则智轻，智轻则根基迟钝。所以生处不能熟，熟处不能生也。至于心之未穷，性之未尽，三界火宅茫茫何归？以百年之得失，浩劫流浪，可不大哀欤！自劫运以来，髡夫辈视三藏如在龙宫，非菩萨手眼弗能深入。长闭大柜，积尘锁埃，而莫或可展其题目，又深为可悯者。今略摘吾蜀禅师要语，分为三汇，合刊策本，庶来学便于参讨，不致煤墨混杂。是亦泥涂可致云霄，行潦可通沧海。

纲毊厕祖裔，弗忍旁观，圆通显密，闻所未闻。譬诸眼能察秋毫，而不能自观其面；发能舒气脉，而不能自通其结。故知面之妍丑者，明镜之力也；解发之曲直者，玄栉之功也；行之芳者，道德之基也；纲之振者，禅灯之光也。爰从上一伙老古锥，擅使勇猛之风。嗟予小子，以禅弓未张，慧剑弗利，怯弱不敢以自强，敢辞执鞭之后哉！

　　　　　时康熙丁卯九日，昭觉住持彻纲拜撰

序

夫禅之为灯也，非日月可能比。日月虽明，代谢有所不及。彼禅灯瑞光浩浩，圆照六合不称其大，妙摄三有不名其小。亭毒苍生，功埒化母。设一念等平，天地人原无两致；九年面壁，皮骨髓分作五家。肆口而谈，横机而唱，推倒须弥，填实东海，惟我支那人物尔。谓支那钟秀，杰出丛林者，甲于巴子，而巴子国莫不称为法窟禅薮也。爰锦江居西南玉垒之上，北极紫微之下，左观于阗，右揖康居。论山联自昆仑，故有岷峨巫峰之峻；考水出于蓐池，而有瞿塘滟滪之牢。宿躔参井，吴楚以之而襟带焉；地接八洪，嵩衡以之而螺髻焉。所居者尊，而所产者亦胜也。

聆生季运，忝寄残踪，每见铜头铁额之士，光扬宗教，剔毙除繁，赖彼山高水长之所使然。盖受其道者难訾，信其法者易晓。时沧桑摇荡妄为人师，趑趄权门来往不替。呜乎！干木在魏，高枕而谒文侯；子陵居汉，长揖而寻光武。彼称小道尚怀高蹈之风，岂此沙门不乘闲放之美。目下劫灰燋勃，三十年来棒喝遗徽，了无正范。今以禅灯一照，庶使缉玄词者摊卷而获意珠，轨妙道者披文而饮甘露。

或曰:"溺文耽义,入海算沙,一体真如,见性即了。特彼勾章棘句,愈出而愈多。似蜂房酿百花之蜜,蚁丝穿九穴之珠。食其甜者念其蜂,好其珠者慕其蚁。今有人焉,不食甜,不好珠,不嗜语言文字,此集又奚为?"余谓:"病其病者,不能自病。"客惭而退。

未几半饷,聆辄下榻,手舞足蹈。扪须而叹曰:"此灯光超日月大明之表,务流通于运季,展诚心于百世,此其发端乎!"

时康熙戊辰中,天节大圣大慈寺住持觉聆拜撰

序

觉范禅师作《石霜慈祖传赞》云："余观慈明，以英伟绝人之姿，行不缠凡圣之事。谈笑而起临济之将仆，叱咤而死黄龙之偷心。"视其施为，不见辙迹。未三世而死为绳墨，谚云："字经三写，乌焉成马。"此言可以喻大也。先师示迹于末运，山川鼎沸之秋，千军队里安禅，虎穴魔宫说法，亦行不缠凡圣之事。得死心于先师者，惟我昭觉法兄丈和尚也！荷法心殷，践履唯实。寿几九旬，接纳四来。精力犹剩，于应机之假①，搜罗全蜀古今知识，及高僧或现宰官、居士等身，宝匣中秘要，廿有余年，辑成一书，名曰《锦江禅灯》。欲与百世之上古锥名宿，同一鼻孔，把手并行；千古之下十方龙象，点开正眼，灼破昏衢。此段因缘非小补哉！

德玉恨才谫德凉，不能助其一力。且与先师所行相违，未一世而死为绳墨，而为诸方耻，岂但乌焉成马哉？故不及吾兄远

---

① 假：疑为"暇"。

矣，非傥护赞美之辞耳！癸酉冬，乃命青城竹浪吾侄，买舟东下嘉禾之楞严，锓梓附方册龙藏，寿世流通。暂泊舟于古渝，收征帆而过我，以藳①见示，正值期会接物之余，烧灯敬阅。诚哉！吾蜀劫后之奇遘也，余欲无言可乎？亦乃吾兄吾侄护持慧命之心，远且殷矣！德玉遂合掌加额，谨赘数言，再拜弁于简端云。

时康熙岁次癸酉长至日，古渝华岩圣可德玉题于石林面壁岩

---

① 藳：同"稿"。

题　辞

　　夫破颜微笑之旨，弥满五天。自江槎分玉浪以来，始洋溢乎中国。故金鸡衔粟，马驹踏人，贵乎见谛，履历次之。所以五叶蕃衍，中此毒者，病痼弗浅也。即遐陬僻壤，知有悟门，灶妇饷儿，擅说法要。累所传之杂糅，务禀授有苗裔。某为师承，某为嫡嗣，何州之子，何世降神，庶法运毋紊乎主张，而流芳亦迈矣。如德山、临济，大机大用，杀活自由，无俟外学相助。五季以从，辩藻转深，往往从义学理窟中翻驳而出，是衲子反带书生气耳！其真风变涣，由兹而始。

　　昨阅少林《缵绪》①，以大慧易虎丘，付帕为嫡嗣。噫！丑词出自伪口，不逊费于笔端。古之法匠，尚有传记可考，非直谱牒而已。适以"禅灯"题其名，高僧、神僧附其右者，恐异日雷同《缵绪》之谬，以备后之修史者，便于采摭焉。且末法奉教，例多俑人，每临文而叹息，遂兴志以殚修。

---

① 《缵绪》：或指"古今采摭"中的《清五灯缵绪》。

吾祖之道之传于诸夏，始于梁，盛于唐，而光显于宋，其间多能文博达之士。迨怀宗先帝晏驾之后，寇烽雾起，玉石俱焚。其残篇短帙，或以文传而辞陋事疏，或尚声名而志乖隐逸。彼得此失，无所考者。于是取诸方口实，且删且衍，以为之书。执笔悲懑，不觉涕泗横流。而人之所知，不如人之所不知，信哉！

近有一伙不明大法之人，只欲攀高自大。曩者阿难、调达，均为释尊之弟；罗睺、善星，同是如来之胤。非道有优劣亦邪正，盖自取之耳！

今集中自四祖以下，迨双桂印止，于中麟肼猩唇，不胜枚举，仅取觚翰雅尚者，摘其黼藻，及驰他国说法者，名实章程。而乘愿入峡利生者，总戢帙内。间有一知半解，隐逸岩阿者，列书号名于目次之后。或烽烟两地，难于捃拾，祈鸿鱼以示之，俾金鸡衔粟，蕃衍中华。断不类婆须密、天皇悟之故事，费后昆之笔舌也已。

　　时康熙壬子，成都府昭觉寺丈雪通醉谨识于不动轩

古今采摭

《佛祖纲目》《佛祖通载》《佛祖统纪》《传法正宗》《禅宗正脉》《宗门统要》《景德传灯》《五灯会元》《人天眼目》《禅灯世谱》《禅林宝训》《传灯录》《续传灯录》《摘要指南》《缁门警训》《莲宗宝鉴》《古尊宿录》《禅源诸诠》《弘明集》《广弘明集》《颂古联珠》《碧岩集》《萝湖野录》《唐弘秀集》《明弘秀集》《五灯绪略》《清五灯缵绪》《五灯严统》《峨眉志》《卤川志》《诸方日录》《高僧传》《神僧传》《续高僧传》《宋高僧传》《明高僧传》《径石滴乳集》。

辩讹

唐之《止讹说》，乃昉法师作。宋之磐法师辑《统纪》，蔓引昉言，斥嵩禅师《定祖图》，以禅经为证，自取其不实，谓师子遭难而无传矣。吁！宗教之徒竞相是非，如狮子身虫，非外来也。爰婆须密正传，本位居七，反遗之，误以末田地填其数，将谓后无人矣。且师子具宿命通，预以大法，嘱婆舍斯。斯接不如密，密接般若多罗，罗接菩提达磨，廿八世明如皎日。若依《统纪》，则阙三矣。

让祖本金州人，今兴安州也，爰兴安属兴元，兴元今汉中，是订汉中本属蜀。及唐以龙安易之，因尔汉中归秦矣。时以彼方古锥，仍收集内，遂从让祖。

始江陵城西天王寺道悟，而城东亦有天皇寺道悟，两师同时同讳，后道原禅师辑《传灯录》，认为一人，费尽后贤笔舌。洞宗刊《绪略》，强归天王悟于洞；济宗辑《严统》，仍收天王悟于济。少林闻之作《缵绪》，又捏大慧易虎丘，付帕为嫡嗣。三者之衅，始于原矣。

庐山惠永法师，本内江潘氏子，一本河内鄜氏。

东林总禅师，本剑州施氏子，纲目备具，而《会元》误为延平者，谓延平剑故，以剑州认延平也。可笑！

合州钓鱼台自回禅师，《会元》误为台州。

校讹篇

《佛祖统纪》西土二十四祖纪、末田地系阿难旁出,纪于第四,讹矣。

四祖优婆鞠多、五祖提迦多、六祖弥遮迦、婆须密位居第七,纪以遗之。故后数不及,且又少二十五祖婆舍斯、二十六祖不如蜜多、二十七祖般若多罗。

二十四祖师子尊者,缩为二十三。丈雪新添上祈楞严主人,灾梨以成之。前昉法师讥嵩禅师,广引抵塞为不实,翻以师子尊者,受罽宾之难,其系以绝。臆何妒哉!如普德勖∴作《七祖传》,亦以宗门互之,是乃引蔓宗传之别纂也。

凡 例

辑斯录者，自祖道传于东土，历朝以来，流通无滞。因明季寇乱，惟蜀最久，恐遗失世谱，宗派无稽也。今汇成一书，又附高僧、神僧于后，离①为二十卷，颜曰《锦江禅灯》。苐搜罗难罄，挂漏犹多，冀将来有志补辑者，寻讨纂述焉。

采撷历代诸家语录，凡产于蜀而阐扬宗教于异地，或产四方而建法幢于西川者，略摘上堂、小参、机缘、颂古、法语、行实。傥现宰官、长者、居士身，弘护法门，有机缘者，与夫山林隐逸，物外高流，如获言句，已编入帙。俾征慧命攸归，渊源有自。若讹谬滥厕者，不敢收入。

采集规式，略依《指月》《宝积》诸录之例。历代宗支，乃共一源，不析五派。惟于卷目之下，赘大鉴下第几世，以便披览，识其所自。盖海内刹竿相望，总不越南岳、青原之外也。从大鉴下第一世起，至三十九世止。

---

① 离：疑为"厘"，厘定。

是编专言锦江者，盖天下山水实由岷山导江发源，入于锦江而天下洋溢。昔般若多罗有金鸡衔粟之谶，祖道世系亦自锦江发源，遂及寰区。讵云锦江之灯不交映于震旦，而震旦之灯不联辉于锦江乎？且蜀难之后，兼有冒籍有宗，杂沓缁林者，妄树刹竿。恐珷玞混玉，泾渭难分，以证攸归，莫待后昆误入群队，瞎却正眼。

灯以传道，统以继脉。设道之不明，统之不正，先圣所忧也。迩来予见法门有遥嗣无稽者，不得不忧深而虑远。故辑此书，如宪章祖述之旨，必传持有谱，承接有系，然后删繁取要，详略会同，始收入录。俾后之学者，开卷而有得也。

集书以来，三十余稔，尝邮书海内，乞之当代宗师尊宿，不胜枚举。有见示言句者，止得芳名佳号者。有言句者，依次入录，表章于前；止有名号者，谨列于后，以待来纂修补入。敢以俟诸明眼。

锦江禅灯卷第一

四祖下第六世（旁出）

金陵牛头山智威法嗣

天柱崇慧禅师

舒州天柱山崇慧禅师，彭州陈氏子。① 唐乾元初，往舒州天柱山②创寺，永泰元年赐额。③ 僧问："如何是天柱境？"师曰："主簿山高难见日，玉镜峰前易晓人。"问："达磨未来此土时，还有佛法也无？"师曰："未来且置，即今事作么生？"曰："某甲不会，乞师指示。"师曰："万古长空，一朝风月。"僧无语。师复曰："阇黎④会么？"曰："不会。"师曰："自己分上作么生？干他达磨来与未来作么？他家来，大似卖卜汉。见汝不会，为汝

---

① 《景德传灯录》卷第四《舒州天柱山崇慧禅师》、《五灯会元》卷第二《天柱崇慧禅师》此句皆作："舒州天柱山崇慧禅师者，彭州人也，姓陈氏。"
② 天柱山：位于安徽潜山市西部，因主峰如"擎天一柱"而得名。天柱山又名皖山、皖公山，曾被汉武帝封为"南岳"，被誉为"江淮第一山"。
③ 《景德传灯录》卷第四《舒州天柱山崇慧禅师》此句作："永泰元年，敕赐号天柱寺。"
④ 阇黎：一译作"阇梨"，梵语"阿阇黎（梨）"（acarya）之省，意为高僧，也泛指僧人、和尚。

锥破卦文，才生吉凶，尽在汝分上①。一切自看！"僧曰："如何是解卜底人？"师曰："汝才出门时，便不中也。"问："如何是天柱家风？"师曰："时有白云来闭户，更无风月四山流。"问："亡僧迁化向什么处去也？"师曰："灊岳峰高长积翠，舒江明月色光晖。"问："如何是大通智胜佛②？"师曰："旷大劫来未曾壅滞，不是大通智胜佛是什么？"曰："为什么佛法不现前？"师曰："只为汝不会，所以成不现前。汝若会去，亦无佛可成。"问："如何是道？"师曰："白云覆青嶂，蜂蝶恋庭华③。"问："从上诸圣有何言说？"师曰："汝今见吾有何言说？"问："宗门中事，请师举唱。"师曰："石牛长吼真空外，木马嘶时月隐山。"问："如何是和尚利人处？"师曰："一雨普滋，千山秀色。"问："如何是天柱山中人？"师曰："独步千峰顶，优游九曲泉。"问："如何是西来意？"师曰："白猿抱子来青嶂，蜂蝶衔④华绿蕊间。"大历十四年归寂，塔于山之北。⑤

---

① 尽在汝分上：《景德传灯录》卷第四《舒州天柱山崇慧禅师》无"尽"字。
② 大通智胜佛：又作大通众慧如来、大通慧如来，即过去三千尘点劫前演说《法华经》之佛名。
③ 蜂蝶恋庭华：《五灯会元》卷第二《天柱崇慧禅师》作"蜂鸟步庭花"。
④ 衔：《景德传灯录》卷第四《舒州天柱山崇慧禅师》、《五灯会元》卷第二《天柱崇慧禅师》皆作"啣"。
⑤ 《景德传灯录》卷第四《舒州天柱山崇慧禅师》此句作："师居山演道凡二十二载。大历十四年七月二十二日归寂，起塔于寺北，真身见在。"

五祖下第四世

益州无相法嗣

保唐寺无住禅师

　　益州保唐寺无住禅师，初得法于无相大师，乃居南阳白崖山①，专务宴寂。经累岁，学者渐至，勤请不已。自此垂诲，虽广演言教，而唯以无念为宗。唐相国杜鸿渐出抚坤维，闻师名，思一瞻礼，遣使到山延请。时节度使崔宁，亦命诸寺僧徒远出迎引。至空慧寺②，时杜公与戎帅召三学硕德俱会寺中。致礼讫，公问曰："弟子闻和尚③说无忆、无念、莫妄三句法门，是否？"师曰："然。"公曰："此三句是一是三？"师曰："无忆名戒，无念名定，莫妄名慧。一心不生，具戒定慧，非一非三也。"公曰："后句'妄'字，莫是从心之'忘'乎？"曰："从'女'者是也。"公曰："有据否？"师曰："《法句经》云：'若起精进心，是妄非精进。若能心不妄，精进无有涯。'"公闻疑情荡然。公又问："师还以三句示人否？"师曰："初心学人④，还令息念，

---

① 南阳白崖山：《历代法宝记》作"蚕崖关西白崖山"，在今四川都江堰市与汶川县之间。
② 《景德传灯录》卷第四《益州保唐寺无住禅师》"至空慧寺"前有"十月一日"四字。
③ 弟子闻和尚：《景德传灯录》卷第四《益州保唐寺无住禅师》、《五灯会元》卷第二《保唐无住禅师》皆作"弟子闻金和尚"。
④ 初心学人：《景德传灯录》卷第四《益州保唐寺无住禅师》作"对初心学人"。

澄停识浪,水清影现。悟无念体,寂灭现前,无念亦不立也。"于时庭树鸦鸣,公问:"师闻否?"师曰:"闻。"鸦去已,又问:"师闻否?"师曰:"闻。"公曰:"鸦去无声,云何言闻?"师乃普告大众曰:"佛世难值,正法难闻,各各谛听。闻无有闻,非关闻性。本来不生,何曾有灭?有声之时,是声尘自生;无声之时,是声尘自灭。而此闻性,不随声生,不随声灭。悟此闻性,则免声尘之所转。当知闻无生灭,闻无去来。"

公与僚属大众稽首①,又问:"何名第一义?第一义者,从何次第得入?"师曰:"第一义无有次第,亦无出入。世谛一切有,第一义即无。诸法无性性,说名第一义。佛言:有法名俗谛,无性第一义。"公曰:"如师开示,实不可思议。"公又曰:"弟子性识微浅,昔因公暇,撰得《起信论章疏》两卷,可得称佛法否?"师曰:"夫造章疏,皆用识心,思量分别,有为有作,起心动念,然可造成。据《论》文云:'当知一切法从本以来离言说相,离名字相,离心缘相,毕竟平等,无有变异,唯有一心,故名真如。'今相公著言说相,著名字相,著心缘相,既著种种相,云何是佛法?"公起作礼曰:"弟子亦曾问诸供奉大德,皆赞弟子不可思议。当知彼等但徇人情。师今从理解说,合心地法,实是真理不可思议。"公又问:"云何不生?云何不灭?如何得解脱?"师曰:"见境心不起,名不生。不生即不灭,既无生灭,即不被前尘所缚,当处解脱。不生名无念,无念即无灭,无念即无缚,无念即无脱。举要而言,识心即离念,见性即解脱。离识心见性

---

① 公与僚属大众稽首:《历代法宝记》作"公与僚属大众悉皆稽首"。

外,更有法门识①无上菩提者,无有是处。"公曰:"何名识心见性?"师曰:"一切学道人随念流浪,盖为不识真心。真心者,念生亦不顺生,念灭亦不依寂。不来不去,不定不乱,不取不舍,不沈不浮,无为无相。活鱼鲅鲅,平常自在。此心体毕竟不可得,无可知觉。触目皆如,无非见性也。"公与大众作礼称赞,踊跃而去。师后居保唐寺而终。

六祖大鉴下第一世

南岳怀让禅师

南岳怀让禅师,金州杜氏子。② 于唐仪凤二年四月八日降诞,感白气应于玄像,在安康之分。太史瞻见,奏闻高宗皇帝。帝乃问:"是何祥瑞?"太史对曰:"国之法器,不染世荣。"帝传敕金州太守韩偕亲往,存慰其家。家有三子,唯师最小,炳然殊异,性唯恩让,父乃安名怀让。

年十岁③,唯乐佛书。时有三藏玄静过舍,告其父母曰:"此子若出家,必获上乘,广度众生。"至垂拱三年,方十五岁,辞

---

① 识:《景德传灯录》卷第四《益州保唐寺无住禅师》、《五灯会元》卷第二《保唐无住禅师》皆作"证"。
② 《景德传灯录》卷第五《南岳怀让禅师》、《五灯会元》卷第三《南岳怀让禅师》皆作:"南岳怀让禅师者,姓杜氏,金州人也。"以下源自二书的各禅师大致如此表述格式,恕不另注。金州,治今陕西安康市。
③ 年十岁:《五灯会元》卷第三《南岳怀让禅师》作"年十岁时"。

亲，往荆州玉泉寺，依弘景律师出家。通天二年，受戒后习《毗尼藏》。一日，自叹曰："夫出家者为无为法，天上人间无有胜者。"时同学坦然，知师志气高迈，劝师谒嵩山安和尚。安启发之，乃直指诣曹溪，参六祖。

祖问："什么处来？"曰："嵩山来。"祖曰："什么物恁么来？"师无语。遂经八载，忽然有省。乃白祖曰："某甲有个会处。"祖曰："作么生？"师曰："说似一物即不中。"祖曰："还假修证否？"师曰："修证则①不无，污染即不得。"祖曰："只此不污染，诸佛之所护念。汝既如是，吾亦如是。西天般若多罗谶，汝足下出一马驹，踏杀天下人，病②在汝心，不须速说。"师执侍左右一十五年。先天二年，住③衡岳居般若寺。

开元中，有沙门道一在衡岳山④常习坐禅。师知是法器，往问曰："大德坐禅图什么？"一曰："图作佛。"师乃取一砖，于彼庵前石上磨。一曰："磨作什么？"师曰："磨作镜。"一曰："磨砖岂得成镜邪？"师曰："磨砖既不成镜，坐禅岂得作⑤佛？"一曰："如何即是？"师曰："如牛驾车，车若不行，打车即是，打牛即是？"一无对。师又曰："汝学坐禅，为学坐佛？若学坐禅，禅非坐卧。若学坐佛，佛非定相。于无住法，不应取舍。汝若坐佛，即是杀佛。若执坐相，非达其理。"一闻示诲，如饮

---

① 则：《景德传灯录》卷第五《南岳怀让禅师》作"即"。
② 病：《景德传灯录》卷第五《南岳怀让禅师》作"并"，《五灯会元》卷第三《南岳怀让禅师》作"应"。
③ 住：《景德传灯录》卷第五《南岳怀让禅师》、《五灯会元》卷第三《南岳怀让禅师》皆作"往"。
④ 在衡岳山：《景德传灯录》卷第五《南岳怀让禅师》作"住传法院"。
⑤ 作：《景德传灯录》卷第五《南岳怀让禅师》作"成"。

醍醐①，礼拜问曰："如何用心，即合无相三昧?"师曰："汝学心地法门如下种子，我说法要譬彼天泽，汝缘合故当见其道。"又问："道非色相，云何能见?"师曰："心地法眼能见乎道，无相三昧亦复然矣。"一曰："有成坏否?"师曰："若以成坏聚散而见道者，非见道也。听吾偈曰：心地含诸种，遇泽悉皆萌。三昧华无相，何坏复何成!"一蒙开悟，心意超然。侍奉十秋，日益玄奥。

入室弟子总有六人，师各印可，曰："汝等六人②同证吾身，各契其一③：一人得吾眉，善威仪；一人得吾眼，善顾盼④；一人得吾耳，善听理；一人得吾鼻，善知气；一人得吾舌，善谈⑤说；一人得吾心，善古今。"曰："一切法皆从心生。心无所生，法无所⑥住。若达心地，所作无碍。非遇上根，宜慎辞哉!"

天宝三年八月十一日，圆寂于衡岳。谥大慧禅师，最胜轮之塔。

---

① 醍醐：从酥酪中提制的奶油，转喻清凉舒适、茅塞顿开。
② 六人：指常浩、智达、坦然、神照、严峻、道一。
③ 各契其一：《景德传灯录》卷第五《南岳怀让禅师》为"各契一路"。
④ 盼：《五灯会元》卷第三《南岳怀让禅师》作"盼"。
⑤ 谈：《景德传灯录》卷第五《南岳怀让禅师》、《五灯会元》卷第三《南岳怀让禅师》皆作"谭"。
⑥ 所：《景德传灯录》卷第五《南岳怀让禅师》作"能"。

大鉴下第二世

南岳让法嗣

马祖道一禅师

　　江西道一禅师,汉州①什邡县马氏子,本邑罗汉寺出家。容貌奇异,牛行虎视,引舌过鼻,足下有二轮文。幼岁依资州唐和尚②落发,受具于渝州③圆律师。唐开元中,习禅定于衡岳山中,遇让和尚。同参六④人,唯师密受心印。始自建阳佛迹岭,迁至临川,次至南康龚公山。大历中,隶名于钟陵开元寺。时连帅⑤路嗣恭⑥聆风景慕,亲受宗旨。由是四方学者,云集座下。

　　一日谓众曰:"汝等诸人,各信自心是佛,此心即是佛心。达磨大师从南天竺国来,至中华⑦,传上乘一心之法,令汝等开悟。又引《楞伽经》文,以印众生心地。恐汝颠倒,不自信此一

---

① 汉州:治今四川广汉县。
② 资州唐和尚:资州,治今四川资中县。唐和尚,即处寂,俗姓唐,为净众保唐禅派开派祖师智诜和尚的传法弟子。
③ 渝州:治今重庆市。
④ 六:《景德传灯录》卷第六《江西道一禅师》作"九",然据《五灯会元》卷第三《江西马祖道一禅师》及上面南岳怀让的自述,应以"六"为是。
⑤ 连帅:古时泛称地方高级长官,唐时多指观察使、按察使等。
⑥ 路嗣恭(约710~780):字懿范,初名剑客。唐玄宗认为他可以嗣汉代良吏鲁恭,因赐名"嗣恭"。
⑦ 至中华:《景德传灯录》卷第六《江西道一禅师》作"躬至中华"。

心之法①，各各有之。故《楞伽经》以佛语心为宗，无门为法门。夫求法者应无所求，心外无别佛，佛外无别心，不取善不舍恶，净秽两边，俱不依怙。达罪性空，念念不可得，无自性故。故三界唯心，森罗万象，一法之所印。凡所见色皆是见心。心不自心，因色故有。汝但随时言说，即事即理都无所碍。菩提道果，亦复如是。于心所生，即名为色。知色空故，生即不生。若了此意②，乃可随时著衣吃饭，长养圣胎，任运过时，更有何事。汝受吾教，听吾偈曰：'心地随时说，菩提亦只宁。事理俱无碍，当生即不生。'"僧问："和尚为什么说即心即佛？"师曰："为止小儿啼。"曰："啼止时如何？"师曰："非心非佛。"曰："除此二种人来，如何指示？"师曰："向伊道不是物。"曰："忽遇其中人来时如何？"师曰："且教伊体会大道。"问："如何是西来意？"师曰："即今是什么意？"

庞居士问："不昧本来人，请师高着眼。"师直下觑，士曰："一等没弦琴，唯师弹得妙。"师直上觑，士礼拜。师归方丈，居士随后，曰："适来弄巧成拙。"又问："如水无筋骨，能胜万斛舟。此理如何？"师曰："者③里无水亦无舟，说什么筋骨？"一夕，西堂、百丈、南泉随侍玩月次。师问："正恁么时如何？"堂曰："正好供养。"丈曰："正好修行。"泉拂袖便行。师曰："经入藏，禅归海，唯有普愿独超物外。"百丈问："如何是佛法旨

---

① 不自信此一心之法：《五灯会元》卷第三《江西马祖道一禅师》无"一"字。
② 意：《景德传灯录》卷第六《江西道一禅师》作"心"。
③ 者：《景德传灯录》卷第六《江西道一禅师》作"遮"，《五灯会元》卷第三《江西马祖道一禅师》作"这"。"者""遮"并为"这"之通假字，以下同，恕不另注。

趣？"师曰："正是汝放身命处。"师问百丈："汝以何法示人？"丈竖起拂子。师曰："只者个，为当别有？"丈抛下拂子。僧问："如何得合道？"师曰："吾早不合道。"问："如何是西来意。"师便打曰："吾若不打汝，诸方笑吾也。"

有小师耽源行脚回，于师前画个圆相，就上拜了立。师曰："汝莫欲作佛否？"曰："某甲不解捏目。"师曰："吾不如汝。"小师不对。

邓隐峰辞师，师曰："什么处去？"曰："石头去。"师曰："石头路滑。"曰："竿木随身，逢场作戏。"便去。才到石头，即绕禅床一匝，振锡一声，问："是何宗旨？"石头曰："苍天，苍天！"峰无语，却回举似师。师曰："汝更去问，待他有答，汝便嘘两声。"峰又去，依前问。石头乃嘘两声。峰又无语，回举似师。师曰："向汝道石头路滑。"

有僧于师前作四画，上一画长，下三画短，曰："不得道一画长、三画短，离此四字外，请和尚答。"师乃画地一画曰："不得道长短，答汝了也。"有讲僧来，问曰："未审禅宗传持何法？"师却问曰："座①主传持何法？"主曰："忝讲得经论二十余本。"师曰："莫是师子儿否？"主曰："不敢。"师作嘘嘘声。主曰："此是法。"师曰："是什么法？"主曰："师子出窟法。"师乃默然。主曰："此亦是法。"师曰："是什么法？"主曰："师子在窟法。"师曰："不出不入，是什么法？"主无对，遂辞出门。师召曰："座主！"主回首，师曰："是什么？"主亦无对。师曰："者

---

① 座：《景德传灯录》卷第六《江西道一禅师》作"坐"，为"座"字通假。

钝根阿师。"

洪州廉使问曰:"吃酒肉即是,不吃即是?"师曰:"若吃是中丞禄,不吃是中丞福。"

师入室弟子一百三十九人,各为一方宗主,转化无穷。师于真元①四年正月中,登建昌石门山。于林中经行,见洞壑平坦,谓侍者曰:"吾之朽质,当于来月归兹地矣。"言讫而回。既而示疾,院主问:"和尚近日尊候如何?"师曰:"日面佛,月面佛。"二月一日,沐浴跏趺入灭。元和中谥②大寂禅师,塔曰大庄严。

荷泽神会法嗣

西隐进平禅师

西隐进平禅师,京兆吴氏子,出家于永安山明福院。风表端雅,诸经大论皆所研寻,销文炼注令人乐闻。末思禅观,于洛下遇荷泽会师了悟,且曰:"甚矣,不自外知者,所知难乎哉!"

后至唐州③,遂居西隐山。刺史郑文简请入城,阐扬宗旨。示灭,年八十一,大历十四年三月,塔于云顶④。

---

① 真元:《景德传灯录》卷第六《江西道一禅师》、《五灯会元》卷第三《江西马祖道一禅师》皆作"贞元","真""贞"通假。
② 谥:《景德传灯录》卷第六《江西道一禅师》作"追谥"。
③ 唐州:即淮安郡,治今河南唐河县。
④ 云顶:在河南唐河境,非四川金堂(宋时称淮安军)之云顶山;"大历十四年三月,塔于云顶",《宋高僧传》卷第二十九《唐怀安郡西隐山进平传》作"大历十四年三月入塔"。按,西隐进平本与巴蜀无关,通醉将其编入《锦江禅灯》,当是误读了"怀安"与"云顶"的缘故。

大鉴下第三世

马祖一法嗣

西山亮座主

西山亮座主,蜀人①也。颇讲经论,因参马祖。祖问:"见说座主大讲得经论,是否?"师曰:"不敢。"祖曰:"将什么讲?"师曰:"将心讲。"祖曰:"心如工伎儿,意如和伎者,争解讲得②!"师抗声曰:"心既讲不得,虚空莫讲得么?"祖曰:"却是虚空讲得。"师不肯,便出,将下阶。祖召曰:"座主!"师回首,祖曰:"是什么?"师豁然大悟,便礼拜。祖曰:"者钝根阿师,礼拜作么?"③ 师曰:"某甲所讲经论,将谓无人及得。今日被大师④一问,平生功业一时冰释。"礼谢而退,乃隐于洪州西山,更无消息。

则川和尚

则川和尚,蜀人也。庞居士相看次⑤,师曰:"还记得见石头

---

① 蜀人:《景德传灯录》卷第八《亮座主》作"本蜀人"。
② 争解讲得:《景德传灯录》卷第八《亮座主》作"争解讲得经"。
③ 《景德传灯录》卷第八《亮座主》"者钝根阿师,礼拜作么"后尚有"亮归寺告听众云"一句。
④ 大师:《景德传灯录》卷第八《亮座主》作"马大师"。
⑤ 相看次:《景德传灯录》卷第八《则川和尚》作"看师"。

时道理否?"士曰:"犹得阿师重举在。"师曰:"情知久参事慢。"士曰:"阿师老耄,不啻庞公。"师曰:"二彼同时,又争几许?"士曰:"庞公鲜健,且胜阿师。"师曰:"不是胜我,只欠汝个幞头①。"士拈下幞头曰:"恰与师相似。"师大笑而已。

师摘茶次,士曰:"法界不容身,师还见我否?"师曰:"不是老师,泊②答公话。"士曰:"有问有答,盖是寻常。"师乃摘茶不听。士曰:"莫怪适来容易借问。"师亦不顾。士喝曰:"者无礼仪老汉,待我一一举向明眼人③。"师乃抛却茶篮,便归方丈。

大鉴下第四世

归宗常法嗣

汉南高亭和尚

汉南高亭和尚④。有僧自夹山来礼拜,师便打。僧曰:"特来礼拜,何得打某甲⑤?"僧再礼拜,师又打趁。僧回举似夹山。山曰:"汝会也无?"曰:"不会。"山曰:"赖汝不会。若会,即夹山口哑。"

---

① 只欠汝个幞头:《景德传灯录》卷第八《则川和尚》作"只是欠尔一个幞头"。
② 泊:《景德传灯录》卷第八《则川和尚》作"怕"。
③ 待我一一举向明眼人:《景德传灯录》卷第八《则川和尚》作"待我一一举向明眼人在"。
④ 汉南高亭和尚:《景德传灯录》卷第十《汉南谷城县高亭和尚》作"汉南谷城县高亭和尚"。按,汉南高亭本与巴蜀无关,通醉将其编入《锦江禅灯》,原因不明。
⑤ 何得打某甲:《景德传灯录》卷第十《汉南谷城县高亭和尚》作"师何打"。

章敬晖法嗣

金州操禅师

金州操禅师,请米和尚斋①,不排坐位。米到,展坐具礼拜。师下禅床,米乃坐师位②,师却席地而坐。

斋讫,米便去。侍者曰:"和尚受一切人钦仰,今日坐位被人夺却!"师曰:"三日后若来,即受救在!"米三日后果来,曰:"前日遭贼。③"

南泉普愿法嗣

云顶日子和尚

云顶日子和尚,亚溪来参④,师作起势。溪曰:"者老山鬼,犹见某甲在。"师曰:"罪过!罪过!适来失只对。"溪欲进语,师乃叱之⑤。溪曰:"大阵前不妨难御⑥。"师曰:"是!是!"溪曰"不是!不是!"赵州云:"可怜两个汉,不识转身句。"

---

① 请米和尚斋:《景德传灯录》卷第九《金州操禅师》作"一日,请米和尚斋"。
② 米乃坐师位:《景德传灯录》卷第九《金州操禅师》作"米乃就师位而坐"。
③ 《景德传灯录》卷第九《金州操禅师》此句下注:"僧问镜清:'古人遭贼意如何?'清云:'只见锥头利,不见凿头方。'"
④ 亚溪来参:《五灯会元》卷第四《日子和尚》作"因亚溪来参"。
⑤ 师乃叱之:《五灯会元》卷第四《日子和尚》作"师便喝"。
⑥ 大阵前不妨难御:《五灯会元》卷第四《日子和尚》作"大阵当前,不妨难御"。

大鉴下第五世（旁出）

遂州圆法嗣

圭峰宗密禅师①

终南山圭峰宗密禅师，果州西充②何氏子。家本豪盛，髫龀③通儒书，冠岁④探释典。唐元和二年，将赴贡举，偶造圆和尚⑤法席，欣然契会，遂求披剃，当年进具。

一日，随众僧斋于府吏任灌家，居下位以次受经，得《圆觉》十二章。览未终轴，感悟流涕。归以所悟之旨告于圆，圆抚之曰："汝当大弘圆顿之教，此诸佛授汝耳。行矣，无自滞于一隅也。"师涕泣奉命，礼辞而去。

因谒荆南忠禅师⑥，忠曰："传教人也，当宣导于帝都。"复见洛阳照禅师⑦，照曰："菩萨人也，谁能识之？"寻抵襄汉，因

---

① 密：《锦江禅灯目录》作"蜜"。
② 果州西充：果州，治今四川南充市；西充，治今四川西充县。
③ 髫龀：谓幼年，一般指七八岁时。
④ 冠岁：也称弱冠，指年满二十岁的男子。
⑤ 圆和尚：即遂州道圆和尚，为南印禅师（也称荆南惟忠禅师）的弟子。
⑥ 荆南忠禅师：《景德传灯录》卷第十三《终南山圭峰宗密禅师》作"荆南张禅师（南印）"。南印禅师，俗姓张，名惟忠。初事磁州智如，承荷泽法系。再事净众神会，承净众法系。得心印后，于成都城南结茅传法，嗣法弟子有义俛、神照、道圆等。南印禅法既不是纯粹的荷泽法系，也不是纯粹的净众法系，而是两者的融合。
⑦ 洛阳照禅师：即洛阳神照禅师，为南印禅师的弟子。

病，僧付《华严疏》，即上都澄观大师之所撰也。师未尝听习，一览而讲，自欣所遇，曰："向者诸师述作，罕穷厥旨，未若此疏辞源流畅，幽赜焕然。吾禅遇南宗，教逢圆觉，一言之下，心地开通；一轴之中，义天朗耀。今复偶兹绝笔，罄竭于怀。"暨讲终，思见疏主。时属门人泰恭①断臂酬恩②，师先赍书上疏主，遥叙师资，往复庆慰。寻泰恭痊损，方随侍至上都，执弟子之礼。观曰："毗卢华藏，能随我游者，其汝乎！"师预观之室，惟日新其德，而认筌执象之患永亡矣。北游清凉山，四住③鄠县草堂寺。未几，复入终南④圭峰兰若。

大和中，征入内，赐紫衣。帝累问法要，朝士归慕。唯相国裴公休，深入堂奥，受教为外护。

师以禅教学者互相非毁，遂著《禅源诸诠》，为录⑤诸家所述，诠表禅门根源道理，文字句偈，集为一藏，以贻后代。其《都序》略云："禅是天竺之语，具云禅那，此⑥云思惟修，亦云静虑，皆⑦定慧之通称也。源者，是一切众生本觉真性，亦名佛性，亦名心地。悟之名慧，修之名定，定慧通名为禅。此性是禅

---

① 泰恭：《五灯会元》卷第二《圭峰宗密禅师》作"太恭"。
② 泰恭断臂酬恩：是指宗密在洛阳讲《华严经》时，门人泰恭听后深受其感动，自断一臂，以表酬谢。事件发生后，官府介入调查，宗密为避私自开讲之祸，冒称是澄观大师弟子，并派人往京城向澄观大师说明原委。事后，宗密即上京城拜见澄观，正式成为其弟子。
③ 四住：《景德传灯录》卷第十三《终南山圭峰宗密禅师》、《五灯会元》卷第二《圭峰宗密禅师》皆作"回住"。
④ 终南：《景德传灯录》卷第十三《终南山圭峰宗密禅师》作"寺南"。
⑤ 为录：《景德传灯录》卷第十三《终南山圭峰宗密禅师》、《五灯会元》卷第二《圭峰宗密禅师》皆作"写录"。
⑥ 此：《景德传灯录》卷第十三《终南山圭峰宗密禅师》作"翻"。
⑦ 皆：《景德传灯录》卷第十三《终南山圭峰宗密禅师》作"皆是"。

之本源，故云禅源，亦名禅那。理行者，此之本源是禅理，忘情契之是禅行，故云理行。然今所集诸家述作，多谭禅理，少说禅行，故且以禅源题之。今时有人①但目真性为禅者，是不达理行之旨，又不辨华竺之音也。然非离真性别有禅体，但众生迷真合尘，即名散乱。背尘合真，方名禅定。若直论本性，即非真非妄，无背无合，无定无乱，谁言禅乎？况此真性，非唯是禅门之源，亦是万法之源，故名法性。亦是众生迷悟之源，故名如来藏藏识。亦是诸佛万德之源，故名佛性。亦是菩萨万行之源，故名心地。② 万行不出六波罗蜜。禅者③，但是六中之一，当其第五。岂可都目真性为一禅行哉！"

长庆安法嗣

大随法真禅师

　　益州大随法真禅师，梓州④王氏子。妙龄夙悟，决志寻师，于慧义寺出家。圆具后南游，初见药山、道吾、云岩、洞山，次至岭外大沩会下，数载食不至充，卧不求暖，清苦炼行，操履不群，沩深器之。

　　一日问曰："阇黎在老僧此间，不曾问一转话？"师曰："教

---

① 今时有人：《景德传灯录》卷第十三《终南山圭峰宗密禅师》无"人"字。
② 《景德传灯录》卷第十三《终南山圭峰宗密禅师》下注："《梵网经》云：是诸佛之本源，行菩萨道之根本，是大众诸佛子之本也。"
③ 禅者：《景德传灯录》卷第十三《终南山圭峰宗密禅师》作"禅门"。
④ 梓州：治今四川三台县。

某甲向什么处下口？"沩曰："何不道如何是佛？"师便作手势掩沩口。沩叹曰："子真得其髓。"从此名传四海。

尔后还蜀，寄锡天彭堋口山①龙怀寺，于路旁煎茶，普施三年。因往后山，见一古院号大随，群峰矗秀，涧水清泠，中有一树，围四丈余。南开一门，中空无碍，不假斧斤，自然一庵，颜曰"木禅"②。师乃居之十余载，影不出山，声闻于外。四方玄学，千里趋风。蜀主钦尚，遣使屡征，师皆辞以老病，署神照大师。

上堂："此性本来清净，具足万德，但以染净二缘，而有差别。故诸圣悟之，一向净用，而成觉道；凡夫迷之，一向染用，没溺轮回。其体不二，故《般若》云：'无二无二分，无别无断故。'"

僧问："劫火洞然，大千俱坏，未审者个③坏不坏？"师曰："坏。"曰："恁么则④随他去也。"师曰："随他去。"僧不肯。后到投子，举前话。子遂装香遥礼曰："西川古佛出世。"谓其僧曰："汝速回去忏悔。"僧回大随，师已殁。僧再至投子，子亦迁化。

问："如何是大人相？"师曰："肚上不贴榜。"问："僧甚处去？"曰："西山住庵去。"师曰："我向东山头唤汝，汝便来得么？"曰："不然。"师曰："汝住庵未得。"问："生死到来时如何？"师曰："遇茶吃茶，遇饭吃饭。"曰："谁受供养⑤？"师曰：

---

① 天彭堋口山：天彭，也称天彭门，即今四川彭州市西北彭门山；堋口山，在今四川彭州市通济镇境内。
② 颜曰"木禅"：《景德传灯录》卷第十一《益州大隋法真禅师》作"时目为木禅庵"。
③ 者个：《景德传灯录》卷第十一《益州大隋法真禅师》作"此个"。
④ 则：《景德传灯录》卷第十一《益州大隋法真禅师》作"即"。
⑤ 谁受供养：《景德传灯录》卷第十一《益州大隋法真禅师》作"可谁受供养"。

"合取钵盂。"

庵侧有一龟，僧问："一切众生皮裹骨，者个众生为甚骨裹皮①?"师拈草履覆龟背上。僧无语。问："如何是诸佛法要？"师举拂子曰："会么？"曰："不会。"师曰："尘尾拂子。"问："如何是学人自己？"师曰："是我自己。"曰："为什么却是和尚自己？"师曰："是汝自己。"问："如何是大随一面事？"师曰："东西南北。"问："佛法遍在一切处，教学人向什么处驻足？"师曰："大海从鱼跃，长空任鸟飞。"问："父子至亲，岐路②各别时如何？"师曰："为有父子。"问："如何是无缝塔？"师曰："高五尺。"曰："学人不会。"师曰："鹘仑砖。"问："和尚百年后，法付何人？"师曰："露柱火炉。"曰："还受也无？"师曰："火炉露柱。"问："僧甚处去？"曰："峨眉礼普贤去。"师举拂子曰："文殊普贤总在者里。"僧作圆相抛向后，乃礼拜。师唤侍者："取一贴茶与者僧。"

众僧参次③，师以口作患风势，曰："还有人医得吾口么？"众僧竞送药以至④，俗士闻之亦多送药，师并不受。七日后，师自捆口令正，乃曰："如许多时鼓者两片皮，至今无人医得⑤。"即端坐而逝。

---

① 者个众生为甚骨裹皮：《景德传灯录》卷第十一《益州大隋法真禅师》作"这个众生骨裹皮如何"。
② 岐路：《五灯会元》卷第四《大隋法真禅师》作"歧路"。
③ 众僧参次：《景德传灯录》卷第十一《益州大隋法真禅师》作"一日，众僧参次"。
④ 众僧竞送药以至：《景德传灯录》卷第十一《益州大隋法真禅师》作"时众僧竞送药以至"。
⑤ 至今无人医得：《景德传灯录》卷第十一《益州大隋法真禅师》作"至今无人医得吾口"。

赵州谂法嗣

益州西睦和尚

益州西睦和尚,上堂,有俗士①举手曰:"和尚便是一头驴。"师曰:"老僧被汝骑。"士无语,去。后三日再来,白言②:"某甲三日前著贼。"师拈杖③趁出。师有时蓦唤侍者,者应诺④。师曰:"更深夜静,共伊商量。"

龙潭信法嗣

鼎州德山鉴禅师

鼎州德山宣鉴禅师,简州⑤周氏子,廿岁出家,依年受具。精究律藏,于性相诸经,贯通旨趣。常讲《金刚般若》,时谓之周金刚。忽⑥谓同学曰:"一毛吞海,海性无亏。纤芥投锋,锋利不动。学与无学,唯我知焉。"

后闻南方禅席颇盛,师气不平,乃曰:"出家儿千劫学佛威

---

① 有俗士:《景德传灯录》卷第十一《益州西睦和尚》作"有一俗士"。
② 白言:《景德传灯录》卷第十一《益州西睦和尚》作"自言"。
③ 拈杖:《景德传灯录》卷第十一《益州西睦和尚》作"拈柱杖"。
④ 者应诺:《景德传灯录》卷第十一《益州西睦和尚》作"侍者应诺"。
⑤ 简州:治今四川简阳市。
⑥ 忽:《景德传灯录》卷第十五《朗州德山宣鉴禅师》作"因",《五灯会元》卷第七《德山宣鉴禅师》作"尝"。

仪,万劫学佛细行,不得成佛。南方魔子敢言直指人心,见性成佛。我当搂其窟穴,灭其种类,以报佛恩。"遂担《青龙疏钞》出蜀。至澧阳路上,见一婆子卖饼,因息肩买饼点心。婆指担曰:"者个是什么文字?"师曰:"《青龙疏钞》。"婆曰:"讲何经?"师曰:"《金刚经》。"婆曰:"我有一问,你若答得,施与点心。若答不得,且别处去。《金刚经》道:'过去心不可得,现在心不可得,未来心不可得。'未审上座点那个心?"师无语,遂往龙潭。至法堂曰:"久向龙潭,及乎到来,潭又不见,龙又不现。"潭引身曰:"子亲到龙潭。"师无语,遂栖止焉。

一夕侍立次,潭曰:"更深,何不下去?"师珍重便出,却回曰:"外面黑。"潭点纸烛度与师。师拟接,潭复吹灭。师于此大悟,便礼拜。潭曰:"子见个什么?"师曰:"从今向去,更不疑天下老和尚舌头也。"至来日,龙潭升座,谓众曰:"可中有一汉①,牙如剑树,口似血盆,一棒打不回头。他时向孤峰顶上,立吾道去在!"师将《疏钞》堆法堂前,举火炬曰:"穷诸玄辩,若一毫置于太虚;竭世枢机,似一滴投于巨壑。"遂焚之。于是礼辞,直抵沩山。

挟复子上法堂,从西过东,从东过西,顾视方丈曰:"有么?有么?"山坐次,殊不顾盼。师曰:"无!无!"便出至门首,乃曰:"虽然如此,也不得草草。"遂具威仪,再入相见。才跨门,提起坐具曰:"和尚!"山拟取拂子,师便喝,拂袖而出。沩山至晚问首座:"今日新到在否?"座曰:"当时背却法堂,著草鞋出

---

① 可中有一汉:《景德传灯录》卷第十五《朗州德山宣鉴禅师》作"可中有一个汉",《五灯会元》卷第七《德山宣鉴禅师》作"可中有个汉"。

去也。"山曰："此子已后向孤峰顶上盘结草庵，呵佛骂祖去在！"①

师住澧阳三十年，属唐武宗废教，避难于独浮山之石室。大中初，武陵太守薛廷望再崇德山精舍，号古德禅院。将访求哲匠住持，聆师道行，屡请不下山。廷望乃设诡计，遣吏以茶盐诬之，言犯禁法，取师入州，瞻礼坚请。居之，大阐宗风。

上堂："若也于己无事，则勿妄求。妄求而得，亦非得也。汝但无事于心，无心于事，则虚而灵，空而妙。若毛端许言之本末者，皆为自欺。何故？毫厘系念，三涂业因。瞥尔情生②，万劫羁锁。圣名凡号，尽是虚声。殊相劣形，皆为幻色。汝欲求之，得无累乎？及其厌之，又成大患，终而无益。"

小参，示众曰："今夜不答话，问话者三十棒③。"时有僧出礼拜，师便打。僧曰："某甲话也未问，和尚因什么打某甲？"师曰："汝是什么处人？"曰："新罗人。"师曰："未跨船舷，好与三十棒。④"

僧参，师问维那："今日几人新到？"曰："八人。"师曰："唤来，一时生按著。"

龙牙问："学人仗镆铘剑，拟取师头时如何？"师引颈近前，

---

① 《景德传灯录》卷第十五《朗州德山宣鉴禅师》此句作："沩山晚间问大众：'今日新到僧何在？'对曰：'那僧见和尚了，更不顾僧堂，便去也。'沩山问众：'还识遮阿师也无？'众曰：'不识。'沩曰：'是伊将来有把茅盖头，骂佛骂祖去在。'"
② 情生：《景德传灯录》卷第十五《朗州德山宣鉴禅师》作"生情"。
③ 棒：《景德传灯录》卷第十五《朗州德山宣鉴禅师》作"拄杖"。
④ 未跨船舷，好与三十棒：《景德传灯录》卷第十五《朗州德山宣鉴禅师》作"未跨船舷时，便好与三十拄杖"。

曰:"冈①。"牙曰:"头落也。"师呵呵大笑②。牙后到洞山,举前话。山曰:"德山道什么?"牙曰:"德山无语。"洞曰:"莫道无语,且将德山落底头,呈似老僧看。"牙方省,便忏谢。有僧举似师,师曰:"洞山老人不识好恶,者汉死来多少时,救得有什么用处?"

僧问:"如何是菩提?"师打曰:"出去,莫向者里屙。"问:"如何是佛?"师曰:"佛是西天老比丘。"雪峰问:"从上宗乘,学人还有分也无。"师打一棒曰:"道什么!"曰:"不会。"至明日请益,师曰:"我宗无语句,实无一法与人。"峰因此有省。岩头闻之,曰:"德山老人一条脊梁骨硬似铁,拗不折。然虽如此,于唱教门中,犹较些子。"曰③:"道得也三十棒,道不得也三十棒。"临济闻得,谓洛浦曰:"汝去问他,道得为什么也三十棒?待伊打,汝接住棒,送一送,看伊作么生?"浦如教而问,师便打。浦接住送一送,师便归方丈。浦回举似临济,济曰:"我从来疑着者汉。虽然如是,你还识德山么。"浦拟议,济便打。

上堂:"问即有过,不问犹乖。"有僧出礼拜,师便打。僧曰:"某甲始礼拜,为什么便打?"师曰:"待汝开口,堪作什么?"师令侍者唤义存,存上来。师曰:"我自唤义存,汝又来作什么?"存无对。

上堂:"我先祖见处即不然,者里无祖无佛,达磨是老臊胡,

---

① 冈:罕用字,读 huò,拉船时的呼号声。
② 师呵呵大笑:《景德传灯录》卷第十五《朗州德山宣鉴禅师》作"师微笑"。
③ 曰:《景德传灯录》卷第十五《朗州德山宣鉴禅师》、《五灯会元》卷第七《德山宣鉴禅师》均作"示众曰"。

释迦老子是干屎橛,文殊、普贤是担屎汉。等觉妙觉是破执凡夫,菩提涅槃是系驴橛,十二分教是鬼神簿、拭疮疣纸。四果三贤、初心十地是守古冢鬼,自救不了。"

有僧相看,乃近前作相扑势。师曰:"与么无礼!合吃山僧手里棒。"僧拂袖便行。师曰:"饶汝如是,也只得一半。"僧转身便喝,师打曰:"须是我打你始得。"曰:"诸方有明眼人在。"师曰:"天然有眼。"僧擘开眼曰:"猫!"便出。师曰:"黄河三千年一度清。"

师见僧来,乃闭门。其僧敲门,师曰:"阿谁?"曰:"师子儿。"师乃开门。僧礼拜,师骑僧项曰:"者畜生甚处去来?"

雪峰问:"南泉斩猫儿,意旨如何?①"师乃打趁,却唤曰:"会么?"峰曰:"不会。"师曰:"我怎么老婆心也不会?"

僧问:"凡圣相去多少?"师便喝。师因疾,僧问:"还有不病者也无?"师曰:"有。"曰:"如何是不病者?"师曰:"阿㖿,阿㖿!"师复告众曰:"扣空追响,劳汝心神。梦觉觉非,竟有何事?"言讫,安坐而化,即唐咸通六年十二月三日也,谥见性禅师。②

---

① 南泉斩猫儿,意旨如何:《景德传灯录》卷第十五《朗州德山宣鉴禅师》作"古人斩猫儿,意如何"。
② 《景德传灯录》卷第十五《朗州德山宣鉴禅师》作:"即唐咸通六年乙酉十二月三日也,寿八十六,腊六十五,敕谥见性大师。"

锦江禅灯卷第二

大鉴下第五世

药山俨法嗣

华亭船子德诚禅师

秀州华亭船子德诚禅师①，节操高邈，度量不群。自印心于药山，与道吾、云岩为同道交。洎离药山，乃谓二同志曰："公等应各据一方，建立药山宗旨。予率性疏野，唯好山水，乐情自遣，无所能也。他后知我所止之处，若遇灵利座主，指一人来，或堪雕琢，将授生平所得，以报先师之恩。"遂分携。至秀州华亭，泛一小舟，随缘度日，以接四方往来之者，时人莫知其高蹈，因号船子和尚。

一日，泊船岸边闲坐，有官人问："如何是和尚日用事？"师竖桡子，曰："会么？"官人曰："不会。"师曰："棹拨清波，金鳞罕遇。"师有偈曰：

---

① 船子德诚禅师：今四川遂宁市人，幼于成都净众寺出家。得心印于药山惟俨，与天皇道悟、云岩昙晟为同道，后于秀州华亭泛舟度日，因号船子和尚。

"三十年来坐钓台,钩头往往得黄能。
金鳞不遇空劳力,收取丝纶归去来。
千尺丝纶直下垂,一波才动万波随。
夜静水寒鱼不饵①,满船空载月明归。
三十年来海上游,水清鱼现不吞钩。
钓竿斫尽重栽竹,不计功程得便休。
有一鱼兮伟莫裁,混融包纳信奇哉!
能变化,吐风雷,下线何曾钓得来。
别人只看采芙蓉,香气长粘绕指风。
两岸映,一船红,何曾解染得虚空?
问我生涯只是船,子孙各自赌机缘。
不由地,不由天,除却蓑衣无可传。"

道吾后到京口,遇夹山上堂,僧问:"如何是法身?"山曰:"法身无相。"曰:"如何是法眼?"山曰:"法眼无瑕。"道吾不觉失笑。山便下座,请问道吾:"某甲适来只对者僧话,必有不是,致令上座失笑。望上座不吝慈悲!"吾曰:"和尚一等是,出世未有师在?"山曰:"某甲甚处不是,望为说破。"吾曰:"某甲终不说,请和尚却往华亭船子处去。"山曰:"此人如何?"吾曰:"此人上无片瓦,下无卓锥。和尚若去,须易服而往。"

山乃散众束装,直造华亭。船子才见,便问:"大德住什么

---

① 饵:《五灯会元》卷第五《船子德诚禅师》作"食"。

寺?"山曰:"寺即不住,住即不似。"师曰:"不似,似个什么?"山曰:"不是目前法。"师曰:"甚处学得来?"山曰:"非耳目之所到。"师曰:"一句合头语,万劫系驴橛。"师又问:"垂丝千尺,意在深潭;离钩三寸,子何不道?"山拟开口,师一桡打落水中。山才上船,师又曰:"道!道!"山拟开口,师又打。山豁然大悟,乃点头三下。师曰:"竿头丝线从君弄,不犯清波意自殊。"山遂问:"抛纶掷钓,师意如何?"师曰:"丝悬渌水,浮定有无之意。"山曰:"语带玄而无路,舌头谈而不谈。"师曰:"钓尽江波,金鳞始遇。"山乃掩耳。师曰:"如是!如是!"遂嘱曰:"汝向去直须藏身处没踪迹,没踪迹处莫藏身。吾三十年在药山,只明斯事。汝今已①得,他后莫住城隍聚落,但向深山里、镢头边,觅取一个半个接续,无令断绝。"山乃辞行,频频回顾。师遂唤:"阇黎!"山乃回首,师竖起桡子曰:"汝将谓别有。"乃覆船入水而逝。

临济玄法嗣

金沙和尚

金沙和尚,僧问:"如何是祖师西来意?"师曰:"听!"曰:"恁么则大众侧聆?"师曰:"十万八千。"

---

① 已:《五灯会元》卷第五《船子德诚禅师》作"既"。

沩山祐法嗣

益州应天和尚

益州应天和尚,僧问:"人人尽有佛性,如何是和尚佛性?"师曰:"汝唤什么作佛性?"曰:"恁么则和尚无佛性也?"师乃叫:"快活!快活!"

大鉴下第六世

夹山会法嗣

嘉州白水禅师

嘉州白水禅师,僧问:"如何是西来意?"师曰:"四溟无窟宅,一滴润乾坤。"问:"曹溪一路,合谈①何事?"师曰:"涧松千载鹤来聚,月中香桂凤凰归。"问:"如何是此经?"师曰:"抛梭石女辽空响,海底泥牛夜叫频。"

---

① 谈:《景德传灯录》卷第十六《嘉州白水寺和尚》作"谭"。

香严闲法嗣

益州南禅无染禅师

益州南禅无染禅师①,僧问:"无句之句,师还答也无?"师曰:"从来只明恁么事。"曰:"毕竟如何?"师曰:"且问看。"

益州长平山和尚

益州长平山和尚,僧问:"视瞬不及处如何?"师曰:"我眨眼也没②工夫。"僧问:"如何是祖师意?"师曰:"西天来,唐土去。"

益州崇福演教禅师

益州崇福演教禅师,僧问:"如何是宽廓之言?"师曰:"无口道得③。"问:"如何是西来意?"师曰:"今日明日。"

---

① 禅师:《景德传灯录》卷第十二《益州南禅无染大师》作"大师"。
② 没:《景德传灯录》卷第十二《益州长平山和尚》作"勿"。
③ 无口道得:《五灯会元》卷第九《崇福演教禅师》作"无口得道"。

投子同法嗣

香山澄照禅师

西川青城香山澄照禅师，僧问："诸佛有难，向火焰里藏身。未审衲僧有难，向什么处藏身？"师曰："水精瓮里著波斯。"问："如何是初生月？"师曰："太①半人不见。"

中梁山遵古禅师

兴元府中梁山遵古禅师，僧问："空劫无人能问法，即今有问法何安？"师曰："大悲菩萨瓮里坐。"问："如何是祖师西来意？"师曰："道士担漏卮②。"

洞山价法嗣

益州北院通禅师

益州北院通禅师，初参夹山，问曰："目前无法，意在目前，不是目前法，非耳目之所到。岂不是和尚语？"山曰："是。"师乃掀倒禅床，叉手而立。山起来打一拄杖，师便下去。

---

① 太：《五灯会元》卷第六《香山澄照禅师》作"大"。
② 漏卮：有漏洞的盛酒器。

次参洞山，山上堂曰："坐断主人公，不落第二见。"师出众曰："须知有一人不合伴。"山曰："犹是第二见。"师便掀倒禅床。山曰："老兄作么生？"师曰："待某甲舌头烂，即向和尚道。"①

后辞洞山，拟入岭。② 山曰："善为！飞猿岭峻好看。"师良久，山召："道③，阇黎！"师应诺。山曰："何不入岭去？"师因有省④，更不入岭。

住后⑤，上堂："诸上座有什么事，出来论量取。若上上根机，不假如斯。若是中下之流，直须刬⑥削门头户底，教索索地，莫教入泥水。第一速须省事，直须无心去。学得千般万般，只成知解，与衲僧门下有什么交涉？"僧问："直须无心学时如何？"师曰："不管系。"问："如何是佛？"师曰："峭壁本无苔，洒墨图斑驳。"问："二龙争珠，谁是得者？"师曰："得者失。"曰："不得者如何⑦？"师曰："还我珠来。"问："如何是清净法身？"师曰："无点污。"问："转不得时如何？"师曰："功不到。"问："如何是大富贵底人？"师曰："如轮王宝藏。"曰："如何是赤穷底人？"师曰："如酒店腰带。"问："水洒不着时如何？"师曰："干剥剥地。"问："一槌便成时如何？"师曰："不是偶然。"问：

---

① 《景德传灯录》卷第十七《益州北院通禅师》此段载于参夹山时。又，《五灯会元》卷第十三《北院通禅师》下注："法眼云：'是他掀倒禅床，何不更去？须待他打一棒了去，意在什么处？'"
② 《景德传灯录》卷第十七《益州北院通禅师》详作："师在洞山随众参请，未契旨。遂辞洞山，拟入岭去。"
③ 道：《景德传灯录》卷第十七《益州北院通禅师》、《五灯会元》卷第十三《北院通禅师》皆作"通"。
④ 师因有省：《景德传灯录》卷第十七《益州北院通禅师》作"师因此醒悟"。
⑤ 住后：《景德传灯录》卷第十七《益州北院通禅师》作"师事于洞山，住后"。
⑥ 刬：《景德传灯录》卷第十七《益州北院通禅师》作"团"。
⑦ 不得者如何：《景德传灯录》卷第十七《益州北院通禅师》作"不失如何"。

"如何是祖师西来意？"师曰："壁上画①枯松，游蜂竞采药。"

灭后谥证真禅师。②

大鉴下第七世

云盖元法嗣

天台山灯禅师

彭州天台灯禅师③，僧问："古佛向什么处去也？"师曰："中央甲第高，岁岁出灵苗。"问："古镜未磨时如何？"师曰："不施功。"曰："磨后如何？"师曰："不照烛。"问："如何是佛？"师曰："红莲座上，不睹天冠。"

洛浦安法嗣

洞溪戒定禅师

嘉州洞溪戒定禅师④，初问洛浦："月树无枝长覆荫，请师直

---

① 画：《景德传灯录》卷第十七《益州北院通禅师》作"尽"。
② 灭后谥证真禅师：《景德传灯录》卷第十七《益州北院通禅师》作"示灭后敕谥证真大师"。
③ 彭州天台灯禅师：《景德传灯录》卷第十七作"彭州天台和尚"。
④ 洞溪戒定禅师：俗姓严，绥山（今四川峨眉山市绥山镇）人。得心印于洛浦元安，后归蜀，居于今洪雅县洞溪山传法。

指妙玄微。"浦曰:"森罗秀处,事不相依;渌水千波,孤峰自异。"师于是领旨。住后,僧问:"蛇师为什么被蛇吞?"师曰:"几度扣门招不出,将身直入里头看。"有官人问:"既是清净伽蓝,为甚打鱼鼓?"师曰:"直须打出青霄外,免见龙门点额人。"

曹山寂法嗣

布水岩和尚①

益州布水岩和尚,僧问:"如何是西来意?"师曰:"一回思著一伤心。"问:"宝剑未磨时如何?"师曰:"用不得。"曰:"磨后如何?"师曰:"触不得。"

蜀川西禅和尚

蜀川西禅和尚,僧问:"佛是摩耶降生,未审和尚是谁家子?"师曰:"水上卓红旗。"问:"三十六路,阿那一路最妙?"师曰:"不出第一手。"曰:"忽遇出时如何②?"师曰:"脊着地也不难。"

---

① 岩:《锦江禅灯目录》作"崖"。
② 忽遇出时如何:《景德传灯录》卷第二十《蜀川西禅和尚》作"忽被出头时如何"。

白马儒法嗣

青剉山如观禅师

兴元府青剉山如观禅师,僧问:"如何是和尚家风?"师曰:"无底篮子拾生菜。"问:"如何是青剉境①?"师曰:"三冬华木秀,九夏雪霜飞。"

岩头豁法嗣

云顶山玄泉彦禅师

云顶山②玄泉彦禅师,僧问:"如何是道中人?"师曰:"日落投孤店。"问:"如何是佛?"师曰:"张家三个儿。"曰:"学人不会。"师曰:"孟仲季③也不会。"问:"如何是声前一句?"师曰:"吽!"曰:"转后如何?"师曰:"是什么?"

---

① 青剉境:《景德传灯录》卷第二十《兴元府青剉山和尚》作"白马境"。
② 云顶山:《五灯会元》卷第七、《景德传灯录》卷第十七均作"怀州"。
③ 孟仲季:古时用孟、仲、季分别称呼兄弟三人,长称孟,次称仲,小称季。

龙牙遁法嗣

西川存禅师

西川存禅师，僧问："学人解问諸讹句，请师举起讶人机。"师曰："巢父不牵牛，许由不洗耳。"问："具足底人来，师还接否？"师便打。

雪峰存法嗣

普通山普明禅师

益州普通山普明禅师，僧问："如何是佛性？"师曰："汝无佛性。"曰："蠢动含灵①皆有佛性，学人为何却无？"师曰："为汝向外求。"问："如何是玄玄之珠？"师曰："者个不是。"曰："如何是玄玄珠？"师曰："失却也。"

太原孚上座

太原孚上座②，初在扬州光孝寺讲《涅槃经》。有禅者阻雪，

---

① 蠢动含灵：犹言一切众生。佛经有云："蠢动含灵，皆有佛性。"
② 太原孚上座：姓氏籍贯不详，然与巴蜀似无关系，通醉将其编入《锦江禅灯》，原因不详。

因往听讲。至三日，因佛性三德法身①，广谈法身妙理，禅者失笑。

师讲罢，请禅者吃茶，白曰："某甲素志狭劣，依文解义，适蒙见笑，且望见教。"禅者曰："实笑座主不识法身。"师曰："如此解脱②，何处不是？"曰："请座主更说一遍。"师曰："法身之理，犹若太虚，竖穷三际，横亘十方，弥纶八极，包括二仪，随缘赴感，靡不周遍。"曰："不道座主说不是，只是说得法身量边事，实未识法身在。"师曰："既然如是，禅德当为我说。"曰："座主还信否？"师曰："焉敢不信？"曰："若如是，座主辍讲旬日，于室内端然静虑，收心摄念，善恶诸缘，一时放却。"

师一依所教，从初夜至五更，闻鼓角声，忽然契悟。便去扣门，禅者曰："阿谁？"师曰："某甲。"禅者咄："教汝传持大教，代佛说法，夜来为什么醉酒卧街？"师曰："禅德自来讲经，将生身父母鼻孔扭捏，从今已去，更不敢如是。"禅者曰："且去，来日相见。"

师遂罢讲，遍历诸方，名闻宇内。尝游渐③中，登径山法会。一日，于大佛殿前，有僧问："上座曾到五台否？"师曰："曾到。"曰："还见文殊么？"师曰："见。"曰："什么处见？"师曰："径山佛殿前见。"其僧后适闽川，举似雪峰，峰曰："何不教伊入岭来。"师闻，乃趣装而迈。初至雪峰，僻院憩锡，因分

---

① 至三日，因佛性三德法身：《五灯会元》卷第七《太原孚上座》作"至三因佛性，三德法身"。
② 解脱：《五灯会元》卷第七《太原孚上座》作"解说"。
③ 渐：《五灯会元》卷第七《太原孚上座》、《景德传灯录》卷第十九《太原孚上座》皆作"浙"。

柑子与僧。长庆问:"什么处将来?"师曰:"岭外将来。"曰:"远涉不易,担负得来。"师曰:"柑子,柑子。"

次日上山,雪峰闻,乃集众。师到法堂,上顾视雪峰,便下看知事。① 明日却上礼拜曰:"某甲昨日触忤和尚。"峰曰:"知是般事便休。"

峰一日见师,乃指日示之,师摇手而出。峰曰:"汝不肯我那!"师曰:"和尚摇头,某甲摆尾,什么处是不肯②?"峰曰:"到处也须讳却。"

一日,众僧晚参,峰在中庭卧。师曰:"五州管内,只有者老和尚较些子。"峰便起去。峰尝问师:"见说临济有三句,是否?"师曰:"是。"曰:"作么生是第一句?"师举目视之。峰曰:"此犹是第二句,如何是第一句?"师叉手而退。自此雪峰深器之。室中印解,师资道契③,更不他游,而掌浴焉。

一日,玄沙上,问讯雪峰,峰曰:"此间有个老鼠子,今在浴室里。"沙曰:"待与和尚勘过。"言讫到浴室,遇师打水。沙曰:"相看上座。"师曰:"已相见了。"沙曰:"什么劫中曾相见?"师曰:"瞌睡作么?"沙却入方丈,白雪峰曰:"已勘破了。"峰曰:"作么生勘伊。"沙举前话,峰曰:"汝着贼也。"鼓山问师:"父母未生时,鼻孔在什么处?"师曰:"老兄先道。"山曰:"如今生也,汝道在什么处?"师不肯。山却问:"作么生?"

---

① 《景德传灯录》卷第十九《太原孚上座》作:"方上参雪峰,礼拜讫,立于座右。雪峰才顾视。师便下看主事。"
② 什么处是不肯:《景德传灯录》卷第十九《太原孚上座》作"什么处不肯和尚"。
③ 契:《景德传灯录》卷第十九《太原孚上座》作"成"。

师曰:"将手中扇子来。"山与扇子,再征前话,师摇扇不对①。山罔测,乃殴师一拳。

鼓山赴大王请,雪峰门送,回至法堂。乃曰:"一只圣箭直射九重城里去也。"师曰:"是伊未在。"峰曰:"渠是彻底人。"师曰:"若不信,待某甲去勘过。"遂趁至中路,便问:"师兄向什么处去?"山曰:"九重城里去。"师曰:"忽遇三军围绕时如何?"山曰:"他家自有通霄路。"师曰:"恁么则离宫失殿去也?"山曰:"何处不称尊!"师拂袖便回。峰问:"如何?"师曰:"好只圣箭,中路折却了也。"遂举前话。峰乃曰:"奴渠语在。"师曰:"者老冻脓犹有乡情在。"师在库前立,有僧问:"如何是触目菩提?"师踢狗子作声走。僧无对。师曰:"小狗子不消一踢。"保福签瓜次,师至,福曰:"道得与汝瓜吃。"师曰:"把将来,福度与一片。"师接得便去。

师不出世,诸方目为太原孚上座,后归②维扬,陈尚书留在宅供养。一日谓尚书曰:"来日讲一遍《大涅槃经》,报答尚书。"书致斋茶毕,师遂升座。良久,挥尺一下曰:"如是我闻。"乃召尚书,书应诺。师曰:"一时拂③在。"便乃脱去。

---

① 师摇扇不对:《景德传灯录》卷第十九《太原孚上座》作"师默置"。
② 后归:《景德传灯录》卷第十九《太原孚上座》作"终于"。
③ 拂:《五灯会元》卷第七《太原孚上座》、《景德传灯录》卷第十九《太原孚上座》皆作"佛"。

鼓山神晏禅师

　　福州鼓山神晏兴圣国师①,大梁李氏子。幼恶荤膻,乐闻钟梵。年十二,造雪岭,朗然符契。②

　　一日,参雪峰。峰知其缘熟,忽起挌住曰:"是什么?"师释然了悟,亦忘其了心,唯举手摇曳而已。峰曰:"子作道理邪?"师曰:"何道理之有!"峰审其悬解,抚而印之。

　　后闽帅常询法要,创鼓山禅苑,请举扬宗旨。上堂,良久曰:"南泉在日,亦有人举。要且不识南泉,即今莫有识南泉者么?试出来,对众验看。"时有僧出,礼拜才起,师曰:"作么生?"僧近前曰:"咨和尚。"师曰:"不才请退。"乃曰:"经有经师,论有论师,律有律师。有函有号,有部有帙,各有人传持。③且佛法是建立教,禅道乃止啼之说,他诸圣出兴,盖④为人心不等,巧开方便,遂有多门。受病⑤不

---

① 神晏兴圣国师:俗姓李,大梁(今河南开封市一带)人,似与巴蜀没有关系,通醉将其编入《锦江禅灯》,原因不详。
② 《景德传灯录》卷第十八《福州鼓山兴圣国师》此句详作:"年十二时,有白气数道腾于所居屋壁。师即挥毫,书其壁曰:'白道从兹速改张,休来显现作妖祥。定祛邪行归真见,必得超凡入圣乡。'题罢,气即随灭。年甫志学,遘疾甚丞。梦神人与药,觉而顿愈。明年又梦梵僧告云:'出家时至矣。'遂依卫州白鹿山规禅师披削,嵩岳受具。谓同学曰:'古德云,白四羯磨后,全体戒定慧,岂准绳而可拘也。'于是杖锡,遍叩禅关,而但记语言,存乎知解。及造雪岭,朗然符契。"
③ 原文缺"有函有号,有部有帙"八字,据《五灯会元》卷第七《鼓山神晏国师》、《景德传灯录》卷第十八《福州鼓山兴圣国师》补。
④ 盖:《五灯会元》卷第七《鼓山神晏国师》作"尽"。
⑤ 病:《五灯会元》卷第七《鼓山神晏国师》、《景德传灯录》卷第十八《福州鼓山兴圣国师》皆作"疾"。

同,处方还异。在有破有,居空叱空。二患既除,中道须遣。鼓山所以道,句不当机,言非展事。承言者丧,滞句者迷,不唱言前,宁谈句后?直至释迦掩室,净名杜口,大士梁时童子,当日一问二问三问,尽有人了也。诸仁者,合作么生?"时有僧出礼拜,师曰:"高声。"问曰:"学人咨和尚。"师喝曰:"出去!"曰:"己事未明,以何为验?"师抗声曰:"你未闻那?"① 其僧再问,师曰:"一点随流,食咸不重。"问:"如何是包尽乾坤底句?"师曰:"近前来!"僧近前,师曰:"钝置杀人。"

大鉴下第八世

青峰楚法嗣

西川灵龛禅师

西川灵龛禅师②,僧问:"如何是诸佛出身处?"师曰:"出处非干佛,春来草自青。"问:"碌碌地时如何?"师曰:"试进一步看。"

---

① 你未闻那:《五灯会元》卷第七《鼓山神晏国师》"你"作"似",《景德传灯录》卷第十八《福州鼓山兴圣国师》作"师抗音,似未闻"。
② 西川灵龛禅师:成都人,从青峰传楚禅师,得其心印后,驻锡峨眉灵岩寺传法。

益州归信禅师

益州净众寺归信禅师，僧问："莲华未出水时如何？"师曰："菡萏①满池流。"曰："出水后如何？"师曰："叶落不知秋。"问："不假浮囊，便登巨海时如何？"师曰："红鹔②飞超三界外，绿毛也解道煎茶。"问："如何是自在底人？"师曰："剑树霜林去便行。"曰："如何是不自在底人？"师曰："释迦在阇黎后。"

玄泉彦法嗣

玄泉二世和尚

怀州玄泉二世和尚，僧问："辞穷理尽时如何？"师曰："不入理，岂同尽。"问："妙有玄珠，如何取得？"师曰："不似摩尼绝影艳，碧眼胡人岂能见？"曰："有口道不得时如何？"师曰："三寸不能齐鼓韵，哑人解唱木人歌。"

---

① 菡萏：荷花的别称，又称莲花，古称芙蓉、菡萏、芙蕖，属睡莲科多年生、水生草本植物。
② 鹔：《景德传灯录》卷第二十三《益州净众寺归信禅师》作"觜"。

罗山闲法嗣

西川定慧禅师

西川定慧禅师①，初参罗山，山问："什么处来？"师曰："远离西蜀，近发开元。"却近前问："即今事作么生？"山揖曰："吃茶去。"师拟议②，山曰："秋气稍热③，去！"师出至法堂，叹曰："我在西蜀峨眉山脚下拾得一只蓬蒿箭，拟拨乱天下。今日打罗山寨，弓折箭尽也。休！休！"乃下参众。

山来日上堂，师出问："豁开户牖，当轩者谁？"山便喝，师无语④。山曰："毛羽未备，且去。"师因而抠衣，久承印记。

后谒台州胜光，光坐次，师直入⑤身边，叉手而立。光问："甚⑥处来？"师曰："犹待答话在。"便出⑦。光拈拂子⑧，趁至僧堂前，见师，乃提起拂子曰："阇黎唤者个作什么？"师曰："敢死喘气。"光低头归方丈。

---

① 西川定慧禅师：《景德传灯录》卷第二十三作"西川慧禅师"。
② 师拟议：《景德传灯录》卷第二十三《西川慧禅师》作"师良久"。
③ 热：《景德传灯录》卷第二十三《西川慧禅师》作"暖"。
④ 无语：《景德传灯录》卷第二十三《西川慧禅师》作"良久"。
⑤ 直入：《景德传灯录》卷第二十三《西川慧禅师》作"直入到"。
⑥ 甚：《景德传灯录》卷第二十三《西川慧禅师》作"什么"。
⑦ 便出：《景德传灯录》卷第二十三《西川慧禅师》作"师便下去"。
⑧ 光拈拂子：《五灯会元》卷第八《西川定慧禅师》、《景德传灯录》卷第二十三《西川慧禅师》皆作"光拈得拂子"。

灌州灵岩和尚[①]

灌州[②]灵岩和尚,僧问:"如何是道中宝?"师曰:"地倾东南,天高西北。"曰:"学人不会。"师曰:"落照机前异。"师颂石巩接三平曰:"解擘当胸箭,因何只半人?为从途路晓,所以不全身。"

芭蕉清法嗣

承天院辞确禅师

彭州承天院辞确禅师,僧问:"学人有一只箭,射即是,不射即是?"师曰:"作么生是阇黎箭?"僧便喝。师曰:"者个是草箭子。"曰:"如何是和尚箭?"师曰:"禁忘[③]须屈指,祷祈便扣牙。"问:"心随万境转,阿那个是转万境底心?"师曰:"嘉州大像古人携[④]。"问:"众罪如霜露,慧日能消除时如何?"师曰:"亭台深夜雨,楼阁静时钟。"曰:"为什么因缘会遇时,果报还自受?"师曰:"管笔能书,片舌解语。"

开堂日,示众:"正令提纲,犹是捏槃造伪。佛法只对,特

---

① 灵岩:《锦江禅灯目录》作"灵严"。
② 灌州:治今四川都江堰市。
③ 忘:《五灯会元》卷第九《承天辞确禅师》作"忌"。
④ 携:《五灯会元》卷第九《承天辞确禅师》作"镌"。

地谩骂①上流。问着即参差,答着即交互,大德拟向什么处下口?然则如是,事无一向,权柄在手,纵夺临机,有疑请问。"僧问:"如何是第一义?"师曰:"群峰穿海去,滴水下岩来。"问:"师唱谁家曲,宗风嗣阿谁?"师曰:"道头会尾,举意知心。"

兴元牛头精禅师

兴元府②牛头山精禅师,僧问:"如何是古佛心?"师曰:"东海浮沤。"曰:"如何领会?"师曰:"秤锤落井。"问:"不居凡圣是什么人?"师曰:"梁朝傅大士③。"曰:"此理如何?"师曰:"楚国孟尝君④。"

觉城院信禅师

益州觉城院信禅师,僧问:"如何是出身一路?"师曰:"三门前。"曰:"如何领会?"师曰:"紧峭草鞋⑤。"

---

① 骂:《五灯会元》卷第九《承天辞确禅师》作"蓦"。
② 兴元府:治今四川广元市。
③ 傅大士(497~569):姓傅名翕,字玄风,号善慧,东阳郡乌伤县(今浙江义乌市)人。中国维摩禅祖师,与达摩、志公共称"梁代三大士"。
④ 孟尝君(?~前279):妫姓,田氏,名文,战国"四公子"之一,以广招宾客、食客三千闻名。
⑤ 紧峭草鞋:即扎紧鞋带,或作"如绑草鞋般严密"。

云门偃法嗣

香林院澄远禅师

　　益州青城香林院澄远禅师，汉州绵竹人①。师初时在众日，普请锄草次。有一僧曰："看！俗家失火。"师曰："那里火？"曰："不见那！"师曰："不见。"曰："者瞎汉。"是时，一众皆言远上座败阙。后明教宽闻举，叹曰："须是我远兄始得。"

　　住后，僧问："美味醍醐，为什么变成毒药？"师曰："导江②纸贵。"问："见色便见心时如何？"师曰："适来什么处去来？"曰："心境俱忘时如何？"师曰："开眼坐睡。"问："北斗里藏身，意旨如何？"师曰："月似弯弓，少雨多风。"问："如何是诸佛心？"师曰："清则始终清。"曰："如何领会？"师曰："莫受人谩好。"问："如何是祖师西来意？"师曰："踏步者谁？"问："如何是和尚妙药？"师曰："不离众味。"曰："吃者如何？"师曰："唛啖③。"问："如何是室内一碗灯？"师曰："三人证龟成鳖。"问："如何是衲衣下事？"师曰："腊月火烧山。"问："大众云集，请师施设。"师曰："三不待两。"问："如何是学人时中事？"师曰："恰恰！"问："如何是玄？"师曰："今日来，明日去。"曰："如何是玄中玄？"师曰："长连床上。"问："如

---

① 汉州绵竹人：《五灯会元》卷第十五《香林澄远禅师》作"汉州绵竹人，姓上官"。绵竹：治今四川绵竹市。
② 导江：即导江县，治今四川都江堰市东南导江。
③ 唛啖：《五灯会元》卷第十五《香林澄远禅师》作"唛啥看"，试尝尝看的意思。

何是香林一脉泉？"师曰："念无间断。"曰："饮者如何？"师曰："随方斗秤。"问："如何是衲僧正眼？"师曰："不分别。"曰："照用事如何？"师曰："行路人失脚。"问："万机俱泯迹，方识本来人时如何？"师曰："清机自显。"曰："恁么则不别人。"师曰："方见本来人。"问："鱼游陆地时如何？"师曰："发言必有后救。"曰："却下碧潭时如何？"师曰："头重尾轻。"问："但有言句尽是宾，如何是主？"师曰："长安城里。"曰："如何领会？"师曰："千家万户。"问："如何是西来的的意？"师曰："坐久成劳。"曰："便回转时如何？"师曰："隋①落深坑。"问："如何是无缝塔？"师曰："合掌当胸。"曰："如何是塔中人？"师曰："露也。"问："教法未来时如何？"师曰："阎罗天子。"曰："来后如何？"师曰："大宋国里。"问："一子出家，九族解脱。目连为什么母入地狱。"师曰："确。"问："如何是平常心？"师曰："早朝不审，晚后珍重。"

　　上堂："是汝诸人，尽是担钵囊，向外行脚，还识得性也未？若识得，试出来道看。若识不得，只是被人热谩将去。且问汝诸人，是汝参学，日久用心，扫地煎茶，游山玩水，汝且订订②，唤什么作自性？诸人且道始终不变不异，无高无下，无好无丑，不生不灭，究竟归于何处？诸人还知得下落所在也未？若于者里知得所在，是诸佛解脱法门，悟道见性，始终不疑不虑，一任横行，一切人不奈汝何。出言吐气，实有来处。如人买田，须是收得元本契书；若不得他元本契书，终是不稳。遮莫经官判状，亦

---

① 隋：《五灯会元》卷第十五《香林澄远禅师》作"堕"。
② 订订：《五灯会元》卷第十五《香林澄远禅师》作"钉钉"。

是不得。其奈不收得元本契书，终是被人夺却。汝等诸人，参禅学道，亦复如是。还有人收得元本契书么？试拈出看。汝且唤什么作元本契书？诸人试道看。若是灵利底，才闻与么说着，便知去处。若不知去处，向外边学得千般巧妙，记持解会，口似倾河，终不究竟，与汝自己天地差殊。且去衣钵下体当寻觅看。若有个见处，上来者里道看，老僧与汝证明。若觅不得，且依行队去。"

将示寂，辞知府宋公珰，曰："老僧行脚去。"通判曰："者僧风狂，八十岁行脚去那里？"宋曰："大善知识，去住自由。"师谓众曰："老僧四十年，方打成一片。"言讫而逝，塔于本山。

荐福承古禅师

饶州荐福承古禅师[①]，操行高洁，禀性虚明。参大光敬玄禅师，乃曰："只是个草里汉。"遂参福严雅和尚，又曰："只是个脱洒衲僧。"由是终日默然，深究先德洪规。一日览云门语，忽然发悟。自此韬藏，不求名闻。栖止云居弘觉禅师塔所，四方学者奔凑，因称古塔主也。

景祐四年，范公仲淹出守鄱阳，闻师道德，请居荐福，开阐宗风。僧问："大善知识将何为人？"师曰："莫。"曰："恁么则有问有答去也？"师曰："莫。"问："青青翠竹尽是真如，郁郁黄花无非般若。如何是般若？"师曰："黄泉无老少。"曰："春来草

---

① 荐福承古禅师：西州（曾指河西、陕西、巴蜀多地，具体地点不详）人，其与巴蜀的关系不能确定。通醉将其编入《锦江禅灯》，当是将"西州"视为巴蜀地区，或者是将其误为"西川"。

自青。"师曰:"声名不朽。"曰:"若然者,碧眼胡僧也皱眉。"师曰:"退后三步。"僧曰:"苦。"师乃吽吽。问:"临济举拂,学人举拳,是同是别?"师曰:"讹言乱众。"曰:"恁么则依令而行也?"师曰:"天涯海角。"问:"一喝分宾主,照用一时行,此意如何?"师曰:"干柴湿茭。"僧便喝。师曰:"红焰炎天。"

上堂:"夫出家者为无为法,无为法中无利益,无功德。近来出家人,贪着福慧,与道全乖。若为福慧,须至明心;若要达道,无汝用心处。所以常劝诸人,莫学佛法,但自休心。利根者画时解脱,钝根者或三五年,远不过十年。若不悟去,老僧与你入拔舌地狱。参!"

双峰竟钦禅师

韶州双峰竟钦禅师,益州人也。① 开堂日,云门和尚躬临证明。僧问:"如何是佛法大意?"师曰:"日出方知天下朗,无油那点佛前灯?"问:"如何是双峰境?"师曰:"夜听水流庵后竹,昼看云起面前山。"问:"如何是和尚为人一句?"师曰:"因风吹火。"

上堂:"进一步则迷理,退一步则失事,饶你一向兀然去,又同无情。"僧问:"如何是②不同无情去?"师曰:"动转施为。"曰:"如何得不迷理失事去?"师曰:"进一步,退一步。"僧作

---

① 《景德传灯录》卷第二十二《韶州双峰山兴福院竟钦和尚》该句后有:"受业于峨眉洞溪山黑水寺。观方慕道,预云门法席,密承指喻。乃开山创院,渐成丛林。"
② 是:《五灯会元》卷第十五《双峰竟钦禅师》作"得"。

礼。师曰:"向来有人恁么会?老僧不肯伊。"曰:"请师直指。"师便打出。问:"如何是正法眼?"师曰:"山河大地。"问:"如何是法王剑?"师曰:"铅刀徒逞,不若龙泉。"曰:"用者如何?"师曰:"藏锋犹不许,露刃更何堪!"问:"宾头卢应供四天下,还得遍也无?"师曰:"如月入水。"问:"如何是用而不杂?"师曰:"明月台前垂玉露,水晶殿里璨真珠。"

有行者问:"某甲遇贼来时,若杀即违佛教,不杀又违王敕。未审师意如何?"师曰:"官不容针,私通车马。"

广主①尝亲问法要,锡②"慧真广悟"号。将示寂,告门人曰③:"吾不久去世,汝可就山顶预修坟塔。"洎工毕,以闻。师曰:"后日子时行矣。"及期,会云门爽和尚等七人夜话,侍者报三更也。师索香焚之,合掌而逝。

青城大面山乘禅师

西川青城大面山乘禅师,僧问:"如何是相轮峰?"师曰:"直耸烟岚际。"曰:"向上事如何?"师曰:"入地三尺五。"问:"如何是佛法大意?"师曰:"兴义门前冬冬鼓。"曰:"学人不会。"师曰:"朝打三千,暮打八百。"

---

① 《景德传灯录》卷第二十二《韶州双峰山兴福院竟钦和尚》该处有"刘氏"二字。
② 锡:通"赐"。
③ 将示寂,告门人曰:《景德传灯录》卷第二十二《韶州双峰山兴福院竟钦和尚》作"至太平兴国二年三月,戒门人曰"。

锦江禅灯卷第三

大鉴下第八世

云门偃法嗣

普通封禅师

兴元府普通封禅师，僧问："今日一会，何似灵山？"师曰："震动乾坤。"问："如何是普通境？"师曰："庭前有竹三冬秀，户内无灯午夜明。"

铁幢觉禅师

益州铁幢觉禅师，僧问："十二时中如何履践？"师曰："光剃头，净洗钵。"问："如何是道？"师曰："踏着。"曰："如何是道中人？"师曰："退后三步。"问："诸佛出世，当为何事？"师曰："截耳卧街。"

福化充禅师

眉州福化充禅师，僧问："如何是大人相？"师曰："山僧者里不曾容易对阇黎。"曰："如何得相承去？"师曰："白云虽有影，绿竹且无阴。"问："天皇也恁么道，龙潭也恁么道，未审和尚作么生道？"师曰："汝试道看。"曰："比来请益，岂无方便？"师曰："将谓是海东舶主，元来是北地番人。"问："如何是佛法大意？"师曰："十字路头华表柱。"曰："学人不会，乞师再指。"师曰："君自行东，我向西。"

眉州黄龙赞禅师

眉州黄龙赞禅师，僧问："如何是和尚关棙子？"师曰："少人踏得着。"曰："忽踏得着时如何？"师曰："汝试进前看。"僧便喝，师便打，问僧："近离甚处？"曰："香林。"师曰："在彼多少时？"曰："六年。"师曰："世尊在雪山六年，证无上菩提。汝在香林六年，成得个什么？"僧无语，师曰："移厨吃饭汉。"

鹿门真法嗣

益州崇真禅师

益州崇真禅师，僧问："如何是禅？"师曰："澄潭钓玉兔。"

曰："如何是道？"师曰："拍手笑清风。"问："如何是大人相？"师曰："泥捏三官①土地堂。"

曹山霞法嗣

嘉州东汀和尚

嘉州东汀和尚，僧问："如何是向②去底人？"师曰："石女③纺麻缕。"曰："如何是却来底人？"师曰："扇车关捩断。"问："遍界是佛身，教某甲什么处立？"师曰："孤峰顶上木人叫，红焰辉中石马嘶。"

云居岳法嗣

梓州龙泉和尚

梓州龙泉和尚，僧问："如何是祖师西来意？"师曰："不在阇黎分上。"问："学人欲跳万丈洪崖时如何？"师曰："扑杀。"

---

① 三官：三官大帝，即天官、地官、水官，亦称"三官"，又称"三元"，为道教较早供祀的神灵。一说天官为唐尧，地官为虞舜，水官为大禹。道经称：天官赐福，地官赦罪，水官解厄。
② 向：《景德传灯录》卷第二十三《嘉州东汀和尚》作"却"。
③ 石女：也称为石芯子，民间一般用该词来称呼先天无法进行性行为的女性。

含珠哲法嗣

龙穴山和尚

　　洋州龙穴山和尚,僧问:"如何是西来意①?"师曰:"骑虎唱巴歌。"问:"既是善知识,为什么却与土地烧钱?"师曰:"彼上人者难为酬对。"

紫陵一法嗣

兴元府大浪和尚

　　兴元府大浪和尚,僧问:"既是活②河神,为什么被水推却?"师曰:"随流始得妙,住岸却成迷。"

---

① 《景德传灯录》卷第二十三《洋州龙穴山和尚》该句作"如何是祖师西来意"。
② 活:《五灯会元》卷第十四《兴元大浪和尚》作"喝"。

大鉴下第九世

黄龙机法嗣

黄龙继达禅师

眉州黄龙继达禅师,僧问:"如何是衲?"师曰:"针去线不回。"曰:"如何是帔?"师曰:"横铺四世界,竖盖一乾坤。"曰:"道满到来时如何?"师曰:"要羹与羹,要饭与饭。"问:"黄龙出世,金翅鸟满空飞时如何?"师曰:"问汝金翅鸟,还得饱也无?"

玄都山澄禅师

兴元府玄都山澄禅师,僧问:"喜得趋方丈,家风事若何?"师曰:"西①风开晓露,明月正当天。"曰:"如何拯济?"师曰:"金鸡楼上一下鼓。"问:"如何是沙门行?"师曰:"一切不如。"

---

① 西:《景德传灯录》卷第二十四《兴元府玄都山澄和尚》作"薰"。

嘉州黑水和尚

嘉州黑水和尚,初参黄龙,便问:"雪覆芦花时如何?"① 龙便打。师于此有省,即便礼拜。

昌福达禅师

眉州昌福达禅师,僧问:"学人来问,师则对。不问时,师意如何?"师曰:"谢师兄指示。"问:"本来则不问,如何是今日事?"师曰:"师兄者问大好!"曰:"学人不会时如何?"师曰:"谩得即得。"问:"国有宝刀,谁人得见?"师曰:"师兄远来不易。"曰:"此刀作何形状?"师曰:"要也道,不要也道。"曰:"请师道?"师曰:"难逢难遇。"问:"石牛水上卧时如何?"师曰:"异中还有异②,妄计不浮沉。"曰:"便恁么去时如何?"师曰:"翅天日落,把土成金。"

---

① 《五灯会元》卷第八《嘉州黑水和尚》此处有:"龙曰:'猛烈。'师曰:'不猛烈。'龙又曰:'猛烈。'师又曰:'不猛烈。'"
② 异中还有异:《景德传灯录》卷第二十四《眉州昌福达和尚》作"异中异"。

大龙洪法嗣

普通从善禅师

兴元府普通院从善禅师，僧问："法轮再转时如何？"师曰："助上座喜。"曰："合谭何事？"师曰："异人掩耳。"曰："便恁么领会时如何？"师曰："错。"问："佩剑叩松关时如何？"师曰："莫乱作。"曰："谁不知有？"师曰："出。"

护国远法嗣

云顶德敷禅师

怀安军①云顶德敷禅师，初参护国，问曰："直截根源佛所印，摘叶寻枝我不能时如何？"国曰："罢攀云树三秋果，休弄碧潭孤月轮。"师乃顿释所疑。

住后，成都帅请就衙升座。有乐营将②出，礼拜起，回顾下马台，曰："一口吸尽西江水即不问，请师吞却阶前下马台。"师展两手唱曰："细抹将来。"营将猛省。

---

① 怀安军：宋乾德三年（965）灭后蜀，五年（967），立怀安军，治金水县（今四川金堂县淮口镇）。隶属西川路，管辖金水、金堂二县。元代至元十三年（1276），于怀安军改置怀州，隶属成都路，二十年（1283），省怀州入金堂县。参《中国古代地名大词典》《金堂县志》。

② 乐营将：旧指乐工或官妓的领班。

石门彻法嗣[①]

承天义勤禅师

嘉州承天义勤禅师，僧问："如何是承天境？"师曰："两江夹却青盲汉，一带山藏赤脚蛮。"问："如何是谛实[②]之言？"师曰："措大巾子黑。"

德山密法嗣

中梁山崇禅师

兴元府中梁山崇禅师，僧问："垂丝千尺，意在深潭时如何？"师曰："红鳞掌上跃。"

东禅秀禅师

益州东禅秀禅师，僧问："既是善神，为什么却被雷打？"师曰："世乱奴欺主，年衰鬼弄人。"问："如何是一代时教？"师曰："多年故纸。"

---

① 彻：《锦江禅灯目录》作"微"。
② 谛实：真实。

乾明居信法嗣

西禅垂白禅师

郫县西禅垂白禅师，僧问："香烟才起，大众云臻①。祖意西来，请师垂示。"师云："心光自照。"僧云："恁么则一句于师亲领得，永镇郫城万古传？"师云："是人有分②。"

双泉宽法嗣

延庆宗本禅师

襄州延庆宗本禅师，僧问："鱼未跳龙门时如何？"师曰："摆手入长安。"曰："跳过后如何？"师曰："长安虽乐，不可久留③。"

香林远法嗣

灌州罗汉和尚

灌州罗汉和尚，僧问："如何是佛？"师曰："牛头阿旁。"

---

① 云臻：比喻众多的人或事物迅速到来。
② 分：通"份"。
③ 《五灯会元》卷第十五《延庆宗本禅师》无"不可久留"四字。

曰："如何是法？"师曰："剑树刀山。"问："如何是佛法大意？"师曰："井中红焰，日里浮沤。"曰："如何领会？"师曰："遥指扶桑日那边。"问："如何是本来心？"师曰："蹉过了也。"①

青城香林信禅师

灌州青城香林信禅师，僧问："觌面②相呈时如何？"师曰："筑着鼻孔。"

妙胜臻法嗣

西川雪峰钦山主

西川雪峰钦山主，上堂："昨日一，今日二，不用思量，快须瞥地。不瞥地，蹉过平生没巴鼻。咄！"

---

① 《景德传灯录》卷第二十四《灌州罗汉和尚》下有："问：'如何是罗汉境？'师曰：'地连香积水，门对圣峰山。'问：'既是罗汉，为什么却受人转动？'师曰：'换却眼睛，转却髑髅。'"
② 觌面：作当面、迎面、见面解。

大鉴下第十世

黄龙达法嗣

眉州黄龙禅师

眉州黄龙禅师①,僧问:"如何是密室?"师曰:"斫不开。"曰:"如何是密室中人?"师曰:"非男女相。"问:"国内按剑者是谁?"师曰:"昌福。"曰:"忽遇尊贵时如何?"师曰:"不遗。"

清凉益法嗣

大梅②慧明禅师

大梅慧明禅师,参法眼得心印。初庵于大梅,有禅者来参。师问:"近离甚处?"曰:"成都。"曰:"上座离成都到此山,则成都少上座,此间剩上座。剩则心外有法,少则心法不周。说得道理即住,不会即去。"僧无对。

---

① 《景德传灯录》卷第二十六《第二世黄龙和尚》该句作"眉州黄龙第二世和尚"。
② 大梅:即今浙江宁波市鄞州区大梅山。位于鄞州区东南四十公里,因山上有大梅树,故名大梅。唐贞元十二年(796),马祖之法嗣法常,自天台山来此栖隐,故后世称之为大梅法常。

梁山缘观法嗣①

梁山岩禅师

鼎州②梁山岩禅师,僧问:"如何是祖师西来意?"师曰:"新罗③附子,蜀地当归。"

石门远法嗣

云顶山鉴禅师④

怀安军云顶山鉴禅师,僧问:"雪点红炉,请师验的。"师曰:"王婆煮𩝐⑤。"曰:"争奈即今何?"师曰:"犹嫌少在。"

清居山升禅师

果州清居山升禅师⑥,僧问:"师唱谁家曲,宗风嗣阿谁?"

---

① 《锦江禅灯目录》无"观"字。
② 鼎州:今湖南省常德市。
③ 新罗:朝鲜半岛国家之一,相传最初由辰韩朴氏家族的朴赫居世创建,公元503年定国号为"新罗"。
④ 山:原作"上",据《锦江禅灯目录》,《五灯会元》卷第十四《云顶鉴禅师》改;《续传灯录》卷第二《云顶鉴禅师》作"怀安军云顶山鉴禅师"。
⑤ 𩝐:古代的一种饼。
⑥ 《续传灯录》卷第二《清居浩升禅师》作"果州清居山浩升禅师"。

师曰:"金鸡啼石户,得意逐波清。"曰:"未审是谁之子?"师曰:"谢汝就门骂詈。"

黑水璟法嗣

黑水义钦禅师

峨眉黑水义钦禅师,上堂,僧出礼拜,师曰:"大地百杂碎。"便下座。

智门祚法嗣

雪窦重显禅师

明州雪窦重显禅师,遂宁府李氏子。依普安院仁铣①上人出家。受具之后,横经讲席,究理穷玄。诘问锋驰,机辩无敌。咸知法器,佥②指南游。首造智门,即伸问曰:"不起一念,云何有过?"门召师近前,师才近前,门以拂子蓦口打。师拟开口,门又打,师豁然开悟。出住翠峰,后迁雪窦。

开堂日,于法座前顾视大众,曰:"若论本分相见,不必高升法座。"遂以手画一画,曰:"诸人随山僧手看,无量诸佛国土

---

① 铣:《续传灯录》卷第二《雪窦重显禅师》作"诜"。
② 佥:都、皆之义。

一时现前。各各子①细观瞻，其或涯际未知，不免拖泥带水。"便升座。上首白椎②罢，有僧方出，师约住曰："如来正法眼藏，委在今日。放行则瓦砾生光，把住则真金失色。权柄在手，杀活临时。其有作者，共相证据。"僧出问："远离翠峰祖席，已临雪窦道场，未审是一是二？"师曰："马无千里谩追风。"曰："恁么则云散家家月？"师曰："龙头蛇尾汉。"问："德山、临济棒喝已彰，和尚如何为人？"师曰："放过一着。"僧拟议，师便喝。僧曰："未审只恁么，别有在？"师曰："射虎不真，徒劳没羽。"问："吹大法螺，击大法鼓，朝宰临筵，如何即是？"师曰："清风来未休。"曰："恁么则得遇于师也？"师曰："一言已出，驷马难追。"僧礼拜，师曰："放过一着。"乃普观大众曰："人天普集，合发明个什么事？焉可互分宾主，驰骋问答，便当宗乘去，广大门风，威德自在，辉腾今古，把定乾坤。千圣只言自知，五乘莫能建立。所以声前悟旨，犹迷顾鉴之端。言下知宗，尚昧识情之表。诸人要知真实相为么？但以上无攀仰，下绝己躬，自然常光现前，个个壁立千仞。还辩明得也无？未辩辩取，未明明取。既辩明得，能截生死流，同据佛祖位。妙圆超悟，正在此时。堪报不报之恩，以助无为之化。"问："如何是佛法大意？"师曰："祥云五色。"曰："学人不会？"师曰："头上漫漫。"问："达磨未来时如何？"师曰："猿啼古木。"曰："来后如何？"师曰："鹤唳青霄。"曰："即今事作么生？"师曰："一不成，二不是。"问："和尚未见智门时如何？"师曰："尔鼻孔在我手里。"

---

① 子：通"仔"，仔细。《续传灯录》卷第二《雪窦重显禅师》"子"作"于"，或误。
② 白椎：亦作"白槌"，佛教仪式，办佛事时由长老持白椎以宣示始终。

曰:"见后如何?"师曰:"穿过髑髅。"

有僧出,礼拜起,曰:"请师答话。"师便棒。僧曰:"岂无方便?"师曰:"罪不重科。"复有一僧出,礼拜起,曰:"请师答话?"师曰:"两重公案。"曰:"请师不答话。"师亦棒。问:"古人道,北斗里藏身,意旨如何?"师曰:"千①闻不如一见。"曰:"此话大行。"师曰:"老鼠衔铁。"问:"古人道,皎皎地绝一丝头。只如山河大地,又且如何?"师曰:"面赤不如语直。"曰:"学人未晓。"师曰:"遍问诸方。"问:"如何是学人自己②?"师曰:"乘槎斫额。"曰:"莫只者便是?"师曰:"浪死虚生。"问:"如何是缘生义?"师曰:"金刚铸铁券。"曰:"学人不会。"师曰:"闹市里牌。"曰:"恁么则行到水穷处,坐看云起时?"师曰:"列下。"问:"四十九年说不尽底,请师说。"师曰:"争之不足。"曰:"谢师答话。"师曰:"铁棒自看。"问:"如何是把定乾坤眼?"师曰:"拈却鼻孔。"曰:"学人不会。"师曰:"一喜一悲。"僧拟议。师曰:"苦。"问:"如何是脱珍御服,著弊垢衣?"师曰:"垂手不垂手。"曰:"乞师方便?"师曰:"左眼挑筋,右眼抉肉。"问:"龙门争进举,那个登科③?"师曰:"重遭点额。"曰:"学人不会。"师曰:"退水藏鳞。"问:"寂寂忘言,谁是得者?"师曰:"卸帽穿云去。"曰:"如何领会?"师曰:"披蓑带雨归。"曰:"三④十年后,此话大行。"师

---

① 千:《续传灯录》卷第二《雪窦重显禅师》作"十"。
② 己:原作"已",据《续传灯录》卷第二《雪窦重显禅师》、《五灯会元》卷第十五《雪窦重显禅师》改。
③ 《续传灯录》卷第二《雪窦重显禅师》该句作"那个是登科"。
④ 三:《续传灯录》卷第二《雪窦重显禅师》作"二"。

曰:"一场酸涩。"问:"坐断毗卢底人,师还接否?"师曰:"殷勤送别潇湘岸。"曰:"怎么则学人罪过?"师曰:"天宽地窄太愁人。"僧礼拜,师曰:"苦屈之词,不妨难吐。"问:"生死到来,如何回避?"师曰:"定花板上。"曰:"莫便是他安身立命处也无?"师曰:"符到奉行。"

上堂,僧问:"如何是吹毛剑?"师曰:"苦。"曰:"还许学人用也无?"师嘘一嘘,乃曰:"大众前共相酬唱,也须是个汉始得。若也未有奔流度刃底眼,不劳拈出。所以道,如大火聚,近著即燎却面门。亦如按太阿宝剑,冲前即丧身失命。"乃曰:"太阿[①]横按祖堂寒,千里应须息万端。莫待冷光轻闪烁。"复云:"看!看!"便下座。

上堂,僧问:"如何是维摩一默?"师曰:"寒山访拾得。"曰:"怎么则入不二之门?"师嘘一嘘,复曰:"维摩大士去何从,千古令人望莫穷。不二法门休更问,夜来明月上孤峰。"[②] 乃曰:"七月七日复相见耳!"至期,盥沐摄衣,北首[③]而逝。塔全身于寺之西坞,赐"明觉大师"。

[①] 太阿:亦作"泰阿",古代名剑。
[②] 《五灯会元》卷第十五《雪窦重显禅师》、《续传灯录》卷第二《雪窦重显禅师》该处复有两段禅语,兹不具引。
[③] 北首:头朝北。古礼,人死入葬,尸体头朝北,故北首为死人之象。

德山远法嗣

大中仁辩禅师

兴元府大中仁辩禅师,僧问:"如何是焦崖境?"师云:"庭前寒柏老,祖意不西来。"僧云:"如何是境中人?"师云:"胡僧深碧眼,跣①足蹑阶②行。"

菩提桂芳禅师

益州菩提桂芳禅师,僧问:"诸佛出世,梵王前引,帝释后随。和尚出世,有何祥瑞?"师曰:"三春万③象妍。"僧云:"学人未晓?"师曰:"溪花红似锦,岸柳绿如蓝。"僧云:"便恁么去时如何?"师曰:"未曾骑竹马,切忌跨金龙。"

---

① 跣:赤脚、光着脚。
② 蹑阶:踩踏台阶。
③ 万:《续传灯录》卷第二《菩提桂芳禅师》作"物"。

大鉴下第十一世

谷隐聪法嗣

永福院延照禅师

彭州永福院延照禅师,僧问:"如何是彭州境?"师曰:"人马合杂。"僧以手作拽弓势,师拈棒。僧拟议,师便打。

永庆光普禅师

果州①永庆光普禅师,初问谷隐:"古人道②,来日大悲院里有斋。意旨如何?"曰:"日出隈阳坐,天寒不举头。"

师入室次,隐曰:"适来因缘,汝作么生会?"师曰:"会则途中受用,不会则世谛流布。"曰:"未在,更道。"师拂袖便出。

住后,僧问:"如何是佛法大意?"师曰:"蜀地用镔铁③。"

---

① 果州:唐武德四年(621)置。因四川南充城西有盛产黄果(广柑)的果山,故定名"果州"。
② 古人道:《天圣广灯录》卷第十八《果州永庆院光普禅师》作"承古有言"。
③ 镔铁:古代的一种钢,把表面磨光再用腐蚀剂处理,可见花纹,又称"宾铁"。

叶县省法嗣

什邡方水禅师

什邡方水禅师，示众云："方水潭中鳖鼻蛇，拟心相向便揄揶。何人拔得蛇头出？"

二百年后，大隋元靖长老著语云："方水潭中鳖鼻蛇。"圆悟勤著语云："云门糊饼赵州茶。"瞎堂远云："摩呢哒哩吽啰咤。"丈雪醉著语云："笑指庭前一树花。"

大阳玄法嗣

罗浮山显如禅师

惠州罗浮山显如禅师，初到大阳，阳问："汝是甚处人？"曰："益州。"阳曰："此去几里？"曰："五千里。"阳曰："你[①]与么来，还曾踏著么？"曰："不曾踏著。"阳曰："汝解腾空那？"曰："不解腾空。"阳曰："争得到者里？"曰："步步不迷方，通身无辨处。"阳曰："汝得超方三昧邪？"曰："圣心不可得，三昧岂彰名！"阳曰："如是！如是！汝应信，此即本体全彰，理事不二，善自护持。"住后僧问："如何是罗浮境？"师曰：

---

① 你：《续传灯录》卷第六《罗浮显如禅师》作"尔"。

"突兀侵天际，巍峨镇海涯。"曰："如何是境中人？"师曰："顶上白云散，足下黑烟生。"

云顶海鹏禅师

怀安军云顶海鹏禅师，僧问："如何是大疑底人？"师曰："毕钵岩中，面面相觑。"曰："如何是不疑底人？"师曰："如是我闻，须弥粉碎。"问："祖意教意，是同是别？"师曰："达磨逢梁武，摩腾遇汉明。"

北塔广法嗣

玉泉承皓禅师

荆门①军玉泉承皓禅师，眉州丹棱王氏子，依大力院出家。登具后游方，参北塔，发明心要，得自在三昧②。制犊鼻裈③，书历代祖师名字。乃曰："唯有文殊、普贤较些子。"且书于带上，故丛林目为皓布裈。

元丰间，首众于襄阳谷隐，有乡僧亦效之。师见而诟曰："汝具何道理，敢以为戏事耶？呕血无及耳。"寻于鹿门如所言而逝。

---

① 门：《续传灯录》卷第五《玉泉承皓禅师》作"州"。
② 得自在三昧：《五灯会元》卷第十五《玉泉承皓禅师》、《续传灯录》卷第五《玉泉承皓禅师》均作"得大自在三昧"。
③ 犊鼻裈：亦作"犊鼻裩"，省作"犊鼻""犊裩"。意为短裤。

张无尽①奉使京西南路，就谒之。致开法于郢州②大阳，时谷隐主者私为之喜。师受请升座曰："某在谷隐十年，不曾饮谷隐一滴水，嚼谷隐一粒米。汝若不会，来大阳，为汝说破。"携拄杖下座，傲然而去。

寻迁玉泉，有示众曰："一夜雨雰③烹，打倒葡萄棚。知事头首，行者人力，拄底拄，撑底撑，撑撑拄拄到天明，依旧可怜生。"自赞："粥稀后坐，床窄先卧。耳聩爱高声，眼昏宜字大。"

冬至示众曰："晷运④推移，布裈赫赤。莫怪不洗，无来换替。"僧入室次，狗子在室中，师叱一声，狗便出去。师曰："狗却会，你却不会。"

师示寂，门人围绕。师笑曰："吾年八十一，老死舁尸⑤出。儿郎齐著力，一年三百六十日。"言毕而逝。

雪窦显法嗣

修撰曾会居士

修撰曾会居士，幼与明觉同舍，及冠异途。天禧间，公守池

---

① 张无尽：指宋朝丞相张商英，因夫人向氏激发，留心佛教内典，号"无尽居士"。
② 郢州：隋以前的郢州一般指后来的鄂州，治所在今武汉市武昌区。南朝宋从荆、湘、江、豫四州析置。隋灭崇，改为鄂州。另一郢州以今湖北钟祥市为治所，西魏始置。故在隋统一前的数十年间，两郢州并存，相去亦不远。钟祥市的郢州，元升为安陆府。
③ 雰：雨雪下得很大的样子。
④ 晷运：指太阳运行。
⑤ 舁尸：抬着尸体。

州。一日会于景德寺。公遂引《中庸》《大学》，参以《楞严》符宗门语句，质明觉。觉曰："者个尚不与教乘合，况《中庸》《大学》邪？学士要径捷理会此事。"乃弹指一下曰："但恁么荐取。"公于言下领旨。

天圣初，公守四明，以书币迎师补雪窦。既至，公曰："某近与清长老商量赵州勘婆子话，未审端的有勘破处也无？"觉曰："清长老道个什么？"公曰："又与么去也。"觉曰："清长老且放过一著，学士还知天下衲僧出者婆子圈繢不得么？"公曰："者里别有个道处，赵州若不勘破婆子，一生受屈。"觉曰："勘破了也。"公大笑。

延庆荣法嗣

圆通居讷禅师

庐山①圆通居讷祖印禅师，梓州②蹇氏子。生而英特，读书过目成诵。③十一出家，十七试《法华》得度。受具后肄业讲肆，耆年多下之。会禅者南游回，力勉其行。于是遍参荆楚间，迄无

---

① 庐山：《续传灯录》卷第六《圆通居讷禅师》作"江州"。
② 梓州：《续传灯录》卷第六《圆通居讷禅师》此后有"中江"二字。
③ 《续传灯录》卷第六《圆通居讷禅师》无此句，另作"初生，有神光满室"。

所得。① 至襄州洞山，留止十年，因读《华严论》有省②。后游庐山，道价日起。由归宗而迁圆通。仁庙闻其名，皇祐初，诏住十方净因禅院。师称目疾，不能奉诏。有旨令举自代，遂举大觉琏应诏。及引对，问佛法大意，称旨。天下贤师知人也。

僧问："祖刹重兴时如何？"师曰："人在破头山。"曰："一朝权在手。"师便打。

梁山岩法嗣

梁山善冀禅师

鼎州梁山善冀禅师，僧问："拨尘见佛时如何？"师曰："莫眼华。"问："和尚几时成佛？"师曰："且莫压良为贱。"曰："为什么不肯承当？"师曰："好事不如无。"师颂《鲁祖面壁③》曰："鲁祖三昧最省力，才见僧来便面壁。若是知心达道人，不

---

① 此句《续传灯录》卷第六《圆通居讷禅师》详作："会有禅者自南方还，称祖道被天下。马大师，什邡人，应般若多罗谶。蜀之豪俊，以经论闻者，如亮公，而亮公弃徒隐西山；如鉴公，而鉴公焚疏钞，称滴水莫敌巨海。师怃然，良久曰：'汝知其说乎？'禅者曰：'我不能知也，子欲知之，何惜一往？'师于是出蜀，放浪荆楚。屡阅寒暑，迄无所得。"
② 此句《续传灯录》卷第六《圆通居讷禅师》详作："读《华严论》至曰：'须弥在大海中，高八万四千由旬，非手足攀揽可及。以明八万四千尘劳山住烦恼大海，众生有能于一切法无思无为，即烦恼自然枯竭。尘劳成一切智之山，烦恼成一切智之海。若更起心思虑即有攀缘，即尘劳愈高烦恼愈深，不能至诸佛智顶。'师即豁然有省，叹曰：'石巩云无下手处，而马祖云旷劫无明今日一切消灭，非虚语也。'"
③ 鲁祖面壁：又称鲁祖家风。鲁祖，指唐代池州鲁祖山之宝云禅师。宝云平日接引学人之作风颇为特殊，若有前来问法者，宝云皆面壁不语，欲令学人自其面壁不语之举动而有所契入，禅林中传为奇特事，而称为鲁祖家风。此一奇特家风，广被南泉普愿以下之禅林古德作为拈评下语之古则公案。见《景德传灯录》卷第七《池州鲁祖山宝云禅师》、《禅苑蒙求》卷上、《五灯会元》卷第三《鲁祖宝云禅师》等。

在扬眉便相悉。"

大鉴下第十二世

琅玡觉法嗣

归宗可宣禅师

江州归宗可宣禅师，汉州人。壮为僧，即出峡依琅玡，一语忽投，群疑顿息。琅玡可之。未几，令分座。

净空居士郭功甫过门问道，与厚。及师领归宗，时功甫任南昌尉。俄郡守恚师不为礼，寋①甚，遂作书寄功甫曰："某世缘尚有六年，奈州主抑逼，当弃余喘，托生公家，愿无见阻。"功甫阅书惊喜，且领之。中夜，其妻梦间见师入其寝，失声曰："此不是和尚来处！"功甫撼而问之，妻详以告。呼灯取书示之，相笑不已。遂孕，及生，乃名宣老。期年记问如昔。至三岁，白云端禅师抵其家。始见之，曰："吾侄来也。"云曰："与和尚相别几年？"宣倒指曰："四年矣。"云曰："甚处相别？"曰："白莲庄上。"云曰："以何为验？"曰："爹爹妈妈明日请和尚斋。"忽闻推车声，云问："门外是什么声？"宣以手作推车势。云曰：

---

① 寋：《五灯会元》卷第十二《归宗可宣禅师》、《续传灯录》卷第七《归宗可宣禅师》作"㩦"。

"过后如何?"曰:"平地两条渠①。"果六周无疾而逝。

浮山远法嗣

玉泉谓芳禅师

荆门军玉泉谓芳禅师,僧问:"从上诸圣,以何法示人?"师拈起拄杖。僧曰:"学人不会?"师曰:"两手分付。"僧拟议,师便打。

称心倧法嗣

慧日尧禅师

彭州慧日尧禅师,僧问:"古者道:'我有一句,待无舌人解语,却向汝道'。未审意旨如何?"师曰:"无影树下好商量。"僧礼拜,师曰:"瓦解冰消。"

---

① 渠:《五灯会元》卷第十二《归宗可宣禅师》作"沟"。

大鉴下第十三世

双峰回法嗣

光国文赞禅师

阆州光国文赞禅师，① 僧问："不二之法，请师速道。"师曰："领。"曰："恁么则人人有分也？"师曰："了！"曰："锦屏天下少，光国世间稀。"师曰："退！"

玉泉谓芳法嗣

延福智兴禅师

安州延福智兴禅师，西川人。出家受具后，即造玉泉芳禅师法席，发明心地。初住渐源，次迁黄梅龙华，晚住延福。

师语不谈玄，行不修洁，身不禀仪，众不喜见。逝后灵异不测，报应如响，缁素追仰，遗体塑饰，祈祷尤盛。

---

① 《续传灯录》卷第十三《光国文赞禅师》此处复有一段禅语："僧问：'如何是佛法大意？'师曰：'祸不单行。'又问：'诸法寂灭相不可以言宣，猊座既登，师如何说？'师曰：'因风吹火，用力不多。'僧云：'恁么则佛佛道同？'师曰：'猫儿带纸帽。'"

芙蓉楷法嗣

丹霞子淳禅师

邓州丹霞子淳禅师，剑州贾氏子，弱冠为僧，彻证于芙蓉之室。

上堂："'乾坤之内，宇宙之间，中有一宝，秘在形山。'肇法师恁么道，只解指踪话迹，且不能拈示于人。丹霞今日擘开宇宙，打破形山，为诸人拈出，具眼者辨取。"以拄杖卓一下，曰："还见么？鹭鸶立雪非同色，明月芦花不似他。"

上堂，举德山示众曰："我宗无语句，实无一法与人。德山恁么说话，可谓是只知入草求人，不觉通身泥水。子细观来，只具一只眼。若是丹霞则不然，我宗有语句，金刀剪不开。深深玄妙旨，玉女夜怀胎。"

上堂："亭亭日午犹亏半，寂寂三更尚未圆。六户不曾知暖意，往来常在月明前。"

上堂："宝月流辉，澄潭布影。水无蘸月之意，月无分照之心。水月两忘，方可称断。所以道，升天底事直须飏却，十成底事直须去却，掷地金声，不须回顾。若能如是，始解向异类中行。诸人到者里，还相委悉么？"良久曰："常行不举人间步，披毛戴角混尘泥。"

僧问："牛头未见四祖时如何？"师曰："金菊乍开蜂竞采。"曰："见后如何？"师曰："苗枯花谢了无依。"

宣和己亥春，示寂，塔全身于洪山之南。

宝峰惟照禅师

洪州宝峰阐提惟照禅师，简州李氏子。幼超迈而恶俗。一日授书，至"性相近也，习相远也"，遽曰："凡圣本一体，以习故差别。我知之矣。"即趯①成都师鹿苑清泰处②。年十九，剃染登具。泰令听《起信》于大慈，师辄归卧。泰诘之，师曰："既称正信大乘，岂言说所能了？"乃虚心游方，谒芙蓉于大洪。尝夜坐阁道，适风雪震薄，闻警盗者传呼过之，随有所得。辞去。

大观中，芙蓉婴难。师自三吴欲趋沂水，仆夫迷道，师举杖击之，忽大悟。叹曰："是地非鳌山也邪？"比至沂，芙蓉望而喜曰："绍隆吾宗，必子数辈矣。"因留，躬耕③湖上累年，智证成就。出领招提，迁甘露、三祖。宣和④壬寅，诏补圆通。弃去，复居泐潭。

上堂："古佛道：'我初成正觉，亲见大地众生悉皆成正觉。'又道⑤：深固幽远，无人能到。囝⑥，没见识汉，好龙头蛇尾。"便下座。

---

① 趯：古通"跃"。《五灯会元》卷第十四《宝峰惟照禅师》、《续传灯录》卷第十二《宝峰惟照禅师》皆作"趋"。
② 《五灯会元》卷第十四《宝峰惟照禅师》、《续传灯录》卷第十二《宝峰惟照禅师》皆无"处"字。
③ 耕：《续传灯录》卷第十二《宝峰惟照禅师》作"畔"。
④ 宣和：原作"宣知"，据《五灯会元》卷第十四《宝峰惟照禅师》、《续传灯录》卷第十二《宝峰惟照禅师》改。
⑤ 又道：《续传灯录》卷第十二《宝峰惟照禅师》作"后来又道"。
⑥ 囝：《五灯会元》卷第十四《宝峰惟照禅师》作"因"。

上堂："过去诸佛已入涅槃了也，汝等诸人，不应追念。未来诸佛未出于世，汝等诸人，不要妄想。正当今日，你①是何人？参！"

上堂："伯夷隘，柳下惠不恭，君子不由也。二边不立，中道不安时作么生？"拈拄杖曰："鸳鸯绣出从君看，不把金针度与人。"

上堂："大②阳门下，妙唱弥高，明月堂前，知音盖寡。不免舟横江渚，棹举清波。唱庆尧年，和清平乐。如斯告报，普请承当。拟议之间，白云万里。"

上堂："本自不生，今亦无灭，是死不得底样子。当处出生，随处灭尽，是活③生受底规模。大丈夫汉，直须处生死流，卧荆棘林，俯仰屈伸，随机施设。能如是也，无量方便，庄严三昧，大解脱门，荡然顿开。其或未然，无量烦恼。一切尘劳，岳立面前，塞却古路。"

上堂："古人道，惰④肢体，黜聪明，离形去智，同于大道⑤。正当怎么时，且道是什么人删《诗》《书》，定《礼》《乐》？还委悉么？《礼》云《礼》云，玉帛云乎哉？《乐》云《乐》云，钟鼓云乎哉？"问："承师有言，云黯黯处，独秀峰挺出，月朦胧里，泓潭水光生。岂不是宝峰境？"师曰："若是宝峰

---

① 你：《续传灯录》卷第十二《宝峰惟照禅师》作"尔"。
② 大：《续传灯录》卷第十二《宝峰惟照禅师》作"太"。
③ 活：《续传灯录》卷第十二《宝峰惟照禅师》作"含"。
④ 惰：《五灯会元》卷第十四《宝峰惟照禅师》、《续传灯录》卷第十二《宝峰惟照禅师》皆作"堕"。
⑤ 道：原作"通"，据《五灯会元》卷第十四《宝峰惟照禅师》、《续传灯录》卷第十二《宝峰惟照禅师》改。

境,凭君子细看。"曰:"如何是境中人?"师曰:"看取令行时。"曰:"只如承言须会,宗勿自立规矩。如何是和尚宗?"师曰:"须知云外千峰上,别有灵松带露寒。"

值雪①,僧问:"祖师西来即不问,时节因缘事若何?"师曰:"一片两片三四片,落在眼中犹不荐。"

建炎二年正月七日,示寂。阇维得设利②如珠琲③,舌齿不坏。塔于寺之西峰。

---

① 值雪:《五灯会元》卷第十四《宝峰惟照禅师》、《续传灯录》卷第十二《宝峰惟照禅师》皆作"雪下"。
② 设:《五灯会元》卷第十四《宝峰惟照禅师》作"舍"。"设利"即"舍利",下同,不另注。
③ 珠琲:珠串。

锦江禅灯卷第四

大鉴下第十三世

芙蓉楷法嗣

石门元易禅师

襄州石门元易禅师,潼川税氏子。

上堂:"十方同聚会,个个学无为。此是选佛场,心空及第归。大众只如闻见觉知未尝有间,作么生说个心空底道理?莫是见而不见,闻而不闻,为之心空邪?错!莫是忘机息虑,万法俱捐,销能所以入玄宗,泯性相而归法界,为之心空邪?错!恁么也不得,不恁么也不得,恁么不恁么总不得。未审毕竟作么生?还会么?"良久曰:"若实无为无不为,天堂地狱长相随。三尺杖子搅黄河,八臂那吒冷眼窥。无限鱼龙尽奔走,捉得循河三脚龟。脱取壳,铁锥锥,吉凶之兆便分辉。借问东村白头老,吉凶未兆若何为?休休休,古往今来春复秋。白日腾腾随分过,更嫌何处不风流。咄!"

上堂:"皓月当空,澄潭无影。紫微转处夕阳辉,彩凤归时天欲晓。碧霄云外，石笋横空。绿水波中，泥牛驾浪。怀胎玉兔，晓过西岑。抱子金鸡，夜栖东岭。于斯明得，始知夜明帘外，别是家风，空王殿中，圣凡绝迹。且道，作么生是夜明帘外事，还委悉么？正值秋风来入户，一声砧杵落谁家？"

僧问："古镜未磨时如何？"师曰："精灵皱眉。"曰："磨后如何？"师曰："波斯弹指。"曰："为什么如此？"师曰："好事不出门。"

绍兴丁丑七月二十五日，坐寂。火后收设利，塔于学射山。

梅山己禅师

潼川梅山己①禅师，僧问："如何是法身边事？"师曰："枯木糁②花不犯春。"曰："如何是法身向上事？"师曰："石女不妆眉。"

天宁齐琏禅师

长安天宁大用齐琏禅师，潼川牟氏子。

上堂："清虚之理，佛祖同归。毕竟无身，圣凡一体。理则如是，满目森罗事作么生？纤尘绝际，渠侬有眼，岂有旁窥？官不容针，私通车马。若到恁么田地，始可随机受用，信手拈来，

---

① 己：原作"已"，据《锦江禅灯目录》与《五灯会元》卷第十四《梅山己禅师》改。
② 糁：同"散"，散落。

妙应无方。当风玄路,直得金针线缝①,缝②脚不彰。玉殿宝阶,珠帘未卷。正当此时,且道是什么人境界?古渡秋风寒飒飒,芦花红蓼满江湾。"

鹿门法灯禅师

襄州鹿门法灯禅师,成都刘氏子,依大慈宝范为僧,俾听《华严》,得其要。弃谒芙蓉,蓉问曰:"如何是空劫已前自己?"师于言下,心迹泯然,从容进曰:"灵然一句超群象,迥出三乘不假修。"蓉抚而印之。

开法鹿门,僧问:"虚玄不犯,宝鉴光寒时如何?"师曰:"掘地深埋。"问:"如何是逍遥物外底人?"师曰:"遍身红烂,不可扶持。"

大洪恩法嗣

大洪守遂禅师

随州大洪守遂禅师,遂宁章氏子。

上堂,召大众:"一拳拳倒黄鹤楼,一踏踏翻鹦鹉洲。惯向高楼骤玉马,曾于急水打金球。然虽恁么,争奈有五色丝条系手脚,三镬金锁锁咽喉,直饶锤碎金锁,割断丝条,须知更有一重

---

① 线缝:《五灯会元》卷第十四《天宁齐琏禅师》作"锦逢"。
② 缝:《五灯会元》卷第十四《天宁齐琏禅师》作"线"。

碍汝在。且道如何是那一重，还会么？善吉、维摩谈不到，目连、鹙子①看如盲。"

上堂，举："李刺史问药山：'何姓？'山曰：'正是时。'李罔测。乃问院主：'某甲适来问长老何姓，答道正是时，的当真姓什么？'主曰：'只是姓韩。'山闻曰：'若六月对他，便道姓热也。'又，岩头问讲僧：'见说大德会教，是否？'曰：'不敢。'岩头举拳曰：'是什么教？'曰：'是权教。'头曰：'苦哉！我若展脚问你，不可道是②脚教也？'"师曰："奇怪二老宿有杀人刀，有活人剑。一转语似石上栽花，一转语似空中挂剑。当时若无后语，达磨一宗扫土而尽。诸人要见二老宿么？宁可截舌，不犯国讳。"

蒋山泉法嗣

清献公赵抃居士

清献公赵抃居士，字悦道，年四十余，摈去声色，系心宗教。会佛慧来居衢之南禅，公日亲之，慧未尝容措一词。

后典青州，政事之余，多宴坐。忽大雷震惊，即契悟，作偈曰："默坐公堂虚隐几，心源不动湛如水。一声霹雳顶门开，唤起从前自家底。"慧闻笑曰："赵悦道撞彩耳。"富郑公③初于宗

---

① 鹙子：梵文 Sariputra 的音译，或译作"鹙鹭子""舍利子"。释迦牟尼的十大弟子之一，持戒多闻，敏捷智慧，善讲佛法，号称"智慧第一"。
② 《续传灯录》卷第十二《大洪山守遂禅师》无"是"字。
③ 富郑公：即富弼，宋时名相。曾封郑国公，故称。

门,未有所趣,公勉之书曰:"伏惟执事,富贵如是之极,道德如是之盛,福寿康宁如是之备,退休闲逸如是之高,其所未甚留意者,如来一大事因缘而已。能专诚求所证悟,则他日为门下贺也。"

公年七十有二,以太子少保致仕而归。亲旧里民,遇之如故。作高斋以自适,题偈见①意曰:"腰佩黄金已退藏,个中消息也寻常。世人欲识高斋老,只是柯村赵四郎。"复曰:"切忌错认。"临薨,遗佛慧书曰:"非师平日②警诲,至此必不得力矣。"慧悼以偈曰:"仕也邦为瑞,归欤世作程。人间金粟去,天上玉楼成。慧剑无纤缺,冰壶彻底清。春风漱水路,孤月照云明。"

法云秀法嗣

慈济聪禅师

兴元府慈济聪禅师,僧问:"如何是道?"师曰:"此去长安三十程③。"曰:"如何是道中人?"师曰:"撞头磕额。"问:"不是风动,不是幡动,未审是什么动?"师曰:"低声!低声!"问:"如何是随色摩尼珠?"师曰:"青青翠竹,郁郁黄花。"曰:"如何是正色?"师曰:"退后!退后!"问:"释迦已灭,弥勒未生,未审谁为导首?"师曰:"铁牛也须汗出。"曰:"莫便是为人处也

---

① 见:《续传灯录》卷第十二《清献赵抃居士》作"是"。
② 曰:《续传灯录》卷第十二《清献赵抃居士》作"昔"。
③ 三十程:《五灯会元》卷第十六《慈济聪禅师》、《续传灯录》卷第十二《慈济聪禅师》皆作"三十七程"。

无?"师曰:"细看前话。"问:"如何是超佛越祖之谈?"师曰:"陕府铁牛。"

上堂:"三乘教典,不是真诠。直指本心,未为极则。若是通方①上士,脱洒高流,出来相见。"乃顾视大众曰:"休。"

上堂:"终日孜孜相为,恰似牵牛上壁。大众,何故如此贪生逐日区区去?唤不回头争奈何!"

上堂:"一即一,二即二,把定要津,何处出气?"拈拄杖曰:"彼自无疮,勿伤之也。"卓一下,下座。

黄龙南法嗣

东林总禅师

江州东林兴龙寺常总照觉禅师,剑州②施氏子。久依黄龙,密授大法厥③旨,出住泐潭,次迁东林,皆符谶记。

僧问:"乾坤之内,宇宙之间,中有一宝,秘在形山。如何是宝?"师曰:"白月现,黑月隐。"曰:"非但闻名,今日亲见。"师曰:"且道宝在什么处?"曰:"古殿户开光灿烂,白莲池畔社中人。"师曰:"别宝还他碧眼胡。"又僧出众提起坐具曰:

---

① 方:《五灯会元》卷第十六《慈济聪禅师》、《续传灯录》卷第十二《慈济聪禅师》皆作"心"。
② 剑州:《五灯会元》卷第十六《东林常总禅师》、《续传灯录》卷第十六《东林常总禅师》皆作"延平"。丈雪通醉在本书《辨讹》一文中写到东林总禅师本剑州施氏子,并指出《五灯会元》误为"延平",然而此处之剑州应为福建南剑州,而非四川剑阁之剑州。
③ 厥:《五灯会元》卷第十六《东林常总禅师》、《续传灯录》卷第十六《东林常总禅师》皆作"决"。

"请师答话。"师曰:"放下著。"僧又作展势,师曰:"收。"曰:"昔年寻剑客,今朝遇作家。"师曰:"者里是什么所在?"僧便喝。师曰:"喝老僧那!"僧又喝,师曰:"放过又争得。"便打。

上堂:"乾坤大地,常演圆音。日月星辰,每谈实相。翻忆先黄龙道,秋雨淋漓,连宵彻曙,点点无私①,不落别处。"复云:"滴穿汝眼睛,浸烂汝鼻孔。东林则不然,终归大海作波涛。"击禅床,下座。

上堂:"老卢不识字,顿明佛意,佛意离文墨故。白兆不识书,圆悟宗乘,宗乘非言诠故。如此老婆心,分明入泥水。今时人犹尚抱②桥柱澡洗,把缆放船。"良久曰:争怪得老僧!"

黄檗胜禅师

瑞州黄檗惟胜真觉禅师,潼川罗氏子。居讲聚时,偶以扇勒窗棂有声,忽忆教中道:"十方共③击鼓,十处一时闻。"因大悟,白本讲。讲令参问,师径往黄龙。后因瑞州太守委龙遴选黄檗主人。龙集众垂语曰:"钟楼上念赞,床脚下种菜。若人道得,乃往住持。"师出答曰:"猛虎当路坐。"龙大悦,遂令师往。由是诸方宗仰之。

上堂:"临济喝,德山棒,留与禅人作榜样④。归宗磨,雪峰

---

① 私:《续传灯录》卷第十六《东林常总禅师》作"弘"。
② 抱:《续传灯录》卷第十六《东林常总禅师》作"把"。
③ 共:《五灯会元》卷第十七《黄檗惟胜禅师》、《续传灯录》卷第十五《黄檗惟胜禅师》均作"俱"。
④ 榜样:《五灯会元》卷第十七《黄檗惟胜禅师》、《续传灯录》卷第十五《黄檗惟胜禅师》均作"模范"。

球,此个门庭接上流。若是黄檗即不然,也无喝,也无棒,亦不推磨,亦不辊球。前面是案山,背后是主山,塞却你眼睛,拶破你面门。于此见得,得不退转地。尽未来际,不向他求。若见不得,醍醐上味,翻成毒药。"

上堂:"寂兮寥兮,蟾蜍皎皎下空谷。宽兮廓兮,曦光赫赫流四海。曹溪路上,剿绝人行,多子塔前,骈阗如市。直饶者里荐得偶傥,分明未是衲僧活计。大丈夫汉,须是向黑暗狱中敲枷打锁,饿鬼队里放火夺浆。推倒慈氏楼,拆①却空王②殿。灵苗瑞草和根拔,满地从教荆棘生。"

福严慈感禅师

南岳福严慈感禅师,潼川杜氏子。上堂:"古佛心,只如今。若不会,苦③沉吟。秋雨微微,秋风飒飒,乍此乍彼,若为酬答。沙岸芦花,青黄交杂。禅者何依?"良久曰:"札!"

云盖守智禅师

潭州云盖守智禅师,剑州④陈氏子。游方至豫章大宁,时法昌遇禅师韬藏西山。师闻其饱参,即之。昌问曰:"汝何所来?"师曰:"大宁。"又问:"三门夜来倒,汝知么?"师愕然,曰:

---

① 拆:《续传灯录》卷第十五《黄蘗惟胜禅师》作"折"。
② 空王:佛的别名,因佛空无一切邪执。
③ 苦:《续传灯录》卷第十五《福严慈感禅师》作"若"。
④ 剑州:此处的剑州应为福建省之南剑州,当非四川省属地。

"不知。"昌曰:"吴中石佛,大有人不曾得见。"师惘然,即展拜。

昌使谒翠岩真禅师,虽久无省①,且不舍寸阴。及谒黄龙于积翠,始尽所疑。后首众石霜,遂开法道吾,徙云盖。

僧问:"有一无弦琴,不是世间木。今朝负上来,请师弹一曲。"师拊膝一下,僧曰:"金风飒飒和清韵,请师方便再垂音。"师曰:"陕府出铁牛。"

上堂:"紧峭离水靴,踏破湖湘月。手把铁蒺藜,打破②龙虎穴。翻身倒上树,始见无生灭。却笑老瞿昙,弹指超弥勒。"

上堂:"昨日高山看钓鱼,步行骑马失却驴。有人拾得骆驼去,重赏千金一也无。若向者里荐得不着,还草鞋钱。"

上堂,举:"赵州问僧:'向什么处去?'曰:'摘茶去。'州曰:'闲。'"师曰:"道着不着,何处摸索?背后龙鳞,面前驴脚。翻身筋斗,孤云野鹤。阿呵呵!"示众:"不离当处常湛然,觅即知君不可见。虽然先圣③恁么道,且作个模子搭却。若也出不得,只抱得古人底。若也出得,方有少分相应。云盖则不然,骑骏马,绕须弥,过山寻蚁迹,能有几人知?"师居院之东堂。④

---

① 虽久无省:《五灯会元》卷第十七《云盖守智禅师》、《续传灯录》卷第十五《云盖守智禅师》均作"虽久之无省"。
② 破:《五灯会元》卷第十七《云盖守智禅师》、《续传灯录》卷第十五《云盖守智禅师》均作"碎"。
③ 圣:《续传灯录》卷第十五《云盖守智禅师》作"德"。
④ 《五灯会元》卷第十七《云盖守智禅师》、《续传灯录》卷第十五《云盖守智禅师》此处复有数句禅语:"政和辛卯,死心谢事黄龙,由湖南入山奉觐,日已夕矣。侍僧通谒,师曳履,且行且语曰:'将烛来,看其面目何似生?'而致名喧宇宙。死心亦绝叫:'把近前来,我要照是真师叔,是假师叔?'即当胸殴一拳,死心曰:'却是真个。'遂作礼,宾主相得欢甚。及死心复领黄龙,至政和甲午示寂时,师住开福得讣,上堂:'法门不幸法幢摧,五蕴山中化作灰。昨夜泥牛通一线,黄龙从此入轮回。'"

灵隐德滋山主

舒州宿松县灵隐德滋山主,蜀人。住院二十年,每日独自上堂:"朝朝相似,日日一般①。只者便是,更莫外求。"

元丰六年十月四日,升堂集众,良久云:"会么。"众无语,俨然而逝。

景福顺禅师

景福顺,西蜀人。得法慧南,然缘薄,所居皆远方小刹。学者过其门,莫能容,顺亦超然自乐,视世境如飞埃过目。寿八十余,坐脱于香城山。

罗汉祖印林法嗣②

富乐智静禅师

绵州富乐智静禅师,僧问:"如何是佛法大意?"师曰:"六耳不同谋。"僧云:"意旨如何?"师曰:"逢人但恁么举。"

---

① 一般:原作"一殿",据《续传灯录》卷第十六《灵隐德滋禅师》改。
② 《锦江禅灯目录》无"罗汉"二字。

大鉴下第十四世

白云端法嗣

五祖法演禅师

蕲州五祖法演禅师，绵州邓氏子。三十五始弃家，祝发受具。往成都习《唯识》《百法论》，因闻菩萨入见道时，智与理冥，境与神会，不分能证所证。西天外道尝难比丘曰："既不分能证所证，却以何为证？"无能对者。外道贬之，令不鸣钟鼓，反披袈裟。三藏奘法师至彼，救此义曰："如人饮水，冷暖自知。"乃通其难。师曰："冷暖则可知矣，作么生是自知底事？"遂质本讲曰："不知自知之理如何？"讲莫疏其问，但诱曰："汝欲明此，当往南方，扣传佛心宗者。"

师即负笈出关。所见尊宿，无不以此咨决，所疑终不破。洎谒圆照本禅师，古今因缘会尽，唯不会"僧问兴化：'四方八面来时如何？'化云：'打中间底。'僧作礼，化云：'我昨日赴个村斋，中途遇一阵卒风暴雨，却向古庙里避得过。'"请益本，本云："此是临济下因缘，须是问他家儿孙始得。"师遂谒浮山远禅师，请益前话。远云："我有个譬喻，说似你。你一似个三家村里卖柴汉子，把个匾担向十字街头，立地问人：'中书堂今日商量什么事？'"师默计云："若如此，大故未在。"远一日，语师曰:"吾老矣,恐虚度子光阴,可往依白云。此老虽后生,吾未识面,但见其颂临济三顿棒话,有过人处。必能了子大事。"师潸然礼辞。

至白云,遂举僧问南泉摩尼珠话请问。云叱之,师领悟。献投机偈曰:"山前一片闲田地,叉手叮咛问祖翁。几度卖来还自买,为怜松竹引清风。"云特印可,令掌磨事。未几,云至,语师曰:"有数禅客自庐山来,皆有悟入处。教伊说,亦说得有来由。举因缘,问伊亦明得。教伊下语亦下得。只是未在。"师于是大疑,私自计曰:"既悟了,说亦说得,明亦明得,如何却未在?"遂参究累日,忽然省悟。从前宝惜①,一时放下。走见白云,云为手舞足蹈,师亦一笑而已。师后曰:"吾因兹出一身白汗,便明得下②载清风。"

云一日示众曰:"古人道,如镜铸像。像成后,镜在什么处?"众下语不契,举以问师。师近前问讯曰:"也不较多。"云笑曰:"须是道者始得。"乃命分座,开示方来。初住四面,迁白云,晚居东山。

僧问:"携筇领众,祖令当行,坐断要津,师意如何?"师曰:"秋风吹渭水,落叶满长安。"曰:"四面无门山岳秀,今朝且得主人归。"师曰:"你道路头在什么处?"曰:"为什么对面不相识?"师曰:"且喜到来。"问:"祖意、教意,是同是别?"师曰:"人贫智短,马瘦毛长。"问:"如何是白云为人亲切处?"师曰:"搊转鼻孔。"曰:"便怎么去时如何?"师曰:"不知痛痒

---

① 宝惜:爱惜、珍惜。
② 下:疑为"千"。

汉。"问："达磨面壁，意旨如何？"师曰："计较未成。"曰："二祖立雪时如何？"师曰："将错就错。"曰："只如断臂安心，又作么生？"师曰："炀帝开汴河。"问："百尺竿头，如何进步？"师曰："快走始得。"问："如何是临济下事？"师曰："五逆闻雷。"曰："如何是云门下事？"师曰："红旗闪烁。"曰："如何是曹洞下事？"师曰："驰书不到家。"曰："如何是沩仰下事？"师曰："断碑横古路。"僧礼拜。师曰："何不问法眼下事？"曰："留与和尚。"师曰："巡人犯夜。"问："如何是白云一滴水？"师曰："打碓打磨。"曰："饮者如何？"师曰："教你无著面处。"问："天下人舌头，尽被白云坐断。白云舌头，什么人坐断？"师曰："东村王大翁。"师乃曰："适来思量得一则因缘，而今早忘了也。却是拄杖子记得。"乃拈拄杖曰："拄杖子也忘了。"遂卓一下曰："同坑无异土。咄！"

上堂："幸然无一事。行脚要参禅，却被禅相恼，不透祖师关。如何是祖师关？把火入牛栏。"

上堂："恁么恁么，鰕跳不出斗；不恁么不恁么，弄巧成拙。软似铁，硬如泥，金刚眼睛十二两。衲僧手里秤头低，有价数，没商量。无鼻孔底将什么闻香？"

上堂："难难几何般①，易易没巴鼻，好好催人老，默默从此得。过者四重关了，泗州人见大圣。参！"

---

① 般：《续传灯录》卷第二十《五祖法演禅师》作"船"。

丹霞淳法嗣

真歇清了禅师

　　真州长芦真歇清了禅师，左绵雍氏子。襁褓，入寺见佛，喜动眉睫。咸异之。年十八，试《法华》得度。往成都大慈习经论，领大意。出蜀至沔汉，扣丹霞之室。霞问："如何是空劫已前自己？"师拟对，霞曰："你闹在，且去！"

　　一日，登钵盂峰，豁然契悟。径归侍立，霞掌曰："将谓你知有。"师欣然拜之。翌日，霞上堂曰："日照孤峰翠，月临溪水寒。祖师玄妙诀，莫向寸心安。"便下座。师直前曰："今日升座，更瞒某不得也。"霞曰："你试举我今日升座看。"师良久，霞曰："将谓你瞥地。"师便出。

　　后游五台，之京师浮汴，直抵长芦谒祖照，一语契投，命为侍者。逾年分座。未几，照称疾退闲，命师继席，学者如归。

　　建炎末，游四明，主补陀台之天封，闽之雪峰。诏住育王，徙温州龙翔，杭之径山。慈宁皇太后命开山皋亭崇先。

　　上堂："我于先师一掌下，伎俩俱尽，觅个开口处不可得。如今还有怎么快活不彻底汉么？若无，衔铁负鞍，各自著便。"

　　上堂："久默斯要，不务速说。释迦老子，待要款曲卖弄，争奈未出母胎，已被人觑破。且道觑破个什么？瞒雪峰不得。"

　　上堂："上孤峰顶，过独木桥，蓦直恁么行，犹是时人脚高脚低处。若见得彻，不出户身遍十方，未入门常在屋里。其或未然，趁凉搬取一转柴。"

上堂："道得第一句，不被拄杖子瞒；识得拄杖子，犹是途路中事。作么生是到地头一句？"

上堂："处处觅不得，只有一处不觅自得。且道是那一处？"良久曰："贼身已露。"

上堂："口边白酥去，始得入门；通身红烂去，方知有门里事，更须知有不出门底。"乃曰："唤什么作门？"僧问："三世诸佛向火焰里转大法轮，还端的也无？"师大笑曰："我却疑着。"曰："和尚为什么却疑著？"师曰："野花香满路，幽鸟不知春。"问："不落风彩，还许转身也无？"师曰："石人行处不同功。"曰："向上事作么生？"师曰："妙在一讴前，岂容千圣眼。"僧礼拜，师曰："只恐不恁么？"

师一日入厨，看煮面次，忽桶底脱。众皆失声曰："可惜许！"师曰："桶底脱自合欢喜，因什么却烦恼？"僧曰："和尚即得？"师曰："灼然，可惜许一桶面。"问僧："你死后烧作灰撒却了，向什么处去？"僧便喝。师曰："好一喝，只是不得翻款。"僧又喝，师曰："公案未圆，更喝始得。"僧无语。师打曰："者死汉。"

上堂："苔封古径，不堕虚凝，雾锁寒林，肯彰风要。钩针稳密，孰云渔父栖巢？匼么承当，自是平常快活，还有具透关眼底么？"良久曰："直饶闻早便归去，争似从来不出门。"

上堂："乍雨乍晴，乍寒乍热，山僧底个，山僧自知。诸人底个,诸以①自说。且道雪峰口除吃饭外,要作什么?"问僧:"琉璃殿上玉女揎梭,明什么边事?"曰:"回互不当机。"师曰:"还有断续也无?"曰:"古今不曾间。"师曰:"正当不曾间时如何?"僧珍重便出。

上堂,撼拄杖曰:"看!看!三千大千世界,一时摇动,云门大师即得,雪峰则不然。"卓拄杖曰:"三千大千世界,向什么处去?还会么?不得重梅雨,秧苗争见青。"

上堂:"幻化空身即法身。"遂作舞云:"见么,见么?怎么见得?过桥村酒美。"又作舞云:"见么,见么?怎么不见?隔岸野花香。"

上堂:"还有不被玄妙污染底么?"良久曰:"者一点,倾四海水,已是洗脱不下。"僧问:"如何是空劫已前自己?"师曰:"白马入芦花。"

上堂:"穷微丧本,体妙失宗。一句截流,渊玄及尽。是以金针密处,不露光铓,玉线通时,潜舒异彩。虽然如是,犹是交互双明。且道巧拙不到,作么生相委?"良久曰:"云萝秀处青阴合,岩树高低翠锁深。"

上堂:"转功就位,是向去底人,玉韫荆山贵。转位就功,是却来底人,红炉片雪春。功位俱转,通身不滞,撒手亡依。石女夜登机,密室无人扫。正怎么时,绝气息一句,作么生相委?"良久曰:"归根风堕叶,照尽月潭空。"师终于皋亭崇先,塔于寺西华桐岛,谥"悟空禅师"。

---

① 以:《续传灯录》卷第十七《长芦清了禅师》作"人"。

石门易法嗣

尼佛通禅师

遂宁府香山尼佛通禅师,因诵《莲经》有省,往见石门,乃曰:"成都吃不得也,遂宁吃不得也。"门拈拄杖打出。通忽悟,曰:"荣者自荣,谢者自谢。秋露春风,好不著便。"门拂袖归方丈,师亦不顾而出。由此道俗景从,得法者众。

大洪遂法嗣

大洪显庆禅师

随州大洪显庆禅师,广安杨氏子。僧问:"须菩提岩中晏坐,帝释雨花。和尚新处洪峰,有何祥瑞?"师曰:"铁牛耕破扶桑国,迸出金乌照海门。"曰:"未审是何宗旨?"师曰:"熨斗煎茶铫不同。"

黄龙心法嗣

三圣继昌禅师

汉州三圣继昌禅师,彭州黎氏子。上堂:"木佛不度火,甘露台前逢达磨。惆怅洛阳人未来，面壁九年空冷坐。金佛不度炉，坐叹劳生走道途。不向华山图上看，岂知潘阆倒骑驴？泥佛不度水，一道灵光照天地。堪羡玄沙老古锥，不要南山要鳖鼻。"

上堂，举赵州访二庵主，师曰："五陵公子争夸富，百衲高僧不厌贫。近来世俗多颠倒，只重衣衫不重人。"

东林总法嗣

内翰苏轼居士

内翰东坡居士苏轼，字子瞻。因宿东林，与照觉论无情话，有省。黎明献偈曰："溪声便是广长舌，山色岂非清净身？夜来八万四千偈，他日如何举似人？"

未几抵荆南，闻玉泉皓禅师机锋不可触，公拟抑之，即微服求见。泉问："尊官高姓？"公曰："姓秤，乃秤天下长老底秤。"泉喝曰："且道者一喝重多少？"公无对，于是尊礼之。

后过金山，有写公照容者，公戏题曰："心似已灰之木，身如不系之舟。问汝平生功业，黄州、惠州、琼州。"

宝峰文法嗣

西蜀广道者

西蜀广道者，住筠阳九峰，为云庵真净之嗣。天资纯至，脱略世故,有《颂赵州勘婆话》曰:"指路婆婆在五台,禅人到此尽痴呆。一拳打破扶桑国,杲日当空照九垓。"

一日,有戒上座者,善于医术。分卫而归,命广说法。戒出,问曰:"如何是九峰境?"答曰:"滔滔双涧水,落落九重山。"进曰:"如何是境中人?"答曰:"长者自长,短者自短。"进曰:"人境已蒙师指示,向上宗乘事若何?"答曰:"吃棒得也未?"戒作礼。

广问侍者曰:"升座为何事?"侍者曰:"戒药王请。"广曰:"金毛师子子,出窟便咆哮。且道金毛师子子是阿谁?"良久云:"即是今晨戒药王。"便下座。

泐潭湛堂准禅师

隆兴府泐潭湛堂文准禅师①,兴元府梁氏子②。初谒真净,净问:"近离甚处?"师曰:"大仰。"净曰:"夏在甚处?"师曰:"大沩③。"净曰:"甚处人?"师曰:"兴元府。"净展手曰:"我手何似佛手?"师罔措④。净曰:"适来只对,一一灵明,一一天真。及乎道个我手何似佛手,便成窒碍。且道病在甚处?⑤"师曰:"某甲不会。"净曰:"一切见成,更教谁会?"师当下释然。

---

① 《续传灯录》卷第二十二《泐潭文准禅师》该句作"泐潭文准禅师"。
② 《续传灯录》卷第二十二《泐潭文准禅师》该句作"兴元府唐固梁氏子"。
③ 大沩:《续传灯录》卷第二十二《泐潭文准禅师》作"沩山"。
④ 措:《续传灯录》卷第二十二《泐潭文准禅师》作"然"。
⑤ 此句《续传灯录》卷第二十二《泐潭文准禅师》作:"适来句句无丝毫差错,灵明天真。才说个佛手,便成隔碍。病在什么处?"

服勤十载，所往必随。①

绍圣三年，真净移石门，众②益盛。凡衲僧③扣问，但瞑目危坐无所示。见来学，则往治蔬圃④，率以为常。师谓同行恭上座曰："老汉无意于法道乎⑤？"一日，举杖决渠，水溅衣，忽大悟。⑥ 净诟曰："此乃敢尔藞苴邪。"自此迹愈晦而名益著。显谟李公景直守豫章，请开法云岩。未几，移居泐潭。

僧问："教意即且置，未审如何是祖意？"师曰："烟村三月里，别是一家春。"问："寒食因悲郭外春，墅田无处不伤神。林间垒垒添新冢，半是去年来哭人。者事且拈放一边，如何是道？"师曰："苍天！苍天！"曰："学人特伸请问？"师曰："十字街头吹尺八，村酸冷酒两三巡。"问："一法若有，毗卢堕在凡夫；万法若无，普贤失却⑦境界。去此二途，请师一决。"师曰："大黄甘草。"曰："此犹是学人疑处。"师曰："放待冷来看。"问："向上一路，千圣不传，未审如何是向上一路？"师曰："行到水穷处，坐看云起时。"曰："为甚不传？"师曰："家家有路透长安。"曰："只如衲僧门下，毕竟作么生？"师曰："放你三十棒。"⑧

---

① 此句《续传灯录》卷第二十二《泐潭文准禅师》作"师服膺，就弟子之列余。十年，所至必随"。
② 众：《续传灯录》卷第二十二《泐潭文准禅师》作"衲子"。
③ 衲僧：《续传灯录》卷第二十二《泐潭文准禅师》作"入室"。
④ 《续传灯录》卷第二十二《泐潭文准禅师》该句作"从园丁壅菜"。
⑤ 《续传灯录》卷第二十二《泐潭文准禅师》该句作："老汉无意于法道乎？莫能测也！"
⑥ 《续传灯录》卷第二十二《泐潭文准禅师》该句作："一日，举杖决渠，水溅衣。因大悟，走叙其事。"
⑦ 却：《五灯会元》卷第十七《泐潭文准禅师》作"其"。
⑧ 《五灯会元》卷第十七《泐潭文准禅师》及《续传灯录》卷第二十二《泐潭文准禅师》尚有数段禅语，兹不具引。

黄檗胜法嗣

昭觉纯白禅师

成都府昭觉纯白绍觉禅师①,上堂:"寒便向火,热即摇扇;饥时吃饭,困来打眠。所以赵州庭前柏,香严岭后松。栽来无别用,只要引清风。且道毕竟事作么生?甲子乙丑海中金②,丙寅丁卯炉中火③。"

仰山伟法嗣

谷隐静显禅师

襄阳谷隐显禅师,生于西蜀安枢密之别业田丁家。南游,参仰山伟公,因致问:"如何是佛向上事?"伟对以"日出东方,夜落西"。显复进语:"东方向上,更望指示!"语未竟,伟便打,于是有省。及住谷隐,以仰山忌日,对灵拈香云:"仰面不见天,低头不见地。不知大仰来不来?一炷旃檀表勤意!"

显为人诚至,道学纯正。安公常携家属致拜,且语人曰:

---

① 《续传灯录》卷第十八《昭觉纯白禅师》该句作"成都府昭觉纯白禅师"。
② 海中金:出自《三命通论》,五行算命中年命的一种,在六十甲子纳音五行中,对应甲子年、乙丑年。即生于甲子年、乙丑年的人,都是"海中金"命。
③ 炉中火:亦出自《三命汇通论》,五行算命中年命的一种,在六十甲子纳音五行中,对应丙寅年、丁卯年。

"不意有一佛出吾家地上。"遂奏"净觉禅师"号,以伸敬焉。盖取其蕴,略其所出,可谓道在一介,则一介重也。

黄龙肃法嗣

月珠祖鉴禅师

嘉定府月珠祖①鉴禅师,僧请笔师语要。师曰:"达磨西来,单传心印。曹溪六祖,不识一字。今日诸方出世,语句如山,重增绳索。"乃拍禅床曰:"于斯荐得,犹是钝根。若也未然,白云深处从君卧,切忌寒猿中夜啼。"

圆照本法嗣

逍遥聪禅师

筠州逍遥聪禅师,绵州盐泉王氏子。幼投剑门慈云海亮禅师出家。年二十三,诵经得度。遂游成都讲肆。舍之南游,遍参尊宿。

末后②,见圆照本于净慈,久而不悟。③一日为僧伽作礼,忽

---

① 祖:《续传灯录》卷第十八《月珠神鉴禅师》作"神"。
② 末后:《续传灯录》卷第十四《逍遥聪禅师》作"至吴越"。
③ 《续传灯录》卷第十四《逍遥聪禅师》此处详作:"本云:'吾昔梦汝甚异,汝不勉则死。'师茫然,不知所谓。常念南岳思大和尚'口吞三世诸佛'语,不去于心。"

洒然①，即上方丈具陈所得。本曰："汝知之矣。吾昔梦汝吞一世界、一剃刀。今汝所悟云然，知汝自今始出家也。"即为升座告众。师服勤久之，后游江西。延住真如、开善、圣寿三刹焉②。

上蓝顺法嗣

参政苏辙居士

参政苏辙居士，字子由。元丰三年，以睢阳从事，左迁瑞州榷筦③之任。是时，洪州上蓝顺禅师与其父文安先生有契，因往访焉，相得欢甚。公咨以心法，顺示搊鼻因缘。已而有省，作偈呈曰："中年闻道觉前非，邂逅相逢老顺师。搊鼻径参真面目，掉头不受别钳锤。枯藤破衲公何事？白酒青盐我是谁？惭愧东轩残月上，一杯甘露滑如饴。"

佛国惟白法嗣

乾明永因禅师

兴元府中梁山乾明永因禅师④，初住法济，僧问："改律为

---

① 忽洒然：《续传灯录》卷第十四《逍遥聪禅师》作"忽洒然而悟"。
② 《续传灯录》卷第十四《逍遥聪禅师》该句作："高安人敬爱之，延住真如、开善、圣寿三刹。"《续传灯录》卷第十四《逍遥聪禅师》另有数段禅语，兹不具引。
③ 榷筦：《续传灯录》卷第十八《苏辙参政》作"摧筦"。
④ 《续传灯录》卷第十九《乾明永因禅师》该处有"本府人"三字。

禅,非无所以?学人上来,乞师便道。"师云:"分明一句,作者犹迷。"僧云:"汉水只应流到海,月轮直上最高峰。"师云:"且得领话。"①

---

① 《续传灯录》卷第十九《乾明永因禅师》另有数段禅语,兹不具引。

锦江禅灯卷第五

大鉴下第十五世

天童觉法嗣

清凉法真禅师

襄州石门清凉法真禅师,剑门人。

上堂:"柳色含烟,春光迥秀;一峰孤峻,万卉争芳。白云淡泞已无心,满目青山元不动。渔翁垂钓,一溪寒雪未曾消;野渡无人,万古碧潭清似镜。宾中有主,拄杖横挑日月轮;主中有宾,踏破草鞋赤脚走。直得宾主互显,杀活自由,理事浑融,正偏不滞。入荒田不拣,信手拈来草。且道如何委悉?尘中虽有隐身术,争似全身入帝乡?"

黄龙新法嗣

九顶寂惺泉禅师

嘉定府九顶寂惺惠泉禅师①，僧问："心迷法华转，心悟转法华。未审意旨如何？"师曰："风暖鸟声碎，日高花影重。"

上堂："昔日云门有三句谓'函盖乾坤句、截断众流句、随波逐浪句'，九顶今日亦有三句，所谓'饥来吃饭句、寒来向火句、困来打睡句'。若以佛法而论，则九顶望云门，直立下风；若以世谛而论，则云门望九顶，直立下风。二语相违，且如何是九顶为人处？"

性空妙普庵主

嘉兴府华亭性空妙普庵主，汉州人。久依死心获证，乃抵秀水，追船子遗风。结茅青龙之野，吹铁笛以自娱。多赋咏，得之者必珍藏。其《山居》曰："心法双忘犹隔妄，色空不二尚余尘。百鸟不来春又过，不知谁是住庵人？"又《警众》曰："学道犹如守禁城，昼防六贼夜惺惺。中军主将能行令，不动干戈治太平。"又曰："不耕而食不蚕衣，物外清闲适圣时。未透祖师关捩子，也须存意着便宜。"又曰："十二时中莫住工，穷来穷去到无穷。

---

① 《续传灯录》卷第二十三《九顶慧泉禅师》此处有"成都张氏子"五字。

直须洞彻无穷底，踏倒须弥第一峰。"

建炎初，徐明叛。道经乌镇，肆杀戮，民多逃亡。师独荷策而往，贼见其伟异，疑必诡伏者。问其来，师曰："吾禅者，欲抵密印寺。"贼怒，欲斩之，师曰："大丈夫，要头便斫取，奚以怒为？吾死必矣，愿得一饭以为送终。"贼奉肉食，师如常斋。出生毕，乃曰："孰当为我文之以祭？"贼笑而不答。师索笔大书曰："呜呼！惟灵劳我以生，则大块之过；役我以寿，则阴阳之失；乏我以贫，则五行不正；困我以命，则时日不吉。吁哉！至哉！赖有出尘之道，悟我之性，与其妙心。与①其妙心，孰与为邻？上同诸佛之真化，下合凡夫之无明。纤尘不动，本自圆成。妙矣哉！妙矣哉！日月未足以为明，乾坤未足以为大。磊磊落落，无挂无碍。六十余年，和风②混俗。四十二腊，逍遥自在。逢人则喜，见佛不拜。笑矣乎！笑矣乎！可惜少年郎，风流太光彩。坦然归去付春风，体似虚空终不坏。尚飨！"遂举箸饫餐，贼徒大笑。食罢，复曰："劫数既遭离乱，我是快活烈汉。如今正好乘时，便请一刀两段。"乃大呼："斩！斩！"贼方骇异，稽首谢过，令卫而出。乌镇之庐舍免焚，实师之惠也，道俗闻之愈敬。有僧睹师《见佛不拜歌》，逆问曰："既见佛，为什么不拜？"师掌之曰："会么？"曰："不会。"师又掌曰："家无二主。"

绍兴庚申冬，造大盆，穴而塞之。修书寄雪窦持禅师，曰："吾将水葬矣。"壬戌岁，持至，见其尚存，作偈嘲之曰："咄哉老性空，刚要喂鱼鳖。去不索性去，只管向人说。"师阅偈，笑

---

① 与：《续传灯录》卷第二十三《性空妙普庵主》作"则"。
② 风：《续传灯录》卷第二十三《性空妙普庵主》作"光"。

曰："待兄来证明耳。"令遍告四众。众集，师为说法要，乃说偈曰："坐脱立亡，不若水葬。一省柴烧，二省开圹。撒手便行，不妨快畅。谁是知音？船子和尚。高风难继百千年，一曲渔歌少人唱。"遂盘坐盆中，顺潮而下。众皆随至海滨，望欲断且，师取塞，屃水而回。众拥观，水无所入。复乘流而往，唱曰："船子当年返故乡，没踪迹处妙难量。真风遍寄知音者，铁笛横吹作散场。"其笛声呜咽，顷于苍茫间，见以笛掷空而没。众号慕，图像事之。后三日，于沙上趺坐如生，道俗争往迎归。留五日，阇维，设利大如菽者莫计。二鹤徘徊空中，火尽始去。众奉设利灵骨，建塔于青龙。

青原信法嗣

正法希明禅师

成都府正法希明禅师，汉州人。

解制，上堂："林叶纷纷落，乾坤报早秋。分明西祖意，何用更驰求？若恁么会得，始信佛祖之道，本自平夷。大解脱门，元无关钥。弥纶宇宙，逼塞虚空。量不可穷，智不能测。若也未明此旨，不达其源，任是百劫熏功，千生炼行，徒自疲苦，了无交涉。若深明此旨，洞达其源，乃知动静施为，经行坐卧，头头合道，念念朝宗。祖不云乎，迷生寂乱，悟无好恶，得失是非，一时放却。如是则谁迷谁悟？谁是谁非？自是诸人，独生异见。观大观小，执有执无，己灵独耀，不肯承当。心月孤圆，自生违背。何异家中舍父,衣内忘珠。致使菩提路上,荆棘成林,解脱空中,迷云蔽日。山僧今日,幸值众僧自恣,化主还山。诸上善人,得得光访,不可缄默。随分葛藤,曲为今时,少开方便。也须是诸人著眼,各自谛观。若更拟议寻思,白云万里。"遂拈拄杖,曰:"于斯明得,灵山一会,俨在目前。其或未然,更待来晨分付。"

兜率悦法嗣

丞相张商英居士

丞相张商英居士,字天觉,号无尽。年十九,应举入京。道由向氏家,向预梦神人报曰:"明日接相公。"凌晨公至,向异之。劳问勤腆,乃曰:"秀才未娶,当以女奉洒㙛①。"公谦辞再三,向曰:"此行若不了当,吾亦不爽前约。"后果及第,乃娶之。

初任主簿,因入僧寺,见藏经梵夹,金字齐整,乃怫然曰:"吾孔圣之书,不如胡人之教,人所仰重。"夜坐书院中,研墨吮笔,凭纸长吟,中夜不眠。向氏呼曰:"官人,夜深何不睡去?"公以前意白之:"正此著《无佛论》。"向应声曰:"既是无佛,何论之有?当须著《有佛论》始得。"公疑其言,遂已之。后访一同列,见佛龛前经卷,乃问曰:"此何书也?"同列曰:"《维摩

---

① 㙛:古同"扫",打扫。

诘所说经》。"公信手开卷，阅到"此病非地大，亦不离地大处"。叹曰："胡人之语，亦能尔耶。"问："此经几卷？"曰："三卷。"乃借归。阅次，向氏问："看何书？"公曰："《维摩诘所说经》。"向曰："可熟读此经，然后著《无佛论》。"公悚然异其言，由是深信佛乘，留心祖道。

元祐六年，为江西漕，首谒东林照觉总禅师。觉诘其所见处，与己符合，乃印可。觉曰："吾有得法弟子住玉溪，乃慈古镜也。亦可与语。"公复因按部过分宁，诸禅迓之。公到，先致敬玉溪慈，① 最后问兜率悦禅师。悦为人短小，闻龚德庄尝言悦聪明②，乃曰："闻公善文章。"悦大笑曰："运使失却一只眼了也。从悦，临济九世孙，对运使论文章，政如运使对从悦论禅也。"公不然其语，乃强屈指曰："是九世也。"问："玉溪去此多少？"曰："三十里。"曰："兜率，聻！"曰："五里。"公乃过兜率。先是说梦，手抟日轮③。觉与首座曰："日轮运转之象，闻张运使过此④，吾当深锥痛劄。若肯回头，则吾门幸事。"座曰："今之士大夫，受人取奉惯，恐其恶发，别生事也。"悦曰："正使烦恼，只退得我院，也别无事。"公与悦语次，称赏东林，悦未肯其说。公乃题寺后《拟瀑轩诗》，其略曰："不向庐山寻落处，象王鼻孔谩辽天。"意讥其不可东林也。公与悦语至更深，论及宗门事，悦曰："东林既印可运使，运使于佛祖言教，有少

---

① 《续传灯录》卷第二十六《丞相张商英居士》此处有"次及诸山"四字。
② 《续传灯录》卷第二十六《丞相张商英居士》此句作"公曾见龚德庄说其聪明可人"。
③ 《续传灯录》卷第二十六《丞相张商英居士》此句作"悦先一夜梦日轮升天，被悦以手搏取。乃说与首座曰"。
④ 《续传灯录》卷第二十六《丞相张商英居士》此句作"日轮运转之义，闻张运使非久过此"。

疑否？"公曰："有。"悦曰："疑何等语？"公曰："疑香严《独脚颂》，德山《托钵话》。"悦曰："既于此有疑，其余安得无耶？只如岩头言末后句，是有耶，是无耶？"公曰："有。"悦大笑，便归方丈，闭却门。公一夜睡不稳，至五更下床，触翻溺器，乃大彻，猛省前话。遂有颂曰："鼓寂钟沉托钵回，岩头一掇语如雷。果然只得三年活，莫是遭他授记来。"遂扣方丈门曰："某已捉得贼也。"悦曰："赃在甚处？"公无语。悦曰："都运且去，来日相见。"翌日，公遂举前颂，悦乃谓曰："参禅只为命根不断，依语生解。如是之说，公已深悟。然至极微细处，使人不觉不知，堕在区宇。"乃作颂证之曰："等闲行处，步步皆如。虽居声色，宁滞有无？一心靡异，万法非殊。休分体用，莫择精粗。临机不碍，应物无拘。是非情尽，凡圣皆除。谁得谁失，何亲何疏？拈头作尾，指实为虚。翻身魔界，转脚邪涂。了无逆顺，不犯工夫。"公邀悦至建昌，途中一一伺察，有十颂叙其事，悦亦有十颂酬之。时元祐八年八月也。

法云杲法嗣

西蜀銮法师

西蜀銮法师，通大小乘。佛照谢事，居景德，师问照曰："禅家言多不根，何也？"照曰："汝习何经论？"曰："诸经粗知，颇通《百法》。"照曰："只如昨日雨今日晴，是什么法中收?"师懵然。照举痒和子①击曰:"莫道禅家所言不根好!"师愤曰:"昨日雨今日晴,毕竟是什么法中收?"照曰:"第二十四时分,不相应法中收。"师恍悟,即礼谢。

后归蜀,居讲会,以直道示徒,不泥名相,而众多引去。遂说偈,罢讲曰:"众卖花兮独卖松,青青颜色不如红。算来终不与时合,归去来兮翠霭中。"由是隐居二十年,道俗追慕,复命演法。笑答偈曰:"遁迹隐高峰,高峰又不容。不如归锦里,依旧卖青松。"众列拜悔过,两川讲者争依之。

泐潭准法嗣

云岩天游禅师

隆兴府云岩典牛天游禅师,成都郑氏子。初试郡庠,复往梓州试,二处皆与贡籍。师不敢承,窜名出关。适会山谷道人西还,因见其风骨不凡,议论超卓,乃同舟而下。竟往庐山,投师剃发,不改旧名。

首参死心不契,遂依湛堂于泐潭。一日,潭普说曰:"诸人苦苦就准上座觅佛法。"遂拊膝曰:"会么?雪上加霜。"又拊膝曰:"若也不会,岂不见乾峰示众曰:'举一不得举二,放过一著,落在第二。'"师闻,脱然颖悟。

出世云盖,次迁云岩。尝和忠道者《牧牛颂》曰:"两角指

---

① 痒和子:即如意。或称和痒子。为辅助搔痒之物,故有此名。

天,四足踏地。拽断鼻绳,牧①甚屎屁。"张无尽见之,甚击节。后退云岩,过庐山。栖贤主翁意不欲纳。乃曰:"老老大大,正是质库中典牛也。"师闻之,述一偈而去,曰:"质库何曾解典牛,只缘价重实难酬。想君本领无多子,毕竟难禁者一头。"因庵于武宁,扁曰:"典牛。"终身不出,涂毒见之,已九十三矣。

上堂,卓拄杖曰:"久雨不晴,斵!金乌飞在钟楼角。"又卓一下曰:"犹在壳。"复卓曰:"一任衲僧名邈。"

上堂:"马祖一唤,百丈蹉过。临济小厮儿,向粪扫堆头,拾得一只破草鞋,胡喝乱喝。"师震声喝曰:"唤作胡喝乱喝得么?"

上堂:"象骨辊球能已尽,玄沙斫牌伎亦穷。还知么?火星入裤口,事出急家门。"

上堂:"三百五百,铜头铁额。木笛横吹,谁家②接拍?"时有僧出,师曰:"也是贼过后张弓。"

上堂:"宝峰有一诀,对众分明说。昨夜三更前,乌龟吞却鳖。"

至节③,上堂:"暑运推移,日南长至。布裈不洗,无来换替④。大小玉泉,无风浪起。云岩路见不平,直下一锤粉碎。"遂高声曰:"看脚下!"

---

① 牧:《续传灯录》卷第二十六《云岩天游禅师》作"放"。
② 家:《续传灯录》卷第二十六《云岩天游禅师》作"来"。
③ 至节:《续传灯录》卷第二十六《云岩天游禅师》作"冬至令节";《续传灯录》中《云岩天游禅师》内容较详,兹不具引。
④ 替:原为"赞",据《续传灯录》卷第二十六《云岩天游禅师》改。

大沩璘法嗣

中岩慧目能禅师

眉州中岩慧目蕴能禅师，本郡吕氏子。年二十二，于村落一富室为校书。偶游山寺，见禅册，阅之似有得。即裂冠圆具，一钵游方。

首参宝胜澄甫禅师，所趣颇异。至荆湖，谒永安喜、真如喆、德山绘，造诣益高。迨抵大沩，沩问："上座桑梓何处？"师曰："西川。"曰："我闻西川有普贤菩萨示现，是否？"师曰："今日得瞻慈相。"曰："白象何在？"师曰："爪牙已具。"曰："还会转身么？"师提坐具，绕禅床一匝。沩曰："不是者个道理。"师趋出。

一日，沩为众入室，问僧："黄巢过后，还有人收得剑么？"僧竖起拳，沩曰："菜刀子。"僧曰："争奈受用不尽。"沩喝出。次问师："黄巢过后，还有人收得剑么？"师亦竖起拳。沩曰："也只是菜刀子？"师曰："杀得人即休。"遂近前，拦胸筑之。沩曰："三十年弄马骑，今日被驴子扑。"

后还蜀，庵于旧址，应四众之请，出住报恩。

上堂："龙济道，万法是心光，诸缘唯性晓。本无迷悟人，只要今日了。"师曰："既无迷悟，了个什么？咄！"

上堂，举："雪峰一日普请搬柴，中路见一僧，遂掷下一段柴，曰：'一大藏教，只说者个。'后来真如喆：'一大藏教，不说者个。'据此二尊宿说话,是同是别?山僧则不然。"竖起拂子曰:"提起则如是我闻,放下则信受奉行。"室中问崇真毡头:"如何是你空劫已前父母?"真领悟曰:"和尚且低声。"遂献《投机颂》曰:"万年仓里曾饥馑,大海中住尽长渴。当初寻时寻不见,如今避时避不得。"师为印可。

一日,与黄提刑奕棋次,黄问:"数局之中,无一局同。千著万著则故是,如何是那一著?"师提起棋子示之,黄伫思。师曰:"不见道,从前十九路迷杀几多人。"

师住持三十余载①,凡说法不许录其语。临终书偈,趺坐而化。阇维时,暴风忽起,烟所至处,皆雨设利。道俗刨其地,皆得之。心舌不坏,塔于本山。

云顶宗印禅师

怀安军云顶宝觉宗印禅师,上堂:"古者道,识得凳②子,周匝有余。又道,识得凳子,天地悬殊。山僧总不恁么,识得凳子,是什么闲家具?"

一日,普说罢,师曰:"诸子莫要散去,更听一颂。"乃曰:"四十九年,一场热哄。八十七春,老汉独弄。谁少谁多?一般作梦。归去来兮,梅梢雪重。"言讫下座,倚杖而逝。

---

① 载:《续传灯录》卷第二十六《中岩蕴能禅师》作"年"。
② 凳:《续传灯录》卷第二十六《云顶宗印禅师》作"橙",当误。

昭觉纯白法嗣

信相宗显禅师

成都府信相宗显正觉禅师,潼川王氏子。少为进士,有声。尝昼掬溪水为戏,至夜思之,遂见水泠然盈室,欲汲之不可,而尘境自空。曰:"吾世网裂矣。"往依昭觉得度,具满分戒,后随众咨参。

觉一日问师:"高高峰顶立,深深海底行,汝作么生会?"师于言下顿悟,曰:"钉杀脚跟也。"觉拈起拂子曰:"者个又作么生?"师一笑而出。服勤七祀,南游至京师,历淮浙。

晚见五祖演和尚于海会,出问:"未知关捩子,谁①过赵州桥?赵州桥即不问,如何是关捩子?"祖曰:"汝且在门外立。"师进步,一踏而退。祖曰:"许多时茶饭,元来也有人知滋味。"明日入室,祖曰:"你便是昨日问话底僧否?我固知你见处,只是未过得白云关在。"师珍重,便出。时圆悟为侍者,师以白云关意扣之。悟曰:"你但直下会取。"师笑曰:"我不是不会,只是未谐。待见者老汉,共伊理会一上。"明日,祖往舒城,师与悟继往,适会于兴化。祖问师:"记得曾在郡里相见来?"师曰:"全火只候。"祖顾悟曰:"者汉饶舌!"自是机缘相契。游庐阜回,师以"高高峰顶立,深深海底行"所得之语告五祖。祖曰:

---

① 谁:《续传灯录》卷第二十六《信相宗显禅师》作"难"。

"吾尝以此事诘先师,先师云:'我曾问远和尚,远曰猫有歃血之功,虎有起尸之德。非素达本源,不能到也。'"师给侍之久,祖钟爱之。后辞西归,为小参,复以颂送曰:"离乡四十余年,一时忘却蜀语。禅人回到成都,切须记取鲁语。"时觉尚无恙,师再侍之,名声蔼著。遂出住长松,迁保福信相。

僧问:"三世诸佛,六代祖师,总出者圈缋①不得。如何是者圈缋?"师曰:"井栏唇。"

上堂,举:"仰山问中邑:'如何是佛性义?'邑曰:'我与你说个譬喻,汝便会也。譬如一室有六窗,内有一猕猴,外有猕猴从东边唤猩猩,猕猴即应。如是六窗,俱唤俱应。'仰乃礼拜:'适蒙和尚指示,某有个疑处。'邑曰:'你有什么疑?'仰曰:'只如内猕猴睡着时,外猕猴欲与相见,又作么生?'邑下禅床,执仰山手曰:'猩猩与你相见了!'"师曰:"诸人要见二老么?我也与你说个譬喻,中邑大似个金师,仰山将一块金来,使金师酬价,金师亦尽价相酬。临成交易,卖金底更与贴秤。金师虽然暗喜,心中未免偷疑。何故?若非细作,定是贼赃。"便下座。

俨首座法嗣

天宁则禅师

潼川天宁则禅师,早业儒,词章婉缛。既从释,得法于俨首

---

① 缋:《续传灯录》卷第二十六《信相宗显禅师》作"襀"。

座,而为黄檗胜之孙。有《牧牛颂》,寄以《满庭芳》调曰:"咄!者牛儿,身强力健,几人能解牵骑?为贪原上绿草嫩离离,只管寻芳逐翠奔驰。后不顾倾危,争知道山遥水远?回首到家迟。牧童今有智,长绳牢把,短杖高提。入泥入水,终是不生疲。直待心调步稳,青松下孤笛横吹。当归去,人牛不见,正是月明时。"世以禅语为词,意句圆美,无出此右。或讥其徒以不正之声,混伤宗教。然有乐于讴吟,则因而见道,亦不失为善巧方便随机设化之一端耳。

浮山真法嗣

灵岩徽禅师

峨眉灵岩徽禅师,僧问:"文殊是七佛之师,未审谁是文殊之师?"师曰:"金沙滩头马郎妇。"

信相显法嗣

金纯文禅师

成都府金纯文禅师①,僧问:"如何是大道之源?"师曰:"黄河九曲。"曰:"如何是不犯之令?"师曰:"铁蛇钻不入。"

---

① 《续传灯录》卷第三十《金绳文禅师》该句作"成都府金绳文禅师"。

僧拟议，师便打。

五祖演法嗣

昭觉勤禅师

　　成都府昭觉寺克勤佛果禅师，彭州骆氏子，世宗儒。师儿时，日记千言。偶游妙寂寺，见佛书，三复怅然，如获旧物。① 即去家，依自省祝发，从文照通讲训②，又从敏行授《楞严》。俄得病，濒死，叹曰："诸佛涅槃正路不在文句中，吾欲以声求色见，宜其无以死也。"遂弃去。

　　至真觉胜禅师之席，胜方创臂出血，指示师曰："此曹溪一滴也。"师矍然，良久曰："道固如是乎？"即徙③步出蜀，首谒玉泉皓，次依金銮信、大沩喆、黄龙心、东林度，金指为法器，而晦堂称："他日临济一脉属子矣。"最后见五祖，尽其机用，祖皆不诺。乃谓"祖强移换人"，出不逊语，忿然而去。祖曰："待你著一顿热病打时，方思量我在。"

　　师到金山，染伤寒困极，以平日见处试之，无得力者。追绎五祖之言，乃自誓曰："我病稍间，即归五祖。"病痊寻归，祖一见而喜，令即参堂，便入侍者寮。

　　方半月，会部使④解印还蜀，诣祖问道。祖曰："提刑少年，

---

① 《续传灯录》卷第二十五《昭觉克勤禅师》此处有："曰：'予殆过去沙门也。'"
② 训：《续传灯录》卷第二十五《昭觉克勤禅师》作"说"。
③ 徙：《五灯全书》卷第四十二《昭觉佛果克勤禅师》作"徒"。
④ 使：《续传灯录》卷第二十五《昭觉克勤禅师》作"使者"。

曾读小艳诗否？有两句颇相近：频呼小玉元无事，只要檀郎①认得声。"提刑应："喏，喏。"祖曰："且子细。"师适归，侍立次，问曰："闻和尚举小艳诗，提刑会否？"祖曰："他只认得声。"师曰："只要檀郎认得声。他既认得声，为什么却不是？"祖曰："如何是祖师西来意？庭前柏树子。聻！"师忽有省，遽出，见鸡飞上阑干，鼓翅而鸣。复自谓曰："此岂不是声？"遂袖香入室，通所得，呈偈曰："金鸭香销锦绣帏，笙歌丛里醉扶归。少年一段风流事，只许佳人独自知。"祖曰："佛祖大事，非小根劣器所能造诣，吾助汝喜。"祖遍谓山中耆旧曰："我侍者参得禅也。"由此，所至推为上首。

崇宁中，还里省亲，四众迓拜。成都帅翰林郭公之②章，请开法六祖，更昭觉。政和间谢事，复出峡南游。时张无尽寓荆南，以道学自居，少见推许。师舣舟谒之，剧谈《华严》旨要曰："华严现量境界，理事全真，初无假法。所以即一而万，了万为一。一复一，万复万，浩然莫穷。心佛众生，三③无差别。卷舒自在，无碍圆融。此虽极则，终是无风匝匝之波。"公于是不觉促榻。师遂问曰："到此与祖师西来意，为同为别？"公曰："同矣。"师曰："且得没交涉。"公色为之愠。师曰："不见云门道：'山河大地，无丝毫过患，犹是转句。直得不见一色，始是半提。更须知有向上全提时节。'彼德山、临济，岂非全提乎？"

---

① 郎：原作"那"，据《五灯会元》卷第十九《昭觉克勤禅师》、《续传灯录》卷第二十五《昭觉克勤禅师》改。
② 之：《五灯会元》卷第十九《昭觉克勤禅师》、《续传灯录》卷第二十五《昭觉克勤禅师》作"知"。
③ 三：《五灯会元》卷第十九《昭觉克勤禅师》作"一二"。

公乃首肯。

翌日，复举："事法界、理法界，至理事无碍法界。"师又问："此可说禅乎？"公曰："正好说禅也。"师笑曰："不然，正是法界量里在。盖法界量未灭，若到事事无碍法界，法界量灭，始好说禅。如何是佛？干屎橛。如何是佛？麻三斤。是故真净偈曰：'事事无碍，如意自在。手把猪头，口诵净戒。趁出淫坊，未还酒债。十字街头，解开布袋。'"公曰："美哉之论，岂易得闻乎！"于是以师礼，留居碧岩，复徙道林。枢密邓公子常奏赐紫服师号。诏住金陵蒋山，学者无地以容。敕补天宁万寿，上召见，褒宠甚渥。

建炎初，又迁金山，适驾幸维杨，入对，赐"圆悟禅师"，改云居。久之，复领昭觉。

僧问："云门道须弥山，意旨如何？"师曰："推不向前，约不退后。"曰："未审还有过也无？"师曰："坐却舌头。"问："法不孤起，仗境方生。"提坐具曰："者个是境，那个是法？"师曰："却被阇黎夺却枪。"问："古人道，梛栗横担不顾①人，直入千峰万峰去。未审那里是他②住处？"师曰："腾蛇缠足，路布绕身。"曰："朝看云片片，暮听水潺潺。"师曰："却须截断始得。"曰："此回不是梦，真个到庐山。"师曰："高著眼。"问："猿抱子归青嶂后，鸟啼③花落碧岩前。此是和尚旧时安身立命

---

① 顾：《五灯会元》卷第十九《昭觉克勤禅师》、《续传灯录》卷第二十五《昭觉克勤禅师》作"潺"。
② 他：《五灯会元》卷第十九《昭觉克勤禅师》作"佗"。
③ 啼：《五灯会元》卷第十九《昭觉克勤禅师》、《续传灯录》卷第二十五《昭觉克勤禅师》作"衔"。

处,如何是道林境?"师曰:"寺门高开洞庭野,殿脚插入赤沙湖。"曰:"如何是境中人?"师曰:"僧宝人人沧海珠。"曰:"此是杜工部底,作么生是和尚底?"师曰:"且莫乱道。"① 问:"有句无句,如藤倚树。如何得透脱?"师曰:"倚天长剑逼人寒。"曰:"只如树倒藤枯,沩山为什么呵呵大笑?"师曰:"爱他底,著他底。"曰:"忽被学人掀倒禅床,拗折拄杖,又作个什么伎俩?"师曰:"也是贼过后张弓。"问:"明历历,露堂堂,因什么乾坤收不得?"师曰:"金刚手里八棱棒。"曰:"忽然一唤便回,还当得活也无?"师曰:"鹙子、目连无奈何。"曰:"不落照,不落用,如何商量?"师曰:"放下云头。"曰:"忽遇其中人时如何?"师曰:"骑佛殿,出山门。"曰:"万象不来渠独语,教谁招手上高峰?"师曰:"错下名言。"

上堂:"通身是眼见不及,通身是耳闻不彻,通身是口说不着,通身是心鉴不出。直饶尽大地明得,无丝毫透漏,犹在半途,据令全提。且道如何展演? 域中日月纵横挂,一亘晴空万古春。"②

绍兴五年八月③,示微恙,跌坐,书偈遗众,投笔而逝。茶毗舌齿不坏,设利五色无数。塔于昭觉寺之侧,谥"真觉禅师"。

---

① 《续传灯录》卷第二十五《昭觉克勤禅师》此处下有:"曰:'如何是夺人不夺境?'师曰:'山僧有眼不曾见。'曰:'如何是夺境不夺人?'师曰:'阇梨问得自然亲。'曰:'如何是人境俱夺?'师曰:'收。'曰:'如何人境俱不夺?'师曰:'放。'"
② 《续传灯录》卷第二十五《昭觉克勤禅师》该处尚有数段禅语,兹不具引。
③ 《五灯会元》卷第十九《昭觉克勤禅师》、《续传灯录》卷第二十五《昭觉克勤禅师》此处有"己酉"两字。

龙门远禅师

　　舒州龙门清远佛眼禅师，临邛李氏子。严正寡言，十四圆具①。后因读《法华经》，至"是法非思量分别之所能解"，持以问讲师。讲师莫能答。师叹曰："义学名相，非所以了生死大事。"遂卷衣南游，造舒州太平演禅师法席。因丐于庐州，偶仆地②，烦懑间，闻二人交相恶骂，谏者曰："你犹是③烦恼在。"师于言下有省。

　　及归，凡有所问，演即曰："我不如你，你自会得好。"或曰："我不会，我不如你。"师愈疑，遂咨决于元礼首座。礼乃以手引师之耳，绕炉④数匝。且行且语曰："你自会得好。"师曰："有冀开发，乃尔相戏耶。"礼曰："你他后悟去，方知今日曲折耳！"太平将迁海会，师慨然曰："我持钵方归复参，随往一荒院，安能究决己事耶？"

　　遂作偈告辞，之蒋山坐夏。邂逅灵源禅师，日益厚善。从容言话间，师曰："比见都下一尊宿语句似有缘。"灵源曰："演公天下第一等宗师，何故舍而事远游？所谓有缘者，盖知解之师，

---

① 《五灯会元》卷第十九《龙门清远禅师》、《续传灯录》卷第二十五《龙门清远禅师》此处有："依毗尼究其说"六字。
② 《五灯会元》卷第十九《龙门清远禅师》、《续传灯录》卷第二十五《龙门清远禅师》该句作："偶两足跌仆地"。
③ 是：《五灯会元》卷第十九《龙门清远禅师》、《续传灯录》卷第二十五《龙门清远禅师》作"自"。
④ 炉：《五灯会元》卷第十九《龙门清远禅师》、《续传灯录》卷第二十五《龙门清远禅师》作"围炉"。

与公初心相应耳。"师从所勉,径趋海会,后命典谒。适寒夜孤坐,拨炉见火一豆许,恍然自喜曰:"深深拨,有些子,平生事只如此。"遽起阅几上《传灯录》,至破灶堕因缘,忽大悟。作偈曰:"刀刀林鸟啼,披衣终夜坐。拨火悟平生,穷神归破堕。事皎人自迷,曲淡谁能和?念之永不忘,门开少人过。"

圆悟因诣其寮,举青林搬土话验之,且谓:"古今无人出得,你如何会?"师曰:"有甚难①?"悟曰:"只如他道,铁轮天子寰中旨,意作么生?"师曰:"我道帝释宫中放赦书。"悟退,语人曰:"且喜远兄便有活人句也。"自是隐居四面大中庵,属天下一新崇宁万寿寺。舒守王公涣之,命师开法,次补龙门,道望尤振。后迁和之褒禅,枢密邓公洵武奏赐师号紫衣。

上堂:"台山路上,过客全稀。破灶堂前,感恩无地。雪埋庭柏,冰锁偃溪。虽在南方火炉头,不入他家齑瓮里。看!看!腊月三十日,便是孟春犹寒。你等诸人,各须努力向前,切忌自生退屈!"②

---

① 有甚难:《五灯会元》卷第十九《龙门清远禅师》、《续传灯录》卷第二十五《龙门清远禅师》作"也有甚难"。
② 《五灯会元》卷第十九《龙门清远禅师》、《续传灯录》卷第二十五《龙门清远禅师》以下尚有数段禅语,兹不具引。

锦江禅灯卷第六

大鉴下第十五世

五祖演法嗣

大随元静禅师

彭州大随南堂元静禅师,① 阆之玉山大儒赵公约仲之子。十岁病甚，母②祷之，感异梦，舍令出家。师于③成都大慈宝生院宗裔。元祐三年，通经得度。留讲聚有年，而南下。首参永安恩禅师，于临济三顿棒话发明。次依诸名宿，无有当意者。

闻五祖机峻，欲抑之，遂谒祖。祖乃曰："我此间不比诸方，凡于室中，不要汝进前退后，竖指擎拳，绕禅床，作女人拜，提起坐具，千般伎俩。只要你一言谛当，便是汝见处。"师茫然退，参三载。

---

① 《五灯会元》卷第十九《大随元静禅师》、《续传灯录》卷第二十五《大随元静禅师》该处均有"后名道兴"四字。
② 母：原作"每"，不通，据《五灯会元》卷第十九《大随元静禅师》、《续传灯录》卷第二十五《大随元静禅师》改。
③ 《五灯会元》卷第十九《大随元静禅师》、《续传灯录》卷第二十五《大随元静禅师》该处均无"于"字。

一日，入室罢，祖谓曰："子所下语，已得十分，试更与我说看。"师即剖而陈之。祖曰："说亦说得十分，更与我断看。"师随所问而判之。祖曰："好即好，只是未曾得老僧说话在。斋后可来祖师塔所，与汝一一按过始得。"及至①，祖便以"即心即佛，非心非佛，睦州担板汉，南泉斩猫儿，赵州狗子无佛性、有佛性"之语编辟之，其所对了无凝滞。至子胡狗话，祖遽转面曰："不是！"师曰："不是却如何？"祖曰："此不是，则和前面皆不是。"师曰："望和尚慈悲指示。"祖曰："看他道，子胡有一狗，上取人头，中取人腰，下取人脚。入门者好看。才见僧入门，便道：'看狗'。向子胡道，看狗处下一转语，教子胡结舌，老僧钤口，便是你了当处。"

　　次日入室，师默启其说。祖笑曰："不道你不是千了百当底人，此语只似先师下底语。"师曰："某何人，得似端和尚！"祖曰："不然，老僧虽承嗣他，谓他语拙，盖只用远录公手段接人故也。如老僧共远录公，便与百丈、黄檗、南泉、赵州辈把手共行，才见语拙即不堪。"师以为不然。乃曳杖渡江，适大水泛涨，因留。四祖侪辈挽其归。又二年，祖方许可。尝商略古今次，执师手曰："得汝说须是我举，得汝举须是我说。而今而后，佛祖秘要，诸方关键，无逃子掌握矣。"遂创南堂以居之，于是名冠寰海。成都帅席公旦请开法嘉祐，未几徙昭觉，迁能仁及大随。

　　上堂："君王了了，将帅惺惺。一回得胜，六国平宁。"

　　上堂，举："临济参黄檗之语，白云端和尚颂云：'一拳拳倒

---

① 《五灯会元》卷第十九《大随元静禅师》、《续传灯录》卷第二十五《大随元静禅师》该处均有"彼"字。

黄鹤楼，一趯趯翻鹦鹉洲，有意气时添意气，不风流处也风流。'"师曰："大随即不然，行年七十老踵踵，眼目精明耳不聋。忽地有人欺负我，一拳打倒过关东。"

上堂，问答已，乃曰："有祖已来，时人错会，只将言句以为禅道。殊不知道本无体，因体而得名；道本无名，因名而立号。只如适来上座，才怎么出来，便怎么归众。且道具眼不具眼？若道具眼，才怎么出来，眼在怎么处？若道不具眼，争合便怎么去？诸仁者，于此见得倜傥分明，则知二祖礼拜，依位而立，真得其髓。只者些子是三世诸佛命根，六代祖师命脉，天下老和尚安身立命处。虽然如是，须是亲到始得。"

无为宗泰禅师

汉洲无为宗泰禅师，涪城人。自出关，遍游丛社。至五祖，告香日，祖举"赵州洗钵盂话"俾参。洎入室，举此话问师："你道赵州向伊道什么？者僧便悟去。"师曰："洗钵盂去。謦！"祖曰："你只知路上事，不知路上滋味。"师曰："既知路上事，路上有甚滋味？"祖曰："你不知耶？"又问："你曾游浙否？"师曰："未也。"祖曰："你未悟在。"师自此凡五年，不能对。

祖一日升堂，顾众曰："八十翁翁辊绣球。"便下座。师欣然出众曰："和尚试辊一辊看。"祖以手作打仗鼓势，操蜀音唱绵州巴歌曰："豆子山，打瓦鼓。杨平山，撒百[①]雨。白雨下，取龙女。织得

---

① 百：《五灯会元》卷第十九《无为宗泰禅师》、《续传灯录》卷第二十五《无为宗泰禅师》作"白"。

绢,二丈五。一半属罗江,一半属玄武。"师闻大悟,掩祖口曰:"只消唱到者里。"祖大笑而归。师后还蜀,四众请开法无为,迁正法。

上堂:"此一大事因缘,自从世尊拈花,迦叶微笑,世尊曰:'吾有正法眼藏,分付摩诃大迦叶。'以后灯灯相续,祖祖相传,迄至于今,绵绵不坠,直得遍地生花,故号涅槃妙心。亦曰本心,亦曰本性,亦曰本来面目,亦曰第一义谛,亦曰烁迦罗眼,亦曰摩诃大般若。在男曰男,在女曰女。汝等诸仁①,但自悟去,者般尽是闲言语。"遂拈起拂子曰:"会了唤作禅,未悟果然难。难难,目前隔个须弥山。悟了易,易易,信口道来无不是。"僧问:"如何是佛?"师曰:"阿谁教你怎么问?"僧拟议,师曰:"了!"

五祖表自禅师

蕲州五祖表自禅师,怀安人。初依祖最久,未有省。时圆悟为座元,师往请益。悟曰:"兄有疑处试语我。"师遂举:"德山小参,不答话,问话者三十棒。"悟曰:"礼拜著,我作得你师。举话尚不会?"师作礼竟,悟令再举前话,师曰:"德山小参,不答话。"悟掩其口曰:"但怎么看。"师出,扬声曰:"屈!屈!岂有公案只教人看一句底道理?"有僧谓师曰:"兄不可如此说,首座须有方便。"因静坐体究,及旬,顿释所疑。诣悟礼谢,悟曰:"兄始知吾不汝欺。"又诣方丈,祖迎笑。自尔日深玄奥。

---

① 仁:《五灯会元》卷第十九《无为宗泰禅师》、《续传灯录》卷第二十五《无为宗泰禅师》作"人"。

祖将归寂，遗言郡守，守①命嗣其席，衲子四至不可遏。师榜侍者门曰："东山有三句，若人道得，即挂搭。"衲子皆披靡。

一日，有僧携坐具，径造丈室，谓师曰："某甲道不得，只要挂搭。"师大喜，呼维那于明窗下安排。

上堂："世尊拈花，迦叶微笑时。人只知拈花微笑，要且不识世尊。"僧问："如何是祖师西来意？"师曰："荆棘林中舞柘枝。"曰："如何是佛？"师曰："新生孩子掷金盆。"

龙华道初禅师

蕲州龙华道初禅师，梓州②马氏子。为祖侍者有年。住龙华日，上堂曰："鸡见便斗，犬见便咬。殿上鸱吻，终日相对，为什么却不嗔？"便下座。

师机辩峻捷，门人罔知造诣。一日，谓众曰："昨日离城市，白云空往还。松风清耳目，端的胜人间。"召众曰："此是先师末后句。"有顷，脱然而逝。

九顶清素禅师

嘉州九顶清素禅师，本郡郭氏子。于乾明寺剃染，遍扣禅扃。晚谒五祖，闻举首山答西来意语，倏然契悟。述偈曰："颠倒颠，颠倒颠，新妇骑驴阿家牵。便恁么，太无端，回头不觉布

---

① 《续传灯录》卷第二十五《五祖表自禅师》无"守"字。
② 州：《续传灯录》卷第二十五《龙华道初禅师》作"之"。

衫穿。"祖见乃问："百丈野狐话，又作么生？"师曰："来说是非者，便是是非人。"祖大悦。

久之，辞归，住清溪，次迁九顶。太守吕公来瞻大像，问曰："既是大像，因什么肩负两楹？"师曰："船上无散工。"至阁下，睹观音像，又问："弥勒化境，观音何来？"师曰："家富小儿娇。"守乃礼敬。

勤老宿至，师问："舞剑当咽时如何？"曰："伏惟尚飨。"师诉曰："老贼，死去你问我。"勤理前话①，问之，师叉手揖曰："曳②破。"

绍兴乙卯四月二十四日，得微疾，书偈遗众曰："木人备舟，铁人备马。丙丁童子稳稳登，喝散白云归去也。"竟尔趋寂。

大鉴下第十六世

昭觉勤法嗣

大沩泰禅师

潭州大沩佛性法泰禅师，汉州③李氏子。僧问："理随事变，

---

① 话：《五灯会元》卷第十九《九顶清素禅师》、《续传灯录》卷第二十五《九顶清素禅师》作"语"。
② 曳：《五灯会元》卷第十九《九顶清素禅师》、《续传灯录》卷第二十五《九顶清素禅师》作"拽"。
③ 汉州：《续传灯录》卷第二十七《大沩法泰禅师》作"蜀人"。

该万有而一片虚凝；事逐理融，等千差而咸归实际。如何是理法界？"师曰："山河大地。"曰："如何是事法界？"师曰："万象森罗。"曰："如何是理事无碍法界？"师曰："东西南北。"曰："如何是事事无碍法界？"师曰："上下四维。"

　　上堂："推真真无有相，穷妄妄无有形。真妄两无所有，廓然露出眼睛。眼睛既露，见个什么？晓日烁开岩畔雪，朔风吹绽腊梅花。"

　　上堂："宝剑拈来便用，岂有迟疑。眉毛剔起便行，更无回互。一切处腾今焕古，一切处截断罗笼。不犯锋铓，亦非顾鉴。独超物外则且置，万机丧尽时如何？八月秋，何处热。"

　　上堂："涅槃无异路，方便有多门。"拈起拄杖曰："看！看！山僧拄杖子，一口吸尽西江水，东海鲤鱼踔跳上三十三天。帝释忿怒，把须弥山一捆粉碎。坚牢地神合掌赞叹曰：'谛观法王法，法王法如是。'"以拄杖击禅床，下座。

　　上堂："达得人空法空，未称祖佛家风。体得全用全照，亦非衲僧要妙。直须打破牢关，识取向上一窍。如何是向上一窍？春寒料峭，冻杀年少。"

　　上堂："今朝正月已半，是处灯火缭乱。满城罗绮骈阗，交互往来游玩。文殊走入闹篮中，普贤端坐高楼看。且道观音在什么处？震天椎画鼓，聒地奏笙歌。"

　　上堂："渺渺邈邈，十方该括；坦坦荡荡，绝形绝相。目欲视而睛枯，口欲谈而词丧。文殊、普贤全无伎俩，临济、德山不妨提唱。龟吞陕府铁牛，蛇咬嘉州大像。吓得东海鲤鱼，直至如今肚胀，嘻！"①

灵隐远禅师

　　临安府灵隐慧远佛海禅师，眉山彭氏子。年十三，从药师院宗辩为僧，诣大慈听习。② 弃依灵岩徽禅师，微有省。会圆悟复领昭觉，师即之。闻悟普说，举庞居士问马祖"不与万法为侣"因缘，师忽顿悟，仆于众，众掖之。师乃曰："吾梦觉矣。"

　　至夜小参，师出问曰："净裸裸空无一物，赤骨力③贫无一钱。户破家亡④，乞师赈济。"悟曰："七珍八宝一时拏。"师曰："祸不入慎家之门⑤。"悟曰："机不离位，堕在毒海。"师随声便喝。悟以拄杖击禅床云："吃得杖⑥也未？"师又喝，悟连喝两喝，师便礼拜。⑦ 自此机锋峻发，无所抵捂。

　　圆悟顺寂，师即东下，屡迁名刹。由虎丘奉诏住皋亭崇⑧先，复被旨补灵隐。孝庙召对，赐"佛海禅师"。

---

① 《五灯会元》卷第十九《九顶清素禅师》、《续传灯录》卷第二十七《大沩法泰禅师》尚有数段禅语，兹不具引。
② 《续传灯录》卷第二十八《灵隐慧远禅师》此两句详作："临安府灵隐瞎堂远禅师，生于眉山金流镇彭氏。年十三，投药师院僧宗辨出家，祝发受具。即往成都习经论，还峨眉云岩寺。"
③ 力：《续传灯录》卷第二十八《灵隐慧远禅师》作"律"。
④ 亡：《续传灯录》卷第二十八《灵隐慧远禅师》作"残"。
⑤ 慎：《五灯会元》卷第十九《灵隐慧远禅师》作"谨"，《续传灯录》卷第二十八《灵隐慧远禅师》该句作"争奈贼不入谨家之门"。
⑥ 杖：《五灯会元》卷第十九《灵隐慧远禅师》、《续传灯录》卷第二十八《灵隐慧远禅师》皆作"棒"。
⑦ 《续传灯录》卷第二十八《灵隐慧远禅师》该句详作："圆悟连喝两喝，师礼拜。悟大喜以偈赠师，有旧铁舌转关棳之语。众目之为'铁舌远'。"
⑧ 崇：原脱，据《五灯会元》卷第十九《灵隐慧远禅师》、《续传灯录》卷第二十八《灵隐慧远禅师》补。

上堂："新岁有来由，烹茶上酒楼。一双为两脚，半个有三头。突出禅难辨，相逢鬼见愁。倒吹无孔笛，促拍舞凉州。咄！"①

正法建禅师

成都府正法建禅师，上堂："兔马有角，牛羊无角。绝毫绝牦，如山如岳。针锋上师子翻身，藕窍中大鹏展翼。等闲突过北俱卢，日月星辰一时黑。"

华藏民禅师

建安②府华藏密印安民禅师，嘉定府朱氏子。初讲《楞严》于成都，为义学所归。时圆悟居昭觉，师与胜禅师为友，因造焉。闻悟小参，举："'国师三唤侍者'因缘，赵州拈云：'如人暗中书字，字虽不成，文彩已彰。那里是文彩已彰处？'"师心疑之，告香入室。悟问："座主讲何经？"师曰："《楞严》。"悟曰："《楞严》有七处征心，八还辩见。毕竟心在什么处？"师多呈艺解，悟皆不肯。师复请益，悟令"一切处作，文彩已彰"会。偶僧请益十玄谈，方举："问君心印作何颜？"悟厉声曰："文彩已彰。"师闻而有省，遂求印证。悟示以本色钳锤，师则罔措。

---

① 《五灯会元》卷第十九《灵隐慧远禅师》、《续传灯录》卷第二十八《灵隐慧远禅师》尚有数段禅语，兹不具引。
② 安：《五灯会元》卷第十九《华藏安民禅师》、《续传灯录》卷第二十八《华藏安民禅师》均作"康"。

一日，白悟曰："和尚休举话，待某说看。"悟诺。师曰："寻常拈槌竖拂，岂不是经中道：'一切世界诸所有相，皆即菩提妙明真心？'"悟笑曰："你元来在者里作活计。"师又曰："下喝敲床时，岂不是'返闻闻自性，性成无上道'？"悟曰："你岂不见经中道'妙性圆明，离诸名相'？"师于言下释然。

悟出蜀，居夹山，师罢讲侍行。悟为众夜参，举"古帆未挂"因缘。师闻未领，遂求决。悟曰："你问我。"师举前话，悟曰："庭前柏树子。"师即洞明，谓悟曰："古人道，如一滴投于巨壑，殊不知大海投于一滴。"悟笑曰："奈者汉何！"未几，令分座。①

昭觉元禅师

成都府昭觉彻庵道元禅师，绵州邓氏子。幼于降寂寺圆具，东游谒大别道禅师，因看"廓然无圣"之语，忽尔失笑曰："达磨元来在者里。"道誉之。

往参佛鉴、佛眼，蒙赏识②。依圆悟于金山，以所见告，悟弗之许。悟被诏住云居，师从之。虽有信入，终以鲠胸之物未去为疑。会悟问参徒："生死到来时如何？"僧曰："香台子笑和尚。"次问师："汝作么生？"师曰："草贼大败。"悟曰："有人问你时如何？"师拟答，悟凭陵曰："草贼大败。"师即彻证。圆

---

① 《五灯会元》卷第十九《华藏安民禅师》、《续传灯录》卷第二十八《华藏安民禅师》尚有数段禅语，兹不具引。
② 识：原作"职"，据《五灯会元》卷第十九《昭觉道元禅师》、《续传灯录》卷第二十八《昭觉道元禅师》改。

悟以拳击之。师拊①掌大笑，悟曰："汝见什么便如此？"师曰："毒拳未报，永劫不忘。"

悟归昭觉，命首众。悟将顺世，以师继席焉。

象耳觉禅师

眉州象耳山袁觉禅师，郡之袁氏子。出家传灯，试经得度。本名圆觉，郡守填祠牒，误作"袁"字，疑师慊然，戏谓之曰："一字名可乎？"师笑曰："一字已多。"郡守异之。

既受具，出蜀遍谒有道尊宿。后往大沩，依佛性。顷之，入室陈所见。性曰："汝忒杀远在。"然知其为法器，俾充侍者，掌宾客。师每侍性，性必举《法华》"开示悟入"四字，令下语。又曰："直待我竖点头时，汝方是也。"

偶不职，被斥。制中无依，寓俗士家。一日，诵《法华》，至"亦复不知何者是火，何者为舍"，乃豁然，制罢归省。性见，首肯之。

圆悟再得旨住云居，师至彼。以所得白悟，悟呵云："本是净地，屙屎作么？"师所疑顿释。

绍兴丁巳，眉之象耳虚席。郡守谓："此道场久为蟊螣囊橐，非名流胜士，莫能起废。"诸禅举师应聘。尝语客曰："东坡云：'我持此石归，袖中有东海。'山谷云：'惠宗烟雨芦雁，坐我潇湘洞庭。欲唤扁舟归去，傍人谓是丹青。'此禅髓也。"又曰：

---

① 拊：《五灯会元》卷第十九《昭觉道元禅师》作"拊"，《续传灯录》卷第二十八《昭觉道元禅师》作"抚"。

"我敲床竖拂时,释迦老子、孔夫子都齐立在下风。"有举此语似佛海远禅师。远曰:"此觉老语也,我此间即不恁么。"

中岩觉禅师

眉州中岩华严祖觉禅师,嘉州杨氏子。幼聪慧,书史过目成诵。著书排释氏,恶境忽现,悔过出家。依慧目能禅师。未几,疽发膝上,五年医莫愈。因书《华严合论》毕,夜感异梦。旦即舍杖步趋。

一日,诵至《现相品》曰:"佛身无有生,而能示出生。法性如虚空,诸佛于中住。无住亦无去,处处皆是①佛。"遂悟《华严》宗旨。洎登僧籍,府师②请讲于千部堂。词辩宏放,众所叹服。适南堂静禅师过门,谓师曰:"观公讲说,独步西南,惜未解离文字相耳。傥问道方外,即今之周金刚也。"师欣然罢讲南游,依圆悟于钟阜。

一日,入室,悟举:"罗山道:'有言时,踞虎头,收虎尾,第一句下明宗旨;无言时,亲露机锋,如同电拂。'作么生会?"师莫能对,夙夜参究。忽然有省,作偈呈悟曰:"家住孤峰顶,长年半掩门。自嗟身已老,活计付儿孙。"悟见许可。次日,入室,悟又问:"昨日公案作么生?"么③拟对,悟便喝曰:"佛法

---

① 是:《五灯会元》卷第十九《华严祖觉禅师》、《续传灯录》卷第二十八《华严祖觉禅师》作"见"。
② 师:《五灯会元》卷第十九《华严祖觉禅师》、《续传灯录》卷第二十八《华严祖觉禅师》作"帅"。
③ 么:《五灯会元》卷第十九《华严祖觉禅师》、《续传灯录》卷第二十八《华严祖觉禅师》作"师"。

不是者个道理！"师复留五年，愈更迷闷。后于庐山栖贤，阅浮山远禅师《削执论》云："若道悟有亲疏，岂有旃檀林中却生臭草？"豁然契悟，作偈寄圆悟曰："出林依旧入蓬蒿，天网恢恢不可逃。谁信业缘无避处？归来不怕语声高。"悟大喜。持以示众曰："觉华严彻矣。"

住后，僧问："最初威音王，末后楼①至佛，未审参见什么人？"师曰："家住大梁城，更问长安路。"曰："只如德山担《疏钞》行脚，意在什么处？"师曰："㧌破你眼睛。"曰："与和尚悟《华严》宗旨，相去几何？"师曰："同途不同辙。"曰："昔日德山，今朝和尚。"师曰："夕阳西去水东流。"②

福严演禅师

潭州福严文演禅师，成都府杨氏子。

僧问："如何是定林正主？"师曰："坐断天下人舌头。"曰："未审如何亲近？"师曰："觑着则瞎。"

上堂："当阳坐断，凡圣迹绝，随手放开，天回地转。直得日月交互，虎啸龙吟。头头物物，耳闻目视。安立谛上是什么？还委悉么？阿斯咤！咄！"

---

① 楼：《五灯会元》卷第十九《华严祖觉禅师》、《续传灯录》卷第二十八《华严祖觉禅师》作"娄"。
② 《五灯会元》卷第十九《华严祖觉禅师》、《续传灯录》卷第二十八《华严祖觉禅师》尚有数段禅语，兹不具引。

昭觉祖首座

成都府昭觉道祖首座,初见圆悟,于"即心是佛"语下发明。久之,悟命分座。

一日,为众入室,余二十许人。师忽问曰:"生死到来,如何迴①避?"僧无对。师掷下拂子,奄然而逝。众皆愕贻②,亟以闻悟。悟至,召曰:"祖首座。"师张目视之。悟曰:"抖擞精神透关去。"师点头,竟尔趋寂。

丞相张浚居士

张魏公浚,字德远,南轩之父。官右仆射兼知枢密院事。尝问道于圆悟,悟曰:"岩头云:'却物为上,逐物为下',若能于物上转得疾,一切立在下风。"复示偈曰:"收光摄彩信天真,事事圆成物物新。内若有心还有物,何能移步出通津?"浚伏膺,投偈曰:"教外单传佛祖机,本来无悟亦无迷。浮云散尽青天在,日出东方夜落西。"

---

① 迴:《五灯会元》卷第十九《道祖首座》、《续传灯录》卷第二十八《道祖首座》作"回"。
② 贻:《五灯会元》卷第十九《道祖首座》、《续传灯录》卷第二十八《道祖首座》作"眙"。

成都范县君

成都府范县君①，夔居岁久，常坐②不卧。闻圆悟住昭觉，往礼拜，请示入道因缘。悟令看"不是心，不是佛，不是物，是个什么"，久无所契。范泣告悟曰："和尚有何方便？令某易会。"悟曰："却有个方便。"遂令只看"是个什么"。后有省，曰："元来恁么地近那！"

太平勤法嗣

文殊心道禅师

常德府文殊心道禅师，眉州徐氏子。年三十得度，诣成都习《唯识》，自以为至。同舍诘之曰："三界唯心，万法唯识。今目前万象枞③然，心识安在？"师茫然不知对。遂出关，周流江淮。既抵舒之太平，闻佛鉴禅师夜参，举赵州柏树子话，至"觉铁觜④云，先师无此语，莫谤先师好"，因大疑。提撕既久，一夕豁

---

① 《五灯会元》卷第十九《成都范县君》、《续传灯录》卷第二十八《成都范县君》均有"者"字。
② 《五灯会元》卷第十九《成都范县君》、《续传灯录》卷第二十八《成都范县君》均有"而"字。
③ 枞：《五灯会元》卷第十九《文殊心道禅师》作"揪"，《续传灯录》卷第二十九《文殊心道禅师》作"纵"。
④ 觜：《五灯会元》卷第十九《文殊心道禅师》、《续传灯录》卷第二十九《文殊心道禅师》皆作"嘴"。

然。即趋丈室，拟叙所悟。鉴见来，便闭门。师曰："和尚莫谩某甲。"鉴云："十方无壁落，何不入门来？"师以拳擉破窗纸。鉴即开门拎住云："道！道！"师以两手捧鉴头，作口啐而出。遂呈偈曰："赵州有个柏树话，禅客相传遍天下。多是摘叶与寻枝，不能直向根源会。觉公说道无此语，正是恶言当面骂。禅人若具通方眼，好向此中辨真假。"鉴深然之。每对客称赏，后命分座。襄守请开法天宁，未几，擢大别文殊。

上堂曰："师子颦呻，象王哮吼。云门北斗里藏身，白云因何唤作手？三世诸佛不能知，狸奴白牯却知有。且道作么生是他知有底事？雨打梨花蛱蝶飞，风吹柳絮毛球走。"

上堂，拈拄杖直上指，曰："恁么时，刺破憍尸迦脚跟？"卓一下曰："恁么时，卓破①阎罗王顶骨？"乃指东畔曰："恁么时，穿过东海鲤鱼眼睛？"指西畔曰："恁么时，塞却西王母鼻孔？且道总不恁么时如何？今年雨水多，合宜频晒眼。"

宣和改元，下诏改僧为德士。上堂："祖意西来事，今朝特地新。昔为比丘相，今作老君形。鹤氅披银褐，头包蕉叶巾。林泉无事客，两度受君恩。所以道，欲识佛性义，当观时节因缘。且道即今是什么时节？毗卢遮那，顶戴宝冠，为显真中有俗；文殊老叟，身披鹤氅，且要俯顺时宜。一人既尔，众人亦然。大家成立丛林，喜得群仙聚会。共酌迷仙酎②，同唱《步虚词》。或看

---

① 破：《五灯会元》卷第十九《文殊心道禅师》、《续传灯录》卷第二十九《文殊心道禅师》皆作"碎"。
② 酎：《续传灯录》卷第二十九《文殊心道禅师》作"酒"。

《灵宝度人经》，或说长生不死药。琴弹月下，指端发大①古之音；棋布轩前，妙著出神机之外。进一步，便到大罗天上；退一步，却入九幽城中。只如不进不退一句，又作么生道？直饶羽化三清路，终是轮回一幻身。"

二年九月，复僧。上堂："不挂田衣著羽衣，老君形相颇相宜。一年半内闲思想，大底兴衰各有时。我佛如来预谶法之有难，教中明载，无不委知。较量年代，正在于兹。魔得其便，惑乱正宗；僧改俗形，佛更名字。妄生邪解，删削经文，铙钹停音，钵盂添足。多般矫诈，欺罔圣君。赖我皇帝陛下，圣德圣明，不忘付嘱，不废其教，特赐宸章，颁行天下。仍许僧尼，重新披削。实谓寒灰再焰，枯木重荣。不离俗形而作僧形，不出魔界而入佛界。重鸣法鼓，再整颓纲。迷仙酎②变为甘露琼浆，《步③虚词》翻作还乡曲子。放下银木简，拈起尼师坛。昨朝稽首擎拳，今日和南不审。只改旧时相，不改旧时人。敢问大众，旧时人是一个？是两个？"良久曰："秋风也解嫌狼籍④，吹尽当年道教灰。"

建炎三年春，示众，举"临济入灭嘱三圣"因缘，师曰："正法眼藏瞎驴灭，临济何曾有是说？今古时人皆妄传，不信但

---

① 大：《五灯会元》卷第十九《文殊心道禅师》、《续传灯录》卷第二十九《文殊心道禅师》皆作"太"。
② 酎：《续传灯录》卷第二十九《文殊心道禅师》作"酬"。
③ 步：《续传灯录》卷第二十九《文殊心道禅师》作"涉"。
④ 籍：《五灯会元》卷第十九《文殊心道禅师》、《续传灯录》卷第二十九《文殊心道禅师》皆作"藉"。

看后三月。"至闰三月,贼钟相叛。其徒欲举师南奔①,师曰:"学道所以了生死,何避之有?"贼至,师曰:"速见杀,以快汝心。"贼即举槊残之,血皆白乳。贼骇,引席覆之而去。

南华昺禅师

韶州南华知昺禅师,蜀之永康人。

上堂:"此事最希奇,不碍当头说。东邻田舍翁,随例得一橛。非唯贯声色,亦乃应时节。若问是何宗,八字不著人②。"击禅床,下座。

上堂:"日日说,时时举,似地擎山争几许。陇西鹦鹉得人怜,大都只为能言语。休思惟,带伴侣,智者聊闻猛提取。更有一般也大奇,猫儿偏解捉老鼠。"

上堂,以③拄杖向空中搅曰:"搅长河为酥酪,蟹虾④犹自眼搭眵。"卓一下曰:"变大地作黄金,穷汉依前赤骨立⑤。为复自家无分,为复不肯承当。可中有个汉荷负得行,多少人失钱遭罪?"再卓一下曰:"还会么?宝山到也须开眼,勿使忙忙空手回。"⑥

---

① 《五灯会元》卷第十九《文殊心道禅师》、《续传灯录》卷第二十九《文殊心道禅师》该处都有"者"字。
② 人:《五灯会元》卷第十九《南华知昺禅师》、《续传灯录》卷第二十九《南华知昺禅师》皆作"丿"。
③ 以:《续传灯录》卷第二十九《南华知昺禅师》作"一"。
④ 蟹虾:《五灯会元》卷第十九《南华知昺禅师》、《续传灯录》卷第二十九《南华知昺禅师》皆作"虾蟹"。
⑤ 立:《五灯会元》卷第十九《南华知昺禅师》作"力"。
⑥ 《五灯会元》卷第十九《南华知昺禅师》、《续传灯录》卷第二十九《南华知昺禅师》尚有两段禅语,兹不具引。

龙门远法嗣

龙翔圭禅师

温州龙翔竹庵士圭禅师，成都史氏子。初依大慈宗雅，心醉《楞严》。逾五秋，南游谒诸尊宿，始登龙门，即以平时所得白佛眼。眼曰："汝解心已极，但歉①着力开眼耳。"遂俾职堂司。

一日，侍立次，问云："绝对待时如何？"眼曰："如汝僧堂中白椎相似。"师罔措。眼至晚抵堂，师理前话。眼曰："闲言语。"师于言下大悟。

政和末，出世和之天宁，屡迁名刹。绍②兴间，奉诏开山雁荡能仁。时真歇居江心，闻师至，恐缘法未熟，特过江迎归方丈。大展九拜，以诱温人，由是翕然归敬。未视篆，其徒惧行规法，深夜放火，鞠为瓦砾之墟。师竟就树缚屋，升座，示众云："爱闲不打鼓山鼓，投老来看雁荡山。杰阁危楼浑不见，溪边茅屋两三间。还有共相出手者么？"喝一喝，下座。听法檀施，并力营建，未几复成宝坊。次补江心。

上堂曰："万年一念，一念万年。和衣泥里辊，洗脚上床眠。历劫来事，只在如今，大海波涛涌，小人方寸深。"拈起拄杖曰："汝等诸人，未得个入头，须得个入头。既得个入头，须有出身

---

① 歉：《五灯会元》卷第二十《龙翔士珪禅师》、《续传灯录》卷第二十九《龙翔士珪禅师》作"欠"。
② 绍：原作"诏"，据《五灯会元》卷第二十《龙翔士珪禅师》、《续传灯录》卷第二十九《龙翔士珪禅师》改。

一路始得。大众,且作么生是出身一路?"良久曰:"雪压难摧涧底松,风吹不动天边月。"卓拄杖,下座。

上堂:"万机不到,眼见色,耳闻声。一句堂堂①,头戴天,脚踏地。你诸人只知今日是五月初一,殊不知金乌半夜忙忙去,玉兔天明上海东。"以拂子击禅床,下座。

上堂:"明明无悟,有法即迷。诸人向者里立不得,诸人向者里住不得。若立则危,若住则瞎。直须意不停玄,句不停意,用不停机。此三者既明,一切处不须管带,自然现前,不须照顾,自然明白。虽然如是,更须知有向上事。久雨不晴。咄!"②

云居悟禅师

南康军云居高庵善悟禅师,洋州李氏子。年十一去家,业经得度,有夙慧。闻冲禅师举"武帝问达磨"因缘,如获旧物。遽曰:"我既廓然,何圣之有?"冲异其语,勉之南询。蒙授记于龙门。

一日,有僧被蛇伤足,佛眼问曰:"既是龙门,为什么却破③蛇咬?"师即应曰:"果然现大人相。"眼益器之。后传此语到昭觉,圆悟云:"龙门有此僧耶?东山法道未寂寥尔。"

---

① 一句堂堂:《五灯会元》卷第二十《龙翔士珪禅师》作"一句当堂",《续传灯录》卷第二十九《龙翔士珪禅师》作"一句当阳"。
② 《五灯会元》卷第二十《龙翔士珪禅师》、《续传灯录》卷第二十九《龙翔士珪禅师》尚有数段禅语,兹不具引。
③ 破:疑为"被"字。

住后,上堂:"少林面壁,怀藏东土西天。欧阜①升堂,充塞四维上下。致使山巍巍而砥掌平,水昏昏而常自清。花②非艳而结空果,风不摇而片叶零。人无法而得咨问,佛无心而更可成。野蔬淡饭延时日,任运随缘道自灵。毕竟如何?日午打三更。"

西禅琏禅师

遂宁府西禅文琏禅师,郡之张氏子。

上堂:"一向恁么去,直得凡圣路绝,水泄不通,铁蛇钻不入,铁锤打不破。至于千里万里,鸟飞不度。一向恁么来,未免灰头土面,带水拖泥,唱九作十,指鹿为马。非唯辜③负先圣,亦仍④理没己灵。敢问大众,且道恁么去底是?恁么来底是?芍药花开菩萨面,棕榈叶散夜叉头。"

上堂:"诸方浩浩谈玄,每日撞钟打鼓。西禅无法可说,勘破灯笼露柱。门前不置下马台,免被傍人来借路。若借路,须照顾。脚下若参差,邯郸学唐步。"

上堂:"心生种种法生,森罗万象纵横,信手拈来便用,日轮午后三更;心灭种种法灭,四句百非路绝,直饶达磨出头,也是眼中著屑。心生心灭是谁?木人携手同归,归到故乡田地,犹

---

① 欧阜:相传战国时楚将欧岌弃官隐居于云居山,修炼得道,故云居山又有"欧山""欧阜"之称。
② 花:《五灯会元》卷第二十《云居善悟禅师》作"华",通假字。
③ 辜:《五灯会元》卷第二十《西禅文琏禅师》、《续传灯录》卷第二十九《西禅文琏禅师》作"孤"。
④ 仍:《五灯会元》卷第二十《西禅文琏禅师》、《续传灯录》卷第二十九《西禅文琏禅师》作"乃"。

遭顶上一锤。"

上堂:"正月孟春犹寒,直下言端语端。拈起衲僧鼻孔,穿开佛祖①心肝。知有者,达磨不来东土,二祖不往西天。不知有者,谁知当面蹉过,迢迢十万八千。山僧为你重说偈言,大众,莫教辜负,孟春犹寒。"僧问:"师子未出窟时如何?"师曰:"爪牙已露。"曰:"出窟后如何?"师曰:"龙头蛇尾。"曰:"出与未出时如何?"师曰:"正好吃棒。"问:"以一重去一重即不问,不以一重去一重时如何?"师曰:"阇黎有许多工②!"

白杨顺禅师③

抚州白杨法顺禅师,绵州文氏子。依止佛眼,闻普说,举"傅大士《心王铭》云:'水中盐味,色里胶青,决定是有,不见其形'"。师于言下有省。后观宝藏迅转,顿明大法。趋丈室作礼,呈偈曰:"顶有异峰云冉冉,源无别派水泠泠。游山未到山穷处,终被青山碍眼睛④。"

住后,上堂:"好事堆堆叠叠来,不须造作与安排。落林黄叶水推去,横谷白云风卷回。寒雁一声情念断,霜钟才动我山摧。白杨更有过人处,尽夜寒炉拨死灰。忽有个衲僧出来道,长

---

① 佛祖:《五灯会元》卷第二十《西禅文琏禅师》、《续传灯录》卷第二十九《西禅文琏禅师》作"祖佛"。
② 工:《五灯会元》卷第二十《西禅文琏禅师》、《续传灯录》卷第二十九《西禅文琏禅师》作"工夫"。
③ 杨:《锦江禅灯目录》作"扬"。
④ 眼睛:《五灯会元》卷第二十《白杨法顺禅师》、《续传灯录》卷第二十九《白杨法顺禅师》皆作"睛眼",另该句下均有"眼笑而可之"五字。

老少卖弄，得恁么穷乞相？山僧只向他道，却被你道著。"

上堂："我手何似佛手？天上南星北斗。我脚何似驴脚？往事都来忘却。人人尽有生缘，个个足方顶圆。大愚滩头立处，孤月影射深湾。会不得，见还难，一曲渔歌过远滩。"

示众："染缘易就，道业难成。不了目前，万缘差别。只见境风浩浩，凋残功德之林；心火炎炎，烧尽菩提之种①。道念若同情念，成佛多时。为众如为己身②，彼此事办。不见他非我是，自然上敬下恭，佛法时时现前，烦恼尘尘解脱。"

上堂："鸡啼晓月，狗吠枯桩③。只可默会，难入思量。看不见处，动地放光。说不到处，天地玄黄。抚城尺六状纸，元来出在清江。大众，分明话出人难见，昨夜三更月到窗。"④

---

① 种：《五灯会元》卷第二十《白杨法顺禅师》、《续传灯录》卷第二十九《白杨法顺禅师》均作"树"。
② 为众如为己身：《五灯会元》卷第二十《白杨法顺禅师》、《续传灯录》卷第二十九《白杨法顺禅师》均作"为众一似为己"。
③ 桩：《五灯会元》卷第二十《白杨法顺禅师》、《续传灯录》卷第二十九《白杨法顺禅师》均作"椿"。
④ 《五灯会元》卷第二十《白杨法顺禅师》、《续传灯录》卷第二十九《白杨法顺禅师》尚有数段禅语，兹不具引。

锦江禅灯卷第七

大鉴下第十六世

龙门远法嗣

归宗贤禅师

南康军归宗真牧正贤禅师，潼川陈氏子。世为名儒，幼从三圣海澄为苾刍，具满分戒。游成都，依大慈秀公习经论。凡典籍过目成诵，义亦顿晓，秀称为经藏子。

出蜀谒诸尊宿，后扣佛眼。一日入室，眼举"殷勤抱得旃檀树"，语声未绝，师顿悟。眼曰："经藏子漏逗了也。"自是与师商确①渊奥，亹亹无尽。眼称善，因手书"真牧"二字授之。

绍兴己巳，归宗虚席。郡侯以礼请，坚卧不应。宝文李公懋尝问道于师，同属官强之，乃就。

上堂："且第一句如何道？汝等若向世界未成时、父母未生时、佛未出世时、祖师未西来时道得，已是第二句。且第一句如

---

① 确：《五灯会元》卷第二十《归宗真贤禅师》作"榷"，通假字。

何道？直饶你十成道得，未免左之右之。"卓拄杖下座。

上堂，良久召大众曰："作么生？若也拟议，贤上座谩你诸人去也。打地和尚，嗔他秘魔岩主擎个叉儿，胡说乱道，遂将一捆成齑粉，散在十方世界，还知么？"举拂子曰："而今却在拂子头上，说一切智智清净无二无二分，无别无断故。还闻么？阎老子知得，乃曰：'贤上座你若相当去，不妨奇特；或不相当，总在我手里。'只向他道：'阎老子，你也退步摸索鼻孔看。'"击禅床，下座。

僧问："久默斯要，已泄真机。学人上来，请师开示。"师曰："耳朵在什么处？"曰："一句分明该万象。"师曰："分明底事作么生？"曰："台星照临①，枯木回春。"师曰："换却你眼睛。"

世奇首座

世奇首座②，成都人。遍参讲席③，晚造龙门。一日燕坐④，瞌睡间群蛙忽鸣，误听为净发版响，亟趋往。有晓之者曰："蛙鸣非版也。"师恍然，诣方丈剖露。佛眼曰："岂不见罗睺罗。"师遽止曰："和尚不必举，待去自看。"

未几有省，乃占偈曰："梦中闻版响，觉后虾蟆啼。虾蟆与

---

① 照临：《五灯会元》卷第二十《归宗真贤禅师》作"临照"。
② 《五灯会元》卷第二十《世奇首座》、《续传灯录》卷第二十九《成都世奇首座》该处均有"者"字。
③ 《五灯会元》卷第二十《世奇首座》、《续传灯录》卷第二十九《成都世奇首座》此句皆作"遍依师席"。
④ 燕坐：指坐禅或闲坐、安坐。

版响，山岳一时齐。"由是益加参究，洞臻玄奥。

眼命分座，师固辞，曰："此非细事也，如金针刺眼，毫发若差，睛则破矣！愿生生居学地，而自煅炼。"眼因以偈美之曰："有道只因频退步，谦和元自惯回光。不知已在青云上，犹更将身入众藏！"

暮年，学者力请，不容辞。后因说偈曰："诸法空故我心空，我心空故诸法同。诸法我心无别体，只在而今一念中。且道是那一念？"众罔措，师喝一喝而终。

给事冯楫居士

给事冯楫济川居士，自壮扣诸名宿，最后居龙门，从佛眼远禅师。

再岁，一日同远经行法堂，偶童子趋庭，吟曰："万象之中独露身。"远拊公背曰："好！聻！"公于是契入。

绍兴丁巳，除给事。会大慧禅师就明庆开堂，慧下座，公挽之曰："和尚每言于士大夫前曰'此生决不作者虫豸'，今日因甚却纳败缺？"慧曰："尽大地是个杲上座，你向甚处见他？"公拟对，慧便掌。公曰："是我招得。"越月，特丐祠坐夏径山，榜其室曰"不动轩"。①

---

① 《五灯会元》卷第二十《给事冯楫居士》、《续传灯录》卷第二十九《冯楫给事禅师》尚有数段禅语，兹不具引。

大随静法嗣

石头回禅师

合州①钓鱼台石头自回禅师，本郡人也。世为石工，虽不识字，志慕空宗。每求人口授《法华》，能诵之。弃家投大随，供扫洒。

寺中令取崖石。师手不释锤凿，而诵经不辍②。随见而语曰："今日硁磕，明日硁磕，死生到来，作么③折合？"师愕然，释其器。设礼，愿闻究竟。随令且罢诵经，看"赵州勘婆"因缘。④师念念不去心。久之，因凿石稍坚，尽力一锤，瞥见火光，忽然省彻。走至方丈，礼拜呈颂曰："用尽工夫，浑无巴鼻。火光迸散，元在者里。"随忻然曰："子彻也。"复献《赵州勘婆颂》曰："三军不动旗闪烁，老婆正是魔王脚。赵州无柄铁扫帚，扫荡烟尘空索索。"随可之，遂授以僧服。因击石而悟⑤，故有"回石头"之称也。

---

① 合州：《五灯会元》卷第二十《石头自回禅师》、《续传灯录》卷第三十《石头自回禅师》皆作"台州"。
② 不辍：《五灯会元》卷第二十《石头自回禅师》、《续传灯录》卷第三十《石头自回禅师》皆作"不辍口"。
③ 么：《五灯会元》卷第二十《石头自回禅师》、《续传灯录》卷第三十《石头自回禅师》皆作"甚"。
④ 《续传灯录》卷第三十《石头自回禅师》该两句皆作："设礼，愿闻究竟法。因随至方丈，令且罢诵经，看'赵州勘婆'因缘。"
⑤ 因击石而悟：《五灯会元》卷第二十《石头自回禅师》、《续传灯录》卷第三十《石头自回禅师》皆作"人以其为石工"。

上堂："参禅学道，大似井底叫渴相似，殊不知塞耳塞眼，回避不及。且如十二时中，行住坐卧，动转施为，是什么人使作①？眼见耳闻，何处不是路头？若识得路头，便是大解脱路。方知老汉与你证盟②，山河大地与你证盟。所以道，十方薄伽梵，一路涅槃门。诸仁者，大凡有一物当途，要见一物之根源。一物无处，要见一物之根源。见得根源，源无所源。所源既非，何处不圆？诸禅德，你看老汉有什么胜你处？诸人有什么不如老汉处？还会么？太湖三万六千顷，月在波心说向谁？"

护圣静禅师

潼川府护圣愚丘居静禅师，成都杨氏子。年十四，礼白马安慧为师。闻南堂道望，遂往依焉。堂举"香严枯木里龙吟"话，往返酬诘，师于言下大悟。

一日，堂问曰："莫守寒岩异草青，坐却白云宗不妙。汝作么生？"师曰："直③须挥剑，若不挥剑，渔父栖巢。"堂矍然曰："者小厮儿。"师珍重便行，出住东岩。

上堂："月生一，东岩乍住增愁寂。红尘世路有多端，米面仓④储无颗粒。崖为伴，泉为匹，飒飒清风来入室。山王土地暗

---

① 《续传灯录》卷第三十《石头自回禅师》皆作"依"。
② 盟：《五灯会元》卷第二十《石头自回禅师》作"明"。
③ 直：《五灯会元》卷第二十《护圣居静禅师》作"且"。
④ 仓：《五灯会元》卷第二十《护圣居静禅师》、《续传灯录》卷第三十《护圣居静禅师》皆作"食"。

中忙，云版钟鱼偷泪滴。世人莫道守空岩，亦有东篱打西壁。"①

南岩胜禅师

简州南岩胜禅师，上堂召大众曰："护生须是杀，杀尽始安居。会得个中意，分明在半途。且道到家一句又作么生？释迦弥勒没量大，看来犹只是他奴。"僧问："放行五位即不问，把定三关事若何？"师曰："横按镆锄②全正令。"曰："把定三关蒙指示，放行五位事如何？"师曰："太平寰宇斩痴顽。"曰："恁么则南岩门下，土旷人稀？"师曰："灵利衲僧，只消一点。"曰："自古自今，同生同死时如何？"师曰："家贼难防。"曰："今日学人小出大遇去也。"师便打，曰："须是老僧打你始得。"僧礼拜，师曰："切忌诈明头。"

廓庵远禅师

常德府梁山廓庵师远禅师，合州鲁氏子。

上堂，举"杨③岐三脚驴子"话，乃召大众曰："扬其汤者，莫若扑其火；壅其流者，莫若杜其源。此乃智人之明鉴，佛法之至论，正在斯焉。者因缘，如今丛林中，提唱者甚多，商量者不

---

① 《五灯会元》卷第二十《护圣居静禅师》、《续传灯录》卷第三十《护圣居静禅师》下尚有数段禅语，兹不具引。
② 锄：《五灯会元》卷第二十《南岩胜禅师》、《续传灯录》卷第三十《南岩胜禅师》皆作"鎁"。
③ 杨：《续传灯录》卷第三十《梁山师远禅师》皆作"扬"。

少。有般底,只道宗师家无固必,凡有所问,随口便答。似则也似,是即未是。若恁么,只作个干无事会。不见杨岐用处,乃至祖师,千差万别,方便门庭,如何消遣?又有般底,只向佛边会,却与自己没交涉。古人道'凡有言句,须是一一消归自己',又作么生?又有般底,一向只作自己会,弃却古人用处,唯知道明自己事,古人方便却如何消遣?既消遣不下,却似抱桥柱澡洗,要且放手不得,此亦是一病。又有般底,却去脚多少处会。若恁么会,此病最难医也。所以他语有巧妙处,参学人卒难摸索,才拟心则差了也。前辈谓之杨岐宗旨,须是他屋里人,到恁么田地,方堪传授。若不然者,则守死善道之谓也。者公案,直须还他透顶彻底汉,方能了得。此非止禅和子会不得,而今天下丛林中,出世为人底,会得亦少[①]。若要会去,直须向威音那畔,空劫已前,轻轻觑着,提起便行,捺着便转。却向万仞峰前进一步,可以笼罩古今,坐断天下人舌头。如今还有恁么者么?有则出来道看。如无,更听一颂:'三脚驴子弄蹄行,直透威音万丈坑。云在岭头闲不彻,水流涧下太忙生。湖南长老谁解会,行人更在青山外。'"[②]

能仁悟禅师

嘉州能仁默堂绍悟禅师,结夏上堂:"最初一步,十方世界

[①] 会得亦少:《五灯会元》卷第二十《梁山师远禅师》、《续传灯录》卷第三十《梁山师远禅师》皆作"亦少有会得者"。
[②] 《五灯会元》卷第二十《梁山师远禅师》、《续传灯录》卷第三十《梁山师远禅师》尚有一段禅语,兹不具引。

现全身。末后一言，一微尘中深锁断。有时提起，如倚天长剑，光耀乾坤。有时放下，似红炉点雪，虚含万象。得到恁么田地，天①魔外道，拱手归降；三世诸佛，一时稽首。便可以大圆觉为我伽蓝，于一毫端现宝王刹。如是则朝往西天，暮归东土，亦是禁足。百华丛里坐，淫坊酒肆行，亦是禁足。虽然如是，不曾动著者里一步。怎么则九旬无虚弃之功，百劫有今时之用。堪报不报之恩，以助无为之化。此即是涅槃妙心，金刚王宝剑。敢问大众，作么生得到者田地去？如人上山，各自努②力。"

上堂，举赵州访二庵主公案。颂曰："一重山尽一重山。坐断孤峰子细看。雾卷云收山岳静。楚天空阔一轮寒。"

子言庵主

彭州上③溪智陀子言庵主，绵州人。初至大随，闻举石头和尚示众偈，倏然领旨。归隐土溪。悬崖绝壑间，有石若蹲异兽。师凿以为室，中发异泉，无涸溢，四众讶之。居三十年，化风盛播。室成日，作偈曰："一击石庵全，纵横得自然。清凉无暑气，涓洁有甘泉。宽廓含沙界，寂寥绝众缘。个中无限意，风月一床眠。"

---

① 天：《五灯会元》卷第二十《能仁绍悟禅师》作"夭"，疑为"妖"，通假字。
② 弩：《五灯会元》卷第二十《能仁绍悟禅师》、《续传灯录》卷第三十《能仁绍悟禅师》皆作"努"。
③ 上：《五灯会元》卷第二十《子言庵主》、《续传灯录》卷第三十《彭州土溪智陀子言菴主》皆作"土"。

南修道者

剑门南修道①者,淳厚之士也。自大随一语契投,服勤不怠。归谒崇化赟禅师,坐次,赟以宗门三印问之,南曰:"印空印泥印水,平地寒涛竞起。假饶去就十分,也是灵龟曳尾。"

莫将尚书

莫将尚书,字少虚,家世豫章分宁。因官西蜀,谒南堂静禅师咨决心要,堂使其向好②处提撕。适如厕,俄闻秽气,急以手掩鼻,遂有省。即呈以偈曰:"从来姿韵爱风流,几笑时人向外求。万别千差无觅处,得来元在鼻尖头。"南堂答曰:"一法才通法法周,纵横妙用更何求?青蛇出匣魔军伏,碧眼胡僧笑点头。"

龙图王萧居士

龙图王萧居士,字观复。留昭觉日,闻开静板声,有省。问南堂曰:"某有个见处,才被人问,却开口不得,未审过在甚处?"堂曰:"过在有个见处。"堂却问:"朝旨几时到任?"公

---

① 道:《五灯会元》卷第二十《南修造禅师》、《续传灯录》卷第三十《剑门南修造禅师》作"造"。
② 好:《五灯会元》卷第二十《尚书莫将居士》、《续传灯录》卷第三十《莫将尚书少虚居士》作"一切"。

曰："去年八月四日。"堂曰："自按察几时离衙？"公曰："前月二十。"堂曰："为什么道开口不得？"公乃契悟。

大鉴下第十七世

育王谌法嗣

西岩宗回禅师

南剑州西岩宗回禅师，婺州人。久聆示诲①，深得法忍。因寺僧以茶禁闻有司，吏捕知事。师谓众曰："此事不直之，则罪坐于我。若自直，彼复得罪，不忍为也！"令击鼓升座，说偈曰："县吏追呼不暂停，争如长往事分明？从前有个无生曲，且喜今朝调已成。"言讫而逝。

径山杲法嗣

东林道颜禅师

江州东林卍②庵道颜禅师，潼川人，族鲜于氏。久参圆悟，

---

① 久聆示诲：《五灯会元》卷第二十《西岩宗回禅师》、《续传灯录》卷第三十三《西岩宗回禅师》皆作"久依无示"。
② 卍：《续传灯录》卷第三十二《东林道颜禅师》作"万"。

微有省发。洎悟还蜀，嘱依妙喜，仍以书致喜，曰："颜川彩绘已毕，但欠点眼耳。他日嗣其后，未可量也。"喜居云门及洋屿，师皆在焉。朝夕质疑，方大悟。

住后，上堂："一叶落，天下秋；一尘起，大地收。鸟窠吹布毛，便有人悟去。今时学者，为什么却不识自己？"良久曰："莫错怪人好！"

上堂："欲识诸佛心，但向众生心行中识取；欲识常住不凋性，但向万物迁变处会取。还识得么？欲得不招无间业，莫谤如来正法轮。"

上堂："诸人知处，良遂总知；良遂知处，诸人不知。作么生是良遂知处？"乃曰："鸬鹚语鹤。"

上堂："仲冬严寒，三界无安。富者快乐，贫者饥寒。不识玄旨，错认定盘。何也？牛头安尾上，北斗面南看。"

上堂："一滴滴水，一滴滴冻。天寒人寒，风动幡动。云门扇子，踌跳上三十三天，筑著帝释鼻孔。东海鲤鱼，打一棒雨似盆倾，不出诸人十二时中寻常受用。"

上堂："圆通门户，八字打开。若是从门入得，不堪共语。须是入得无门之门，方可坐登堂奥。所以道，过去诸如来，斯门已成就。现在诸菩萨，今各入圆明。未来参学人，当依如是法。从上诸圣，幸有如此广大门风，不能继绍，甘自鄙弃。穿窬墙壁，好不丈夫！敢问大众，无门之门作么生入？"良久云："非唯观世音，我亦从中证。"①

---

① 《五灯会元》卷第二十《东林道颜禅师》、《续传灯录》卷第三十二《东林道颜禅师》该处下尚有数段禅语，兹不具引。

万寿护禅师

剑州万寿自护禅师,上堂:"古者道,若是识得心,大地无寸土。万寿即不然,若人识得心,未是究竟处。且那里是究竟处?"拈拄杖卓一下,曰:"甜瓜彻蒂甜,苦瓠连根苦。"

连云能禅师

处州连云道能禅师,汉州何氏子①。僧问:"镜清六刮,意旨如何?"师曰:"穿却你鼻孔。"曰:"学人有鼻孔即穿,无鼻孔又穿个什么?"师曰:"抱赃叫屈。"曰:"如何是就毛刮尘?"师曰:"筠袁虔吉,头上插笔。"曰:"如何是就皮刮毛?"师曰:"石城虔化,说话厮骂。"曰:"如何是就肉刮皮?"师曰:"嘉眉果阆,怀里有状。"曰:"如何是就骨刮肉?"师曰:"漳泉福建,头匾如扇。"曰:"如何是就髓刮骨?"师曰:"洋澜左蠡,无风浪起。"曰:"髓又如何刮?"师曰:"十八十九,痴人夜走。"曰:"六刮已蒙师指示,一言直截意如何?"师曰:"结舌有分。"

雾隐最印禅师②

临安府雾隐最庵道印禅师,汉州人。上堂:"大雄山下虎,

---

① 汉州何氏子:《五灯会元》卷第二十《连云道能禅师》、《续传灯录》卷第三十二《连云道能禅师》皆作"汉州人,姓何氏"。
② 雾隐:《锦江禅灯目录》作"灵隐",当是。

南山鳖鼻蛇。等闲撞著,抱赏归家。若也不惜好手,便与拔出重牙。有么有么?"

上堂:"五五二十五,击碎虚空鼓。大地不容针,十方无寸土。春生夏长复何云,甜者甜兮苦者苦。"

中秋,上堂,举"马大师与西堂百丈南泉玩月"公案,师云:"马大师垂丝千尺,意在深潭。西堂振鬣,百丈摆尾,虽则冲波激浪,未免上他钩线。南泉自谓跃过禹门,谁知依前落在巨网。即今莫有绝罗笼、出窠臼底么?也好出来露个消息。贵知华藏门下,不致寂寥。其或未然,此夜一轮满,清光何处无?"

秦国法真夫人

秦国夫人计氏法真,自寡处屏去纷华,常蔬食,习有为法。因大慧遣谦禅者致问其子魏公,公留,谦以祖道诱之。

真一日问谦曰:"径山和尚寻常如何为人?"谦曰:"和尚只教人看狗子无佛性,及竹篦子话,只是不得下语,不得思量,不得向举起处会,不得向开口处承当。狗子还有佛性也无?无,只恁么教人看。"真遂谛信。于是夜坐,力究前话,忽尔洞然无滞。谦辞归,真亲书《入道概略》,作数偈呈慧。其后曰:"逐日看经文,如逢旧识人。莫言频有碍,一举一回新。"

大沩泰法嗣

慧通旦禅师

　　漳州①慧通清旦禅师，蓬州严氏子。初出关至德山，值②泰上堂，举："赵州曰：'台山婆子已为汝勘破了也，且道意在什么处？'"良久曰："就地撮将黄叶去，入山推出白云来。"师闻释然。翌日入室，山问："前百丈不落因果，因什么堕野狐？后百丈不昧因果，因什么脱野狐？"师曰："好与一坑埋却。"

　　住后，上堂："说佛说祖，正如好肉剜疮；举古举今，犹若残羹馊饭。一闻便悟，已落第二头；一举便行，早是不著便。须知个事，如天普盖，似地普擎。师子游行，不求伴侣；壮士展臂，不借他力。佛祖拈掇不起，衲僧觑见无门。迷悟双忘，圣凡路绝。且道从上诸圣以何法示人？"喝一喝，曰："莫妄想。"

　　佛性和尚忌日，上堂："三脚驴子弄蹄行，步步相随不相到。树头惊起双双鱼，拈来一老一不老。为怜松竹引清风，其奈出门便是草。因唤檀郎识得渠，大机大用都推倒。烧香勘证见根源，粪埽堆头拾得宝。丛林浩浩漫商量，劝君莫谤先师好。"

---

① 漳州：《续传灯录》卷第三十一《慧通清旦禅师》作"潭州"。潭州，治所在今湖南长沙市。
② 值：《续传灯录》卷第三十一《慧通清旦禅师》作"直"。

正法灏禅师

成都府正法灏禅师。上堂，举永嘉到曹溪因缘，乃曰："要识永嘉么？掀翻海岳求知己。要识祖师么？拨动乾坤建太平。二老不知何处去？"卓拄杖，曰："宗风千古播嘉声。"

昭觉辩禅师

成都府昭觉辩禅师，上堂："毫厘有差，天地悬隔。隔江人唱《鹧鸪词》，错认《胡茄十八拍》。要会么？欲得现前，莫存顺逆。五湖烟浪有谁争？自是不归归便得。"

灵隐远法嗣

东山己禅师

庆元府东山全庵齐己禅师[1]，邛州谢氏子。上堂，举修山主偈曰："是柱不见柱，非柱不见柱。是非已去了，是非里荐取。"召大众曰："荐得是，移华兼蝶至；荐得非，担泉带月归。是也好，郑州黎[2]胜青州枣；非也好，象山路入蓬莱岛。是亦没交涉，

---

[1] 《续传灯录》卷第三十一《庆元府东山齐己禅师》该句无"全庵"二字。
[2] 黎：《五灯会元》卷第二十《东山齐己禅师》、《续传灯录》卷第三十一《庆元府东山齐己禅师》皆作"梨"。

踏著秤锤硬似铁；非亦没交涉，金刚宝剑当头截。阿呵呵！会也么？知事少时烦恼少，识人多处是非多。"①

知府葛剡居士

知府葛剡居士，字谦问，号信斋。少擢上第，玩意禅悦。首谒无庵全禅师，求指南。庵令究即心即佛，久无所契，请曰："师有何方便？使某得入。"庵曰："居士太无厌生。"已而佛海来居剑池，公因从游，乃举无庵所示之语，请为众普说。海发挥之曰："即心即佛眉拖地，非心非佛双眼横。蝴蝶梦中家万里，子规枝上月三更。"留旬日而后返。

一日，举"不是心，不是佛，不是物"，豁然顿明，颂曰："非心非佛亦非物，五凤楼前山突兀。艳阳影里倒翻身，野狐跳入金毛窟。"无庵肯之，即遣书颂呈佛海。海报曰："此事非纸笔可既，居士能过我，当有所闻矣。"遂复至虎丘，海迎之曰："居士见处，止可入佛境界。入魔境界，犹未得在。"公加礼不已。海正容曰："何不道金毛跳入野狐窟？"公乃痛领。②

---

① 《五灯会元》卷第二十《庆元府东山全庵齐己禅师》、《续传灯录》卷第三十一《庆元府东山齐己禅师》该处下尚有数句禅语，兹不具引。
② 《五灯会元》卷第二十《知府葛郯居士》、《续传灯录》卷第三十一《知府葛郯居士》该处下尚有数句禅语，兹不具引。

华藏民法嗣

宝印禅师

临安府径山别峰宝印禅师，嘉州李氏子。自幼通六经，而厌俗务。乃从德山清素得度，具戒，后听《华严》《起信》，既尽其说，弃依密印于中峰。

一日，印举："僧问岩头：'起灭不停时如何？'岩叱曰：'是谁起灭？'"师启悟，即首肯。会圆悟归昭觉，印遣师往省，因随众入室。悟问："从上诸圣以何接人？"师竖拳，悟曰："此是老僧用底，怎么生是从上诸圣用底？"师以拳挥之，悟亦举拳相交，大笑而止。

后至径山谒大慧。慧问："甚处来？"师曰："西川。"慧曰："未出剑门关，与汝三十棒了也。"师曰："不合起动和尚。"慧忻然，扫室延之。慧南迁，师乃西还，连主数刹。后再出峡，住保宁、金山、雪窦、径山。

开堂升座，曰："世尊初成正觉于鹿野苑中，转四谛法轮，憍陈如比丘最初悟道。后来真净禅师初住洞山，拈云：'今日新丰洞里，只转个拄杖子。'"遂拈拄杖著左边，云："还有最初悟道者么？若无，丈夫自有冲天志，莫向如来行处行。"遂喝一喝，下座。"若是印上座则不然，今日向凤凰山里，初无工夫转四谛法轮，亦无气力转拄杖子。只教诸人行须缓步，语要低声。何故？欲得不招无间业，莫谤如来正法轮。"①

可宣禅师

可宣禅师，嘉定许氏子。出家受具，参安民悟旨诀。嘉定庚午，诏住径山，远近辐辏。宣悲夫重跻而来者，穷其日力，食息无所。又于双溪之上，筑室百间，为接待庵，济其所不及。宋宁宗尝锡②"化城"二大字，赐号"佛日"。

泐潭明法嗣

无为缘禅师

汉州无为随庵守缘禅师，本郡史氏子③。年十三病目，去依栖禅慧目能禅师圆具。出峡至宝峰，值峰上堂，举永嘉曰："一月普现一切水，一切水月一月摄。"师闻，释然领悟。

住后，上堂曰："以一统万，一月普现一切水；会万归一，一切水月一月摄。展则弥纶法界，收则毫发不存。虽然收展殊途，此事本无异致。但能于根本上著得一只眼去，方见三世诸佛、历代祖师，尽从此中示现；三藏十二部、一切修多罗，尽从此中流出；天地日月，万象森罗，尽从此中建立；三界九地，七

---

① 《五灯会元》卷第二十《径山宝印禅师》、《续传灯录》卷第三十一《径山宝印禅师》该处下尚有数句禅语，兹不具引。
② 锡：当是"赐"字。
③ 本郡史氏子：《五灯会元》卷第二十《无为守缘禅师》作"本郡人，姓史氏"。

趣四生，尽从此中出没。百千法门，无量妙义，乃至世间工巧伎艺，尽现行此事。所以世尊拈华，迦叶便乃微笑；达磨面壁，二祖于是安心；桃花盛开，灵云疑情尽净；击竹作响，香严顿忘所知。以至盘山于肉案头悟道，弥勒向鱼市里接人。诚谓造次颠沛必于是，经行坐卧在其中。既有如是奇特，更有如是光辉；既有如是广大，又有如是周遍。你辈诸人，因什么却有迷有悟？要知么？幸无偏照处，刚有不明时。"

龙翔圭法嗣

云居升禅师

南康军云居顽庵德升禅师，汉州何氏子。二十得度，习讲久而弃之，谒文殊道禅师①，问佛法省要。殊示偈曰："契丹打破波斯寨，夺得宝珠村里卖。十字街头穷乞儿，腰间挂个风流袋。"师拟对，殊曰："莫错。"

师退参三年，方得旨趣。往见佛性，机不投。入闽至鼓山礼觐，便问："国师不跨石门句，意旨如何？"竹庵应声喝曰："闲言语！"师即领悟。

住后，僧问："应真不借三界高超即不问，如何是无位真人？"师曰："闻时富贵，见后贫穷。"曰："抬头须掩耳，侧掌便翻身。"师曰："无位真人在什么处？"曰："老大宗师，话头也不

---

① 《五灯会元》卷第二十《云居德升禅师》该句作："习讲久之。弃谒文殊道禅师。"《续传灯录》卷第三十三《云居德升禅师》该句作："习讲久之。辞谒文殊道禅师。"

识。"师曰:"放你三十棒。"

云居悟法嗣

云居圆禅师

　　南康军云居普云自圆禅师,绵州雍氏子。年十九,试经得度,留教苑①五祀。出关南下,历扣诸大尊宿。始诣龙门,一日,于廊庑间睹绘胡人,有省。夜白高庵,庵举法眼偈曰:"头戴貂鼠帽,腰悬羊角锥。语不令人会,须得人译之。"复策火示之曰:"我为汝译了也。"于是大法明了,呈偈曰:"外国言音不可穷,起云亭下一时通。口门广大无边际,吞尽杨岐②栗棘蓬。"庵遣师依佛眼,眼谓曰:"吾道东矣。"

　　上堂,举:"僧问云门:'如何是透法身句?'门曰:'北斗里藏身。'"师曰:"南北东西万万千,乾坤上下两无边。相逢相见呵呵笑,屈指抬头月半天。"

黄龙忠法嗣

信相修禅师

　　成都府信相戒修禅师,上堂,举马祖不安公案,乃曰:"两

---

① 苑:《续传灯录》卷第三十三《云居自圆禅师》作"宛"。
② 岐:《五灯会元》卷第二十《云居自圆禅师》作"歧"。

轮举处烟尘起,电急星驰拟何止?目前不碍往来机,正令全旋无表里。丈夫意气自冲天,我是我兮你是你。"

西禅琏法嗣

西禅秀禅师

遂宁府西禅第二代希秀禅师,上堂曰:"秋光将半,暑气渐消。鸿雁横空,点破碧天似水;猿猱挂树,撼翻玉露如珠。直饶对此明机,未免认龟作鳖。且道应时应节一句作么生道?野色并来三岛月,溪光分破五湖秋。"

大沩果法嗣

玉泉琏禅师

荆门军玉泉夯谷宗琏禅师,合州董氏子。开堂曰,问答已,乃曰:"衲僧向人天众前,一问一答,一擒一纵,一卷一舒,一挨一拶,须是具金刚眼睛始得。若是念话之流,君向西秦,我之东鲁,于宗门中殊无所益。者一段事,不在有言,不在无言,不碍有言,不碍无言。古人垂一言半句,正知国家兵器,不得已而用之。横说竖说,只要控人入处,其实不在言句上。今时人不能一径彻证根源,只以语言文字而为至道。一句来,一句去,唤作'禅道',唤作'向上向下',谓之'菩提涅槃',谓之'祖师巴鼻'。正似郑州出曹门，从上宗师会中，往往真个以行脚为事底。才有疑处，便对众决择。只一句下见谛明白，造佛祖直指不传之宗。与诸有情尽未来际，同得同证，犹未是泊头处。岂是空开唇皮，胡言汉语？"①

石头回法嗣

云居会禅师

南康军云居蓬庵德会禅师，重庆府何氏子。上堂，举："教中道：'若见诸相非相，即见如来。'怎么生是非相底道理？佯走诈羞偷眼觑，竹门斜掩半枝花。"

---

① 《五灯会元》卷第二十《玉泉宗琏禅师》、《续传灯录》卷第三十三《玉泉宗琏禅师》该处下尚有数句禅语，兹不具引。

锦江禅灯卷第八

大鉴下第十八世

东林颜法嗣

报恩演禅师

汀州报恩法演禅师，果州人。上堂，举"俱胝竖指"因缘，师曰："佳人睡起懒梳头，把得金钗①插便休。大抵还他肌骨好，不涂红粉也风流。"

元庵慈禅师

婺州智者元庵真慈禅师，潼川李氏子。初依成都正法寺出家，具戒后游讲肆，听讲《圆觉》，至"四大各离，今者妄身当在何处？毕竟无体，实同幻化"，因而有省，作颂曰："一颗明珠，在我者里，拨着动着，放光动地。"以呈诸讲师，无能晓

---

① 钗：《续传灯录》卷第三十四《报恩法演禅师》作"针"。

之者。

归以呈其师，遂举"狗子无佛性"话诘之。师曰："虽百千万亿公案，不出此颂也。"其师以为不逊，乃叱出。

师因南游，至庐山圆通挂搭。时卍庵为西堂，为众入室，举："僧问云门：'拨尘见佛时如何？'门云：'佛亦是尘。'"师随声便喝，以手指胸曰："佛亦是尘。"师复颂曰："拨尘见佛，佛亦是尘。问了答了，直下翻身。'劝君更尽一杯酒，西出阳关无故人。'"又颂《尘尘三昧》曰："钵里饭，桶里水，别宝昆仑坐潭底。一尘尘上走须弥，明眼波斯笑弹指。笑弹指，珊瑚枝上清风起。"卍庵深肯之。

昭觉渊禅师

昭觉绍渊禅师，上堂，举："僧问云门：'树凋叶落时如何？'门曰：'体露金风。'"师曰："要明陷虎之机，须是本色衲子始得。云门大师具逸群三昧，击节扣关，于闪电光中出一只手，与人解黏去缚，拔楔抽钉，不妨好手。子细检点将来，大似与贼过梯。昭觉则不然，忽有僧问：'树凋叶落时如何？'只答他道：'落霞与孤鹜齐飞，秋水共长天一色。'且道与云门是同是别？"复曰："止止不须说，我法妙难思。"

上堂："镕瓶盘钗钏作一金，搅酥酪醍醐成一味。如是宾主道台①，内外安和。五位君臣齐透，四种料拣一串。放行则细雨

---

① 台：《续传灯录》卷第三十四《昭觉绍渊禅师》作"合"，当是。

蒙蒙、秋风飒飒,把住则空空如也。谁敢正眼觑着?且道放行为人好?把住为人好?"复曰:"等闲一似秋风至,无意凉人人自凉。"

敬夫张居士

张栻,字敬夫,累官吏部侍郎。尝问道于道颜曰:"见即便见,拟思即差,又作么生?"颜曰:"还问不知有。"栻曰:"政①当知有时如何?"颜曰:"闻声见色只如常。"栻豁然有省,乃留偈曰:"闻声见色只如常,熟察精粗理自彰。脱似虚空藏碧落,曾无少剩一毫芒。"颜然之。后方疾②革,定叟求教,栻曰:"蝉蜕人欲之私,春融天理之妙。"语讫而逝。

栻平生潜心经史,动以古圣贤自期。所著有《论孟》《太极》诸书,学者称为"南轩先生"。③

西禅需法嗣

剑门分庵主

南剑州剑门安分庵主,少与木庵同隶④业安国。后依懒庵,

---

① 政:通"正"。
② 疾:《居士分灯录》卷下《张栻》作"病"。
③ 《居士分灯录》卷下《张栻》该处下尚有:"赞曰:'碧落虚空,蝉蜕春融,点颜川眼,挺濂溪松。且道是禅学?是圣学?一任天下人摸索。'"
④ 隶:《续传灯录》卷第三十四《剑门安分庵主》作"肄"。

未有深证。辞谒径山大慧，行次江干，仰瞻宫阙，闻街司喝"侍郎来"，释然大悟。作偈曰："几年个事挂胸怀，问尽诸方眼不开。肝胆此时俱裂破，一声江上侍郎来。"遂径回西禅，懒庵迎之，付以伽梨。自尔不规所寓。后庵居剑门，化被岭表，学者从之。所作偈颂，走手而成。凡千余首，盛行于世。①

大沩行法嗣

德山涓禅师

常德府德山子涓禅师，潼川人。

上堂："见见之时，见非是见。见犹离见，见不能及。"遂喝曰："鲸吞海水尽，露出珊瑚枝。"众中忽有个衲僧出来道："长老休寐语，却许伊具一只眼。"

上堂，横按拄杖，曰："一二三四五六七，七六五四三二一。循环逆顺数将来，数到未来无尽日。因七见一，因一亡七。踏破太虚空，铁牛也汗出。绝气息，无踪迹。"掷拄杖曰："更须放下者个，始是②参学事毕。"

上堂，拈拄杖曰："有时夺人不夺境，拄杖子七纵八横；有时夺境不夺人，山僧七颠八倒；有时人境两俱夺，拄杖子与山僧削迹吞声；有时人境俱不夺……"卓拄杖曰："伴我行千里，携

---

① 《五灯会元》卷第二十《剑门安分庵主》、《续传灯录》卷第三十四《剑门安分庵主》该处下尚有数句禅语，兹不具引。
② 是：《续传灯录》卷第三十四《德山子涓禅师》作"得"。

君过万山。忽然撞着临济大师时如何？"喝曰："未明心地印，难透祖师关。"

育王光法嗣

北涧简禅师

临安北涧居简禅师，潼州龙氏子。① 依邑之广福院得度。参别峰涂毒，沉默自究。

一日，阅卍庵语，有省。再参佛照，机契，自是往来其门者五十年。走江西，访仲温于罗湖。与师议论，大奇之。遂以大慧居洋屿庵竹篦付之。师巽焉，久之出世台之报恩②。

晚迁净慈。上堂："识得一，万事毕。了事衲僧，一字不识。直饶恁么，未称全提。禹力不到处，河声流向西。"

上堂，举："密师伯与洞山在饼店，密于地上画一圆相，谓洞山曰：'把将去。'山曰：'拈将来。'后来保宁勇和尚曰：'非但二人提不起，尽大地人亦提不起。'北涧敢道，保宁计穷力尽。"

上堂，举："赵州入僧堂曰：'有贼，有贼！'见一僧便捉曰：'贼在者里。'僧曰：'不是某甲。'州托开曰：'是即是，不肯承

---

① 《续传灯录》卷第三十五《净慈居简禅师》该句详作："杭州府净慈北涧禅师，名居简，字敬叟，蜀之潼川王氏子。以其寓北涧之日久故，人不名字，称'北涧'云。"另《北涧居简禅师语录》（《卍续藏》第 69 册）、《续指月录》亦有《临安北涧敬叟居简禅师》，内容稍异。

② 《续指月录》卷二《临安北涧敬叟居简禅师》该句作"出世天台报恩光孝"。

当①。'"师曰:"赵州收处太宽②,放去太急。净慈则不然,家贼难防,家财必丧。"卓拄杖曰:"只可错捉,不可错放。"淳祐丙午春示寂,书偈曰"四月一日珍重"六字。至期,假寐而逝。

未详法嗣

方辨禅师

蜀僧方辨,谒六祖,曰:"善塑。"祖正色曰:"试塑看。"辨不领旨,乃塑祖,可高七尺,曲尽其妙。祖观之曰:"汝善塑佛性否?"曰:"不善佛性。"酬以衣物,辨礼谢而去。③

太瘤禅师

太瘤,蜀僧。居众尝叹佛法混滥,异见蜂起,乃曰:"我参禅若得真正知见,当不惜口业。"遂发愿礼马祖塔,长年不辍。

---

① 不肯承当:《续指月录》卷二《临安北涧敬叟居简禅师》作"只是你不宜承当"。
② 宽:《续指月录》卷二《临安北涧敬叟居简禅师》作"危"。
③ 此段出自《六祖大师法宝坛经·机缘第七》:"忽有一僧来礼拜,云:'方辨是西蜀人,昨于南天竺国,见达磨大师,嘱方辨速往唐土。吾传大迦叶正法眼藏及僧伽梨,见传六代,于韶州曹溪,汝去瞻礼。方辨远来,愿见我师传来衣钵。'师乃出示,次问:'上人攻何事业?'曰:'善塑。'师正色曰:'汝试塑看。'辨罔措。过数日,塑就真相,可高七寸,曲尽其妙。师笑曰:'汝只解塑性,不解佛性。'师舒手摩方辨顶,曰:'永为人天福田。'师仍以衣酬之,辨取衣分为三,一披塑像,一自留,一用棕裹瘗地中。誓曰:'后得此衣,乃吾出世,住持于此,重建殿宇。'宋嘉祐八年,有僧惟先,修殿掘地,得衣如新。像在高泉寺,祈祷辄应。"

忽一日，塔放①光，感而有悟。后遍②至丛林勘验老宿。过雪窦山前云："者老汉口里水漉漉地。"窦闻其语，意似不平。及太见，窦云："你不肯老僧那。"太云："老汉果然水漉漉地。"遂摵一坐具便出。直岁不甘，中路令人殴打，损太一足。太云："此是雪窦③使之，他日须折一足偿我。"后果如其言。④

仁王钦禅师

蜀中仁王钦禅师，僧问："如何是佛？"师曰："闻名不如见面。"曰："如何是祖师西来意？"师曰："闹市里弄猢狲。"曰："如何是道？"曰："大虫看水磨。"

德普禅师

德普禅师，绵州蒲氏子，得度受具。⑤解《唯识》《起信论》，两川无敢诘难，号为义虎。时惟胜还自江西，吕大防出镇成都，执弟子礼。日夕造室，普窃听其议，一不能晓，归卧看屋

---

① 《大慧普觉禅师宗门武库》该处有"白"字。
② 遍：《大慧普觉禅师宗门武库》作"所"。
③ 《大慧普觉禅师宗门武库》该处有"老汉"二字。
④ 《大慧普觉禅师宗门武库》此处下有一段禅语，兹录如下："太后至都下，放意市肆中，有官人请归家供养。太屡告辞，官人确留之，愈加敬礼，每使侍妾馈食其前。一日，偶官人至，太故意挑其妾。官人以此改礼，遂得辞去。不数日，闹市中端坐而化。"
⑤ 《续传灯录》卷第十六《禾山德普禅师》该句详作："吉州禾山德普禅师，生于绵州蒲氏。少尚气节，有卓识。见富乐山静禅师，合爪作礼曰：'此吾师也。'静与语，奇之。携归山中，阴察之。其作止类老头陀，静云：'此子赋性豪纵不受控御，而能折节杵臼炊爨间，以事众为务，是为希有！'年十八，得度受具，秀出讲席。"

梁。曰："胜昔尝业讲有声，吕公世称贤者，相与敬信如此，吾乃不信可乎？"①

乃出蜀至荆州金銮。夜与一衲俱，普问："经论何负禅宗，而长老多讥诃之耶？"② 曰："以其是识情义理思想边量，非能发圣得道。脱有得道发圣③者，皆藉之以为缘耳。倘不因自悟，惟经论是仗，则能读能知能见解者，皆证圣成道去矣。④ 惟以死语是所知障故，祖师西来也。如经言，一切众生本来成佛。汝信之乎？"曰："世尊之语，岂敢不信！"曰："既信矣，远来何为？"⑤ 曰："闻禅宗有别传法，故来耳。"衲笑曰："是则未信，非能信也。今积翠南禅师出世久，子见之不宜后。"⑥ 普即日遂行。

熙宁元年，至黄龙，问："阿难问迦叶：'世尊传金襕外别传何法⑦？'迦叶呼阿难，难应诺。迦叶：'倒却门前刹竿著。'意旨如何？"南曰："上人出蜀，曾⑧到玉泉否？"曰："曾到。"又问："曾挂搭否？"曰："一夕便发。"南曰："智者道场，关将军打供与结缘，几时何妨？"普默然理前问，南俯首。普趋出，

---

① 《续传灯录》卷第十六《禾山德普禅师》该句详作："罪圭峰疏义多臆说，摘其失处，诫学者不可信。老宿皆数之云：'圭峰清凉国师所印，可汝敢雌黄，蚍蜉撼树汝今是矣！'师叹曰：'学者以名位惑久矣！清凉圭峰非有四目八臂也？奈何甘自退屈乎？'"
② 《续传灯录》卷第十六《禾山德普禅师》该句详作："夜与一衲（偶忘其名），衲见了山情庵主。师闻其饱参，问之曰：'经论何负禅宗，而长老多讥诃之耶？'"
③ 得道发圣：《续传灯录》卷第十六《禾山德普禅师》作"发圣得道"。
④ 《续传灯录》卷第十六《禾山德普禅师》该处有"宁尚与仆辈俯仰耶"。
⑤ 《续传灯录》卷第十六《禾山德普禅师》该句作："既信矣，则尚何区区远来乎？"
⑥ 《续传灯录》卷第十六《禾山德普禅师》该句详作："衲笑云：'是则未信，非能信也。'师曰：'其病安在？'衲云：'积翠南禅师出世久，子见之不宜后。见则当使汝疾有瘳矣！'"
⑦ 《续传灯录》卷第十六《禾山德普禅师》该句作"世尊付金襕外复传何法"。
⑧ 曾：《续传灯录》卷第十六《禾山德普禅师》作"会"。

大惊曰:"两川义虎,不消此老一唾!"①

报恩熙禅师

潼川报恩道熙禅师,曾与宝福送书往泉州王太尉处。尉问:"漳南和尚,近日还为人也无?"师云:"若道为人,即屈着和尚。若道不为人,又屈太尉。"尉云:"道取一句,待铁牛能啮草,木马解含烟。"师云:"某甲惜口吃饭。"尉良久又问:"驴来?马来?"师云:"驴马不同途。"尉云:"争得到者里。"师云:"谢太尉领话。"

范蜀公②

观水莫观污池水,污池之水鱼鳖卑。登山莫登迤逦山,迤逦之山草木稀。观水须观沧溟广,登山须登泰山上。所得不浅所见高,工夫用尽非徒劳。南方幸有选佛地,好向其中穷妙旨。他年成器整颓纲,不负男儿出家志。大丈夫休拟议,岂为虚名灭身计。百年随分觉无多,莫被光阴暗添岁。成都况是繁华国,打住只因花酒惑。吾师幸是出家儿,肯随龌龊同埋没。吾师幸有虹霓志,何事踌躇溺泥水。岂不见吞舟之鱼不隐卑流,合抱之木不生

---

① 《续传灯录》卷第十六《禾山德普禅师》该句作:"师默然,良久理前问。南公俯首,师趋出,豁然有省。大惊曰:'两川义虎,不消此老一唾!'"另《续传灯录》卷第十六《禾山德普禅师》该处下尚有数句禅语,兹不具引。
② 该篇当录自《缁门警训》卷第七《范蜀公送圆悟禅师行脚》。

丹丘？大鹏一展九万里，岂同春岸飞沙鸥？何如急驾千里骥？莫学鹪鹩恋一枝。直饶讲得千经论，也落禅家第二机。白云长是恋高台，暮罩朝笼不暂开。为慰苍生霖雨望，等闲依旧出山来。又不见荆山有玉名璃瑶，良工未遇居缝蒿；当时若不离荆楚，争得连城价倍高？

无心广道者

无心广道者，梓州人。初游方，问云盖智和尚："兴化打维那，意旨如何？"① 智下禅床展两手，吐舌示之。广打一坐具。智云："此是风力所转。"又问石霜琳和上②，琳云："你意作么生！"广亦打一坐具。琳云："好一坐具，只是你不知落处。"又问真净。净云："你意作么生？"广亦③打一坐具。净云："他打你亦打。"广于此大悟。净因作④颂曰："丈夫当断不自断，兴化为人彻底汉。已后从他⑤眼自开，棒了罚钱趁出院。"⑥

意忠上座⑦

汉中沙门意忠上座，寻师访道，选佛参禅，干木随身，逢场

---

① 《续传灯录》卷第二十二《九峰希广禅师》此两句作："瑞州九峰希广禅师，游方日，谒云盖智和尚，乃问：'兴化打克宾，意旨如何？'"
② 和上：《续传灯录》卷第二十二《九峰希广禅师》作"禅师"。
③ 亦：《续传灯录》卷第二十二《九峰希广禅师》作"复"。
④ 作：《续传灯录》卷第二十二《九峰希广禅师》作"有"。
⑤ 他：《续传灯录》卷第二十二《九峰希广禅师》作"教"。
⑥ 《续传灯录》卷第二十二《九峰希广禅师》该处下尚有"后住九峰，衲子宗仰"一句。
⑦ 忠：《锦江禅灯目录》作"中"。

作戏。然其场也，戏乎一时；以其功也，利益千古。于是革其旧制，郢人犹迷。徇器投机，变通在我，岂以绳墨拘其大猷，而为规矩之所限哉？是谓有子不可教，其可教者，语言糟粕也。非心之至妙，其至妙之心在我，不在文字语言也。纵有明师密授，不如心之自得。故曰，得之于心，应之于手，皆灵然心法之妙用也。故有以破麦也，即为其磑。欲变米也，即为其碾。欲取面也，即为其罗。欲去糠也，即为其扇。而规模法则，总有关捩。消息既通，皆不拨而自转。以其水也，一波才动，前波、后波，波波应而无尽。以其磑也，一轮才举，大轮、小轮，轮轮运而无穷。由是上下相应，高低共作。其妙用也，出乎自然，故不假人力之所能为，而奇绝可观。玄之又玄，然后左旋右转，竖去横来，更相击触。出大法音，皆演苦空无常无我诸波罗密，而闻者闻其心，见者见其性，以至嗅尝知觉，尽获法喜禅悦之乐。又何即①米面诸所须物，供香积厨而为二膳？饱禅者辈，往来选佛者欤。"

自庆藏主

自庆藏主②，蜀人。丛林知名，遍参真如、晦堂、普觉诸大老。游庐阜，人都城见法云圆通禅师。与秀大师偕行，到法云、秀得参堂，以"庆藏主"之名达圆通。通曰："且令别处挂搭，俟此间单位空。"即令参堂。庆在智海，偶卧病。秀欲诣问所苦，

---

① 《大慧普觉禅师宗门武库》该处有"以"字。
② 《大慧普觉禅师宗门武库》该处有"者"字。

而山门无假，乃潜出智海见庆。庆以书白圆通，道："秀越规矩出入。"圆通得书，知之。夜参大骂："此真小人，彼以道义故，挤出院来讯汝疾，返以此告讦，岂端人正士所为！"庆闻之，遂掩息。丛林尽谓"庆遭圆通一讦而卒"。

峨眉山白长老

峨眉山白长老，尝云："乡人雪窦有颂百余首，其词意不甚出人，何乃浪得大名于世？"遂作颂千首，以多十倍为胜，自编成集。妄意他日名压雪窦，到处求人赏音。有大和山主，遍见当代有道尊宿，得法于法昌遇禅师。出世住大和，称"山主"，气吞诸方，不妄许可。白携其颂，往谒之，求一言之鉴，取信后学。大和见，乃唾云："此颂如人患鸦臭，当风立地，其气不可闻。"自是，白不敢出似人。后黄鲁直闻之，到成都大慈寺，大书于壁，云："峨眉白长老，千颂自成集。大和曾有言，鸦臭当风立。"

无师自悟之流，费尽心血，将谓取胜于人。及见智者，一场热哄，只为贡高堕此窟穴。参学人，切莫萌此遗臭诸方！

大鉴下第十九世

天童杰法嗣①

卧龙先禅师

夔州卧龙山破庵祖先禅师,广安州王氏子。初参密庵,闻上堂语有省。后庵住灵隐,命师分座。有道者请益曰:"胡孙捉不住时如何?"师曰:"用捉他作什么?如风吹水,自然成纹。"

住后,上堂:"不是心,不是佛,不是物,忍俊不禁,为诸人作个撇脱。"拈拄杖,卓一下,曰:"流水暗消溪畔石,劝人除却是非难。"

荐福生禅师

饶州荐福曹原生禅师,南剑人。② 咏灵云石,③ 曰:"云去云来非有意,云来云去亦无心。有无截断灵何在?突兀一峰青到今。"

---

① 天童:《锦江禅灯目录》作"密庵"。
② 《续传灯录》卷第三十五《荐福原生禅师》该处有:"分座云居,出世妙果,徙龟峰。后住荐福逾月,化去。"
③ 《续传灯录》卷第三十五《荐福原生禅师》该处有"有偈"二字。

大鉴下第二十世

卧龙破庵先法嗣①

无准范禅师

临安府径山无准师范禅师，剑州雍氏子。九岁出家，请益老宿坐禅之法。宿曰："禅是何物？坐底是谁？"师昼夜体究。② 一日，如厕，提前话，有省。③ 谒育王佛炤，炤问："何处人？"师曰："剑州。"炤曰："带得剑来么？"师随声便喝。炤笑曰："者乌头子也乱做。"至灵隐，时破庵为第一座，同游石笋庵。有道者请益胡孙子话，师于旁大悟。④

---

① 《锦江禅灯目录》无"破庵"二字。
② 《续传灯录》卷第三十五《径山师范禅师》该处详作："杭州径山无准禅师，讳师范，生于蜀之梓潼雍氏。九岁依阴平山僧道钦出家，经书过目成诵。绍熙五年冬，登具戒。明年，次成都坐夏正法。遇老宿名尧者，师请益坐禅之法。尧曰：'禅是何物？坐底是谁？'师受其语，昼夜体究。"《大明高僧传》卷第八《临安府径山沙门释师范传》作："释师范，字无准，蜀之梓潼雍氏子也。年九岁，依阴平山道钦和尚出家，读书过目成诵。南宋绍熙六年，始腰包，游于成都正法寺。请益尧和尚坐禅工夫。尧曰：'禅是何物？坐的是谁？'师于是昼夜体究。"
③ 《续传灯录》卷第三十五《径山师范禅师》该处有"明年辞去"四字。
④ 《续传灯录》卷第三十五《径山师范禅师》该处作："贫甚无资剃发故，佛照室中常以'乌头子'目之。久之复还灵隐，破庵居第一座。斋余，同游石笋庵。庵之道者请益胡孙子话。破庵答之（语在《破庵传》中）。师于侍傍有省。"《大明高僧传》卷第八《临安府径山沙门释师范传》作："师贫无资剃发，故人目之曰：'乌头子。'破庵居灵隐，师侍次时，有一道者问破庵：'猢狲子捉不住奈何？'破庵曰：'用捉作么？如风吹水，自然成文。'师于言下大悟。"

初住明州清源，后受诏住径山。①

上堂："灵山指月，曹溪话月，递代相传，证龟成鳖。范上座寻常有一张口，挂在壁上，未曾动着。今日无端入者行户，事到如今，只得东簸西簸，未免拈起多年历日，于中点出些子误赚处，说似诸人。且要郭大、李二、邓四、张三知得。江南两浙，春寒秋热，虽然如是，黄河三千年一度清。"

上堂："若论个事，直是省要易会。多是诸人自作艰难，自作障碍，所以有时东廊西廊。见诸人和南问讯，山僧便乃低头相接。其实无他，只要诸人识得长老是西川隆庆府人氏。若识得去，便与诸人打些乡谈，说些乡话。如今且未说，你识得长老，且各自知得自家乡贯也得。还知么？明州六县，奉化八乡。"

上堂："名不得，状不得，取不得，舍不得。只么得，且道得个什么？三人证龟成鳖。"

理宗召入修政殿，奏对详明，赐金襕僧伽衣。又宣诏慈明殿，升座说法，帝垂帘而听，赐号"佛鉴"。②

淳祐己酉三月旦日疾作，遂升座，谓众曰："山僧既老且病，无力与诸人东语西话。今勉强出来，将从前说不到的尽情向诸人抖擞去也。"遂起身抖衣曰："是多少？"便归方丈。十五日，集

---

① 《续传灯录》《大明高僧传》中该句记载较详，兹不具引。
② 《续传灯录》卷第三十五《径山师范禅师》该处作："是年十月，有旨入内。上御修政殿引见，师奏对详明。上为之动色，赐金襕僧伽黎。仍宣诣慈明殿升座。上垂帘而听，乃赐'佛鉴禅师'号。"《大明高僧传》卷第八《临安府径山沙门释师范传》作："无何，召入大内修政殿说法称旨，赐金襕衣，加'佛鉴禅师'之号。"

众遗嘱。① 至夜书偈，曰："来时空索索，去也赤条条。更要问端的，天台有石桥。"掷笔而逝，塔全身于圆照庵。②

灵隐薰禅师

临安府灵隐石田法薰禅师，眉山彭氏子。③ 初游石霜④，礼雷迁塔，述偈曰："一念慈容元不隔，何须特地赐乖张。平高就下婆心切，恼得雷公一夜忙。"师名因是大著，闻⑤穹窿破庵道望，遂往依焉。⑥ 室中举"世尊拈华，迦叶微笑"，师曰："焦砖打着连底冻，赤眼撞着火柴头。"庵阴奇之。初住苏之高峰，迁枫桥钟山净慈灵隐。⑦ 示众："但得本，莫愁末。唤什么作本？唤什么作末？松柏千年青，不入时人意；牡丹一日红，满城公子

---

① 《续传灯录》卷第三十五《径山师范禅师》该句详作："十五日集两班区画后事，亲书遗表及遗书十数，言笑谐谑如平时。其徒以遗偈为请。"《大明高僧传》卷第八《临安府径山沙门释师范传》作："十五日集众，亲书遗表、遗书数十言，而与客言笑谐谑如平时。"
② 《续传灯录》卷第三十五《径山师范禅师》作："移顷而逝。停龛二七日。遗表上闻。上遣中使降香赐币。奉全身塔于圆照庵。禀法分化。有雪岩钦断桥伦西岩惠焉。"《大明高僧传》卷第八《临安府径山沙门释师范传》作："移顷而逝，停龛二七日。遗表上闻，帝遣中使降香赐弊帛。奉全身塔于圆照。"
③ 《续传灯录》卷第三十五《灵隐法薰禅师》该句作："杭州灵隐法薰禅师，号石田，眉山彭氏子也。师生而慧敏，三四岁时见佛僧即知礼敬。年十六，往从丹棱石龙山法宝院智明出家。二十二剃发受具戒。"
④ 《续传灯录》卷第三十五《灵隐法薰禅师》该句作"遂游方至石霜"。
⑤ 《续传灯录》卷第三十五《灵隐法薰禅师》该处有"吴门"二字。
⑥ 《续传灯录》卷第三十五《灵隐法薰禅师》该处多"一见知为法器"句。
⑦ 《续传灯录》卷第三十五《灵隐法薰禅师》该句详作："每于日用语默故，起其疑。师于是决志依栖，随叩咨询，与无准范日相激砺。辞去，遍游诸老门庭，见灵隐松源岳、净慈肯堂充、华藏遁庵演，咸谓其从作家炉鞴中出自不同也。俄，出世苏之高峰。高峰蕞尔刹，薰劳苦戡缩，以身率之，未三年为改观。次迁枫桥，众绳绳然，钟山虚席。庙堂精选择，乃以师补处。宝庆初，迁净慈。端平二年，迁灵隐。"

醉。山僧恁么道，若有不肯底，是我同参。"弟子师俊，绘师像求赞，有曰："末后一句，分付厨山。"众领讶之。明日忽示疾，退归保寿，趣办终焉。计窆全身于院之后山。①

即庵觉禅师

南康府云居即庵慈觉禅师，蜀人。举："僧问叶县：'如何是学人密用心处？'县曰：'闹市辊球子。'曰：'意旨如何？'县曰：'普请众人看。'"师颂曰："辊球闹市众人看，一阵清风吹面寒。定乱不须双刃剑，活人何必九还丹？"②

师始登云居时，先一夕宿瑶田庄，梦伽蓝安乐公③谓曰："汝与北山，只有一粥缘。"④明日午后至寺，晚参罢，会同袍二僧斗狠⑤。闻于司，凡⑥新到例遭斥逐。师深切疑讶⑦。后数年，蜀士有宦达于朝，以云居虚席，请师补处，师欣然承命。且复征往梦，竟至瑶田庄而寂。

---

① 《续传灯录》卷第三十五《灵隐法薰禅师》该处下有："不违师意也！寿七十五，腊五十三。师貌古性直，音韵朗畅。五迁望刹，阅三十有二年。撙节而足用，审量而计功。虽有大兴建，一毫不以干人。见他处持疏鹭俟人门，咕嗫以希施与者。直鄙而笑之，而土木金碧在处成就云。"
② 《续指月录》卷四《江州云居即庵慈觉禅师》无此段，另作："上堂，举雪峰因闽王问：'拟欲盖一所佛殿去时如何？'峰曰：'大王何不盖取一所空王殿？'王曰：'请师样子。'峰展两手，云门曰：'一举四十九。'师颂曰：'空王殿样子，雪峰展两手。添得老韶阳，一举四十九，总是面南看北斗。'赞船子和尚偈曰：'三十余年在药山，鬼家活计岂能传。当时不得夹山老，你且奈烦撑破船。'"
③ 公：《续指月录》卷五《江州云居即庵慈觉禅师》作"神"。
④ 《续指月录》卷五《江州云居即庵慈觉禅师》该句作："闻于此山，只有一粥之缘。"
⑤ 斗狠：《续指月录》卷五《江州云居即庵慈觉禅师》作"相殴"。
⑥ 凡：《续指月录》卷五《江州云居即庵慈觉禅师》作"以"。
⑦ 师深切疑讶：《续指月录》卷五《江州云居即庵慈觉禅师》作"师窃讶之"。

净慈仲颖法嗣[①]

江心万禅师

温州江心一山了万禅师[②]，族临川金氏。貌瘠而弱，年十五，业程文有声。然素志出家，莫夺去，从金溪常乐院思仁祝发。俄有灵芝产户枢，占者曰："吉征也"。及游方，谒偃溪闻公、荆叟珏公、简翁敬公，皆相语合。东叟领南屏，择师掌记。师偶经神祠，见纸灰随风旋起，师脱然忘所证。亟以白叟，诘之终无凝滞，遂蒙印可。[③] 未几江淮总统以开先迎居之[④]，师莅事，丛林鼎新。

又十年升住江心。少不适意，辄弃去，寺众数百恳留，随至冯公岭。不从，泣别散去。师恬然如脱桎梏焉。[⑤]

[①] 《锦江禅灯目录》无"仲"字。
[②] 《续传灯录》卷第三十六《江心了万禅师》该句作"温州江心一山禅师，讳了万"；江心了万禅师系江西人，似与巴蜀无甚关系。
[③] 《续传灯录》卷第三十六《江心了万禅师》该句下有："后游天台，及境众请开法寒岩，竟嗣东叟。逾三年，迁仙居紫箨。历十载，迁疏山。当道，议不合即挝退。"
[④] 《续传灯录》卷第三十六《江心了万禅师》该句作："未几，江淮总统会诸山于灵隐直指堂，议以开先迎居之。"
[⑤] 《续传灯录》卷第三十六《江心了万禅师》该处下尚有数句禅语，兹不具引。

大鉴下第二十一世

无准范法嗣

天童智禅师

明州①天童别山祖智禅师,蜀之顺庆杨氏子。十四得度,闻僧诵六岩语,悦之。时岩住苏之穹窿,亟往从焉。因阅《华严经》"弥勒楼阁,入已还闭"之语,恍如梦觉。②遂颂《灵云见桃花》曰:"万绿丛中红一点,几人欢喜几人嗔。"岩领之。最后,见无准于雪窦,准知是法器,待之弥峻。时或棒喝交下,一语不少贷。师拟对,辄噤不能发。由是,知解都丧。久之,作而言曰:"吾生平③伎俩皆死法。今见此翁,始行活路。"既而准移径山,命师分座。

宝祐丙辰,被旨住天童。一囊一钵,缚茅以居。④

庚辰九月旦,示众曰:"云淡月华新,木脱山骨露。有天有地来,几个眼睛活。"有省问者,师曰:"不及相见,各自努力。"

---

① 明州:《续指月录》卷五《庆元天童别山祖智禅师》作"庆元"。
② 《续指月录》卷五《庆元天童别山祖智禅师》该句作:"年十四得度。初闻僧诵《华严经》:'弥勒楼阁,入已还闭',恍如梦觉。"
③ 生平:《续指月录》卷五《庆元天童别山祖智禅师》作"平生"。
④ 《续指月录》卷五《庆元天童别山祖智禅师》该句作:"天童毁,州帅吴公奏师道行。师被旨,携一囊一钵,缚茆以居。宁郡久不雨,师祷之辄应,由是人情奔凑。不三年,尽还旧观。"

越十日夜分呼侍者，嘱后事。珍重大众，叉手而寂。

金山开法嗣

石溪心禅师

临安府径山石溪心月禅师，眉州人。僧问："如何是佛？"师曰："矮子看戏。"

大鉴下第二十二世

无用宽法嗣

如海真禅师

重庆府缙云山如海真禅师。碧峰①参，师于地上画一圆相，峰以袖拂之。师复画一圆相，峰于中增一画，又拂之。师再画如前，峰又增一画成十字，又拂之。师复画如前，峰于十字加四隅成卍文，又拂之。师乃总画二十圆相，峰一一具答。师曰："汝今方知佛法宏胜如此，宜往朔方，其道大行。"

---

① 《五灯全书》卷第五十《重庆府缙云山如海真禅师》该处有"来"字。

大鉴下第二十五世

少林裕法嗣

昭觉庆禅师

昭觉仲庆禅师,上堂:"吃盐添得渴。"下座,僧问:"吃盐添得渴时如何?"师曰:"咬影狗子无屎吃。"①

后庵照法嗣

什邡进禅师②

什邡进禅师,僧问:"逢桥折桥时如何?"师曰:"那讨者般人。"进云:"师意如何?"师曰:"从来好手不彰名。"

---

① 《续指月录》卷九《成都昭觉仲庆禅师》该段作:"成都昭觉仲庆禅师,上堂,良久云:'吃盐添得渴。'便下座。僧拦问:'吃盐添得渴时如何?'师曰:'吠影狗子无屎吃。'"
② 什邡:《续指月录》卷九《十方进禅师》作"十方"。

大鉴下第二十六世

古拙俊法嗣

无际悟禅师

　　普州东林无际悟禅师①，二十出缠，缚竹为庵。研励无懈，四指大书帖亦不看，只是拍盲做钝工夫。后得大彻大悟。

　　师有偈曰："无念即着空，有念即着执。有无两相忘，非空亦非执。"又曰："寂照无上下，光明处处通。本来无皂白，何处不含容？"

　　楚山参，师问："数年来住在何处？"山曰："我所住，廓然无定在。"师曰："汝有何所得？"山曰："本自无失，何得之有？"师曰："莫不是学得来底？"山曰："一法不有，学自何来？"师曰："汝落空耶。"山曰："我尚非我，谁落谁空？"师曰："毕竟如何？"山曰："水浅石出，雨霁云收。"师曰："莫乱道，只如佛祖来也不许。你若纵横吞得一大藏教，现百千神通，到者里更是不许。"山曰："和尚虽是把断要津，其奈劳神不易。"师拍膝一下，曰："会么？"山便喝。师笑曰："克家须是破家儿，恁么干蛊也省力。"山掩耳，而出授法偈曰："我无法可付，汝无

---

① 《五灯会元续略》卷第三《普州东林无际悟禅师》该处有"蜀人"二字。

心可受。无付无受心，何人不成就？"

大鉴下第二十七世

东林悟法嗣①

楚山琦禅师

简州天成寺楚山绍琦禅师②，唐安雷氏子。八岁入乡校，授经成诵。九岁失怙，诣玄极通禅师，学出世法。

后谒无际，示以无字公案。偶闻开静板鸣，碍膺冰泮③，往见际。际曰："还我无字意来。"师曰："者僧问处偏多事，赵老何曾涉所思？信口一言都吐露，翻成④特地使人疑。"曰："如何是汝不疑处？"师曰："青山绿水，燕语莺啼。历历分明，更疑何事？"曰："未在，更道？"师曰："头顶虚空，脚踏实地。"际

---

① 东林：《锦江禅灯目录》中作"无际"二字。
② 《五灯会元续略》卷第三《成都府东山天成寺楚山绍琦禅师》该句作："成都府东山天成寺楚山绍琦禅师，唐安雷氏子。"
③ 冰泮：比喻瓦解、消失。
④ 成：《继灯录》卷第六《成都府东山天成寺楚山绍琦禅师》作"身"。

曰："亦未在。"师乃礼拜。际曰："如是！如是！"①

后居天柱。僧问："如何是天柱境？"师曰："涧阔云归晚，山高日出迟。"曰："如何是境中人？"师曰："额下眉遮眼，腮边耳搭肩。"曰："如何是天柱家风？"师曰："云甑炊松粉，冰铛煮月团。"曰："如何是祖师西来意？"师曰："海神撒出夜明珠。"曰："学人不会？"师曰："文殊失却玻璃盏。"曰："如何是佛？"师曰："生铁秤锤。"曰："如何是法？"师曰："石头土块。"曰："如何是僧？"师曰："黑漆拄杖。"曰："不涉寒暑者，是什么人？"师曰："为汝道了也，汝还识否？"僧拟对，师咄曰："拟心即乖，开口便错。眨得眼来，错过去也。"曰："原来恁地近那。"师曰："汝见个什么道理？"曰："面目分明，当机不露。"师震声一喝，僧当下豁然。

景泰五年，住投子。僧问："远离皖山，来据投子。海众临筵，请师祝圣。"师曰："鼎内长生箓，峰头不老松。"曰："祝圣已蒙师的旨，投子家风事若何？"师曰："提瓶穿市过，不是卖油翁。"曰："只如祖师道，不许夜行，投明须到，还端的也无？"师曰："虽然眼里有筋，争奈舌头无骨。"曰："赵州道'我早侯②白，更有侯黑，意作么生？"师曰："不因弓矢尽，未肯竖降

---

① 《继灯录》卷第六《成都府东山天成寺楚山绍琦禅师》该处有："师再参。际问：'数年来住在何处？'师曰：'我所住廓然无定在。'际曰：'汝有何所得？'师曰：'本自无失，何得之有？'曰：'莫不是学得来者？'师曰：'一法不有，学自何来？'曰：'汝落空耶。'师曰：'我尚非我，谁落谁空？'曰：'毕竟若何？'师曰：'水浅石出，雨霁云收。'曰：'莫乱道。只如佛祖来，也不许纵你横吞藏教，现百千神通，到者里更是不许。'师曰：'和尚虽是把断要津，其奈劳神不易。'际拍膝一下曰：'会么？'师便喝。际笑曰：'克家须是破家儿。怎么干蛊也省力。'师掩耳而出。际授法偈曰：'我无法可付，汝无心可受。无付无受心，何人不成就？'"

② 侯：《继灯录》卷第六《成都府东山天成寺楚山绍琦禅师》作"猴"。

旗。"问:"今日和尚升座说法,未审有何祥瑞?"师曰:"麒麟步骤丹霄外,优钵花开烈火中。"曰:"如何是祖师西来意?"师曰:"雪消山顶露,风过树头摇。"①

无碍鉴禅师

无碍鉴禅师,阆中人。法嗣于无际悟。尝作《牧牛颂》以示人,自序曰:"夫有相有因,故立牧牛规矩;无面无状,了无从处安名。广开法,施医方,量拟病,根瘳痼。逾城虽异,入室皆同。不妨信手招来,也是一场懡㦬。自无始劫来,牧头水牯,掣断鼻绳,犇②竞驰走,历遍郊坰③,无处揣摸。孜孜忖度筹量,数数推穷大事。欲拯迷途,须循捷径。罔辞劳苦而步水登山,峭紧芒鞋而描踪捕迹。盖由迷头认影,眷恋芳丛,背觉合尘,贪爱自弊。坑坎堆阜窈窱,几番退屈狐疑。烟霞浩渺幽深,愤志岂容疏慢。深加勇猛精进,一心惟觅睡痕。踔然团地逢伊,触碎银山铁壁。安居折脚铛下,柴门谷口云深。箫箫玉鉴涵秋,炯炯冰壶浸月。梁山惯爱扬家丑,始信南泉唤作牛。"明初塔于阆之圆觉庵。

宝月潭禅师

太平府八峰山广善宝月潭禅师。大慧参,师问:"如何是祖

---

① 《五灯会元续略》卷第三《成都府东山天成寺楚山绍琦禅师》该处下尚有数段禅语,兹不具引。
② 犇:"奔"字的古体。
③ 坰:疑为"坰",离城远的郊野。

师西来意？"慧曰："东岭上有云。"师曰："有雨云？无雨云？"慧曰："雨淋淋地。"师曰："下后如何？"慧曰："白浪滔天。"师曰："如何是万法归一？"慧曰："人间寒暑不能侵。"师："如何是青州布衫？"慧曰："赖遇良工手。"师曰："杲日当空无所不照，因什么被片云遮却？"慧曰："船去船来岸不移。"师曰："人人有个影子，因甚踏不着？"慧曰："昨日有人从广东来。"师曰："尽大地是火坑，得何三昧不被烧却？"慧曰："东海鲤鱼吞却日。"师曰："如是，如是。"付以偈曰："乾坤虽大不能藏，日月虽明难逾光。绍续慧灯常不灭，流传千古继诸方。"

阇维，塔于中川报恩寺。

雪峰瑞禅师

重庆府西禅雪峰瑞禅师。天奇参，师问："无？"奇乃移时方觉，答曰："涧底顽冰吞宇宙，性湖明月匣天寒。"师大喝曰："汝还有嫌凡爱圣底心，扫妄求真底见。"奇曰："是。"师曰："你若嫌凡爱圣，断般若之善根；你若扫妄求真，绝诸佛之命脉。"震声又喝："真又是谁？妄又是谁？凡又是谁？圣又是谁？"奇心中豁然。①

---

① 《继灯录》卷第六《重庆府西禅雪峰瑞禅师》此句作："奇乃豁然，便礼拜。"

少室淳拙才法嗣[①]

益都亮禅师

益都亮禅师,问僧:"何处来?"僧曰:"东西南北来。"师打曰:"无主孤魂。"僧曰:"瞎棒不得乱打。"师曰:"瞎棒且喜有个瞎汉吃在。"僧云:"瞎瞎。"师曰:"瞎了八万四千毛孔,也未在。"

[①] 《锦江禅灯目录》中无"少室"二字。

锦江禅灯卷第九

大鉴下第二十八世

东明昰法嗣

海舟慈禅师

湖州东明海舟永慈禅师，成都余氏子，生于洪武甲戌。龆龀时，见僧喜。闻说生死事大，遂发志弃俗，趋大隋，礼独照月禅师削染。居八载，始行脚。首谒太初和尚。初问："父母未生前，那个是你本来面目？"师即从东过西，叉手而立。初曰："未在，更道。"师曰："两眼相对，有甚相瞒？"初大悦。复至东普无际和尚处，举"似做工夫"，际追问不逊。①

于宣德二年，出峡参灵谷雪峰和尚，深契，请师充首座。造

---

① 《续指月录》卷十二《金陵东山翼善海舟永慈禅师》该段作："按《东山行实碑》载：师为蜀之成都余氏子，生于洪武二十七年甲戌。龆龀时，见僧辄喜。一日，闻说生死事，遂发志弃俗。趋彭县大隋山景德寺，投礼住持独照月师剃染。后入西山，住静八载。发志参方行脚，首谒太初和尚请益，开示'父母未生前'话做工夫。一日，初问师曰：'父母未生前，那个是本来面目？'师即从东过西，叉手而立。初曰：'未在，更道。'师曰：'两眼相对，有甚相瞒？'初大悦。制解，起单。复参东普无际和尚，不契。乃出峡赴京，得度。"

武林受具，诣古道山①，参见东明老和尚，一见相契，问曰："无相福田衣，什么人得披？"明下座捆一掌。师曰："四大本空，五蕴非有，和上作么生？"明又一掌。师曰："一掌不作一掌用，速道！"明又一掌。师神色不变，曰："老和尚名不虚播。"复展具三拜②。明曰："我居古道山三十载，今日只见得者僧。"留住数③日，欲付袈裟。师曰："某不为衣来。"④ 自此，声誉丛席。至天界隐居。⑤

于正统二年，太监袁诚⑥钦师道德，备供请礼部札住持翼善禅寺，开山说法。衲子云集。复于正统五年⑦六月二十八日，东明示寂，遗嘱白庵住持，曰："吾有衣法二物，送至金陵东山海舟和尚⑧。"嘱曰："字付慈海舟，访我我无酬。明年之明日，西风笑点头。"至来年期日示寂。白庵长老不违遗嘱，请首座法广⑨，于景泰二年八月二十三日，持衣赍至东山，师升座祝香而受。嗣法门人宝峰瑄等，所作颂古歌偈："行于世，七十四载为僧。中间多少淆讹，一见东明消殒。"以拂子打〇曰："释迦至我六十二世，有不可数老和尚。"又打〇曰："多向者里安身。咄！"投笔而逝，塔于东明山左（同时常熟县普慈者误为永慈矣）。

---

① 《续指月录》卷十二《金陵东山翼善海舟永慈禅师》该句作："制解，即诣古道山。"
② 《续指月录》卷十二《金陵东山翼善海舟永慈禅师》该处有"而立"二字。
③ 数：《续指月录》卷十二《金陵东山翼善海舟永慈禅师》作"旬"。
④ 《续指月录》卷第十二《金陵东山翼善海舟永慈禅师》该处有："坚不受，下山。"
⑤ 《续指月录》卷十二《金陵东山翼善海舟永慈禅师》该句作："金陵牛首，请师领众三载。退隐天界山居。"
⑥ 《续指月录》卷十二《金陵东山翼善海舟永慈禅师》该处有"法名智海"四字。
⑦ 《续指月录》卷十二《金陵东山翼善海舟永慈禅师》该处有"庚申"二字。
⑧ 《续指月录》卷十二《金陵东山翼善海舟永慈禅师》该处有"受纳"二字。
⑨ 广：《续指月录》卷十二《金陵东山翼善海舟永慈禅师》作"荐"。

湛渊斋禅师

唐安湛渊斋禅师，上堂："楚山大似逆鳞径尺，不可触犯。唐安偏向毒蛇头上抓，会他绝响无音还有说。直至而今挂杖谈，众中有闻得的当者么？若的当，且道他说个什么？"良久卓拄杖，曰："苍天，苍天！"

天成琦法嗣[①]

济川洪禅师

古渝济川洪禅师，问楚山曰："蟭螟虫吸干沧海，鱼龙虾蟹向何处安身立命？"山曰："子之识海若空，鱼龙自有变化。"师曰："未审蟭螟虫即今何在？"山曰："在汝眉毛下。"师曰："水母飞上色究竟天，入摩醯眼里作舞，因甚不见？"山曰："多少人，向者不见处，打失鼻孔。"师曰："未审如何是摩醯正眼？"山喝曰："会么？"师曰："不会。"山曰："面门两眼浑无事，顶中一点耀乾坤。"师曰："莲湖桥为人直指，因甚明眼人落井？"山曰："高山无险路，平地有深坑。"师曰："如何是直指的事？"山曰："玉阑干上石狮子，红藕花边白鹭鸶。"师曰："谢师答话。"山曰："切忌随语生解！"师礼拜。

[①] 琦：《锦江禅灯目录》作"奇"。

海珠意禅师

石经海珠祖意禅师，掩关次，楚山抚关门一下，曰："请关中主相见。"师敛手鞠躬而立。山曰："日用事作么生？"师曰："看取赵州无字。"山曰："如何是无字意？"师曰："无孔铁锤当面掷。"山曰："赵州意作么生？"师曰："只为婆心切，肝胆向人倾。"山曰："不涉有无，如何体会？"师曰："某甲到者里，则无用心处。"山曰："早是用心了也。"① 师作礼，山拈拄杖曰："待出关来，与汝一顿。"师曰："某甲即今亦不在关内。"山以手拍关门一下曰："者个，聻！"师一喝，山曰："未在，更道？"师曰："灵机无隔碍，墙壁绝周遮。"山却与一喝，师近前问讯曰："谢师指教。"山曰："天时酷暑，善加保爱。"

大心源禅师

长松大心真源禅师，三池张氏子。参楚山，问："从上佛祖言不及处，行不到处，请师直指。"山拈拄杖曰："聻！"师便喝，山便打。师又喝，山又打。师乃捉住拄杖曰："打什么？"山与一喝，师作礼。山曰："与什么人同途？"师曰："野鹤独翔云汉表，清蟾孤照宇寰中。"山曰："途中忽遇猛虎时，如何回避？"师曰："虎在什么处？"山便作虎声，师作怕势。山曰："恁么，子亲见

---

① 《五灯会元续略》卷第四上《石经海珠祖意禅师》该处有："师曰：'某甲亦不知。'山曰：'谁道不知？'师曰：'道者亦非。'山曰：'如是。'"

虎来耶？"师却作虎声，山呵呵大笑。师曰："某甲罪过。"山曰："向上还有事也无？"师曰："晴宵月晒梅花冷，寒夜霜敲木叶疏。"山曰："只此是，别更有？"师曰："古木枝头飞赤乌。"山曰："父母未生前，试道一句看。"师曰："道不得。"山曰："因甚道不得？"师曰："他没口。"山曰："又道没口。"师曰："谢师答话。"山曰："末后一句，始到牢关，把断要津，不通凡圣。子作么生领会？"师曰："泥牛走入海，吞却老龙珠。"山曰："未在。"师进前叉手，默然而立，山曰："如是！如是！"

智中国禅师

嵩潘大悲寺崇善一天智中国师，彭县人。生有异相①，年十二，即礼月光为师。后代惠心住松潘。时番夷叛复不常，师居边抚化，番夷莫不投伏。

天顺间，累封国师。楚山过访，师呈悟繇，山曰："如何是无字意？"师曰："出匣吹毛剑，寒光射斗牛。"山曰："赵州因甚道无？"师曰："波斯嚼冰雪，不觉齿牙寒。"山曰："拈过有无，如何凑泊？"师曰："夜深谁把手，同共御街游。"山曰："向上还有奇特事也无？"②师曰："秋夜家家月，春来处处花。一双明③白眼，何处撒尘④沙？"山曰："善哉！"⑤

---

① 生有异相：《续指月录》卷十二《松潘大悲崇善一天智中禅师》作"体貌奇异"。
② 《续指月录》卷十二《松潘大悲崇善一天智中禅师》该句作："向上奇特一句怎么生？"
③ 明：《续指月录》卷十二《松潘大悲崇善一天智中禅师》作"清"。
④ 尘：《续指月录》卷十二《松潘大悲崇善一天智中禅师》作"泥"。
⑤ 《续指月录》卷十二《松潘大悲崇善一天智中禅师》该句作："琦即印可之！"

豁堂裕禅师

石经豁堂祖裕禅师，成都巨氏子。从楚山学出世法，山阅《般若经》，师诣前问曰："师所阅者，乃文字般若尔。只如离了文字，未审如何是真般若？"山乃举起经曰："会么？"师曰："不会。"山曰："唤作文字得么？"师曰："不唤作文字得么？"山曰："般若真空，固非文字，且亦不离文字。何以故？盖文字性空，与夫般若之体，则无二也。"师曰："此不二空中，还着得此般若文字之名言乎？"山曰："不二空中，本绝名言，亦无真伪。先佛世尊假名言说，所谓不坏名言，成就般若智；不舍一法，证满分菩提。此文殊之境界，非二乘之见也。"师曰："恁么则名相性离，说亦无说耶？"山曰："只此无相无名，无得无说，即真般若也。"师却拈起经曰："且道者个又是什么？"山与一喝曰："你道是什么？"师亦喝。山乃夺过经，复举起曰："百千三昧，无量妙义，皆从此一卷经流出，子还知此经出处么？"师弹指一下。①

月光慧禅师

三池月光常慧禅师，简州李氏子。谒楚山，山曰："子一向在什么处住？"师曰："某甲性空无我故，不住有相，不住无相。"

---

① 《续指月录》卷十二《石经豁堂祖裕禅师》该文简作："石经豁堂祖裕禅师，成都巨氏子。久从楚山琦游。一日，琦阅经次。师诣前曰：'和尚看底是什么？'琦便喝曰：'你道是什么？喾！'师亦喝。琦举起经曰：'百千三昧，无量妙义，皆从者一卷经流出，且道者一卷经从甚么处来？'师弹指一下，琦便休去。"

山曰:"有无俱遣时如何?"师曰:"不离当处,即是觉性妙场。"山曰:"当处即不问,除却语言动静,又作么生?"师曰:"和尚虽是把断要津、截断舌头,怎奈全身显露?"山曰:"莫乱道。"师曰:"当人不让,岂敢私意拈量。"山曰:"子二六时中,莫不空度耶?"师曰:"曾做无字工夫。"山曰:"如何是无字?"师曰:"适来上山,怎么发困?"山曰:"意旨如何?"师曰:"风吹秋月冷,雪压老梅寒。"师颂曰:"无无无处亦非无,云散长空月正孤。亘古亘今浑不昧,要将名列祖师图。"①

古音韶禅师

天成古音韶禅师,掩关次,楚山以拄杖扣门三下,曰:"关主在么?"师曰:"他不曾有出入,谁云在不在?"即开门,触礼一拜。山曰:"此犹是奴儿婢子之事,请关中主相见。"师乃叉手默然,山曰:"此则沉寂默去也。"师曰:"适来问什么?"山曰:"问汝关中主。"师曰:"唤作寂默得么?"遂呈偈曰:"只此寂默非寂默,非寂默中非亦绝。渠侬面目已呈师,动静何曾有区别?"②

---

① 《续指月录》卷十二《三池月光常慧禅师》全文作:"三池月光常慧禅师,简州李氏子。参楚山琦,琦曰:'久闻上座尝览大藏是否?'师曰:'和尚莫谤某甲好?'琦曰:'白底是纸,黑底是墨。毕竟如何是经?'师曰:'和尚莫要不本分。'琦曰:'作么生是不本分底道理?'师曰:'经,聻!'琦曰:'似即似,是即未是。'师便礼拜。"

② 《五灯会元续略》卷第四上《天成古音韶禅师》该处下尚有数句禅语,兹不具引。

西禅瑞法嗣

宝文印禅师

　　宝文洪印禅师,① 棠城张氏子。② 礼楚山,值定王薨世,三周除禫,请山升座。师出问:"雷音动地,选佛场开,一会灵山俨然未散。未审皇恩佛恩,如何补报?"山曰:"荡荡尧③风清六合,明明佛日照三千。"师曰:"祝赞已闻师的旨,拈花微笑意如何?"山曰:"机前有语难容舌,独许头陀一笑传。"师曰:"玉梅破雪,红叶凋霜,适官家除禫之辰,乃鹤驾仙游之日,未审定王④主人金容,即今何在?"山竖拂曰:"已⑤成等正觉,放大光明,与三世如来共转法轮。汝还见么?"师曰:"与么则遍界绝遮藏也?"山曰:"要且有眼觑不见。"师曰:"只者睹不见处,不隔纤毫。"山曰:"未是妙。"师曰:"未审如何是妙?"山曰:"二边俱抹过,始见劫前人。"师曰:"蒙师点出金刚眼,死去生来更不疑。"师曰:"却阇黎道着。"⑥

---

① 《续灯正统》卷二十九《棠城宝文洪印禅师》该处有"古渝"二字。
② 《续灯正统》卷二十九《棠城宝文洪印禅师》该处有:"礼雪峰,蓄养有年。因峰迁化,未获印可。远扣楚山。"
③ 尧:《续灯正统》卷二十九《棠城宝文洪印禅师》作"皇"。
④ 定王:《续灯正统》卷二十九《棠城宝文洪印禅师》作"薨世"。
⑤ 已:《续灯正统》卷二十九《棠城宝文洪印禅师》作"在山僧拂子头上"。
⑥ 《续灯正统》卷二十九《棠城宝文洪印禅师》该处下作:"山曰:'俊哉衲子,透网金鳞,出语标宗,不霡西禅之嗣。更须保任,切勿自欺。'师曰:'人天证明,谢师印可。'"

八峰闻法嗣

无碍通禅师

昭觉无碍通禅师,谒八峰。峰诲以有句无句话,参究旬日,有省。住后,云水四至。

上堂:"鲁祖当年面壁,秘魔终日擎杈。临机不解通变,驴年未许到家。"

大鉴下第二十九世

古溪澄法嗣

西宗祐禅师

成都西宗祐禅师,上堂,横按拄杖,曰:"父母未生前,也只明者个。父母既生后,也只明者个。"竖拄杖云:"大众看看,者个是什么热碗?"鸣声,遂掷下归方丈。

了禅能法嗣

宝藏通禅师

成都昭觉宝藏通禅师，示众，举月圆缺因缘，颂曰："圆缺持来问作家，秋光醉得眼眯矇。白苹江上红波涌，错认芦花作雪花。"

大鉴下第三十世

天目进法嗣

宝明鉴禅师

齐安白云宝明鉴禅师，蜀人。参寿堂天目进禅师得法，出峡遍游湘湖。正德间，卓锡黄冈白云山有年。[①]

僧问："如何是学人自己？"师曰："有佛处不得住，无佛处急走过。"曰："学人不会。"师曰："一个巴掌，五个指头。"

问："如何是白云山中人？"师曰："纳结三条篾，纵横一字关。"

[①]《径石滴乳集》卷之三《齐安白云宝明鉴禅师》此处有"岩处涧饮，四方学者丛集，遂成伽蓝"。

大鉴下第三十一世

石门海法嗣

大休隆禅师

随州七尖峰大休宗隆禅师,益都贾氏子。依郡之石佛剃发,寓成都北寺为典座。出街挑水,忽地忘行,头撞壅壁有省,作偈曰:"大地山河体性空,那分南北与西东?偶然撞着无私句,万水千山总一同。"就河南乾明寺无尽室中盘桓,针芥相投,印以偈曰:"道高不假修,德重事理周。一枝正法眼,付与隆大休。"

住后,架瓜次。僧问:"如何是西来意?"师指茄曰:"王①瓜茄子。"僧不契②,下山,别参一尊宿。宿曰:"你从何处来?"僧曰:"尖峰来。"曰:"大休有何言句?"僧举前话,尊宿合掌曰:"真大慈悲。"③

嘉靖二十一年十一月八日,集众,书偈曰:"三际握来为拄杖,十方原是旧袈裟。泥牛石虎知消息,踏破虚空便到家。"置笔端坐而逝。④

---

① 王:《径石滴乳集》卷之三《随州七尖峰大休宗隆禅师》作"黄"。
② 契:《径石滴乳集》卷之三《随州七尖峰大休宗隆禅师》作"荐"。
③ 《径石滴乳集》卷之三《随州七尖峰大休宗隆禅师》该处有"庵主设香,遥拜曰:'大休古佛放光也!'其僧方悟。"
④ 《径石滴乳集》卷之三《随州七尖峰大休宗隆禅师》该处有"塔于本山"。

大鉴下第三十二世

不二际法嗣

仪峰象禅师

达州①白马寺仪峰方象禅师，本州罗氏子。参金佛山云庵，令看如何是鬼神觑不破之机，三年有省。出峡，遍谒知识。结茅双溪。

一日，午炊闻甑中作声，忽大悟。颂曰："三玄三要没来由，用尽机思无处求。窗前移步灶前去，白雪青峰齐点头。齐点头，南岳天台共一筹。"又曰："二八女子嫁新郎，绩麻捻线一如常。称家丰俭随时过，懒插堂前者炷香。"无幻闻之，曰："此人曾作细密工夫来。"②

万历壬辰秋，归达州白马。僧问："如何是西来意？"师曰："两头烧火一头烟。"手中常执一鼗鼓③，一面书"蠹"字，一面书"犇"字，凡答话多举而摇之。示寂，塔于龙神山。

---

① 达州：《径石滴乳集》卷之四《夔州白马寺仪峰方象禅师》作"夔州"。
② 《径石滴乳集》卷之四《夔州白马寺仪峰方象禅师》该处下有："尝游浙中，庵于杭之清平。真寂印公，蚤年尝依之。一日，举'青峰丙丁童子来求火'话诘之曰：'青峰怎么道，法眼怎么道，为甚么有悟不悟？'印曰：'初以识心凑泊，所以不悟。后乃直下承当，故乃大悟。'师遽举拳，挥案一下，励声曰：'怎么汝今大悟耶？'印拟议，师便痛骂趁出。印直汗流浃背，于兹愤志力参。"
③ 鼗鼓：俗称"拨浪鼓"，长柄，鼓身两旁缀灵活小耳，执柄摇动时，两耳双面击鼓作响。

遍融圆禅师

　　燕京①大千佛寺遍融真圆禅师，西蜀营山线氏子。家世业儒，书史过目不忘。宗亲②曰："振吾族者必此子耶。"至壮龄三十有二，一旦天机顿发，功名之心灰冷。遂托峨眉之游，望然有天下之志。宗亲遮留弗止，顾谓曰："大丈夫纵不能建功名于天下，宜悟道于方今，肯能自弃同草木乎？"③于是至北京。④

　　隆庆中，道高魔胜，障难忽生，小人诬罔，有司拟师辟罪。谓众曰："尔等速往，有患难，吾自当之，不可苟免。"刑部狱中，苦逼万端，师处之晏然。同刑者视之悚然，惊其异操。师曰："无他术也。心存中正，虽处患难而不知有患难也。"未几，太岳张公上章，明师无罪，幸脱者百余人。宫中陈、李二国母，响师道范，愿见未能，命皇亲李公送䞋布万疋。师俨坐室中，若未闻见。非慢也，不以节礼貌当世之人。五台陆公见访，问曰："如何是文殊智？"师曰："不随心外境。"又问："如何是普贤行？"师曰："调理一切心。"又问："如何是毗卢法界？"师曰："事事无碍。"陆闻诲，如坐春风。⑤师一日谓门人曰："丁今之

---

① 燕京：《五灯全书》卷第一百二十补遗《顺天大千佛寺遍融真圆禅师》作"顺天"。
② 宗亲：《五灯全书》卷第一百二十补遗《顺天大千佛寺遍融真圆禅师》作"族人"。
③ 《五灯全书》卷第一百二十补遗《顺天大千佛寺遍融真圆禅师》该句作"至年将立，感生死无常，遂舍家入云华山。礼可公为师，剃染。"
④ 《五灯全书》卷第一百二十补遗《顺天大千佛寺遍融真圆禅师》该处详载遍融禅师到北京听华严顿悟事及其他经历，兹不具引。
⑤ 《五灯全书》卷第一百二十补遗《顺天大千佛寺遍融真圆禅师》该句作："陆叹曰：'今而后，万殊一体。我知之矣！'"

时，与吾游华严辔宗门者，舍子而谁耶?"言讫而逝。寿八十三。①

休尘法嗣

灌阳鉴随和尚

灌阳鉴随和尚，渝州严氏子。法嗣燕京休尘和尚，得无碍自在定，隐于西山白云洞。四十稔不下山，常受蜀藩隆供。开示偈语，不许纪录。后汉璞密记数则，付剞劂氏，名曰《白云深意》。世寿七十二，于崇祯甲申二月圆寂，塔于太安寺之左。

大鉴下第三十三世

鉴随法嗣

彭州宝池禅师

彭州宝池禅师，西乡县人。幼工讲席，长伏禅宗。后参白云鉴和尚，言下脱洒，隐西禅二十余稔。待羽客，冠儒巾，款秀

---

① 《五灯全书》卷第一百二十补遗《顺天大千佛寺遍融真圆禅师》该句作："明神宗万历甲申九月，师命迭龛无缓。适一孤雁集方丈，师曰：'尔来耶!'至九日，尚坐绳床，闻晚课诵愿生西方句，遂泊然而化。寿七十九，腊五十。全身瘗德胜门外普同塔。"

才，着鹤氅。见衲子，以手搔首作鬅鬙状，云："会么？"衲子稍迟疑，便乱棒打出。因闯贼犯蜀，师出不逊语，寇怒。师震威一喝，小卒背手加刃焉。通名"铁和尚"也。

了凡刚禅师

邛州了凡刚禅师，东普人。幼为掾吏，因科税不职，落发参白云洞鉴和尚，暗机契合，嘱住上方洞。居无何，徙邛州白岩。慕鸡足胜概，游楚雄。未几，复省白云。过仁怀县，酷暑饮水，不移刻而示寂于寅子寺。世寿六十三，夏腊十七。

大鉴下第三十五世

天童悟法嗣

万峰破山明禅师

万峰破山明禅师，大竹蹇氏子。卯岁出家。神挺天纵，燕额虎须，刚毅猛利，气焰逼人。初参博山语风，收拾不住。后上金粟密云悟处，见而印可，开法禾之福城。次归梁山，大振马驹之道，廿有余稔。

上堂："爆竹一声，苍天两字，草木昆虫，全彰意气。柳眼拖不价之金，梅梢吐不瑕之玉。龙儿凤子，齐歌舜德尧仁；癫狗泥猪，同和祖风佛日。导群情而越死超生，普万有而丰衣足食。当恁么时，还有不威而严，无为而化者么？"良久云："东风吹出林间去，惹得游蜂嚷旧新。"喝一喝，上堂："今朝正月十五，处处敲锣擂鼓。将谓移苦为乐，谁知翻乐为苦？一念此界他方，却被风隔雨阻。放出铁鹞流星，打出街头石虎。引得弥勒呵呵，笑到日轮当午。大众且道笑个甚么？皆生大欢喜，自知作佛祖。"剃发上堂："金锄削尽千峰雪，露出天涯星月孤。照得世间人廓彻，都来依样画葫芦。大众，未审还有依样画得者么？有则不妨好手手中呈好手，红心心里射红心。其或未然，且待山僧自画去也。"以杖打圆相，于中掷地云："层落落影团团，千古万古与人看。"佛诞，上堂："问底也问四月八，答底也答四月八。两两三三没偈傻，都卢只逞口头滑。引得释迦老子一时恶发，指天指地独尊己大。却被云门一棒要打杀，撞着琅琊，道个将此身心奉尘刹。今日山僧不解暗里抽横骨，明中堕舌头，只好轻轻道个活惊杀活笑杀。大众且道惊个什么？笑个什么？检点得出，强中更有强中手，恶人自有恶人磨。甲乙以来献寇陷蜀，玉石俱焦，唯道自怡，以德化物。逢寇骂詈，婴七难惩，诸劫难稍平，再拓高梁之福国。"

迨丙午三月十六亥时，指烛而灭。世寿七十，夏四十有八。塔全身于双桂堂之麓。

天童林野奇禅师

林野奇禅师，合州蔡氏子。幼时沉默，不喜言笑；髫年剃染,习诸典藉,宛如凤谙。虽居梓里,惟以参访为怀。偶阅密和尚语录,疑情顿发。遂躬诣天童,深彻棒喝之旨。自此机用轶格,莫之敢撄。因蒙授受,初开法于通玄寺,凡五住大刹。

上堂:"昔日吾佛诞生,却向金盘澡洗,便乃指天指地,大似不知羞耻。更道惟吾独尊,山僧未敢相许。且道山僧有甚长处?便乃开许大口。"以杖卓一卓,云:"当门不用栽荆棘,后代儿孙惹着衣。"

上堂:"去冬结制,囊裹十虚。今春解制,廓通万象。然虽结解不同,个里曾无背向。所谓历历明明绝覆藏,劝君不必苦思量。倦顿不妨勤打睡,自然无梦到诸方。"

上堂,僧问:"阳春初放,万木舒光,格外之机请师道。"师云:"昨夜雨霶澎。"进云:"恁么则通身显露,处处圆明?"师云:"如何是你圆明处?"进云:"礼拜和尚去也。"师云:"脚跟下失却。"乃云:"连日山僧掩室自若。既请登坛,当为直说。吃饭济饥,饮水定渴。二六时中,莫乱斟酌。何故?春风初解冻,万象便舒容。"师初示微恙,即迁居新庵,杜绝酬应。时壬辰三月廿九,日轮当午,有出冶从天台同,师瞪目视之,曰:"汝来也。"冶云:"承蒙记莂,求和尚更名。"师云:"行果圆成。"安祥而逝,僧腊四十有一,世寿五十有八。全身塔于玲珑岩之左。

未详法嗣

法玺印禅师

同安法玺印禅师,蜀人,乃憨山大师之法孙,久依□□和尚而印可焉。康熙壬寅冬，开法豫章建昌县凤栖山同安禅寺。

结制上堂："诸方十月十五结，同安却比诸方别。试问其中事若何？因缘相值此时节。时节且置，只如今日开炉，明什么边事？"良久云："满炉添炭犹嫌冷，路上行人空守寒。"

佛成道，上堂："六载雪山勤苦行，无端夜半睹明星，眼中早已重添屑。"召大众云："只如释迦老子悟个什么？若定当得出，方许了明向上宗乘，顿悟金刚心地。其或未然，不免与诸人道破。"以拄杖击案云："甜瓜彻蒂甜，苦瓜连根苦。"一喝，下座。

上堂："同安今日解制，且喜灯王出世。蓦然触破纱笼，笑杀街头李四。前途有问如何？切莫当阳辜负。"一卓。

大鉴下第三十六世

破山明法嗣

象崖珽禅师

象崖珽禅师，闽之福清人。幼与费和尚同参金粟悟老人。后参东塔明和尚，职西堂，始印可。偕明和尚入蜀，开法梁山之玉屏，易号"黄檗"。

上堂，举："保寿开堂，三圣推出一僧，寿便打。圣云：'恁么为人？瞎却镇州一城人眼去在。'寿掷下拄杖，归方丈。"师拈云："三圣坐筹帷幄，退己让人。者僧身挨白刃，皮下无血。保寿据令而行，龙头蛇尾。三人虽纵夺可观，未免有得有失。且道山僧今日开堂，若有推出一僧，亦劈脊便打，他若云'恁么为人？瞎却西蜀人眼去在'，直打棒折，也未放手。何故？要救天下人眼去在。"

腊八上堂："独坐少人知，自怜双眼碧。夜半睹明星，无端瞎一只。三七思惟没奈何，树下经行虚叹息。腾今耀古累儿孙，个个扶篱与摸壁。唯有龙蟠铁椰栗，撑天拄地无穷极。因斋庆赞释迦文，当阳对众乱抛掷。木童火里笑嘻嘻，石女溪边吹鼜栗。告报诸人闻不闻，头上金乌似箭急。今年腊八在东山，明岁何尝离本际？荐取瞿昙悟底时，摩诃般若波罗密。"

因避秦酉阳大酉禅林，于辛卯七月望日示微恙。说偈："来亦无所从，去亦无所至。来去本无踪，无是无不是。"掷笔趋寂。世寿五十三，僧腊三十一。

含璞灿禅师

含璞灿禅师，秋林人。幼经讲肆，长习坐禅，渊默穆然，善书手笔。一见万峰提唱，所蕴脱洒。后住什邡夫子院，易额为"雪门"。

上堂："洋①子江心，涌出万丈甘泉；蒙山顶上，吐开千层雀舌。瀛洲碧海，飞潜换骨鱼龙；名山大川，振翮冲霄鸾凤。且道衲僧家，十方海会，四众云臻，毕竟有何奇特？"良久，竖拂子

---

① 洋：通"扬"。

云:"此是诸佛出身处。文殊普贤,向者里拱手听命;释迦弥勒,向者里藏牙伏爪。三世诸佛,稽首称扬;历代祖师,潜踪泯迹。若人检点得出,许你具只眼。"

上堂,问:"内不放出,外不放入。正恁么时,以何为界?"师云:"明明古道通霄壤,一任禅流自去留。"乃云:"上上根机,直下承当。中下之士,觌面错过。所以低头拟议,鹞过新罗。吐气扬眉,顿成双橛。雪门恁么语话,大似因斋庆赞。"卓拄杖云:"满堂云水任饱餐,没馅馒头齐抖搜①。"

上堂,问:"衲僧行履处即不问,睡梦时如何作主?"师云:"夜半窗明,邻家有火。"进云:"此是什么消息?"师云:"开眼也着,合眼也着。"乃云:"人人赤洒洒,拨云雾而睹青天;个个圆陀陀,穿垢衣而登净地。正恁么时,龙蛇溷杂,凡圣交参,咻!"

上堂:"踏转石梁桥,归家清凉处。秋水浴金鹅,觉花开铁树。笑杀九炼山中古天门,几个惺惺几个悟。咄!"示众:"有一物,头拄天,脚踏地。无足善行,无眼善视,无手善拳,无舌谈义。道无翼而长飞,性无根而永固。若有会得,不妨与他结个同参。"喝一喝。

当代讲学,一时云奔雨注。知劫运将至,示微恙。塔于九炼坪。

灵筏昌禅师

灵筏昌禅师,内江吴氏子。童幼俊敏,骨力玮瑰,性禀温

---

① 搜:通"擞"。

良，志猛强记。卯龄落发，瓢笠江南，当代师匠咸名"金刚钻"也。末后见明和尚于东塔，筈矢鱼贯，征酬无忒。因以吐血，推倒机子，打破家囊，明付钵袋焉。

住万寿，上堂："襄头带得南山雾，月里移来北岸舟。深沉巨浪生涯快，跃网金鳞当下收。且道还有透网者么？试飞腾看。"乃云："金刚宝剑才拈，群魔胆落；三玄戈甲初展，千圣眉攒。直得尘尘刹刹露面，头头物物横身。以一为万，毛头尽演无量妙义；以万为一，森罗俱阐格外玄风。到者里月①无不立，杀活俱行。独超物表，纵夺互换。正恁么时，且'不犯锋铓'一句作么生道？雕弓高挂狼烟息，永祝皇图亿万年。"

离指和尚设斋。上堂，问："世尊拈花即不问，今朝升座事如何？"师云："前看后看。"进云："看个什么？"师一喝，乃云："权佛祖柄，触处咽喉坐断；秉杀活剑，头头雪刃光寒。任是铜头铁额，孰敢冲锋？从教河目海口，那容启齿？直得峭巍巍虚空逼塞，孤迥迥八面玲珑。有时呼鸡作凤，有时指鹿为马。具如是韬略，有如是手段。开解脱门，炊无米饭。一任个个饱齁齁地，如龙若虎。正恁么时，还委悉么？欲识此中真妙旨，问我法兄离和尚。"

上堂："半卷珠帘月一钩，时开酒瓮在高楼。于中一滴亲尝得，一任风流卖不休。"卓拄杖云："还知此一滴么？于是荐得，酒熟任从君自饮。其或未然，分明惟识隔帘香。"

上堂："要津把断，水泄不通。布袋解开，光弥万里。直得

---

① 月：疑为"有"。

春蔼乾坤，百花竞放。无文心印，七纵八横。那畔玄音，鸠鸣莺啭。心智凑泊莫以到，文言诠表莫以及。崩岩喝下，不许停机；烈焰光中，那容住脚。正恁么时，如何是转身一句？明月横挑兔角杖，水云踏破草鞋头。"

无漏涵禅师

太慈无漏涵禅师，新繁安氏子，性禀谦让。初参汉月和尚，不契。后见明和尚，打彻。呈偈云："九年炼就一吹毛，武艺全提不用操。出匣独能平宇宙，当场不让始称豪。"

住丹崖，上堂，食息居士诣前拈香，云："爇向炉中为光明云，遍满法界供养我。堂头长老，于此云中紫柏座上，擘开面门，放出顶相，与诸人描邈。"师云："作家。"又问："觌面相呈时如何？"师云："云从洞口出。"士拟开口，师云："水向石边来。"乃云："雨细细，雾漫漫，阵阵朔风透胆寒。只为诸人寒未彻，远劳檀越过彭关。"

上堂："者事从来没泊栖，电光石火岂容思。无踪迹，断消息，波斯叫苦石人泣。"偶示微恙，端坐而逝。塔于金相寺之右。

体宗宁禅师

体宗宁禅师，滤阳李氏子。俭温恭直，于世淡然。幼秉毗尼，兼摄三藏。遂参万峰明和尚，职监院十稔，遂而印可。

秉拂上堂："事存函盖合，理应箭锋拄。去此二重关，佛眼觑不着。惟有挂杖子，全身能担荷。"以挂杖卓一卓，喝一喝，云："今日错下注脚。"

住云峰，上堂，问："拖拖扯扯，穿衣吃饭的是谁？"师云："难道汝自己也不识！"僧礼拜。乃云："十月十五，圣制方来，衲子齐立。云峰本无一法，看来物物瞥地。且道盏子落地，碟子成七片。汝等诸人作么生会？"一僧喝，一僧走出法堂，师云："可怜不是当家子，孤负苍苍两道眉。"

小参："囊括今古，道达群芳。亭毒苍生，疏而不漏。如是则安禅结制，无绳自缚，见性成佛，好肉剜疮。若有个灵利衲僧来问：'老汉在者里作什么？'"呵呵大笑云："不在打草，只要惊蛇。"世寿七十二，腊三十七。塔于本山之狮铃峰。

离指示禅师

离指示禅师，壁山陈氏子。志懂傲骨，气硬心孤。以本分钳锤接方来，人或难之。受明和尚记莂。居嘉陵草堂寺，见诸方泛泛接人，遂作《滥觞偈》以嘲之。常辩泰西教为邪说，而天主拉徒众隐去。午日观竞渡，作偈曰："忽闻江鼓震，率尔引中和。信步观飞棹，倚藤听唱歌。丘隅少止鸟，水国多游鼍。回首天将晚，悠悠从市过。"

后徙新繁之河西，无恙而终。门人遵遗命，阇维，粉骨为饼，施水族焉。

雪臂峦禅师

雪臂峦禅师，武昌人。于黄龙寺削染，名印峦。寓天童，职巡照。忽闻钟声有省。辛巳秋入蜀，参万峰明和尚于烽烟燹火中，卧薪尝胆，以身先之。偕明和尚婴七难，师无难色。或冀以代受，相依二十余稔。

尝颂拄杖云："通身黑又通身节，展大用兮发大机。始信昂头撑宇宙，管教佛祖也攒眉。"

迨庚子夏，蜀难渐平。拂衣北迈，住大名府潭渊普照寺。

上堂："真佛无形，真道无体，真法无相。于中会得，三即一；如或不会，一即三。"蓦拈拄杖，卓一卓，云："大众会么？"复卓云："三段不同，收归上科。"

后迁磁州滹沱二祖塔院。上堂："二祖塔前有一物，上拄天，下拄地，傍无边表，中亦不立。取之不逢，舍之不离；向之不亲，背之则契。三世诸佛从此证，历代祖师从此悟。在天名风云雷雨，在地名鸟兽草木；在五常名仁义礼智信，在五行名金木水火土。乃智乃愚，若僧若俗，蜎飞蠕动蚑行之类，孰不由此而发生？"竖拂子，召众云："还荐得者一物么？"良久，拂一拂云："去去西方路，迢迢十万程。"

后三处阅藏，共九年，微恙而逝。

敏树相禅师

敏树相禅师，邻水人。参万峰明和尚，嗣法焉。住垫江百丈山。

月旦，上堂："昨夜一声狮子吼，窟中抖擞金毛走。天明满地是麒麟，吩咐明州布袋守。向道渠侬不等闲，逢人切莫扬家丑。"

上堂："学道休参卤莽禅，逢人要识此根源。当机觌面还相委，脱骨换肌是契先。出矿纯金重煅炼，离山美玉用钻研。看来至宝非容易，不是依俙了目前。"

住楚江万寿，上堂："拨转万物维新之际底汉，正好向一人纳庆之辰。入此选佛场中，开单展钵，弄箸拈匙，彻见元初本体，获大真实受用。"

上堂："参禅一著了生死，顿悟圆明彻自己。觉得早知灯是火，于今饭熟多时矣。"

龙门寺，上堂："不到龙门院里，焉知浪暖桃花？既知浪暖桃花，深入龙门院里。此犹是化门边事。且龙门堂上奇特一句，作么生道？五色云中观彩凤，九重天上看飞龙。"举世尊拈花："灵山拈出紫金花，错过人天百万家。迦叶破颜方有意，涅槃流布眼无邪。金襕委付阿难侣，鸡足犹披弥勒裟。勿谓儿孙多意气，禹门不待化龙蛇。"仙苑告成："傀儡场中作祸坑，无端平地赚憍陈。谁知线断憽儸手，满面惭惶笑杀人。"

后旋南浦，示微恙。塔于慈云庵之右，世寿七十。

锦江禅灯卷第十

大鉴下第三十六世

破山明法嗣

澹竹密禅师

大隋澹竹密禅师，内江姚氏子。生而颖异，刚毅不群，好面折征难。因见木鱼堕地，忽打脱底蕴。寓天童八载，如鳞在渊，歉烧尾耳。遂作偈辞天童云："翛然直入千峰去，一任时流把自欺。折脚铛安乱石里，频煨黄独且随宜。"众聆不喜。乘夜出山，回蜀见明和尚于佛恩。宾主互换，拳踢相应，故有"处处逢人打一场"之句。

嘉州水莲庵。元旦，上堂："桃未红，李正白，梅梢犹带三冬雪。许多游子尚迷归，处处春江明夜月。与么与么，好肉剜疮；不与么不与么，虚空钉橛。诸禅相伴水莲庵，惟者些儿无别说。者些且置，应时及节一句，作么生道。"以拄杖卓一卓云："拄杖轻拈出，掀翻佛祖机。"

上堂："数间茅屋傍江渍，云水雍容绝谓情。若问野夫为别计,棒头直指本来人。四来满座,银烛交辉。是本来人么?料掉没交涉。"喝一喝,拳一拳:"是本来人么?料掉没交涉。穿衣吃饭,坐卧经行,是本来人么?料掉没交涉。屙屎放尿,寒则向火,热则乘凉,是本来人么?料掉没交涉。依依杨柳日垂金,月照江村春水明,是本来人么?料掉没交涉。既恁么也不得,不恁么也不得,毕竟如何委悉?鸳鸯绣出从君看,不把金针度与人。"

见劫运渐平,重辟大隋白鹿寺。府尹冀公讳应熊,向其德风,躬往迎入锦官,重建草堂。丁未二月廿九日,示微恙。塔全身于大隋之青龙冈。世寿五十九,夏三十。冀公撰塔铭,号"无忍"焉。

燕居申禅师

武冈州云天山燕居申禅师,忠南李氏子。参遍诸方,末后受万峰明和尚授嘱,住贵筑大兴善寺。

上堂,僧问:"人人上梯子听说法,即今法在何处?"师云:"上梯子,上梯子。"乃云:"五里亭,十里铺,夜则明行昼暗度。任是铜头铁额来,顶门一击全身露。"

上堂:"或时冷,或时热,剔起眉毛看时节。大兴堂上打驴腰,火神庙里出鲜血。一场好事要人知,其奈人之信不及。众中还有信得及者么?"

上堂:"欲赏蟠桃会,殷勤上苑游。方朔偷不去,留滞在枝头。信手拈来庆,和盘从教亿万秋。"

上堂:"方丈里出来,法堂上坐起。学力如此,见处如此。

大众还我一句来!"众默然。师云:"然则尽皆如此,就没有些闲神野鬼?"

住楚江楞严寺。上堂:"决于南岳行,谁知尚萍梗。连路少盘缠,出卖大佛顶。其价亦不增,售者亦不损。卖与众位们,只要还我本。差了一丝毫,彼此皆不肯。大众,且向丝毫不差处道一句!"众着语,师云:"冬日固是寒,下雨觉更冷。"

上堂:"临流终日不抛钩,志在双鲸得便休。珍重渔人休放手,再抛香饵钓狞龙。有么有么?请出相见。"

高真观,示众云:"古佛不扬眉,高真解拱手。乌龟撞着蛇,拦腰咬一口。痛杀吕纯阳,三丰脚后肿。带累僧纲司,向外扬家丑。山僧拄杖过人头,打起金毛特地吼。"

寿七十二,无病而终,塔于云天山。

丈雪醉禅师

昭觉丈雪醉禅师,中川李氏子。少孺矜持,长以和让,情性沉厚,意气淡冲。初参明和尚于万峰,因鞋倒套不上有省。遂造天童,闻梆声大彻,单丁佯抑,一衲飘然,后回万峰。见而印可,开法牛山禹门、汉中静明、保宁草堂。整顿颓纲,说法如截,钳锤倜傥,毫发无容。政烽烟滚滚中,于秦蜀说法。七镇丛林,正令全施,霜输云委。

上堂:"久雨偶晴,人境纷纭。金乌投东岭,滴露草桥横。衲子分中明什么边事?若也分疏得,也是乌龟钻破壁。"

上堂:"法不孤起,仗境方生。境既弗存,法从何立?"竖拂子云:"此是境,如何是法?"掷下云:"从兹抛在粪扫堆头,雨洒风吹去。"

诞日,上堂:"吾年四十二,作事多颠踬。佛祖生冤家,怒骂轰天地。兔角杖龙蛇,龟毛绳虎兕。一条铁脊梁,勿遭岐路使。丝毫尚弗容,死生安将继。"

上堂:"凛凛寒霜,洗出乾坤正气;娟娟皓月,印还天地公心。遐迩关河,淳承至化。西来曲调,仗庇流通。作无窟窿之埙篪,韵和不齐之金石。拟侧双聪听,风吹别调中。"

追严①,上堂:"朝朝睡到日红东,不会人前撞木钟。"以拄杖敲香几,云:"天堂地狱,被山僧一击,七花八裂了也。惟有目犍连尊者,扬声大叫云:'快活快活。'大众且道此老快活,从威神力而得耶?从山僧拄杖头而得耶?试甄别看,如辨别得出,六出祁山非猛士,七擒孟获始称豪。"

上堂:"还有冲锋惯战者么?"一僧出,师打。僧云:"恁么则泥牛吼太虚去也?"师云:"将头不猛,带累三军。"僧作挪枪势,师云:"善哉,善哉!"僧拟议,师云:"草贼大败。"

劫风稍息,重辟昭觉,时年七十有六。扫劫灰,得诸方残篇,缝为《锦江禅灯》。康熙癸酉秋,命门人竹浪彻生,负稿嘉禾,剞劂流通。

莲月正禅师

荆南莲月正禅师,岳池姜氏子。岸谷渊弘,三学备练。因侍

---

① 追严:即僧众为天子行追荐佛事,禅林中在此时多需师家上堂对众宣说法语。

明和尚赴斋,途中吃跌,机语相叩而嗣法焉。后开法于䍧牁东印,次徙保寿,再迁荆南柏子庵。

上堂:"辨魔拣异,须是顶门具眼;诃佛骂祖,还他脑后见腮。若是全提正令,佛来魔来,总与三十棒。何故?放过即不可。"

上堂:"神头鬼面,突出难辨。魔口佛心,回看益深。直须两眼双明,不被境缘转换。万别千差,当阳勘破,方受得人天供养。"

上堂:"消息暗通,尚挂唇齿。灵机互换,犹犯锋铓。掀倒禅床,拂袖便行。疾入膏肓,山僧怎么告报?众中忽有个负血性底出来道:'老汉因甚压良为贱?'只对他道:'雪后始知松柏操,事难方见丈夫心。'"

上堂:"欲识佛性义,当观时节因缘。时节若至,其理自彰。即今莺娇柳媚,蚕妇采桑。水流花发,农夫插秧。会得原是天真受用,不会未免业识茫茫。"

灵隐文禅师

灵隐文禅师,高梁王氏子。初侍巾瓶①于象岩和尚,后参万峰老人印可,开法黔南之紫竹院。

上堂:"紫竹风生入翠娇,横斜弄影半窗摇。今朝唱和无生曲,幸有知音同共敲。同共敲,节令不相饶。三春已度过,九夏

---

① 巾瓶:又作"瓶巾",是方丈六侍者之一。

正芳新。柳绿开眉眼，桃红契本心。所以道，不离宝华殿，不越菩提场。重重华藏交参，一一珠网圜莹。且道承谁恩力？横按镆鎁全正令，太平寰宇斩痴顽。"

因雪上堂："彻骨寒威正寂寥，红炉焰上六花飘。卷帘荐取西来意，无限琼枝拂柳条。"

上堂："心非是性，认性乖宗。性非是心，立心失旨。性本无为，心亦无形。于无为无形处，辨得端的。一切诸形尽是心，一切有为都是性。放则乾坤冲塞，收则风行草偃。且收放一句，作么生道？竿头丝线从君弄，不犯清波意自殊。"

慧觉衣禅师

慧觉衣禅师，綦江熊氏子。卯岁失怙，年三十，悟身世苦空，依华银山常白师落发。后参双桂老人，方蒙印证。归住渝城治平寺。

上堂："六年冷地苦辛勤，一点明星刺眼睛。刚道瞿昙成正觉，依前日午打三更。"

上堂："父子情同，浑无彼此；君臣道合，杳绝亲疏；治国齐家，上呼下应。入则如藤倚树，出则似箭离弦。不惟贯革九重，而且万机直透。有时弓矢双收，锋铓堕地。且道利害在什么处？王令已行天下遍，将军塞外绝烟尘。"

林木绶禅师

林木绶禅师，鄞陵蒋氏子。参双桂明和尚，总院事，始印证焉。志喜玩游，闻吴越水山之秀，一艇飘然，有不预游人之句。后回锦官昭觉。

法兄醉和尚请上堂："怜新念旧逢佳节，万里河山铺锦色。税少年丰荷圣恩，狮林豹变成英杰。且道英杰者何？天得一似清，地得一以宁。君王得一，万国来臣；公卿得一，盐梅调羹；士民得一，孝子贤孙；衲僧得一，柱石宗门。敢问大众，如何是一？双桂飘香远，昭觉霭慈云。"末归南浦大佛寺，以优老焉。

云幻宸禅师

云幻宸禅师，蜀东忠州万氏子，每有出尘之志。十六出家，廿岁禀戒于象崖禅师，巾瓶三稔。参破山和尚，服膺数载，记莂之。

应巴州中峰禅寺之请。入院，上堂："一门超出，弹指了达无为；两眼豁开，宛然顿证妙果。心本是佛，何必寻剑刻舟？念乃即空，岂得离波觅水？千江月映，处处百亿化身。万树春回，在在随缘应感。淫房酒肆，即是弥勒道场；虎穴魔宫，原来释迦宝所。举一明三，坐断人天异路；知十答百，不落凡圣阶梯。堪报不报之恩，用作无为之化。尧天舜日以增辉，金车法轮而常转。正恁么时，祝国利生一句作么生道？四海狼烟都息尽，万邦只教乐升平。"

寂光豁禅师

寂光豁禅师，南充杨氏子。中岁落发，参扣双桂明和尚印可，住龙印山佛子禅寺。

上堂："大冶初开，钳锤燥辣。热炼冷砧，要且下下。不落别处，如此说话，木上座未肯全许在。"以拄杖卓一卓，云："会么，乃佛乃祖，情与无情，尽在山僧拄杖头边，纵夺杀活去也。众中还有觑得及者么？听取一偈：'权衡杀活胜英豪，旗鼓开时胆气高。大将拈弓能几几，巧施一箭落双雕。'"喝一喝。

易庵师禅师

易庵师禅师，资阳廖氏子。因读《圆觉》，念世无常。年三十三，方始披剃。闻明和尚宗风大振，躬诣参究，更名印师，遂蒙记莂。后住西安大兴善寺。

上堂："玄机独运，今古一如。时节难饶，寒暑递换。云门木马嘶风，群阴剥尽；雪岭泥牛吼月，一阳复逢。焕寒光于十地，煦和气于九重。普天率土，咸荷生成。林下道人合作么生？唯将灵鹫拈花事，佐赞皇图亿万春。

上堂："玉骨冰肌梅正赊，长空星月结霜花。明明道出个中意，何事海边更算沙？"

圣可玉禅师

渝州华岩圣可和尚，营山王氏子。侏儒渊默，于世邈焉。常听《金刚经》云："胎卵湿化，咸证金刚不坏之身。"稍有疑骇。遂舍家，投辽阳师落发，法名德玉。凡行住坐卧，便疑此身乃脓血所成，犹如聚沫。那个是我金刚不坏底？因参破山明和尚，以前语诘之，服膺。数稔始印证焉。以狂猿未控，走半天下。后归华岩古洞。遐迩聆之，归者如市。

众请上堂："鸡鸣犬吠，鹊噪鸦啼，观音菩萨来也；墙壁瓦砾，大地山河，普贤愿王在焉。声色里求人，闻见中垂手，则不无掀翻声色，踢脱见闻一句，作么生道？数声清磬是非外，一个闲人天地间。"

住泸州方山。佛诞，太守陈公入山挂幡请上堂，问："君恩如山何以报？"师云："镇夜潇潇雨。"进云："亲恩似海何以酬？"师云："电后一声雷。"进云："酬恩报德蒙师指，即今陈护法入山，作么生款待？"师云："苏斯蕉扇正维夏，快我秧针适麦秋。"进云："恁么则不二门中无捡择？人情佛法两周全。"师云："也要阇黎亲荐得。"乃云："达磨达现宰官身，魔外云门讵可侵。去岁金身长丈六，今朝丈六实迦文。"蓦拈拂子召众云："还识迦文么？臣报君恩子报亲。"击拂子两下。

寓遵义府绥阳嘉瑞寺。结夏上堂，举："虎丘隆祖因僧问，九旬禁足，此意如何？"祖云："理长则就。"进云："只如六根不具底，还禁得也无？"祖云："穿却鼻孔。"进云："学人小出大遇去也。"祖云："降将不斩。"进云："恁么则放某甲逐便？"祖云："停囚长智。"师云："隆祖恁么白足调心？高打墙篱，深掘隍堑，密固灵根，可谓有本。只是太区区生，今日德玉不尔。设有问九旬禁足，此意如何？有条攀条，无条攀例。六根不具底，还禁得也无？淫房多画姓，酒肆有诗名。学人小出大遇去也。万水千山里，犹是草鞋尘。"颂云："无住之心那个知，电光石火较犹迟。且将法界为床座，入理之门有子规。"

快雪国禅师

快雪国禅师，宕渠王氏子。神疏气爽，逸韵轩然。入明和尚之室，后住南隆东禅庵。

上堂，问："如何是山中境？"师云："绿水滔滔穿洞口，飘飘黄叶树头飞。"乃云："吾从成襁来，劈开个门户。挡又挡不起，扶又扶不住。深山旷野中，左右无依怙。免①强自支持，刀耕为活路。粮收三五石，衣裾颇充足。昼夜不歇心，脊梁生铁铸。打起老精神，蓄养中心树。数年不出山，无荣亦无辱。撞着无情汉，将我强推出。禅道尚不知，人情又不熟。山夫自愧百无能，终日如痴恰似兀。"

石幢寿禅师

合州石幢寿禅师，嘉陵姚氏子。初寓禹门丈和尚堂中，参随

---

① 免：通"勉"。

甚久，遂之双桂印可。住濮阳龙游，一榻萧然，别无长物，有回石头之风。

僧问："和尚未见破老人时如何？"师云："眼光烁破四天下。"进云："见后如何？"师云："瞎。"进云："学人不然。"师云："试道看。"进云："学人未见和尚时瞎，见后眼光烁破四天下。"师竖拂子："见么？"进云："见。"师便打。

上堂："六户虚通，万象乌能逃影；一门超出，诸境自是潜踪。以一门而含六户，千差共辙；将六户而归一门，万别同源。无内无外，耀腾今古。非暗非明，于斯荐得，越格超宗。"

上堂："龙游无法说，纵横活泼泼。拈起鳖鼻蛇，露出冲霄鹤。放去周寰宇，收来随折合。不滞有无机，宁分月小大。觌体总怎么，阿谁能卜度。"

上堂："入道依何住，束心自尔俱。不从斯履历，何处起规模？性海珠光灿，情源爱水枯。头头归实际，物物证真如。"

定林寺上堂："一句全提，截断千差岐路；两镜相照，洞明格外机关。事有多途，理无异致。悟彻法源，自知限量。透顶透底，还他圣智遐通；浅见浅闻，自是愚迷劣智。"

上堂："芦管灰飞后，一阳天下周。牧儿慵放犊，渔父怯垂钩。露冷山容瘦，霜寒水国幽。岭梅多意气，斗雪暗香浮。"

百城著禅师

成都然灯百城著禅师，夔州沈氏子。嗣法于破山明和上。董益州请住准提阁。

上堂："身居尘中，心超尘外。虽居黄堂，夙因尚在。驰札三请，飞锡倚赖。个事如何？一语担代，且担代什么事？"良久云："鱼游春水花翻浪，鸟入琼林弄彩枝。"

上堂："几年抱拙卧烟霞，兹日廛居事事赊。非是有心贪富贵，只缘雨露落山家。所以苏学士留玉带以镇山门，裴相国遗简笏以光祖席。今古手眼不同，大都鼻孔则一。"蓦竖拂子云："昔日鹫峰为上首，今朝法会作金汤。"

遗闻幻禅师

泸州四峰山云庆寺遗闻幻禅师，蜀南嘉州三荣杨氏子。诞于明万历甲午，生而岐嶷，貌有瑞相。髫年诣峨山祝发，尝习《法华》《楞严》。至十九岁，登座讲经，不下万指围绕。后遍参诸方名宿，因机缘迟钝，仍买舟还蜀。于江安塔山寺讲《法华经》。值破老人开法蟠龙，直造其席，仍不契机。就广福寺掩关三载，讫于云庆寺住静有年。壬辰秋，破老人以手札召下双桂，遂出源流记莂。本州士庶，请开法于云庆。

上堂："挝鼓升堂，栽龟毛于火内；出众卷席，轮磨盘于空中。恁么也不得，不恁么也不得，恁么不恁么总不得。何故？彼自无疮，勿伤之也。万法本闲，唯人自闹。且正恁么时如何？一片定光辉宇宙，赤心密密奉皇恩。"

两生从禅师

遵义松丘两生从禅师,蜀永川丁氏子。父母俱梦供养之僧真从来也,当晚室中果生一子。故老幼咸以"真从"呼之,遂号"两生"。自幼不茹酒荤,七岁依胞叔出家,异其常童。少习讲。后参双桂明和尚,印可。

应恒昭禅寺请,开法上堂:"今朝十月初一,到处犁耙事毕。独有恒泽山中,又是一个则例。且道什么则例?新出一群犊子,今日方才贯鼻。待伊时节到来,个个耕翻大地。"

防御使请上堂:"今朝腊月初五,寿星高照镇府。部属官员走似烟,林下道人何所处?一众云堂济济来,更要山僧打口鼓。试问诸人还会么?"以拄杖卓一卓,云:"拈起《胡茄十八拍》,宫商一韵垂千古。"

护国寺,上堂:"今日欣逢上九,惊动人天聚首。四方衲子,归来于此,正好抖擞。所以道,旷劫来事只在如今,威音那畔全归掌握。法随法行,无处不周;心随心用,无处不遍。到者里说什么?人间一百年,天上一昼夜。"蓦呈拄杖,云:"于此委悉,东方妙喜世界,亦不离个里;西方极乐世界,亦不离个里;乃至袈裟世界,亦不离个里;天上琉璃界,须弥善法堂,总不离个里。如是则一处明,千处万处光辉。一机转,千机万机历落。且不离本有一句,作么生道?相逢但说三分话,未可全抛一片心。"

世寿七十二,无恙而终,葬全身于松丘之右。

六岫奎禅师

蓬溪六岫奎禅师，长寿郑氏子。恪守中和，渊冲坦率。参明和尚于双桂，棒下有省，始承嗣之。后住蓬溪莲蓬山。

上堂："莲蓬今日新开炉，景运天开气象舒。道洽圣君彰德化，时和檀信供香厨。龙蟠虎踞安禅定，象去师来作护符。一大因缘殊胜事，同瞻佛日祝皇图。"

上堂："前日昨日今日，重重露布家丑。非是舌底喃喃，务要大家知有。"

上堂："三五元宵，金吾不禁。火树银花发辉煌，晃彻于云霄；星桥铁锁开歌管，声传于山谷。长街短市，宛然阆苑蓬瀛；柳巷烟村，番作人间天上。如斯佳节，盛世奇观，林下衲僧如何庆赏？参！"

御木章禅师

泸州云溪御木章禅师，本郡人。龆年剃发，因破山老人于江安蟠龙寺开法，遂造法席。略有机缘，具载本录。解制，受其记莂。住云溪兴佛禅院，三十余稔。

康熙癸卯冬，开炉上堂。以拂子作一圆相，云："诸人还识者个么？此是第一义谛生成，无边刹海流出。本自清净，无欠无余，无生无灭，无得无失，能为万法之根，亦名一相无相。湛然圆满，脱体全彰；独露真常，寂然不二。山野恁么告报，也是好肉剜疮；妙语玄言，未免傍观者哂。者事且置，开炉一句作么生道？"良久云："弘泽方显先天地，治化熙归大圣人。"

上堂："至道不可以有心得，不可以无心求。正恁么时，于内无心，于外无相。上无佛祖可仰，下无众生可怜。净裸裸，绝承当，赤洒洒，无回互。到者里，扬之不浊，澄之不清。须是个中人始得，所以唤作无事道人。"蓦竖拂子云："还见么？莫怪从前多意气，他家曾踏上头关。"

耕云鉴禅师

剑州智积院耕云鉴禅师，内江吴氏子，乃灵筏和尚之胞弟也，后嗣双桂老人。

上堂："微行密行，劫外横身；大示灵奇，寰中独踞。不是空生宴坐，亦非鹙子神通。只贵堂堂妙用、凛凛威权，直令天魔拱手、外道归降。永为梵宇干城，长作法门梁栋。是以恢弘祖道，丕赞宗猷。尘世变作祇林，秽土化为净界。庶使曹源正脉长通，济北家声永振。"喝一喝。

云峤水禅师

双桂云峤水禅师，巴州赵氏子。初见明和尚于栖凤，请开示。明云："你少个什么？"师曰："无欠无余。"明竖拳云："者个你未梦见在？"师一喝便出，明唤回一掌："更讨什么碗？"从兹疑情愈炽。明赴梁山金城寨，命师作偈："栖凤今朝散水云，纵横逆顺任教行。破砂盆盛正法眼，恐逐腥膻污却盆。"后于双桂入室，明和尚问："行不出户，坐不当堂？"师曰："明月庭前桂，松竹引清风。"明曰："隔靴搔痒汉？"师曰："老老大大与么说话。"明蓦头一棒，师一喝而出。

后总院事。明书偈戒曰："曾闻古德辅丛林，逆顺机缘无二心。于此任教肝胆碎，终身先继意深深。"遂书"正法眼藏"四字，法衣一顶与师①。明和尚圆寂，师领住持事，廿有余稔。

上堂："春光明晢②，万象森然。卉木抽条，千机洞彻。莺织柳而垂翠盖，时拨谷以遍青田。明明露布阳春脚，历历全彰未兆机。须知大道绝奇妙，运用随方适所宜。"

上堂："天青地碧，水绿火赤。大地山河，古今不易。金乌东升，玉兔西坠。有句无句，衲僧习气；非因非缘，祖佛陈言。惟有梅华争春，年年此际喷鼻。昨夜天花散彩，今朝霞灿紫室。人天庶类，孰不兼叶？"喝一喝。

上昭觉，值佛诞，法兄丈和尚请上堂："金枝挺秀于毗岚园内，海印发光于震旦国中。香风奏诸天之乐，梵音匀大地之雷。示现国王身，能为三界主。随玄枢而运转，任灵鉴以发挥。荡荡乎用大，巍巍乎体坚。男儿未具超方眼，漫道云门棒喝玄。"仍归双桂，以优老焉。

---

① 原文无"与师"二字，张新民等校注本据文意补，当是。
② 晢：光明。

竺意传禅师

云顶竺意传禅师①,大足胡氏子。廿岁出家,于永康寺圆具。入山樵采,折松枝作声,有省。参双桂明和尚,始印证。后住云顶。

上堂:"推居上位,施闪电之机;棒喝交驰,作人天榜样。龙门万仞,惯引金鳞,直透玄关,超宗越格。且无上妙道,昭昭然在心目之间。奈何人被物转,弗能转物!如何说个转物道理?即今山河大地枞枞然,试转看?如或不然,猛着精采。"

解制上堂,诣座前打圆相,以脚踏蹴,召众云:"三世诸佛,被山野踏杀,众中还有救得者么?便请。"良久云:"如无,山僧自救去也。"便登,乃云:"超凡越圣,须是其人。打破虚空,不妨好手。衲僧去就,不容走作。丝毫妄动,自伤己命。"喝一喝。

不会法禅师

不会法禅师,南克②杨氏子。廿岁出尘,抵汉南,圆具于野诘和尚。遍参半天下,后归双桂于破山明和尚处。针芥相投,明豫知时有不待,以六根盼付六人。师得明和尚之眼,遂韬迹射洪之清果有年。衲子闻风,坚请开堂。

结制上堂:"祖印高提,千山一色;宗乘才举,是水同源。

---

① 《五灯全书》卷第七十补遗《西蜀云顶竺意传禅师》句首有"西蜀"二字。
② 克:《五灯全书》卷第七十《射洪清果不会法通禅师》作"充"。

敲骨打髓，木人眼里滴血；翻转面皮，石女脑后垂涎。擘破虚空，单擎古镜。驱耕夫牛，夺饥人食。向空劫已前，格外吐气。照用同时，人境俱夺。蹋翻海岳，别觅知音。到者里，释迦老子不敢正眼觑着，且道利害在什么处？"喝一喝，云："莫道无事好。"

啸宗密禅师

啸宗密禅师，渝州蹇氏子。参遍诸方，末后受双桂明和尚记，云："得吾鼻也缺中交，一吸一呼透九霄。帝释宫中触碎了，唯香唯臭任飘飘。"

后住成都十方堂广集寺。上堂："将心求佛，好肉剜疮。了妄觅真，泼油救火。机前荷负，平地吃交。直下承当，埋身千尺。总不恁么，入无间狱。要行便行，要坐便坐。饥来吃饭，困来放参。犹未是衲僧向上事，如何是衲僧向上事？咄！"

上堂："拈花鹫岭，带累金色头陀；面壁九年，赚杀神光二祖。觅妙求玄，煤中添炭，殊不知人人本来具足。只为诸人自信不及，故此，甘没轮转，不得自在。如何是自在去？参！"

上堂："最初一句，截断言思。三世诸佛，到此未免结舌亡锋。末后一句，那容观听！言前荐得，未是本分。衲僧喝下翻身，总是野狐见解。还有不落声前句后底，出来道看？"

相国吕居士

东川吕大器,遂宁人。持正果决,刚毅勇为。闻闯寇陷蜀,起中兴之私。永历主授以经略,督滇、黔兵马,屯于石柱司,坐筹帷握,决胜千里。明和尚亦避秦于司中,公备书请云:"时无禅机,不孝略有禅心,咫尺崇光瞻挹心切,便拟单骑榻前一泻夙心。山深道棘,思滋地方驿骚也。不弃愚忱,惠然一贲,可胜悬企为祷。"明拽杖而赴。① 士出②,明云:"你是吕居士么?"士曰:"不敢。"明云:"父母未生前姓什么?"士拟开口,明便打。士怒色③,明复打。士趋进,明呵呵大笑,云:"将谓将谓,原来原来。"明遂占一偈:"无端平地起孤堆,骇得虚空颠倒走。痛打金毛人不识,几乎翻作跳墙狗。"士怒,推出掩门④,大张威令相勘。明又占一偈:"父母未生前句子,等闲棒着发无明。猛然省得非他物,十八女儿不系裙。"遂归司。⑤

主马嵩山以扭缭拒明⑥,明复占一偈⑦:"拄杖芒鞋荆棘路,沾沾滞滞无回互。通身泥水尚未干,又穿一双铁脚裤。"士有省,

---

① 《五灯全书》卷第七十《阁部东川吕大器居士》该段作:"阁部东川吕大器居士,究心宗乘,久不得入。闻万峰明驻锡石柱司说法,欲往参谒。左右以督师兵柄,不可轻骑入山为阻。士亦念'山深道棘,恐滋地方之累',乃赍香往迎。师拽杖赴署。"
② 《五灯全书》卷第七十《阁部东川吕大器居士》该处有"拟作礼"三字。
③ 怒色:《五灯全书》卷第七十《阁部东川吕大器居士》作"色怒"。
④ 推出掩门:《五灯全书》卷第七十《阁部东川吕大器居士》作"掩却门"。
⑤ 《五灯全书》卷第七十《阁部东川吕大器居士》该句作"掷偈即行"。
⑥ 《五灯全书》卷第七十《阁部东川吕大器居士》该句作"后石柱司官马嵩山,以扭缭拘解辕门"。
⑦ 《五灯全书》卷第七十《阁部东川吕大器居士》该句作"师以偈投见曰"。

再请焚香，始拜为弟子。① 明曰："五年未剖荆山玉，忽得渠来秘不住。拄杖麻绳密密通，雷门布鼓明明露。泥猪癞狗打惊憧，跛鳖盲龟生恐怖。献与楚王仍不识，只当一个大萝卜。"公复云："万丈滩头横夜月，一腔宿雾扫晴天。他年合坐三生石，始信因缘弗偶然。"明复云："向慕肌骨，而未获一觌面耶。幸弹丸地上相逢，此奇缘，势不可不斗胆。果符素心，漆桶子快，不然咫尺天涯矣。聊具瓢拂二种，机缘偈记。黄檗室中三顿棒，大愚胁下便还拳。老僧撞着吕公缚，祖代冤流如是传。"公后以棒喝接机，而僚采悝之。

密行忍禅师②

密行忍禅师，滇宜良县谷氏子。志学之年，礼竹林寺顺语老师落发。十七住云台山。偶遇禅客，示以无字话头，参究无入处。又于济凡禅师开发，打失鼻孔。得戒于燕居和尚，机投双桂老人。住衡州开峰南云禅寺。

开炉上堂，僧问："宝幢高竖，炉鞴弘开；煅炼圣凡，斩新条令。四众围绕即不问，今日因缘事若何？"师云："饮泉水贵地脉。"进云："与么则人归大国方知贵，水到潇湘分外清。"师云："吃得棒也未？"僧便喝。师云："未信汝在。"进云："只如杜居士所荐双亲，未审得何解脱？"师挥拂子云："九莲池畔解翻身。"进云："滞魄已

---

① 《五灯全书》卷第七十《阁部东川吕大器居士》该句作："士降阶焚香，始拜为弟子，执礼甚恭。"
② 录于《五灯全书》卷第七十《衡州开峰密行寂忍禅师》，内容异。

蒙标月指，双双得度净居天。"师云："重念陀罗尼。"乃云："建法幢立宗旨，释迦弥勒剜肉成疮。待其人而后行，德山临济作梦未醒。所以道：'饮泉水贵地脉，风从虎，云从龙。'事是恁么事？人是恁么人？若也坐地泛扬州，曹溪一路平沉久矣。昔日赵州示众云：'老僧三十年前在南方，火炉头有个无宾主话，及至如今无人举着。'"师云："赵州老人，有年无德。"蓦拈拄杖，画一画，云："大众会么？于斯荐得，便可起死回生，烹佛烹祖。其或未委，纵然觅火和烟得，犹恐寒灰烧杀人。"喝一喝，靠拄杖下座。

无私元禅师

无私元禅师，嘉阳人。偕圣可和尚行脚最久。同得法于双桂破山和尚。遍历诸方，旋峨之九龙庵有年。

康熙甲子春，买舟东下，抵华岩。与圣和尚寒温毕，云："我此回来者里死，望你烧我耳。"岩戏谓傍僧云："打鼓著。"僧云："作什么？"岩云："送无和尚阇维。"无云："多一日不得，少一日不得。"及次日早，请知事分剖衣钵讫，云："天无私覆，地无私载，人无私存。无私之名，今日尽谢。后当止著，呼余为界微矣。"言讫而寂。①

---

① 该处并见《五灯全书》卷第七十补遗《峨眉九龙无私元禅师》，内容同。

锦江禅灯卷第十一

大鉴下第三十六世

弘觉忞法嗣

山晓晰禅师

宁波府天童山晓晳禅师，长寿县魏氏子。父国琦，世儒业。母阳氏，梦梵僧授一如意生师。幼见经书佛像，即知敬礼。从邑之定慧寺出家，慕南方禅宗。十九岁出峡，抵金陵听讲。适天童密云老人至长干，师往请益，于是习参禅。二十一，从三昧和尚受具，遂参报恩玉林和尚打七。时不退首座监香，师以本参扣击，座便掌，于此有省。复参"牛过窗楞①"公案，如痴者三年。

往见木陈和尚于云门，一日值升座，垂问："真月不问汝诸人，如何是第二月？"众下语不契，自云②："赚杀人。"师乃豁然，于古人机缘无不了了，然深自晦默。及木和尚再主天童，师充首座。

---

① 楞：《五灯全书》卷第七十三《明州天童山晓晳禅师》作"棂"。
② 自云：《五灯全书》卷第七十三《明州天童山晓晳禅师》作"忞自代曰"。

顺治十六年，随老人赴召。阅明岁，上命近侍李国柱选隆安寺，赐紫衣，留师开法。于七月初三，师在大内万善殿，承旨谢恩毕，奉敕入寺。近侍王国禧，口传睿旨："圣躬违和，未得亲幸。特降御香赐帑金，差国禧，同慧善、普应禅师等，请师为国开堂。"拈香白椎竟，师云："我此法印，为欲利益世间，故说；在所游方，勿妄宣传。今日既遇佛心天子，不敢囊藏被盖，特为举扬。惟此法印，在天同天，在人同人，在圣不增，处凡不减。与佛无二致，与众共生缘。是故天得之以清，地得之以宁；君王得之，而首出庶物，万国咸宁；臣工得之，而燮理阴阳，调元赞化；士庶得之，而修身齐家，各安生业；衲僧得之，而法随法行，法幢随处建立。"蓦竖拂子，云："唤作法印，又是拂子；唤作拂子，却是法印。于此见得彻去，方能道合君臣，地天交泰，跨象王之独步，奋狮子之全威。照用同时，拈一机而千机顿赴；权实并用，示一法而万法全彰。发太古清音，行崭新条令。然则舟车所至，人力所通，天之所覆，地之所载，日月所照，霜露所坠，莫不从此一印印开。且道结角罗纹一句，落在甚么处？金轮统御三千界，玉历延鸿亿万春。"

复举临济大师于滹沱河侧，建立黄檗宗旨。三日前后，打普化克符公案，师云："握阃外威权，据寰中正令。不无临济，若是建立黄檗宗旨大远在，何故？既建立宗旨，因甚只要二人成褫？皙山僧恭奉纶音，于此建立天童宗旨，已赖圣天子出只手去也。只如现前大众，又作么生成褫？"卓拄杖，云："泼天门户同撑起，万国来宾法海宽。"

解夏，上堂："凤城春尽，熏风日日南来。奉敕安居，夜夜凉生紫阁。汝诸人还悟去也未？如未悟去，莫道解却布袋头便为无事。"

上堂："驱耕夫牛，夺饥人食。掀翻四大海，捏碎五须弥，未是奇特三昧；搅长河为酥酪，变大地作黄金，拈一茎草作丈六金身，将丈六金身作一茎草，未是奇特三昧。且如何是奇特三昧？十个指头八个叉，一一不从他处得。有时吃饭解把箸，有时洗面摸着鼻。阿呵呵，真奇特！"复鼓掌三下，喝一喝。

中秋上堂："小时不识月，呼作白玉盘。又疑瑶台镜，飞上青云端。"以拂子打〇相，云："此是月耶？白玉盘耶？瑶台镜耶？试定当看，定当得出。心月孤圆，光吞万象，独超物外，觌体无依。若总捏目望空，莫道小时不识，直饶活到尽未来际，正好未识月在。只如燕京城内，四五百条花柳巷，二三千处管弦楼。处处笙歌鼎沸，家家庆赏中秋。且道月在甚处？下弦看到廿三后，树树珊瑚挂玉钩。"

人日，大梅和尚到山。上堂："己未新春节，喜事颇堆叠。好风吹过山，梅子香扑鼻。露柱唱山歌，灯笼笑不彻。笑一日，笑二日。呵呵！直笑至人日，且道笑个甚么？天、地、人三才，何独人有日。然则天是何日？地是何日？若也会得，拄杖三十；若也不会，拄杖三十。何故？百年三万六千朝，日日原来是好日。"

解制，上堂："腊雪消，春风来，山僧打开布袋了也。一任翔于枋，止于栎。然则祥麟威凤，又且如何？漫天网子百千重。"

示众："灵云见桃花，病眼有翳；香严闻击竹，老耳不聪；高沙弥拜倒戒台，略较些子。虽然，若不登高望，焉知沧海宽？"化缘将毕，说偈，索浴，跏趺而逝。世寿六十七，僧腊五十。三自盛京隆安寺,南还两主杭州之佛日,继迁苏州包山、四明、天童,凡五坐道场。有《奏对录》一卷,全录十余卷,手编《宝积录》九十三卷行世。窆全身于中峰,与密庵杰祖塔相附焉,户部侍郎李仙根撰碑铭。

浮石贤法嗣

嵋樵溥禅师

嵋樵溥禅师,内江阴氏子,讳来章。于白鹿澹竹和尚落发,参静明丈雪和尚,职西堂。后得法于浮石和尚①,遂徙山东诸城县崇宁寺。

示众,左击拂子,云:"竺乾四七,震旦二三。"右击,云:"南岳石头,临济德山。"以拂子中间作拈华势,云:"千年滞货逢春日,和盘托出大家看。恁么恁么,花开铁树;不恁么不恁么,孟春犹寒;恁么不恁么,东风难扫银千界;不恁么却恁么,玉衬梅腮月一天;脱或总不恁么,离四句,绝百非!春秋不涉,节令不收。皇风荡荡,帝道平平。且当阳独露一句,作么生道?数尽远山沧海日,一溪流水绿杨烟。"

---

① 浮石和尚:《五灯全书》卷第七十七《诸城崇宁嵋樵》作"报恩贤"。

退岩泐禅师[①]

　　湖州府演教寺退岩泐禅师，井研陈氏子。参遍天下，末后见浮和尚，以印可焉。

　　上堂："即心即佛，无绳而自缚。非心非佛，俊鹞不打篱边雀。赵州见老南泉，解道郑州出萝卜，即此物非他物。汝等诸人善持护，拟议便为魔眷属。咄咄！金毛跳入野狐窟。"

　　午日上堂："山僧数年来，开个生药铺。一切川广药材，俱已卖尽。单单只有一味草头，至灵至验，最妙最玄。不从天地之所生，亦非阴阳之所摄。向来不遇其时，不敢拈出，今朝恰值五月五日，不免拈来与诸人应个时节。若是顶门具眼，肘后有符底，一举便知偏正；若也一向耽于声色，未免当面错过。"蓦拈柱杖，卓一卓，云："还会么？蛊毒之家水莫尝。"

　　后住报恩，示众："昨日苏州走一转，长街头，短巷尾，东来西去，不曾见个甚么。惟猪肉案头，块块精底，排列盘山面目；茶坊酒肆，句句春风，唱出楼子心肝。几多观听者，如风过树；无限沉酣底，似蝶恋花。贪生逐日区区去，唤不回头争奈何？"

　　示众："冬至一阳，雪上加霜。山河大地，冻得岩崩石裂。万象森罗，从教叶落枝傍。虾蟆蚯蚓，未解翻身；猫儿狗子，焉识短长。诸仁者！有阴阳地上则不问，无阴阳地上又如何商量？"

----

① 退岩：《锦江禅灯目录》作"退崖"。

良久,喝一喝,云:"不是一番寒彻骨,争得梅花破雪香?"

林野奇法嗣

自闲觉禅师

自闲觉禅师,蜀东合州余氏子。龆年,礼太空老师脱白。①十五岁游讲肆,备炼三学。参天童密老人,问万法归一机缘,被老人一踏有省。时林野和尚住广化寺,遂趋其席,而受印证。

久之,苏州府嘉定县罗汉禅寺众请主院事。上堂:"等闲不欲向人前,何事而今却改辙?只因狭路蓦相逢,难免此回呈丑拙。既而躲避无门,直得着敝垢衣,与诸人葛藤一上。"蓦拈拂子云:"若论此事,辉腾今古,含吐十虚。不可以智知,不可以识识。觑着则双眼盲,嗅着则脑门裂。直饶三世诸佛,且立下风;历代祖师,退身有分。若是没量汉,禅道佛法,一齐放下。却较些子,何须三登九上?七破蒲团,明眼人前一场笑具。且道据方就位一句作么生道?"良久,云:"四海浪平龙睡稳,九天云静鹤飞高。"举临济大师初住河北,为普化克符,云:"我欲于此建立黄檗宗旨,汝二人可成褫我。"二人珍重下去。三日后,普化上来问:"和尚三日前道甚么?"济便打。三日后,克符上来问:"三日前,和尚打普化作甚么?"济亦打。师云:"临济老汉,恁么建立黄檗宗旨,可谓斩钉截铁;普化克符如斯成褫,亦乃千

---

① 《五灯全书》卷第七十八《宜兴芙蓉自闲觉禅师》该句作:"八岁随父,礼本邑马当山太空为受业。"

古榜样。且道新罗汉恁么举？意归于何？从前汗马无人识，只要重论盖代功。"

二隐谧禅师

华亭二隐谧禅师，荣昌金氏子。鬌龀剃染，渊默简易。从天童密老人，参究有年。一日，闻钟声打彻。壬午秋，值林和尚继席，机缘契合，因而印可。初开法于栖真寺，后迁华亭船子。上堂："镇海明珠，时时显露；灵锋宝剑，日日现前。既尔本自圆成，何须画地自限？然虽如是，炉鞲之所，钝铁犹多；良医之门，病夫愈胜。所以久参上士，不必弄影劳形。未悟初机，应须猛著精采。忽尔失脚跌地，扑破娘生面门，直须遇一个咬猪狗手脚底人。东磨西错，一错错得，通身眼露，方可将断串索，穿天下衲僧鼻孔。到者里，三世诸佛，立在下风；历代祖师，傍觑无分。到恁么田地，犹未是衲僧本分行履。作么生是本分行履？松子火烧红烂烂，炙得耳燋面皮黄。"

元宵上堂："龙灯斗额，烟树飞花。火喷人面，痛彻释迦。正恁么时，① 燃灯古佛在甚么处？交肩搭臂成群醉，夜半笙歌扶到家。"化缘将毕，因事波及，师叹曰："本自无事，何故如此？"乃问侍者曰："日午否？"曰："已过矣。"次日，复问曰："日午否？"曰："正午也。"遂说偈曰："昨日归家时未至，今日归家正午时。梦幻空花留不住，此心能有几人知？"② 言讫端坐而逝，由

---

① 《五灯全书》卷第七十八《宝安二隐谧禅师》该处有"且道"二字。
② 《五灯全书》卷第七十八《宝安二隐谧禅师》该处作："至'知'字未成，掷笔而逝。"

是当道莫不钦服。遐迩，四众闻之流涕焉。塔全身于宜兴屺山之阳。

云峨喜禅师

风穴云峨喜禅师，资阳陈氏子。因观死尸烂臭，乃动诸行无常之感，决志出家。父母难之，即自绝食，久而许之。遂投尊宿披剃，遍参知识，皆蒙策进。晚入天台，参林野奇和尚，问："杖头拨转，罕遇知音。狭路相逢，如何通信？"奇云："云雾锁千山。"师曰："未到天台，不妨疑着。"奇曰："持蠡酌海，妄测浅深。"师曰："不因樵子径，争到葛洪家？"奇曰："峰峦挺秀，鸟道难通。"师便喝，奇打。于是亲炙座下。

一日侍游山。奇问："山河大地，明暗色空。与你自己，是同是别？"师曰："同则总同，别则总别。"奇正色，呵曰："说得道理好！"师无对。奇即拦胸把住，曰："除却总别异同，速道！速道！"师伫思，被奇蓦向悬崖一推，胸中宝惜，廓尔冰消。回观从前所得，如大海之一滴耳，即说偈曰："罢，罢，罢！休，休，休！横眠倒卧在山丘，翻身拶碎虚空骨，万象森罗笑点头。"书呈方丈，奇乃印可。

大鉴下第三十七世

象崖珽法嗣

石谷慧禅师

石谷慧禅师，合州江氏子。虽操教典，志在宗门。经二十年，疑团方破。既授受于象崖和尚，遂开法于云狮雷水。

上堂："慧灯烁地，文焰烛天。雨色交辉，光弥劫外。试问诸人会么？会得，鼻孔双垂，眉毛八字。称时伸只手，向无底船上。扶桡把柁，游浪苦海，度尽众生，更无一生可度。① 然后与大肚老汉，把手呵呵，始知别有一端富贵。倘或未然，单看山僧拄杖子。腰缠十万贯，骑鹤上扬州②。"

后居成都佛山松鹤禅院。于庚子四月朔日，示微恙，说偈辞众："潦倒孤硬石头汉，返复娑婆千万遍。来如枯木上春风，去如秋月中闪电。有时诸佛毛孔里安眠，有时剑树刀山上出现。万里云霄喝一声，不比寻常镀铄钴。"言讫而逝。

---

① 末句《五灯全书》卷第七十八《云狮雷水石谷慧禅师》作："究竟无一众生可度。"
② 原本作"骑鹤上扬州"。张新民注本改作"骑鹤下扬州"，似不妥。"腰缠十万贯，骑鹤上扬州"当是公案用语，最早出于南梁殷芸《商芸小说·吴蜀人》："有客相从，各言所志，或原为扬州刺史，或原多赀财，或原骑鹤上升。其一人曰：'腰缠十万贯，骑鹤上扬州'，欲兼三者"。此后，禅宗公案多引用之，如《古尊宿语录》卷第二十九《舒州龙门佛眼和尚语录》，《宗鉴法林》卷第十五《襄州庞蕴居士》《婺州金华俱胝禅师》《楚石梵琦禅师语录》卷第十《举古上》，《净土指归集》卷上《永明料拣》，等等。故不宜改。

云腹智禅师

贵阳云腹智禅师，渠县人。幼出俗于水月庵。初参雪门，后参象崖和尚印可。

上堂："三阳运转，万物咸新。春和境秀，已解碧潭之凝冰。处处歌欢，尽贺元旦之新节。只如不涉新旧一句，又作么生？明明历历无今古，乾坤何处不光辉。"

元宵上堂："孟春犹寒，瑞雪铺成银世界；滴水冰生，山川变作玉琉璃。不见道寒时寒杀阇黎，热时热杀阇黎。诸人若向不寒不热处透得，便能脱罗网超三界。不被寒暑所迁，方为物外闲人。其或未然，处处明灯光烁烁，珍重禅人著眼看。"

解制上堂："开炉结制九十日，衲僧个个讨巴鼻。恶辣钳锤不饶伊，拟议开口蓦头劈。娘生鼻孔搭上唇，脚跟下事明如日。今朝解开布袋口，任意纵横东西去。且道清凉长老又作么生？"横担拄杖，云："本是山中人，还归山中去。"

余山瑞禅师

曲靖府东山余山瑞禅师，广安人。赋性冲澹，于世邈焉。嗣法于象崖珽禅师。

上堂："干屎橛，凭空抛出一团铁，打破诸人热面皮，只得有口难分说。赤脚波斯入大唐，东海鲤鱼先漏泄。紫罗帐里散珍珠，笑杀胡僧牙齿缺。"顾左右，云："无位真人在甚么处着？"

上堂："离心意识参，拶碎铁门关。泥牛吼出海，撞倒须弥山。绝凡圣路学，虚空少只脚。问取老云门，恶水当头泼。众中有不被恶水者么？咄！无端终日去贪嗔，棒头锋利活人心。恰似紫胡一只狗，张牙露爪不容情。具眼禅流来看破，高声大骂野狐精。偷得云门干屎橛，不分贵贱要谁吞。家餐不受人间火，煅炼须凭炉鞴砧。铜头铁额难下嘴，狮子嚬呻跳出群。"

云南常乐院，上堂："千手千眼个大悲，照彻人间是与非。地轴全提超万象，师①弦音韵透须弥。众中还有当机者么？"顾视左右，卓拄杖下座。

自赞："觌面无私，辽天拄杖。当机撞着，劈头一棒。触背双关，圣凡不让。纵夺临时，打开心量。借问阿谁？余山和尚。"

法语："转天关，回地轴，擒虎兕，辨龙蛇，须是大丈夫汉。活泼泼的，始得句句相投，机机相应。且道从上还有甚么人承当个事？"癸亥夏，寓云南曲靖府东山寺。世寿七十四，示微恙。塔于本山。

灵筏昌法嗣

紫芝藏禅师

紫芝藏禅师，巴县张氏子。自髫披剃于大峨。参灵筏和尚，巾瓶有年，一日印可。后开法于竹林堂。

---

① 师：《五灯全书》卷第八十七《曲靖东山余山瑞禅师》作"狮"。

上堂："坐断天下人舌头，平地孤危峻峭。打开如意轮宝藏，无端①境智历然。以一心为无量心，示一法即一切法。顿使人人不昧，原来法法现成。千百年古柏恒新，亿万载流金掩映。虽然如是，抑且罕遇知音。作么生是知音者？瞎堂去后无相识，谁料圆公今日来。"

上堂，竖拂子，云："高高无外，深深无际。人天根本，祖佛渊流。昆虫草木、鸟兽龙鱼，莫不承此威光，各见本来面目。惟有竹林，独脱一路，迥出众流。于无言处显言，向无用中发用。能使魔王拱手，云水归心。着着明本来机，头头彰奇特事。且如何是奇特事？参！"

雪臂峦法嗣

语嵩裔禅师

贵②阳语嵩裔禅师，巴县宋氏子，廿岁出家。参破雪和尚，打破漆桶，值雪臂和尚印证。开法于牟尼禅院。

上堂："吹毛宝剑，久藏匣中。今朝拔出，孰敢当锋。魔王尽丧，百怪潜踪。三世诸佛，总立下风。一花五叶，让谁立宗？十世古今，一时流通。正恁么时，河清海晏，万国来降，处处村歌社饮，家家啸月吟风。且道新长老到院一句，还有唱和者么？举头天外看，谁是我般人？"

---

① 《五灯全书》卷第八十七《巴县竹林紫芝藏禅师》无"无端"二字。
② 贵：原本作"桂"，据《黔南会灯录》卷二《贵阳西山语嵩传裔禅师》改。

上堂："昨日山前堆白雪，今朝座上起清风。不是有不是空，觌体相呈向上宗。崖畔石女睡初惺，拍手呵呵笑不穷。大众且道，① 笑个甚么？"顾左右，云："笑山僧不惜眉毛。"

上堂："祝延今上适拈香，舜日高辉照大荒。只得青天无点翳，冰消瓦解绝商量。石头瓦砾皆欢喜，草木昆虫尽放光。密密流通正法眼，绵绵续焰广敷扬。当机奋迅能哮吼，始入西山选佛场。不让丈师亲马祖，还同临济个颠狂。据虎头兮捉虎尾，三玄三要播诸方。"

上堂："吾年四十七，韶光劈箭急。愧无应世才，却有住山益。茅屋两三间，稳密更稳密。幸值大金汤，犹添外护力。法令正当行，妖魔皆绝迹。九苞之雏羽翼齐，金毛狮子便返踯。鸣者鸣，吼者吼，大震乾坤，高辉佛日。天上天下独称尊，世出世间谁能敌？正恁么时，四海讴歌归圣化，万邦纳表普称臣。"

示众："久雨不晴，岩峦幽阴。白云在户，庭草渐深。林下衲子，合作么生？"乃喝云："虚空粉碎，大地平沉，倏然送出一轮红日，依旧普天匝地光明。且不属晴雨一句作么生道？几片白云横世界，个中谁是出头人。"

病中示众："吾年五十七，无补法门益。拜扫上天童，老病相催逼。示病原非病，此意许谁识？气岸幸不衰，筋骨有余力。喝破岭头云，迸出当天日。光辉彻四维，烜赫照今昔。莫占众生塔，何须苦觅地。抛向大江中，鱼龙一饱去。"掷笔而逝。

---

① 《黔南会灯录》卷第二《贵阳西山语嵩传裔禅师》该处有"岩畔石女"四字。

敏树相法嗣

耳毒泰禅师

　　南浦天圆寺耳毒泰禅师，长寿徐氏子。魁伟渊弘，弗谙细务。神凝憺怕，于世邈然。破老人常呼为"布袋子"，嗣法于敏树和尚。

　　上堂："太阳溢目，万里不挂片云；秋水澄清，一渊能涵众水。龙吟雾起，虎啸风生。觑井觑驴，日面月面。栗棘蓬、金刚圈、干屎橛、麻三斤，都卢放在一边。直向佛头上着屎，狮颔下解铃者，是甚么人？不离当处常湛然，觅则知君不可见。"

　　解制上堂："今朝五月十五，和风匝地均普。家家卷幔收帘，户户笙歌社舞。五峰总不恁么，放出衲僧莽鲁。东打西敲兮藏锋结舌，击竹指花兮遁迹潜踪。一恁①纵横宇宙，戴角擎头。不因恶辣钳锤，奚具者般作略？"以拄杖卓一下，云："元宵佳节人人见，此事分明那个知？"

　　上堂："瞿昙三大藏，用尽机谋；《老子》五千言，做尽伎俩。拈来用不着，何必苦思量。若向威音已前荐取，大似银山铁壁，一锤击碎，抛在巨海，不存粟米粒。惊得泥牛吼水面，木马逐嘶风。从教浪起船高，风行草偃。何故？两岸芦花浑似雪，一天星月白如银。"

---

① 恁：疑为"任"。

天隐崇禅师

天隐崇禅师,垫江毕氏子。参遍诸方,末后于敏树和尚处打彻,以嗣法焉。住贵州思南府朗溪司太平禅院。

上堂:"千圣出世,惟究一心。建立五宗,单传直指。承言滞句者,埋没家宝;行棒行喝底,未透根源。与么吐露,沾唇挂齿。直饶荐得,早是无端。"

上堂,问:"如何是临济三玄戈甲?"师和声便打。进云:"打即不无,如何是夺人不夺境?"师云:"棒下无生忍,临机放过谁?"进云:"如何是夺境不夺人?"师云:"自从分破华山后,直至而今让巨灵。"进云:"如何是人境两俱夺?"师放下拄杖,云:"不用展戈矛,歌谣贺太平。"进云:"如何是人境俱不夺?"师云:"海晏河清歌舜日,黎民庶子乐尧天。"进云:"如何是第一玄。"师云:"拄杖头上为你言。"进云:"如何是第二玄?"师云:"舌条元在齿唇边。"进云:"如何是第三玄?"师云:"临济不解意,徒劳话目前。"进云:"如何是第一要?"① "相逢懒开口,棒头已先到。"进云:"如何是第二要?"师云:"一击顶颡开,千圣绝玄妙。"进云:"如何是第三要?"师云:"脚瘦草鞋宽,踏遍长安道。"进云:"三玄三要蒙师指,向上宗乘事若何?"师云:"切忌落他圈缋。"乃云:"临济嘉声起河北,太平宗旨建朗溪。莫言此日非他日,嫡骨冤流接上机。"遂掷拄杖,云:"山

---

① 该处当有"师云"二字。

僧怎么告报，还知新太平不动枪旗，演三玄戈甲么？未举钳锤，融摄洞山五位君臣么？随机扣发，拨开云门一字关么？侠剑随身，划破仰山九十六种圆相么？了无同异，功超法眼六相义门么？于此透脱，亲见老僧，方识五宗之门庭，弗疑千圣之权实。"喝一喝，下座。

空谷澄禅师

圣寿空谷澄禅师，忠州杨氏子。参遍诸方，回峡嗣敏和尚，初住三圣寺。次徙宸京，顺承王迎住白塔真如禅院。

上堂，问："如何是诞生王子？"师云："觌面甚亲切。"进云："如何是化生王子？"师云："横担日月行。"进云："如何是朝生王子？"师云："满盘罗列。"进云："如何是末生王子？"师云："隐显莫测。"进云："如何是内生王子？"师云："铜符铁橛。"进云："王子五位蒙师指，即今升座事若何？"师云："瞬目挥心旨，回头衍正宗。"进云："怎么则说法已竟？"师云："至意惟同天地老，清名永共道风香。"顾左右，云："八荒宁谧，四海清平。佛心天子治世之时，贤王大臣深信三宝，兴隆祖道，扶树宗风。澄上座愚鲁，无禅可参，无法可说，只记得从前于空王山中，有首牧牛歌，今向人天众前拈出。"震威一喝："向者里荐得，不劳行脚。如或未然，更买草鞋始得。"

赤松岭禅师

黔灵赤松岭禅师，潼川韩氏子。年十五，每思浮世转眼成空，遂入山修持。草衣木食，甘苦自若。尝阅《华严》，至《如来现相品》，世尊与诸天说法，诸天常闻天鼓之音。此音非从四维上下来，不生不灭，如我说法亦复如是。① 不觉失声有省。游遵义海龙山，依敏树和尚，久而记莂。

住贵阳府寿世禅院，结制上堂："为因出世缘，随事立宾主。不落套头禅，养成戴角虎。珍重脚跟行，中途莫莽卤。山僧恁么道，怜儿不觉丑。还有识机宜，具正眼者么？"良久，喝一喝。

上堂："解制机缘，本无言句。抹月披风，随缘去住。唱出无生曲，打起禾山鼓。个个入圆明，不傍他门户。恁么行脚人，尽作师子舞。他日出头来，定是主中主。"

继初尚禅师

夔州府开元寺继初尚禅师，湖广宜都陈氏子。年二十，礼映虚老师披剃。入凤皇山住静，誓云："若不发明，永不下山。"木食涧饮，几五年。一日困倦危坐，不觉夜半，恍若山崩有声，骇得通身汗下，豁然无碍，自此不疑天下老和尚②舌头也。遂下山，

---

① 《华严经》世尊说天鼓之音当在《如来随好光明功德品》，非《如来现相品》。
② 和尚：原作"和上"，下同出，均不复注。《五灯全书》卷第八十七《夔州府开元继初尚禅师》无该句。

诣双桂破老人处圆具。后造慈云敏树和尚，而受印可。

康熙己酉，夔府太守熊公、总戎马公，请住开元禅寺。上堂："云从龙，风从虎，一道寒光天地普。葵花向日倾，柳絮随风舞。新长老到来，且应时机，只得顺风把柁，见兔放鹰。有时恁么，人间天上；有时不恁么，水泄不通。"蓦拈拄杖，云："且道把断要津一句，作么生道？"喝一喝，云："官不容针，私通车马。"

澹竹密法嗣

晓元济禅师

万寿晓元济禅师，隆昌刘氏子。因读《大珠录》，至"眼似眉毛道始宁"，决志出家。首参破老人，契旨，后从澹和尚印可。

开法于万寿禅寺，上堂，拄杖云："威音王已前，有者个消息，大悲千手摸不着；威音王已后，无者个消息，尽大地人颠踬不起。正恁么时，擉瞎摩醯眼睛，穿却诸人鼻孔。且如何道得分明去？"良久，云："山僧罪过。"

上堂："二月清明天，物物尽争妍。百花开灿烂，堤柳正拖烟。处处文殊现，头头是普贤。忽遇拄杖子，稽首向其前。一时公验过，无党亦无偏。既无党无偏，如何安置？"以杖左指左顾，右指右顾，云："家丑不可外扬。"

小参："天寒人寒，个里厮挨。现成活计，不用安排。御饥炊粝饭，助暖着干柴。物物头头自偶谐，侬家一等只平怀。呆呆兀坐巉崖下，惹得天花动地来。正恁么时，且如何与诸人折合？"卓拄杖，云："杖底一轮红，云雾敛长空。乌龟钻破壁，露柱笑灯笼。呵呵！"下座。

自彻琛禅师

紫微自彻琛禅师，简州吴氏子。中岁出尘，依白鹿澹和尚削染，深得法要，仍归紫微山。作偈云："亘古日东出，元归西崦没。逢寅但早起，遇亥将肱曲。应用有些子，古今无所属。他时解翻身，跃出狮王窟。"

吼一等禅师

草堂吼一等禅师，荣昌王氏子。嗣法于白鹿澹和尚。住锦官草堂寺。

上堂："一回春又一回新，漫把家私说向人。眼里有筋能见色，耳中有谁能得闻①？鱼行不动水，鸟飞不挂云。打动禾山鼓，扶起破砂盆。"以手作扶势，云："看！看！"

住湔城开讲寺，上堂："湔水潭中浪拍天，星星渔火簇渔船。竿头丝线垂纤饵，破浪金鳞何处潜？"以杖作钓势，云："有么？有么？"复住草堂法席，以优老焉。

---

① 耳中有谁能得闻：《五灯全书》卷第八十七《锦官草堂吼一等禅师》作"耳中何处得闻声"。

充裕印禅师

充裕印禅师，渝州丁氏子。自幼出尘，渊默严肃。机契大隋澹和尚，遂印证焉。

住新都之慈寿。张、赵二居士，送法衣至，上堂："苦志劳形野鹤栖，耨云锄月已忘机。惭无气力扬家丑，笃喜长年着垢衣。"拈起衣，云："此是新底，如何是旧底？"良久，云："问取张公与赵公！"

住成都草堂，上堂："栯栗横担入草堂，龙骧虎骤正春阳。且无凉德光先祖，引水浇蔬待后郎。"

元旦上堂："一住草堂已二春，阳舒阴卷事难评。秉钧造化谁为主？七尺乌藤与证明。"

从谷习禅师

宝光从谷习禅师，安福人。少混戎马中，拓落有大志。喜白鹿澹和尚钳锤妙密，乃自肯以嗣法焉。四众迎主新都宝光寺，上堂："正恁么时绝点尘，阿谁能识旧时人？堂堂觌面无遮护，拟议思惟万里云。"卓拄杖，云："彻底无依活泼泼，明同杲日耀乾坤。衲僧于此亲荐得，眼声耳色妙难论。"

博山来法嗣

竹山严禅师

独峰竹山道严禅师，大竹沈氏子。幼失怙恃，总角染衣。子影南游，志求心要。因阅《楞严》印心之旨，身心世界顿然忽空，乃云："我来亭上如心处，说与时人未了然。"罢讲，投白门博山来禅师，授西堂职。一日印证云："博山一枝横出，秘在汝心①。"即令具戒，授名道严。

后迁江浦独峰，师易为中定禅院。上堂："元亨利贞，乾之德也。威音为诸佛之元，饮光乃诸祖之始。元始要终，授受古今。兹一岁之元日，三际之初辰。皇风启祚，朝野咸新。"拈拄杖，云："君王向者里，安邦定国，垂拱升平；公卿向者里，辅佐化育，鼎鼐调羹。临济之全提玄要，照用同时；洞山之妙叶君臣，玄踪鸟道；沩仰之圆机杀活，父子同条；云门之顾鉴直指，门庭高峻；法眼之色声密用，心法圆明。五宗异户，堂奥同登。其合原一句作么生道？"卓拄杖云："三五元和天下丽，一枝梅放岭头春。"

---

① 汝心：《五灯全书》卷第六十三《金陵独峰竹山道严禅师》作"汝躬"。

青龙百愚法嗣

荐福谷禅师

京兆荐福紫谷禅师，左绵廖氏子。嗣法于百愚和尚。

上堂："把住乾坤不放松，大千炉鞴扇通红。森罗万象齐烹炼，要逼生蛇化活龙。"蓦竖拂子，云："上大人！头上有青天，脚下无寸土。墙壁瓦砾，是古佛心；带水拖泥，乃第一义。会么？就中有一句'能灭千灾，成就万德'，有一句'百福庄严，纤尘不立'，有一句'极尽今时，不居那畔'，且道是那一句？咮！"

上堂："虚空背上白毛生，拔了一茎又一茎。石女寰中捻玉线，木童天外度金针。织成古锦含春象，不把金针度与人。若荐后天为祖父，便知古佛是儿孙。大众！还知者个关捩落处么？只饶是个经天纬地出格英灵，向者里担荷正眼，观来犹是云居罗汉。"举拂子召众，云："见么？者一着子，与三世诸佛同参，和法界含灵共寿。释迦不先，弥勒不后。未涉化门，早以漏逗。是个甚么？是无上咒，是无等等咒！"

锦江禅灯卷第十二

大鉴下第三十七世

丈雪醉法嗣

溪声圆禅师

溪声圆禅师，平山人。家以世袭，常为廖中丞营将。因闯寇犯蜀不职，始削染，隐于绥阳山中，居无何火庵。参牛山丈和尚，圆具，总院事数稔。丈受禹门请，以衣院付之。

开法上堂："从上来事，坐不当堂。历代兴慈，行不出户。不获已，只得向虚空掘洞，开第二义门。拈椎竖拂，棒喝交驰。或松根扫地，或街头等人，乃至张弓擎叉，吹毛辊球。山僧虽是他家种草，毕竟不向者里藏身。"喝一喝。

《四威仪》："山中行，赤足印泥痕。登石走，惊惺地头人；山中住，壁上开个户。人客来，奉敬大萝卜；山中坐，蒲团破又破。没边拦，不敢从新作；山中卧，纸被落头里。翻身来，两头俱登破。"

《破衲歌》："看者破衲个，破得太索络。斤两刚七斤，多少人不作。泥猪癞狗尽该罗，跛鳖盲龟被伊缚。雨也打不湿，风也吹不着。披自尘沙却前，绽则千补百缀。无贵贱与人拈弄，有剪尺与人裁度。从来不晒晾，东掷西抛；一向不洗浣，汗臭气大。东土衲子礼三拜，寒温入髓；西天尊者立微笑，摆他不脱。分明盖覆赤肉团，无位真人尽包裹。山野一生多快活，全凭此领破衲个。"后徙平武。示寂，收骸衬，塔于昭觉祖塔之左。

月幢了禅师

安龙府月幢了禅师，江津毛氏子。母梦僧送桃，啖之，有娠。年十六，因阅《楞严》，疑情顿发。遂白母剃染，遍参尊宿。忽一夜心境俱空，豁然有省。礼丈和尚于禹门，职维那，师资道契。

癸巳冬，开法滇南石宝禅院。永历帝向其道风，请开示求偈，法名真佛。上锡①椹服，恩渥甚厚。发帑藏为国祝厘，两奏表呈偈颂，皇情大悦。上堂："天不能盖，地不能载。包括五须弥，吐纳大千界。释迦、弥勒无地容身；文殊、普贤有意难解。生死涅槃划断，真如佛性捉败。虽然如是②，为国开堂一句，作么生道？顿超诸佛祖师意，仰祝吾皇亿万春。"

上堂："南明有口也难言，坐断千差不值钱。今对人天陈络索，直教切切悟心田。无边苦海皆甘露，髑髅特地契根源。"

后徙安龙玉泉寺。于丙午冬，示微恙，辞众。偶有僧二人，

---

① 锡：通"赐"。
② 《黔南会灯录》卷第六《安笼玉泉月幢了禅师》该处有"诸人切忌笑怪"。

谓某某相侍和尚前行，一僧无病而逝；师圆寂后，一僧相继而终。阇维于玉泉寺之后，侍僧两塔列左右焉。世寿五十三，僧腊三十七。

端鼻万禅师①

长松端鼻万禅师，内江郭氏子。因听《楞严》，疑常住真心，屡求决择，未有所入。上白云洞，参鉴随和尚②。夜梦异僧，须发如银，抚掌三下，云："急急念佛！"寤作偈曰："梦感异僧抚掌来，弥陀历历铸心台。回思恩爱情尘路，伐性斧斤漫剪裁。"遂偕云峨③下江安蟠龙寺，参破老人，制中每叩心要。

因甲乙献逆陷蜀，结茅于贵阳④。己丑，参丈和尚于白牛山，圆具，侍从。过禹门寺。阅天童《密祖录》，中有进退之语，碍膺三年。一日，浑然如梦忽醒，了无凝滞。作颂曰："进退之中两重关，英雄多少困其间。明明有路通霄汉，不是前三与后三。"即蒙印可。谶辟长松灵峰寺，众请升座，坚辞弗许。志喜游览，触境逢缘，辄成偈语。其略云："孤峰镇夜境寥寥，入户寒风不暇逃。寓富矜持嫌富少，居贫守素乐贫高。珍馐何似黄精沃，丽服无如百结袍。普应万机歌雪曲，海天一色快吾曹。"

---

① 端鼻：《锦江禅灯目录》作"端碧"。
② 《五灯全书》卷第八十七《长松灵峰端鼻万禅师》无"参鉴随和尚"。
③ 《五灯全书》卷第八十七《长松灵峰端鼻万禅师》无"偕云峨"三字。
④ 贵阳：原本作"桂阳"。

懒生升禅师

懒生升禅师，荣昌简氏子。幼秉渊默，骨力孤骞。矢志参禅，遍访尊宿。再参禹门丈和尚，机语相扣。后寓金川高峰。

上堂："一向抱拙安贫，今朝遮掩不住。虽然露丑万端，务要诸人照顾。且照顾个甚么？"拂一拂，云："山头老汉强推出，走向人前都不顾。笑杀当年面壁翁，赤穷到底嘴生䐜。"喝一喝。

后省觐丈老人于昭觉，适遇提刑幻庵胡公、松斋宋公、案山张公以送鸿为题作偈。师跃然曰："子幸生于大有年，纵横潇洒杂晴天。饱经一肚桃花雨，拨乱千堤杨柳烟。倦去影随霄汉尽，健来心在白云边。信知物外闲游客，方寸同乎宇宙宽。"

又《思梅偈》云："瘦骨冰肌意未销，疏狂那复万山朝。翻他物表真豪杰，势压南溟弗寂寥。好鸟啄残风习习，游蜂采慕雨潇潇。知君旧有瑶台约，不负初怀辱见招。"

康熙乙丑正月八日，示微恙，端坐而逝。阇维，收坚固子如菽伯什，似粟者若干。嗣法门人竹友、芥腹赍回雒源高峰，建窣堵波。寿七十四，腊五十二。

大憨我禅师

昆明香国大憨我禅师，蜀南何氏子。嗣法于禹门丈和尚。

祈晴上堂："烈性生横秃木干，天花乱坠斗牛寒。频敲雨色千秋祝，拨转晴辉万象安。八字打开门两扇，当阳抛出海来宽。

行人莫谓苍穹苦，剔起眉毛仔细看。"

佛诞上堂："自从结却龙湫舌，容貌居然天下绝。本是护明初度时，恍如舍脂离金阙。玉楼人见且风流，犹倚红罗扇遮月。不是男儿不黑心，男儿只恐心无血。纵然洗见骨头来，其髓何曾及时节①。珍重毗蓝园里人，顾丝毫水鉴眉睫。"

懒石聆禅师

大慈懒石聆禅师，忠州张氏子。初参双桂明和尚于石柱司，后侍丈和尚过汉中，开法静明。一见提唱，胸次豁然，受印可而继席焉。

大名王请上堂："宇宙浑囵一座炉，当阳日月炽然孤。静明今日重添炭，高举钳锤意自舒。万象森罗增瑞色，三贤十圣嘴卢都。铜头铁额难回避，炼得通身绝点无。所以道，般若如大火聚，近之则燎却面门；如太阿锋，触之则丧身失命。正恁么时，翻身垂手者，是甚么人？海底金乌天上日，眼中童子面前人。"

上堂："一夏以来，亡锋结舌。今日因斋庆赞，向开口不得处，扭转舌头，与诸人通个消息。夏末秋初七月天，西风拂绿柳含烟。香同湛水和空碧，迥出木义体相圆。此四句中，有一句包罗万汇，气绝诸尘。三世诸佛没奈何，历代祖师难摸索。若检点得出，一生参学事毕。"

上堂："摩天日月辉今古，大道何曾有异睹。夜半虚空扑落

---

① 节：《五灯全书》卷第八十七《昆明香国大慈我禅师》作"彻"，后无"珍重毗蓝园里人，顾丝毫水鉴眉睫"二句。

地,万象歌欢森罗舞。秘魔叉、禾山鼓,赵州茶、云门普。甜者甜兮苦者苦,争似今朝二十五。"

示禅人法语:"索我临行句,胸中无一字。写出不成文,念来非有义。弗是妙莲花,亦非祖师意。持去见诸方,眼底生荆棘。不善打葛藤,惯用吹毛利。若作一句看,失却自家事。文彩未彰前,十有九不契。静明铁蒺藜,一恁①汝唝嗻。忽然嗻破时,来与你棒吃。"

住云南府商山寺。上堂:"八万四千陀罗尼门,都从者里建立。新长老到此,施设一句作么生道?廓彻圆通何所阂,纵横潇洒透长安。"

憨月闻禅师

彝陵洪山憨月闻禅师,台州黄氏子。嗣法于静明丈和尚。

上堂:"涂毒鼓,当轩击,一曲横吹无孔笛。匝地人天普集来,坐断十方明历历。藤条不比洞山麻,穿过陕府铁牛鼻。嘉州大像②痛含冤,裂破元机没意智。昆虫草木逼回春,大地山河归武库。山门八字泊天开,凡圣交参谁独步?应时及节则不无,且作么生是杀人刀活人剑?参!"

结夏上堂:"三月安居,九旬禁足。古之今之,倚门傍户。平地干戈,孙膑卖卜。又何妨擂鼓敲钟,请山僧拈椎竖拂。尽说结制上堂,难瞒人天眼目。咄!"

---

① 恁:疑为"任"。
② 像:《五灯全书》卷第八十七《彝陵洪山憨月闻禅师》作"象"。

上堂："踢倒百亿须弥，打翻无量法窟。担当宇宙直指，按定乾坤肌骨。山川人物有多种，明暗色空无两般。所以道，大用现前，不存轨则。纵然机智弘深，神通广大，脚跟下犹欠一顿。何故？龙蛇易辨，衲子难瞒。"

佛冤纲禅师①

佛冤纲禅师，内江李氏子。廿龄，于禹门丈和尚会下削染。世味邈然，巾瓶廿稔。两下吴越，寓尧峰费和尚座下圆具。侍丈和尚归静明，始印证，命主昭觉。

上堂："通方上士，鉴在机先。灵机密运，情量超然。星持汉地，月落楚天。所以目前消息，非口耳之所传。看他从上诸圣，千种喻，万般言，用尽机轮徒杠然。若要深深海底立，直虽②打破上头关，且道用何伎俩？"良久，云："挨落须弥如辊芥，鞠来不碍刹那间。"

冬至上堂："灵山祖令，顿使人人顶门迸裂；昭觉权衡，总教个个舌头覆天。可以一语分玄要，一句定纲宗。转天关，回地轴，只如西天人说话，东土人未谙，又作么生？"以拂子打圆相，云："总出者个不得。既出不得，正值日南添一线，犹然彻骨寒。光阴如荐得，眉毛眼上横。向此透脱，始可显大机，发大用，纵横无碍。其或不然，当阳不荐好风光，寒逼无由得解脱。"

岁旦上堂："今年今日从头起，社舞村歌隔坞喧。无意气时

---

① 佛冤纲禅师：《锦江禅灯目录》作"佛冤刚禅师"。
② 虽：《五灯全书》卷第八十七《成都昭觉佛冤纲禅师》亦作"须"，当是。

增意气,百草头边消息传。且道传个甚么?"竖杖,云:"青原酒,赵州茶,三杯两盏,醉卧烟霞,大底风流出当家。好个话端,被先觉尽形吐露了也!然虽如是,犹有个新鲜句子在:元正启祚,万物亨佳。霜花冰艳,风月堪夸。门外读书人来报,逢酒须酒,遇茶即茶。者般丰俭任随家,只如新年头。佛法镜清道有,明教道无,合作么生?"卓拄杖,云:"不得心头空及第,岭畔梅花解笑人。"

上堂:"住持一稔来,逢冬两结制。开口泄天机,举目露真智。不唱言前机,岂谈句后意?等闲筑着鼻孔头,铁眼铜睛觑不及。"遂竖拄杖,云:"有定乱剑,四海晏清。"放下拄杖,云:"无白泽图,千魔敛迹。只如报恩一句,作么生道?轩昂宇宙当风挂,万里河山壮帝畿。"后回里重辟古字山。丈老人八旬,仍旋昭觉。

半生襄禅师

云南半生襄禅师,南隆人。廿岁于给孤寺落发。闻丈和尚开法兴元,躬礼参究。侍随有年,遂蒙授受。住滇之北胜州开北寺。

上堂:"棒打石人头,玄黄满面羞。瞠着玲珑眼,惊起碧天流。横披千丈月,亲登白玉楼。云烟缥缈处,山水共悠悠。"

上堂:"把住则牢关紧闭,佛祖难窥;放行则北斗藏身,真风遍界。舒之卷之,尽大地撮来,如粟米粒大。瞻之仰之,无处不是诸佛心髓。参!"

小参:"乘槎误入斗牛桥,压破虚空不假梯。珍重风云齐着力,无镶锁子两头摇。"

丙辰佛诞日,无恙而逝。荼毗,获五色舍利数十颗。累塔于青门寺右。

耨云实禅师

阆中草堂耨云实禅师,本邑杨氏子。髫年落发,初参费和尚于福严。闻丈和尚于草堂开法,遂归草堂,言下契机印证,命继草堂法席。

上堂:"德山棒、临济喝,石巩张弓、道吾舞笏,雪峰球、普化铎。惊起杨岐三脚驴,踏倒三山并五岳。阿呵呵!好大哥,也好觌前蓦面唾!"

解制上堂:"今朝正月十五,行者捶钟擂鼓。分咐山门大启,放出玄沙猛虎。踞地爪牙斑斑,触发气吞佛祖。"遂震威一喝,云:"猫儿偏解捉老鼠。"

半月涵禅师

遵义府禹门寺半月涵禅师,邻水人。廿岁于丈和尚处落发。后参破老人于双桂,大死一番,如梦忽醒。仍旋昭觉,印证禹门,四众请为继席。

上堂:"玄机一唱,只贵知音;祖印高提,流通正眼。演无生之真乘,恢彰本有;树迦文之赤帜,揭示当人。普说学道如登山,直须到顶;犹若行船,直须到渊。至顶方知宇宙之宽广,到渊始觉湖海之浅深。所谓参须真参,悟须实悟。学者偷心不歇,门外打之绕,反咎禅道不灵验。寝食俱捐,偷心放下,啐地折,爆地断。无量劫来生死根本,一照照破。天下善知识,不奈伊何。正好于涵上座手里吃棒。何故?不是一番寒彻骨,争得梅花扑鼻香。"

问潮屿禅师

问潮屿禅师,鄢陵李氏子。韶龀出家,参遍诸方,末见丈和尚于鹤乘。寓书记寮,三十余稔,侍辟昭觉记蒴。丙寅元旦,老人耄龄,命秉拂上堂:"一人有庆,八表宁谧。冷暖相参,淡浓吐翠。雍熙振振齐捧日,肆业苍苍雨露中。时节既如此,物我悉皆春。不属阴阳造化,奚假陶铸功勋。群荒不藉东皇力,争得从容吐异香。"竖拄杖,云:"既不属阴阳造化,又不逐新旧逢迎,毕竟如何趋向?"喝一喝,云:"还知么?四海扬眉歌舜日,万灵低首贺尧天。"

竹浪生禅师

青城竹浪生禅师,定远王氏子。廿岁,于有余师处剃染,上泸阳云峰体宗和尚座下圆具。参遍诸方,各有机缘,备载本录。后归昭觉而嗣法焉。遂入青城,阅周三藏。

康熙辛酉,丈和尚命回昭觉继席。上堂:"摩醯正眼,洞彻十虚。嘉①陵仙音，遍周沙界。"蓦拈挂杖打圆相，云："者个是摩醯正眼。"复卓，云："者个是嘉陵仙音。中下之机，对境还迷。直饶闻见分明，不无触途成滞。恁么则横揩日月，不恁么则竖抹乾坤。恁么中有不恁么，该罗万象；不恁么中却恁么，山僧口门窄，不能下注脚。"

三载毕，仍归青城凤林开法。元旦上堂："心珠朗曜，亘古恒明。性海汪洋，纤尘不涉。湛寂凝然，本无形状。动静二相，了然不生。光灼灼，平怗怗，咦！今乃元旦首期，欲作一家燕赏。请三世诸佛及十二类众生，以金刚轮际为灶，空轮为釜，水轮为量，三草二木作薪，风轮为炊，须弥卢作饭，香水海为羹，地轮为桌，于无阴阳地上铺设。多不加增，少不加减。无言童子出来，吹无孔笛，弹无弦琴，唱无生曲，奏无生乐。"拂，云："还见么？"击，云："还闻么？诸佛众生异口同音道：'我适曾供养，今复还亲觐。'"

癸酉奉丈和尚命，再下嘉禾。刻《锦江禅灯》并全录，附楞严藏室流通。

月荃字禅师②

月荃字禅师，江陵雷氏子。十六岁，父母俱背，遂礼石严和尚剃发。闻昭觉丈和尚禅宗丕振，遂瓢笠躬谒，契机而印可。住绥阳五涯寺。

---

① 嘉：当作"迦"，下同。
② 月荃字禅师：《锦江禅灯目录》作"月荃自禅师"。

上堂："大道无向背，至理绝言诠。迥出三贤，高超十地。直饶释迦、弥勒到来，不敢承当；文殊、普贤，无容拟议。古德道：'尽乾坤大地，撮来如粟米粒大。'犹未是极则之谈。且道全提正令一句如何？"良久，云："行到水穷处，坐看云起时。"

浴佛上堂："身光炽盛，谁敢动着纤毫？妙相圆明，切忌当头触犯。即今不肖儿孙，只得应个时节。用性空真水，有时波澜浩渺，有时彻底澄清。敢问大众，浴即是？不浴即是？"以拂子作浇水势，云："尽道水能涤尘垢，水垢元来不二门。"

佛明清禅师

雅安东山佛明清禅师，金堂汤氏子。廿岁出尘，遍参诸方。诣昭觉见丈和尚，相依三十余祀，遂授受。后住东山，腊八上堂："洪蒙未判，世界囫囵，无古无今，无去无来，往复无际，动静一源；洪蒙既判，通畅十方，玲珑八面，头头显露，法法全彰。放去收来，无可不可，唤作向上宗乘。山僧不敢平地起风波，唤作衲僧巴鼻，亦是好肉剜疮。且道毕竟如何行履？"良久，云："掀翻海岳和天碧，拨转机轮见太平。"

元宵上堂："敲钟击鼓，火树生辉。松烟灿烂，觑破娘生面皮；星桥衍庆，识得本地风光。"复举："沩山在百丈处，侍立次，丈问：'谁？'沩云：'某甲。'丈云：'汝拨炉中，有火否？'沩便拨，云：'无火。'丈躬起深拨，得少火，拈以示之，云：'汝道无者个？咄！'沩因此悟入。次日，同百丈入山作务，丈云：'将得火来么？'沩曰：'将得。'丈曰：'在甚么处？'沩拈一枝柴，吹两吹，度与丈。丈曰：'如虫御木。'"师云："敢问大众，是有火？无火？"蓦拈拂子作吹势，云："我见灯明佛，本光瑞如此。"

竹镜嵩禅师

竹镜嵩禅师，内江汪氏子。形声坦率，慧目渊冲。参遍诸方，后印可于昭觉老人。住眉州中岩。

诞日上堂："劫年方外几曾游，殊觉今朝五十秋。拄杖颠拈虽草索，三要三玄一卓收。"遂卓拄杖，云："努力一番亲见得，合水和泥当下周。识得脚跟下面事，百千诸佛是吾俦。诸佛且止，如何是脚跟下事？"复卓拄杖，喝云："话头也不识！"

小参，僧问："和尚今朝毋难且止，如何是未生前事？"师云："万里晴空色，片云不见遮。"进云："如何是学人本来面目？"师云："雨滴檐前声索索，岩高叠落影参参。"僧礼拜，师云："本来一个金刚体，此处圆成即觉仙。今日中岩重指示，当天日月等齐年。"

不二贵禅师

不二贵禅师，凤翔高氏子。廿岁落发，参遍诸方。入蜀，见丈和尚于昭觉，因汲水睹影，囲一声"原来在者里"，而嗣法焉。后至燕京严净寺。

除夕上堂："飘蓬落落近天枢，殊意今宵又值除。衲子家私分外别,霜风凛凛扇皇都。神机弗假祛傩子,赤帜高悬法令初。不旧不新无事汉,惟凭拄杖作桃符。"以杖作插牌势,云:"急急如律令!"下座。

松斋中禅师

　　松斋中禅师,宜宾朱氏子。讳肄樟,少①儒业。丁酉孝廉,三赴燕京未捷,乃自叹云:"功名虚幻!"即趋昭觉②削染。冬夏一衲,兀然自适,深究玄奥③。凡与老人问答机缘,亦箭锋相触,当仁不让。④ 一日,问:"大地众生悉皆正觉,因甚有迷有悟?"觉云:"一等绝安排,觌面犹不荐。"中云:"圣凡情尽事作么生?"觉袖手曰:"汝实到恁么田地也未?"师于言下豁然,遂印可焉。

其白富禅师

　　玉泉其白富禅师,眉州龚氏子。幼年剃染,参询事讫。诣昭觉老人,钳锤下打彻,始绍续焉。上堂:"觌面挥开不二门,圣凡情尽绝疏亲。勾章棘句惹风雨,塞壑填沟烂葛藤。只如高揖释迦,不拜弥勒,是甚么人?"良久,云:"九旬禁足今朝始,剥取蟠桃不老仁。"

---

① 《五灯全书》卷第八十七《西蜀宜宾松斋中禅师》该处有"习"字。
② 《五灯全书》卷第八十七《西蜀宜宾松斋中禅师》该处有"投醉"二字。
③ 玄奥:《五灯全书》卷第八十七《西蜀宜宾松斋中禅师》作"元奥"。
④ 《五灯全书》卷第八十七《西蜀宜宾松斋中禅师》无"老人""亦"字。

希声咏禅师

　　玉螺山希声彻咏禅师，贵州安顺府安平县宦族陈氏子。幼习儒业，颖悟过人。家供达磨一尊，师赞云："碧眼螺髭，古怪跷蹊。无凡无圣，若愚若痴。梁王殿上，话不投机。掉身兀坐，作贼胆虚。家业荡尽，没点渣滓。讶！刚刚抛下一双履，东一只又西一只。"师求出家，父母不许。筑庵宅畔，断荤酒，懒俗务。遇佛眼和尚，参万法归一话头，疑情顿发。随父宦游遵义，诣桃源洞，谒丈雪和尚，机语相投。丈异之，云："此子是个恶辣狮儿！"参敏树和尚，敏欲开口，师上前，掩敏口。师掩耳而出，敏曰："真利器也！"双亲见背，师弃家入山。乃云："从上诸祖，各具手眼。或铃或铎，或棒或拂。"师将木五寸许，为圆头尖脚，名曰"得乐"。作《得乐歌》，日行鞭唱："打得乐，打得乐。你也有一个，我也有一个。一个有一个，个个不加鞭，忙里都错过。仔细思量来，放下且快活。朝也得乐，暮也得乐。诎我颠狂，我也得乐；笑我痴顽，我也得乐。热闹场中，我也得乐；冷淡林间，我也得乐。一鞭打得团团转，大地山河活泼泼。我也不会修善，不会造恶，不较长短，不分厚薄。要便要，说便说。且道说个甚么？一切有为总是空，不如放下打得乐。"有僧来，师扬鞭曰："打！打！"如此数年，人莫能解。

　　携杖云游，遍历名山大川。见知识甚多，搜括玄奥。穷究宗旨，不甘人下。及入蜀上昭觉，重晤丈雪和尚。丈云："别来久矣，日用事作么生？"师云："打得乐。"丈云："将得乐来。"师竖拳。丈云:"除却者个。"师作扬鞭势。丈连呼:"得乐!得乐!"师大彻,遂付法焉。

彻岩彭居士

鹿门彻岩彭居士,江宁人。守益州,拯机①之暇,摄念诸缘,尝通旨趣。数访求哲匠宗师,闻昭觉门庭孤峻,遂入山瞻礼,咨询法要,松下符契。一日,又上昭觉,问:"韩愈参大颠,犹是第二见。如何是第一见?"觉云:"上上根机不假锥。"士云:"既是机丝一班,因甚趁出首座?"觉云:"山僧不解打葛藤。"士云:"谛实之言,请师验的。"觉云:"正是你放身命处。"士乃释疑。觉授观音帽一顶,偈曰:"觉音帽子,大如倚盖。覆帱坤维,冲遍三界。千古法脉如是传,人天众前任弄卖。"

节度使坤育张居士

节度使坤育张居士,讳德地,北直京兆人。抚蜀有年,维希向道,教典弥笃。尝阅《金刚经》,至"凡所有相皆是虚妄",心境豁然。时丈和尚开法汉南,向道风,恨不得见。康熙壬寅间,丈和尚策杖还蜀,寓锡锦官之太平。士首谒问道,始满素心。即请辟昭觉,阐扬宗旨。一日舆盖入山,问:"得得入山求指示,请师不吝道将来。"觉云:"且喜中丞重举似,已躬下事荐还难。"

---

① 拯机:《五灯全书》卷第八十七《鹿门彻岩彭居士》作"拯饥"。

士云："从尚尊宿,有居士分灯否?"觉云:"阿谁无分?"士云:"如弟子可有分么?"觉蓦拈拂子,示云:"会么?"士作夺势,觉云:"分明记取。"

尚书幻庵胡居士

尚书幻庵胡居士,越之涂山人,曾为蜀臬。一日,随制台众官,至昭觉,设果桌。士云:"请和尚下一语,方敢吃茶。"觉云:"今日天凉,勿劳重下注脚。"士云:"再转一语。"觉放下箸子。

一日抚琴,觉云:"居士只操得有弦者,将无弦底请一曲。"士云:"请无弦调。"觉鸣指。士云:"犹属有。"觉云:"疑则别参。"因见《千佛名经》,问:"名在者里,不知法身居何国土?"觉唤胡公,士应诺。觉云:"会么?"士礼拜了,归位而立。觉举"三圣再犯不容"公案验之,士即颂云:"杀尽猕猴不用寻,千层铁壁枉劳心。招灾惹祸犹渠力,何必寮房问那僧?"觉复举"祖师心印"公案再征之,士连作二颂:"春到梅花香自发,江城铁笛吹残腊。雪里寻梅梅不知,春光何处堪图画。"又:"大地光明藏,风帆笑杀人。本师无一语,撒手过江城。"遂针芥相投,觉记莂焉。偈曰①:"兔角杖挑香水海,龟毛绳缚峨眉山。吾年老大难收拾,且喜君来接一肩。"明日奉旨,特升刑部尚书。

---

① 偈曰:原本无,据文意加。

海岸良璧赵居士

海岸赵居士，讳良璧，为蜀枲。入境，闻丈和尚道风孤峻，思一瞻礼。及莅任时，丈避暑雾中山。士遣使囊僧帽缎衣，请启叙竭衷毕，末云："盔一顶，甲一身，请速归来收残兵。"丈阅书，便归院。遂延斋，丈至一见，以挂杖作挝枪势，士作怕势。丈云："降将不斩！"士云："久向和尚有此机，今日亲见。"丈云："也不得放过！"士跃然设礼。公事之余，常叩禅关。癸酉长至日，诣昭觉。于丈和尚言下翻身，而印可焉。偈曰："九万里鹏才展翼，百千诸佛醉禅藻。大开海岸金刚台，留镇娑婆第一岛。"

超斯庵头陀

超斯，字南翥，道号"鹧鸪庵头陀"。系出济阳，先世本濠梁人，丁氏子。因大父宦游，遂家于燕市之石桥。生而有文在其手曰"开"，脑后枕骨凸起，如仰月。襁褓时或悲啼，乳妪指示所供瞿昙像，辄止。迨五岁时，与群儿戏，即跏趺合掌，口喃喃作佛号，令群儿罗拜于前后。有黄冠过门，见之惊讶，曰："子从嵩山来，乃住此耶？"弱冠为诸生，攻举子业。澹泊寡交，不谐于俗。暇则博综内典，究竟第一义谛。及长，登仕籍，益研穷性相之宗，不问家人生产。所至尝咨叩知识，倾诚请益。居恒惟洒扫一室，蒲团布衲，面壁危坐，胁不贴席，无间寒暑，浑若一老禅和也。先是参赵州庭前柏树子话头，历七昼夜，寝食俱废，茫无所得，恨不欲死。一日，经行池畔，凭阑小立。忽游鱼拨剌一声，觉平昔碍膺之物，泮然冰释。作偈曰："池水粼粼彻底清，凭阑独立见鱼行。忽闻拨剌冲波面，使我无心吃一惊。"平岩定公见之，笑曰："且喜子大事，从此了彻矣！"① 后至益州，谒昭觉丈雪醉和尚。丈问曰："从那边来？"陀曰："京师。"丈曰："蜀道难于上青天，如何到此？"陀曰："惯识路傍驴脚迹。"丈曰："还识得老僧么？"陀曰："未入剑门关，早已与和尚相见了也。"丈曰："那里学得者虚头来？"陀曰："寒花飘六出，遍地结成冰。"丈休去。

一日茶次，丈以手擘黄柑一枚，度与，曰："是何滋味？"陀曰："老老大大，酸甜也不知！"丈曰："年来老僧牙齿缺。"陀纳一瓣囫囵吞却。② 丈曰："少卖弄！"

一日诣先觉堂，见圆悟、破山二老人及丈和尚像。瞻仰次，不礼拜，挺身而立。以手一一指点云："者是某，者是某。"丈从旁曰："且喜不错认。"③ 陀曰："祖父子孙为何并坐？"丈曰："穷汉养儿娇。"陀曰："大家团圞头，商量个甚么？"丈曰："不得妄传消息。"陀曰："果然有下落！"丈曰："低声！低声！"丈一日集众升座，出手卷拂子付之。陀再四逊谢，不获已，始拜受焉。偈曰："昭觉堂前看明月，大海舀干只一瓢。竹杖飞腾九万里，虚空背上拔龟毛。"

---

① 且喜子大事，从此了彻矣：《五灯全书》卷第八十七《鹧鸪庵头陀南豂丁超斯居士》作"子向后不受人谩矣"。
② 《五灯全书》卷第八十七《鹧鸪庵头陀南豂丁超斯居士》该处有"曰：是甚沩山柿子明州橘"。
③ 且喜不错认：《五灯全书》卷第八十七《鹧鸪庵头陀南豂丁超斯居士》作"且喜没交涉"。

心斋鲁赵道人

心斋彻鲁道人,居恒处于富贵之室。观身世无常,犹如梦幻,但以不遇明眼人指拨为恨。幸迁居成都,诣昭觉,礼丈和尚,云:"某三生有幸,望和尚究竟。"丈云:"今日不闲,迟日再来。"士云:"岂无方便耶?"丈云:"居士礼拜,老僧举手,那里无方便咊?"遂命参狗子无佛性话。不以富贵儿女二其心,力参不辍,久而有省。上昭觉,机缘相契,而记莂焉。偈曰:"参禅参到无巴鼻,没巴鼻处正好参。明镜当台天气静,金刚剑出斗牛寒。"

密行忍法嗣

嗣灯胤禅师

中兴嗣灯胤禅师,金川刘氏子。剃染于燕居和尚,依止双桂破老人有年。开峰密行和尚嗣也。行过金川时,四众请就兴国说法,灯于言下彻法源底,行乃说偈印之。住雒源中兴禅院。结制,玄工王居士请上堂,问:"达磨面壁,和尚升座,是同是别?"师云:"别则不同,同则不别。"进云:"武帝圣明,因甚不契厥旨?"师云:"为你道听途说。"问:"父母未生前,哪个是学人本来面目?"师打,云:"瞎汉寐语作么?"僧拟议,师连棒打出。乃云:"淑气催黄鸟,晴光转绿苹。若明今日事,不昧本来人。大众!既明今日事,如何是汝等本来人?不见道:'天上天下唯我独尊么？'即是今日玄工居士，父母未生前本命元辰，若也会得，则会人人自己本命元辰。会得人人本命元辰，则会达磨面壁。与中兴今日升座'别则不同，同则不别'之旨。"蓦一喝。一喝时，一僧惊倒。师云："俊哉，衲僧一拨便转！"下座。

画先一禅师

画先一禅师，衡州府人。嗣法于密行忍和尚。后见世衰道薄，不喜作者般虫豸。只有《颂古》行世："未离兜率，已降王宫；未出母胎，度人已毕。"（颂）："本是一条平坦路，等闲行去便崎岖。何如归隐千峰外，卧看双轮转太虚。"

世尊拈花（颂）："逆水兴波意气赊，掀翻银汉没周遮。黄河九折投东海，直至如今滚底沙。正法眼藏兮红炉片雪，教外别传兮秋塞胡茄。大迦叶实堪嗟！鹅王择乳问非鸭，画足宁知不似蛇。"

即心即佛（颂）："口唇两片皮，牙齿一具骨。江西马簸箕，放出辽天鹘。"

百丈再参马祖（颂）："雷声甚大，雨点全无。耳聋吐舌，老婢见奴。谓是江西宗风，不知千差万错。"

凌行婆访浮杯及南泉赵州问答（颂）："把髻投衙，自取冤家。南泉赵州，荷枷戴杻。"

燕居申法嗣

石琴闻禅师

石琴闻禅师,蜀邻邑人,生来颖异。舞勺之年,辞亲学佛,于铜梁东山自得师脱白。后行脚讲筵,参遍禅席。得法燕居和尚贵阳之雍门,凡七座道场。住开州辅德寺。有文刺史请上堂,问:"如何是夺人不夺境?"师云:"北海乡书消息断,南山春日雨花香。""如何是夺境不夺人?"师云:"夕阳西下山光淡,马首东来酒兴深①。""如何是人境两俱夺?"师云:"魂消崖岛孤艖覆,肠断居庸匹马嘶。""如何是人境俱不夺?"师云:"歌馆楼中客未散,长干道上月来初。"乃云:"扬眉即去,拂袖犹迟。瞬目而行,人境俱夺。若在衲僧分中,略较些子。若是衲僧向上事。"顾左右云:"参!"

灵隐文法嗣

师林育禅师

师林育禅师,蜀人。廿龄剃染,圆具之后,遍参至回龙。于灵稳和尚喝下知归,遂受印可。在沅州马瑙山马驹苑,上堂:

---

① 酒兴深:《五灯全书》卷第八十八《开州辅德石琴闻禅师》作"诗兴浓"。

"本色道人无孔窍,现成木偶儿,不必问渠重觅要。切忌开口,口门未待魂劈开。草径绝人行,机先已被虚空笑,弄虚头作么?古今多少明眼人,太杀郎当!不怕羞惭惟绝叫,一片赤心两片皮。强言一句有三玄,须发全白;又道一玄具三要,全白须发。从前公案既现成——上大人!今日殷勤添草料。化三千,第一要:蹋着麻绳两头觥。波斯疑是赤斑蛇,白日青天把灯照——见怪不怪。第二要:金刚眼上虾蟆跳。一椎击碎献空王,元来却是新罗鹞——捏目生花。第三要:熨斗煎茶不同铫。普贤失却白象王,土地面前来讨答——马头觅角。此语诸方耳共闻,东涧水流西涧水,总解移腔并转调。南山烧火北山红,直饶伎俩现尽时,海枯终见底,愈失自家真要道。漏逗了也,休将识量立疏亲;莫儿戏,肯信灵源无老少;信一半,毗婆尸佛早留心。用意作么?直至如今不得妙,冤家转见深。中峰本和尚道:'要歌马驹。'今日华擘了也,诸人还会么?于此会得,提掇权衡全在我,纵横施设更由谁?其或未能,冷眼看佗人富贵,等闲无奈幞头何。"喝一喝,下座。

密印传禅师

密印传禅师,蜀南叙州府李氏子。儿时不茹饮酒荤。观身世幻化,有出尘之举。二亲见背,诣观音洞剃染。圆具于语嵩和尚,受记莂于灵隐文禅师。住湖广会同回龙禅院,结制上堂:"烟横渡口,自有来由;雪覆芦花,那堪朕兆。轰动地之晴雷,击翻滞岸;转迅风之机要,卷尽氛埃。锦云共散,一轮丽出于性天；绣气同消，万法全彰于慧海。钵里饭，桶里水，头头放光；有漏篱，无漏杓，物物现瑞。到者般田地，方知不动道场遍十方界。夤缘不挂，体合太虚。千佛开口便错，万圣垂手即差，山僧然尔如是，大似虎口横身。葛藤且止，炉鞴新开一句，作么生道？"良久，云："情尽见除逃至化，珠回玉转乐升平。"

锦江禅灯卷第十三

大鉴下第三十七世

慧觉衣法嗣

破峰重禅师

嘉定州龙骤寺破峰重禅师，南充岳氏子。进士孟龙之孙。严重威恪，遍参归来，见慧觉和尚印证焉。

上堂："一条拄杖子，三世诸佛也没奈何，历代祖师也没奈何。山僧今日提在手里，要向好肉上剜疮。"卓一卓，下座。

上堂："释迦老汉，设三期以调心，架红炉以炼性。且道心作么生调？性作么生炼？参！"

上堂："释迦不说说，毗岚猛风吹海岳；迦叶不闻闻，青山只得碾为尘。留下一转语，舌头在口里。"

上堂："大道坦平，无起无倒。真机演唱，何解何结？"

上堂，默然据座，忽高声云："大众，不得妄生穿凿！"劈口掌，云："口是祸门。"下座。

佛语御禅师

渝州香国佛语御禅师，嘉州范氏子。十岁礼慧觉和尚脱白。因观死尸有省。凡应对机辩峻捷。巾瓶左右，无有惰容。尝示禅人云："分明句子不誧讹，鼻直眉横几错过。只为现成难辩别，千山万水走禅和。"

《颂梅花》："冰肌雪骨久怀丹，吐出令人仔细看。本色不从桃杏借，一帘星灿玉阑干。"以辅弼丛林为任，定省侍师为心。

至康熙癸丑秋，慧觉和尚坐化，遂哀毁骨立，食息如疑。是年佛成道日，示微恙，不欲服药。阅七日，辞众嘱累毕，亭午瞑目[1]而逝。

大吼传法嗣

豁灵顺禅师

豁灵顺禅师，泸阳李氏子。于崇祯庚午降神。儿时多病，见僧辄喜。年登六岁，因舅氏于通山为僧，遂依为徒。后诣方山云峰体宗和尚座下圆具。复闻大吼和尚开法荥阳鼎星，瓢笠直造。吼云："山僧少第二座，道得一语便请。"灵曰："请和尚试举。"吼云："昔日世尊拈花，迦叶微笑，是何意旨？"灵云："道泰不

---

[1] 瞑目：《五灯全书》卷第八十八补遗《渝州香国佛语御禅师》作"瞋目"。

传天子令，时清休唱太平歌。"吼首肯之，遂职西堂。解制，吼和尚印可。偈曰："道泰不传天子令，腾腾休理是何非。索头透漏无遮障，大海降龙戴月归。"

次住金川灵应静养，因云峰啸虚和尚将顺世，出手扎及绅衿、士庶共启，请主云峰继席。不数年间，无恙而终。塔于云峰之西陇。

雨春智禅师

雨春智禅师，宜宾黄氏子。十六岁，父母俱背，诣峨眉山，礼体融师落发。遂结伴南游，习讲经论，仍回蜀演教。

后遇大吼和尚于渝城。吼问云："座主讲何经？"师云："《法华》《楞严》。"吼云："教中道，是法不可示，言辞相寂灭。作么生讲？"师云："到者里，某甲无启口处。"吼云："恁么汝做不得，法师奴在！"即弃教相依，后受记莂。

住荆州府桂香阁。上堂："有问有答，好肉剜疮；无问无答，塞却咽喉。若论语默动静，扬眉瞬目，捏拳竖指，棒喝交驰，拈向一边，又作么生？"以拂子敲禅几，云："两岸静，仁山似虎；一溪动，智水如龙。海底泥牛翻觔斗，骇煞波斯打破钟。"

半水元禅师

三峰半水元禅师，巴县余氏子。受尸罗于石谷禅师，得印偈于大吼和尚。

康熙丙午冬，开炉上堂。竖拄杖，云："七尺乌藤鳖鼻蛇，能翔宇宙瑞三巴。迢迢穿市人难见，检点将来未到家。"撺下拄杖，喝一喝。

上堂："发元结制此心良，三七长连九定香。坐到晨朝并午夜，等闲无事可商量。"

易庵师法嗣

林我鉴禅师

泾阳林我鉴禅师，初以三学诱众。后参易庵和尚，始绍席焉。上堂："搅长河为酥酪，可惜唤钟作瓮；变大地作黄金，何异证龟成鳖？一句①眼横鼻直，马面不是牛头。其或顾伫停机，未免守株待兔。"复举南阳忠国师上堂云："人人怀明月珠，个个抱荆山璧。有时万德庄严，有时草衣木食。或现掩室于毗耶城，或示诞生于维卫国。干旋佛祖权衡，燮理衲僧巴鼻。"蓦竖拂子，云："佛祖权衡则且置，如衲僧巴鼻作么生？"下座，以杖打散。

圣可玉法嗣

还初佛禅师

还初佛禅师，华严第二世，重庆镇府度冲王护法。于佛诞

---

① 一句：《林我禅师语录》卷之一作"一向"。

日,请上堂:"世尊凿开混沌,云门炼石补天。虽无毫发渗漏,犹有经纬星月①。彼此汗马功高即不无,还见太平么?且喜今朝无事。"击拂子,下座。

南芝静禅师

南芝静禅师,万县邓氏子。髫年礼恒修师剃发,于敏树和尚座下圆具。闻圣可和尚开法华岩,相依二十余年。圣和尚入室,问:"无边刹海,自他不隔于毫端。因甚庵内人不知庵外事?"师云:"官不容针,私通车马。"圣云:"十世古今,始终不离于当念。因甚今日不知明日事?"师云:"有水皆含月,无山不带云。"圣云:"雪峰道底,居首座寮。"

圣和尚命秉拂小参:"平白地上,拈起一丝头。为甚么尽大地人,亡锋结舌?且道利害在甚么处?还委悉么?大如芥子,细若须弥。软如铁,硬似泥。不离四威仪中,惜乎人不识。"举世尊安居,文殊三处过夏。迦叶欲摈出,才举椎,乃见百千万亿文殊。世尊云:"汝欲摈那个文殊?"——师云:"不会作客,劳烦主人。世尊只见锥头利,不见凿头方。迦叶正令当行,要且寡不敌众。当时静上座若在,待世尊问,汝欲摈那个文殊?但举椎,云:'哪个男儿不丈夫?'便击。不惟文殊惭惶无地,管教释迦无启口处。还委悉么?见义不为非勇士,临危不变始惊群。"

---

① 星月:《五灯全书》卷第八十八补遗《重庆华岩还初佛禅师》作"机杌"。

子钟洪禅师

汉州龙兴寺子钟洪禅师,十五岁乃有离尘之举。礼自明禅师剃染受具。遍参尊宿,闻华严圣可和尚宗风大振,遂趋麈下,发明心地。

龙兴上堂:"地冷天寒草木枯,堆堆黄叶满阶除。衲僧林下乘斯际,跃舞扬威证祖图。有么?有么?"问:"净行比丘因何不生天堂?破戒比丘因甚不入地狱?"师云:"渭北春天树,江东日暮云。"问:"如何是无缝塔?"师默然。进云:"如何是塔中人?"师便喝。进云:"树高千丈,叶落归根去也。"师云:"脚跟下好与三十。"乃云:"丹霞烧木佛,只为冷入骨。院主眉须堕,病因一念屈。正当移宫换位,寒气交加。在衲僧分上,又且如何?"卓拄杖,云:"大众会么?若也不会,打葛藤去也!"

举:"朱行军入南际院,自行香,云:'直者是,直者是。'时维那云:'直者是个甚么?'行军便喝。那云:'行军是佛法中人,恶发作么?'军云:'你作恶发会那?'那亦喝。军连喝两喝,云:'钩在不疑之地。'呼左右认取者僧者。"——师云:"大众,你看者两人!纵夺双举,杀活齐彰。虽然如是,未免一场话堕。争似今日星斗何?居士运无缘慈,发广大心,来此饭僧,光扬法化。只如正恁么时,杀活一句作么生道?横按镆鎁全正令,太平寰宇斩痴顽。"

法空证禅师

法空证禅师，嗣华严圣和尚。住泸州通山来凤禅院。上堂，问："春风遍界难收拾，万象咸归一镜中。如何是清净法身？"师云："地肥冬瓜大。"进云："净秽总成安乐国，圣凡不隔一毫端。如何是圆满报身？"师云："饿汉肚皮宽。"进云："处处绿杨堪系马，家家有路透长安。如何是千百亿化身？"师云："乡里人看走马灯。"进云："是何意旨？"师云："来去分明。"乃卓拄杖，云："明头合，暗头合，四方八面任作略；日面佛，月面佛，喜怒哀乐是何物？世间多少守株人，尽在中途而退屈。殊不知提起向上钳锤，用超方手眼。千圣齐立下风，三贤窥觑不破。故云：'真净法界，神明之木，造化之根。镕冶两仪，垆锤万有，大而无外，细而无内。'万象之所以生，五音之所以成。"复卓拄杖，云："敢问大众，毕竟是甚么身？神头鬼面从他现，天上人间任尔尊。"喝一喝。

浮石演禅师

犍为龙岩浮石演禅师，受华严圣和尚印可。住龙岩，上堂，问："如何是向上事？"师云："脚跟要点地。"进云："如何是祖师西来意？"师云："挖孔寻蛇。"进云："如何是只履西归意？"师云："赤足走。"乃云："祖意圣意，即是凡意；凡夫圣人，岂有两般？但尽凡心，别无圣解。随缘放旷，任性逍遥，当下解脱。此语中有一理二义，若人辩得，不妨于佛法中有个入处。其或未然，莫道不疑好。"卓拄杖，下座。

价南仙禅师

　　慈云价南仙禅师，濮阳刘氏子，家世业儒。因甲申之变，混入戎马中有年。常怀出尘之念，于滇省礼孤月和尚剃染、圆具。随本师归蜀之渝城，辟白杨训祖庭。廿有余年，焕然一新。因本师早去世，康熙丙辰冬，闻圣可和尚创建华严寺，躐芒致礼。将住山所作颂古录呈，可和尚举公案辩验投机，而代孤月和尚记莂焉。有《颂古山居》行世，兹拈数则，以证所获。

　　世尊初生（颂）："指天指地欲何图，傍若无人胆气粗。将谓胡须天下赤，谁知更有赤须胡。"

　　世尊升座（颂）："上座应知下座来，元无造作巧安排。就中叵耐文殊老，百万人天被活埋。"

　　阿难倒刹竿（颂）："传金襕外复何传，报道门前倒刹竿。弟应兄呼无别事，阳春一曲和还难。"

　　国师三唤侍者（颂）："三唤三呼应了休，陆行车马水行舟。负汝负吾扬丑拙，也是怜儿不觉羞。"

　　心不是佛智不是道（颂）："花蹊雨后苔流滑，喜鹊声余午梦惺。四顾白云消散尽，夕阳斜照数峰青。"

　　仰山插锹子话（颂）："试问田中多少人，插锹叉手已分明。刘茅虽是南山事，几个知恩解报恩。"

　　击竹因缘（颂）："潦倒长行粥饭翁，闲抛瓦砾起清风。蓦然打着娘生鼻，万里无云日正中。"

雪峰望州亭相见话（颂）："望州乌石与僧堂，物物无私觌面彰。知己乍逢清夜话，月明窗影倒垂杨。"

上乘启禅师

上乘启禅师，渚宫段氏子。为明末郎将，遂入羊还山冲虚律主处剃染、圆具。游渝，诣华严圣和尚。麈拂之下，多所契机。华严赠以笠与偈云："老僧头上之物，不是泛常人情。除是充家之子，不可轻以与人。"印心之后，律身犹严。后住龟亭金鳌，继迁崇福。于壬申夏，无恙而终。有得法上首念摄月，建塔于华严之东岭。

不惑兴禅师

不惑兴禅师，营山王氏子。值蜀乱出楚，剃染于香严宕山和尚座下圆具。同圣可和尚遍参，言下获益，寻常横机不让。一日，可曰："胡言汉语，拈置一边。父母未生前，道一句子！"惑便掌。可曰："太粗生！"惑又掌，可休去。后印以偈曰："木楔中毒尧都发，面上而今犹五痕。含撼十年心未已，冤冤只报有仇人。"

还蜀，住汉州之孝泉。上堂，僧问："父母未生前，那个是学人本来面目？"师云："眼横鼻直。"进云："死了烧了，面目何在？"师便打。进云："还许学人别通消息也无？"师又打，云：

"绿杨芳草地，散步任优游。"顾众云："会么？其或不会，今日定要与诸人别通消息。"拽拄杖下座，归方丈，端坐而逝。众斋不见师出，入室撼之，已寂。一众方知"今日定要别通消息"之语。塔于本山。

指云孝禅师

指云孝禅师，新津黎氏子。廿岁从华严圣和尚剃染，即于座下圆具。参崇华天隐有年，后归华严，纲维众僧数载。尝有颂。

德山托钵（颂）："拶破虚空枯木花，作者相逢两会家。虽然各具顶门眼，玉本无瑕却有瑕。"

十八女子不系裙（颂）："十八女子不系裙，赤体条条百炼金。衲僧若作分外事，何年出得铁围城。"又："无价宝珠人不识，系其衣里弗相亲。洞山觌面当机疾，知解堂堂净法身。"

嘉石亮禅师

嘉石亮禅师，长寿熊氏子。髫年祝发于大瑞禅师，圆具①于石头和尚。参圣和尚于云峰，令看父母未生前话，久无所入。一日，圣和尚开示："无明父，恩爱母。须具杀父杀母手段始得。"不觉打失鼻孔。入室次，圣问："如②是未生前的句？"师云："霁雪峰高冷。"问："如何是已生后句？"师云："梅花喷鼻香。"

---

① 圆具：原本作"具圆"，据文意改。
② 如：下疑脱一"何"字。

圣遂与偈云："复见天心春日长，嘉平百物自芬芳。不因霁雪峰高冷，争得梅花喷鼻香。"

云峰秉拂小参，举僧问雪峰："古涧寒泉时如何？"峰云："瞪目不见底。"僧云："饮者如何？"峰云："不从口入。"僧后举似赵州，州云："不可从鼻孔里入也。"僧问赵州："古涧寒泉时如何？"州云："苦。"僧云："饮者如何？"州云："死。"雪峰闻之，从此不答话。师云："性亮捡点将来，雪峰解吞不解吐，赵州解吐不解吞，未免各执一见。亮却不然，设有问：'古涧寒泉时如何？'可以消渴。'饮者如何？'切忌多贪。且道雪峰不答话又作么生？争之不足，让之有余。"

示众："道之一字，本无言说。所谓水中盐味，色里胶青。决定是有，不见其形。实际理地，纤尘不立。未动脚跟，好与三十。不见赵州道：'汝但究理而坐三二十年。若还不会，截取老僧头去。'恁么为人担任，信不诬矣。诸师欲于一七二七三四七日中，构副此事，大难！大难！直须日用四威仪中，年年此日，岁岁今朝。稍有少分相因，始不负出尘之志。"久立。

惟识典禅师

圆通惟识典禅师，宕渠卢氏子。卯岁礼问知大师剃染，圆具于四峨山菊惟和尚。参遍尊宿，后参华严圣可和尚。落堂考工，问："三界惟心，万法惟识。死了烧了，何为心识？"师竖起拳。严云："死了烧了，阿谁竖拳？"师仍竖拳。严云："生铁铸就即不无，两片皮交阁在甚处？"师便拜，严便打。次日，复以前话诘之，师亦竖拳。严云："昨日道过了也！"师云："一回拈出一回新！"严复打云："放你不过！"一日，严问师："如何是德山末后句？"师云："道不出。"严云："密起其意又作么生？"师云："拽不入。"严云："因甚师遭徒记？"师云："教得孩儿解骂爷。"严云："不谬华严悦众。"遂针芥相投，授以记莂云："一个拳头生铁铸，不从人得谁相付？如斯方便与君通，震旦古今无别路。"师偈句颇繁，略收数则：

世尊初生（颂）："指天指地起干戈，好尚贪高人几多？纵有超群越格者，恶人自有恶人磨。"

若能转物即同如来（颂）："一点也无，没处着解。包括三才，纵横无碍。五千余轴纸墨之害，等闲将出大人境界。"

女子入定（颂）："空谷传声，虚堂寂听。信之则有，叩之则应。看他大力人，弗假将军令。"

混沌未分（颂）："烧不然，浸不入，未知名是何物。三世诸佛全体，大地众生窠窟。"

婆子烧庵（颂）："者老婆，多捏怪。伶利衲僧，未放你在。把火烧庵徒自肥，至今惹下驴年债。"

三渊惺禅师

三渊惺禅师，忠州伯氏子。礼觉知师剃染，依止华严圆具，并受印偈。康熙癸亥春，住濮阳龙游寺十余载。

尝颂女子出定："贵者贵如金，贱者贱如土。女子与瞿昙，各自无张主。"

百丈野狐（颂）："不落元来错，不昧亦皆差。茫茫三界无来去，□□□□□毗茶。"

大器成禅师

大器成禅师，嘉州人。剃染于贵阳云归，圆具于莲月和尚，机契华严。后住隆昌，建正觉禅院。圣和尚住泸阳之云峰，师省觐。峰命秉拂小参，呈拄杖，云："者个乃方丈本师底，今落在悟成手中，只得捣虚练实，验正辨邪。只贵人人向此彻去。"卓一卓，云："会么？悟成本是崖穴骨董，今霄逼拶出来，无法可说，借两句葛藤，聊塞钧命。世尊道：'一切众生俱有如来智慧德相。'赵州道：'狗子佛性无。'诸上座！世尊道有，赵州道无。是同？是别？若道是同，法无同相。若道是别，岂有两般！还会么？刹刹尘尘一样心，奈何人不自推寻。若还直下承当得，弄潮须是弄潮人。"喝一喝。

碧露梦禅师

碧露梦禅师，蜀东綦江张氏子。中年于慧觉和尚处剃染、圆具。依华严圣和尚座下落节，而受记莂。买舟出峡，住溧阳崇隆寺。

解制上堂，云："雪压松梢静，霜严老树寒。白云有意常封锁，幽鸟无心以度关。长安大道，铁蛇横栏。去去终难去，还还不易还。"以拂子打圆相，于中划破，云："诸禅客仔细参，草鞋终被脚头瞒。"

提刑裔暎高居士

提刑裔暎高居士，初到华严，茶次，问严："古人道：'如人在树，手不攀枝，足不踏枝，口衔树枝。'若问祖师西来意，答则失命，不答违问，如何？"严以手指自己茶钟了，又指士钟。士从者即取钟斟茶。严云："强将之下无弱兵。"士云："何也？"严云："居士从者，也会祖师西来意。"士云："和尚以手为舌。"严云："居士以何为舌？"士云："以舌为舌。"严作惊势，士云："何也？"严云："非居士不能放身舍命。"士云："无身命可舍。"严云："老僧一时眼花。"士云："瞎！"严云："瞎！瞎！"士云："如此则成戏论欤？"严云："仁者见之谓之仁。"士云："某犹日用不知。"乃设礼。

后士又同屠居士游温泉。士将浴，吃饼次。屠云："大家来吃汤饼会。"士云："此处可名洗儿泉。"严云："九龙吐水也未？"士云："憾不自胁间出也。"严提起楫珠，作痛声。屠云："此老倒会捏怪。"严云："人水求人两意符，九龙吐水沐金躯。毋云不自胁间出，痛彻山僧一串珠。"严后赠士砚，并偈序云："缙山四面逼来，挼碎袈裟。狭路相逢，打开秘藏。触着磕着，原非等闲。共济同舟，岂是细事？君肯承当直下，我敢信手拈来。曾经御案颁行，何必生师指点。君若不欲，在此原无。我不将来，于君已有。"偈云："御赐元章的[1]石头，流传到我似虚舟。

---

[1] 的：《五灯全书》卷第八十八补遗《提刑高裔暎居士》作"一"。

浴云溪畔拈将出，点化鱼龙天际俦。"

帝臣王居士

云溪明府帝臣王居士，佛成道先一日入山。同云峰游山次，士乞峰拄杖，峰便打。士便拜，再乞，峰乃与之。未及举趾，便折即乞偈，峰笑云："气骨生成也大奇，偶然投合大乘机。轻轻不用纤毫力，折我云峰杖一枝。"士跃然喜，归便设礼焉。

次日，请上堂："山僧拄杖子，昨夜睹明星而悟云：'吾观山河大地、草木丛林，皆有如来智慧德相，元无妄想执着，亦不求证。'且道与释迦悟底是同？是别？"良久，顾左右，云："者里忽有个汉出来道：'五百人善知识，脱空妄语。'云峰拄杖昨日已被坦庵王公折却了也，还有甚么语话分？"师笑云："老僧向他道：'飞霞观斗，雪霁回峰。'用得多少？"以拄杖作钓势，云："还委悉么？钓竿斫尽重栽竹，不计功程得便休。"卓拄杖，下座。

体宗宁法嗣

湛一清禅师

湛一清禅师，蜀南永宁王氏子。廿岁，礼本宗律师剃发，至云峰体宗和尚座下圆具。参究己事，因撞露柱有省。投机偈曰："年来何事苦周遮，返覆推穷总是他。了了分明无一物，到头滋味没些些。"

《婆子烧庵颂》云:"信手拈来展赤旗,纵横予夺有神机。虽然卖俏图何事,失却娘生贴体衣。"

峰授以源流,侍巾瓶十六载。辞峰入滇,住会川迎恩寺。结制上堂:"诸方结制安禅,迎恩升堂戏舞。惊起四海狞龙,扑落九天凤鷟。三乘拱手,十地擎拳。万象森罗,扬眉吐气,周天星斗,灿烂光辉。微尘国土,东涌西没。蠕动蜎飞,各挥本有。不是神通妙用,亦非法尔如然。"卓拄杖,云:"会么?今日也是兵随印转,将逐符行。正恁么时,祝圣开炉一句作么生道?野士无将酬帝德,须弥聊作一茎香。"

两生从法嗣

藏天宣禅师[1]

藏天宣禅师,蜀东王氏子。童时于护国寺依不我师脱白,廿岁于师翁衾和尚处圆具。灵隐和尚过护国,得叩机要,击节有省。遍参尊宿,诣祥舸嘉瑞,值两生和尚机语相投,与偈云:"棒头喝下接全机,电掣星飞较已迟。骨臭衫儿脱却了,因缘到处听施为。"继席松丘,有录行世。其略示众云:"参禅要猛烈,不悟不休歇。打起好精神,莫蹉[2]过时节。下个死心肠,岂拘在年月。立得脚跟稳,始不被人惑。甘尽苦中苦,关头能打彻。古

---

[1] 藏天宣禅师:《五灯全书》卷第八十八补遗作"藏天源禅师"。
[2] 蹉:《五灯全书》卷第八十八补遗《遵义松丘藏天源禅师》作"错"。

人曾与么，吾常于此切。作个不群①人，行履须迥别。克期能取证，当下便超越。透出天外天，迥过白拈贼。才闻举着些，洞然自明白。②山顶鼓波澜，海底立枯竭。弥勒释迦来，亡锋而结舌。三千陈葛藤，窠臼都剿绝。撞着跋死禅，一刀成两橛。③更拟问如何，白棒薹头楔。到此田地时，许你称禅客。伏惟大众前，莫疑我虚说。"

铁机常禅师

铁机常禅师，豫章何氏子。卅岁为僧，掩关瓮邑，打七有省。投机偈云："囷空一路光明藏，六道含灵亦共之。三世古今无向背，只因执妄故迟疑。执我非人皆是妄，涅槃生死没高低。光明原未从人得，触目菩提本不迷。"

出关，聆昭觉老人道风而趋蜀。行至夜郎，遇两生和尚圆具印可，住静廿载。有《山居刍荛集》流行。后至昭觉丈和尚处，职西堂。命解制上堂："九旬期毕，百日功圆。元霄④灯火闹堂前，爆竹声催正月半。衲子闻声悟道，白衣见色谈禅。非为海上觅沤，已成尺木支天。若具通方正眼，野花春草含烟。佛法世法情尽，方能垂手入廛。解制一句作么生道？"拂一拂，云："人人紧束腰包去，莫道草鞋脚下宽。"

---

① 不群：《五灯全书》卷第八十八补遗《遵义松丘藏天源禅师》作"出群"。
② 《五灯全书》卷第八十八补遗《遵义松丘藏天源禅师》无"透出天外天，迥过白拈贼。才闻举着些，洞然自明白"。
③ 《五灯全书》卷第八十八补遗《遵义松丘藏天源禅师》无"撞着跋死禅，一刀成两橛"。
④ 霄：疑为"宵"。

含光真法嗣

佛先启禅师

泸阳天竺寺佛先启禅师,本州朱氏子。龆年礼慈航剃染。首参方山体和尚圆具,后契机于含光和尚。开法天竺禅寺,上堂:"今日钵盂受湿,天竺清香满地。花卉自然放开,乾坤也须阖辟。檀那营供福田,衲僧来讨巴鼻。拄杖机活如龙,一味当头直劈。打落帝释花冠,碧眼胡僧不契。三玄三要葛藤,不如万法归一。还识么?"以拄杖画,云:"不风流处也风流,有意气时添意气。"

啸宗密法嗣

峨雪慧禅师

峨雪慧禅师,阆中聂氏子。十四剃染。参问山大师,请益云门须弥山因缘,言下知归。嗣法啸宗和尚。保宁海云寺,上堂:"觉海澄清,灵源不二。空三解脱,智慧庄严。百千法门示真实义,总向一毫头上显示了也。惟要诸人,直下见去。其或未然,欲得无为真净界,虽①从此处解翻身。"

上堂:"凛凛朔风彻骨寒,梅花几点占春先。分明一段真机

---

① 虽:疑为"须"。

露，争奈时人不解看。慧上座与么告报，也是锦上添花。"以杖拨空，云："不得春风花不开，花开又被风吹落。"

昌昌慧禅师

昌昌慧禅师，重庆府卢氏子。遇乱世逃入遵义。廿龄礼先登师脱白。闻破山和尚开法双桂，遂趋圆具。遍参诸方，归新都之宝光笑宗和尚处契机，而授以偈。自知德凉行寡，不能有益于法门，守死善道。有《山居诗偈》行世，其略曰："水云深处卜幽居，随分生涯乐有余。霜冷菊开三径秀，月明人静六窗虚。闲来合药寻医典，静复焚香读佛书。个里不容狮子座，惟将一默答文殊。"《扫双亲墓》云："清明佳节扫坟台，片片愁云渐涌来。雨过日前添旧恨，雷鸣冢上续新哀。香焚岳岭千年臭，纸挂长江百世恢。几咏蓼莪心胆裂，长空望断若痴呆。"

二隐谧法嗣

梓舟船禅师

襄阳梓舟船禅师，潼川人。住襄阳鹿门禅院，上堂，问："摩尼宝珠久埋尘土，如何觅得？"师云："照破老面皮。"问："日用寻常，且道作么生受用？"师云："明月引清风。"乃云："鹿门山势最威雄，瓦砾生辉达本宗。面目俨然成现个，百草头上起云龙。"

牧雨霖禅师

牧雨霖禅师,金堂米氏子。幼冲澹纯正,静默寡言。卯岁出家。恒以死生为念,遂买舟南下。见二隐和尚于嘉禾之三塔,获蒙印可。后归龙安雪峰院。上堂:"隆冬佛法绝商量,万象尽从雪里藏。直待一轮红日出,灯笼露柱尽舒光。"

上堂:"昨夜霜风透胆寒,黄河冰结势如山。冻得泥牛连夜吼,牵连木马竞相看。"举《法华经》云:"唯此一事实,余二则非真。释迦老子与么道,也只道得一半。那一半,待下座来,与你通个消息。何故?孤掌不浪鸣,独木不成林。"

锦江禅灯卷第十四

大鉴下第三十七世

自闲贤法嗣

憨余遐禅师

霍山憨余遐禅师,西充王氏子。参遍尊宿,末后入自闲和尚室,始嗣法焉。出住晋之霍山。

解制上堂:"结却布袋九旬终,今日解开八面通。衲子通身是手眼,拿云攫雾把清风。诸禅客好奇逢,白云聚散满晴空。脚底芒鞋狞似虎,肩头拄杖活如龙。"

上堂:"结制解制,诸方旧例,佛祖家风,一场特地。九旬把住牢关,勘验圣凡禁忌。不容走作丝毫,煅炼衲僧巴鼻。剿绝异想偷心,必然脚跟点地。一任咤呀哮吼,管教山摇地震。当报不报之恩,共助无为之化。"

上堂:"红尘闹市,全彰古佛心宗;身色堆头,独露祖师巴鼻。平泉两岸,烟笼水月光新;姑射峰头,彩散白云影秀。花街柳巷观音院,酒肆淫房弥勒家。"

云峨喜法嗣

斌雅禅师

斌雅禅师，潼川人。嗣法于风穴云峨禅师。住法海寺，上堂："法海自住以来，不肯摐行夺市。列土分茅，将天地作一禅堂。行与诸人同行，住与诸人共住。二六时中着衣吃饭，运水搬柴。举措施为，了无障碍。乃至明暗色空，森罗万象。若智若愚，各依本分。然虽如是，更有一人不入保社。净裸裸，绝囊藏；赤洒洒，无向背。有时孤峰顶上，啸月吟风；有时闹市街前，神头鬼面。舌拄梵天，眼空四海。动若行云，止犹谷神。"以拂子打圆相，云："还识此人么？平生肝胆向人倾，相识还如不相识。"

灵台寺，上堂："一句无私，斩钉截铁。万机休罢，迥脱罗笼。随流得妙，千里同风。大用现前，逢场作戏。玉鉴含秋，冰潭落影。龙泉出匣，万里横尸。大火聚，岂容凑泊；金刚圈，不许撮拿。拨着便转，已堕功勋。提得即行，早成途辙。具如是之妙见，作苦海之舟航。隐显全彰，文轨一致。"

封村寺，上堂："春深物茂，日暖风和。燕喜莺欢，时清道泰。般若流通，法元无隐。"击禅床，云："声不是声，徒劳侧耳；色不是色，难为捡别。"

海宝寺，上堂："披霜蹑屩，云路三千。全身放下，理合潇然。袖里金锤，当阳抛出。毗耶丈室，八字打开。住其中者，握阃外威权。钩头有饵，施佛祖照用。秤衡无星，开人天正眼。验衲僧巴鼻，若是识机宜别休咎，撩起便行，脚跟下好与三十。何也？海宝门下，令不虚行。"

憨休乾禅师

憨休乾禅师，蜀西龙安胡氏子。十九脱白，二十圆戒。遍参诸方，各有会处①。康熙丁未，诣少林礼祖塔。过风穴，参云峨和尚，机缘相契，乃授记莂。癸丑，开法泾阳兴福禅寺，众请入院。

上堂："拨草瞻风二十秋，全机不动信优游。无端扶上华王座，擘破三元接上流。宗乘一唱，三藏绝诠。至道恢弘，千途合辙。众流截断，遍尘刹而任运全该；妙转元枢，括有无而凭垂指注。光超日月，智出圣凡。动静无私，隐显不昧。髑髅常干世界，鼻孔摩触家风。绵密安祥，权开洞山五位；暗机圆合，要出沩仰三生。一字关，大云门之高古；六相义，挥法眼之现成。夺境夺人，直捷痛快；立宾立主，大用天旋。印水印泥印空，匪作家难辨；非心非佛非物，唯证乃知。似地普擎，如天普盖；真机剖露，万法全彰。正恁么时，且道即今开堂祝圣一句作么生道？击壤歌扬忘帝力，由赓诗咏乐时雍。"

---

① 会处：《五灯全书》卷第九十九补遗《汝州风穴憨休乾禅师》作"省处"。

宕山法法嗣

孤月朗禅师

孤月朗禅师，合州杨氏子。历遍诸方，值箬庵和尚打彻，遇宕山禅师印证。住桃源瑞麟院。

上堂："只着芒鞋不用舟，脚跟下事愈沉浮。而今渴饮饥餐也，未卜桥流是水流。"

小参，蓦竖拂子，云："此是向上第一着，未会之人没栖泊。权曰此事与君持，细细嚼来味似檗。"放下拂子，拍膝一下。

古宿尊禅师

古宿尊禅师，成都胡氏子。嗣法宕山和尚。浴佛上堂："日月两茎烛，须弥一炷香。以斯成现物，供养法中王。"顾众，云："此是山僧穷孝敬，汝等若有奇品异肴，不妨拈出，以报不报之恩，共祝觉皇之寿。"

供丹霞禅师像，上堂："前释迦不安，后弥勒不奉，单单供养天然老子。一不重伊智大才高，二不重伊道全德备。今所重者，是伊听讣而别选，闻授戒而疾退。骑圣僧，得号于马祖；烧木佛，御寒于慧林。诸般去就且置，即今安位一句，如何举扬？"拂一拂，云："见闻户牖无遮障，夺却庞公幞头来。"

元宵上堂，执拄杖，云："今年今月十五，不打寻常破鼓。

剔起破暗明灯，且要人人尽睹。忽尔油尽灯残，作么生？咄！杖头有眼明如日，凹凸平夷任所之。"

圣泉除夕，上堂："一年周岁三百六，逗到今宵刚数卒。户户钉桃符，家家烧爆竹。送旧者憨忙，荐亡者恸哭。好笑世间人，多被时缘逐。只有圣泉僧，恬然似不觉。"掷拄杖，下座。

大雄峰法嗣[①]

薮庵愿禅师

薮庵愿禅师，简州谢氏子。中岁出家，嗣法大雄。住成都报国庵，昭觉老人设斋，上堂："报国初开法战场，满堂云水破天荒。厨中儋石无储也，自有高明共助扬。"举大慧杲和尚至蒋山，访应庵华禅师。上堂，举"牛过窗棂"话："者则公案，在蒋山肚内多年。若不是法叔老师抑扬，小侄一生不敢举着。今日向人天众前拈出，供养我法叔老师。"召众，云："大众，既是头角四蹄俱过了，因甚尾巴过不得。誵讹在甚么处？"良久，自代云："家家门前火把子，元来事同一家，共相唱和。所谓酒逢知己饮，诗向会人吟。愿上座不敢举古判今，兹是昭觉老人屈尊就卑，助扬法化，以佛法住持，且接物利生一句作么生道？"卓拄杖，云："横塘宿鹭斜飞起，数只银瓶挂树梢。"

[①] 大雄：《锦江禅灯目录》作"报恩"。

响谷法嗣

眉雪宗禅师

金纯寺眉雪宗禅师,射洪谢氏子。嗣法于响谷禅师。上堂:"山阴深秀游人少,野水重岩一样春。山野今日重开祖席,佛日再悬。把住则瓦砾眠云,放行则灯笼起舞。争似无生国里王大博,取性高眠,逍遥快乐。"

凝真法嗣①

天然慧禅师

南隆西平寺天然慧禅师,南充柳氏子。因蜀乱,混火队中。十八岁,厌世如幻,有出尘之志。礼如成剃染、圆具。参谒诸方,后依凝真和尚,深锥痛札,死而复苏,遂蒙印证。元旦,上堂:"时当元旦百事新,送去迎来见主宾。"蓦拈拄杖,云:"惟有者个乌律律,不随节令顺人情。有时敲风兼打月,须弥头裂沧海疼。骇起南山於菟走,株连北斗吃一惊。且道利害在甚么处?"复卓,云:"不是沙场经惯战,怎竖旌旗百尺高。"下座。

---

① 凝真法嗣:《锦江禅灯目录》作"凝真空法嗣"。

快雪国法嗣

莲池闻禅师

莲池闻禅师，宕渠罗氏子。卯岁于含虚师处祝发，廿岁诣方如和尚座下圆具。遍参，归保宁，建莲池庵自休。一日快雪和尚过访，机缘相叩，而记莂焉。仇居士供法衣上堂："法不孤起，仗境方生。六月炎天寒威凛烈，此是境。且道如何是法？"提起衣，示众，云："会么？者衣线下事，人人具足，不可思议，阿谁欠少？何必向他家粪草堆头，觅甚么碗？所以道，不离当处常湛然，觅则知君不可见。"

云峤水法嗣

苍谷桂禅师

苍谷桂禅师，湖广荆州李氏子。卯岁礼幻识大师剃发。年登廿稔，就本师圆具。遍参诸方，至双桂与峤和尚机缘相叩，而记莂焉。康熙丙寅，达州绅衿请住龙兴禅院。

上堂，蓦呈拄杖召众，云："会么？者个上拄天，下拄地。本自无名，谁敢强安。有时动地放光，明如杲日；有时泯迹潜踪，黑似墨漆。不属青黄，方圆任器。能变能化，能横能直。毕竟平等，殊堪伦匹。达古通今，竖穷三际。"复横按拄杖，云：

"戒定慧祖师关,恰好都卢一串穿。"又卓,云:"还会么?于斯荐得,无量法门,河沙妙义,从此建立。其或未然,更买草鞋行脚始得。"

大鉴下第三十八世

石谷慧法嗣

云林地禅师

罗汉云林地禅师,通江董氏子。礼心田师削染,参石谷和尚以嗣法。重建阝邡罗汉寺,乃马祖一禅师脱白处也。

上堂,问:"如何是罗汉境?"师云:"参天苍竹密,填空古柏稠。"进云:"如何是境中人?"师云:"大雄殿一座,头陀只十人。"进云:"人境不立时如何?"师云:"亏汝到与么境界。"乃云:"一棒一喝,一拳一脚。直指临济心髓,全彰德山韬略。古之不多一点,今之不少一划。全得草偃风行,如虎戴角,撞着磕着,横机杀活。脱或未然,山僧未免重下注脚。"以拄杖卓一卓,喝一喝:"也是千错与万错。"复卓,云:"错!错!"

月目初禅师

净居月目初禅师,乐至邹氏子。丱岁于巴岳寺落发。参石谷和尚圆具,复受记莂。后住龙门净居寺。

上堂,僧问:"如何是龙门境?"师云:"清风桥下两池水。"进云:"如何是境中人?"师云:"日出而作,日入而歇。"进云:"人境以蒙师指示,向上宗乘事如何?"师便打。进云:"瞎棒!"师复打,云:"却有瞎汉吃在。"乃云:"时开饭店止饥寒,引水龙门且种田。佛法宁教齐烂却,从斯弗说老婆禅。"

苍桐华禅师

苍桐华禅师,綦江封氏子。卯岁出家,廿年于密语和尚处圆具。石谷和尚印证,隐山为常。有《山居诗》行世,其略曰①:"山悠悠也水悠悠,一杖云深任自游。树抄②松花堪作食,秋回荷叶可为裘。堂堂佛法消尘镜,渺渺光阴送客舟。若要顿超如幻景,只须常牧此心牛。"又云:"溪山一一都成画,竹树丛丛画不成。堪笑住山人性蠢,镢头一柄足平生。"

暮年仍归本郡石门寺,而临行偈云:"来时黄菊筛金,去时青山铺白。想起者个骷髅,千回万回作客。今朝踢倒须弥,捞得虚空出血。涅槃城里没相知,笑杀率陀古弥勒。"

---

① 有《山居诗》行世,其略曰:《五灯全书》卷第一〇五补遗《綦江石门苍桐华禅师》作"其示众曰"。
② 抄:《五灯全书》卷第一〇五补遗《綦江石门苍桐华禅师》作"杪",当是。

紫芝藏法嗣

天然贵禅师

郫筒护国寺天然贵禅师，上堂："今朝腊月初八，处处阐扬佛法。惟有护国不然，见人只是生骂。"蓦拈拂子，云："向者里荐得——刹刹尘尘，毗卢境界；溪声鸟语，观音理门。其或未然，依旧鼻孔向下垂。"击拂子，下座。

元宵，上堂："不唱陈年曲调，要打新鲜鼓笛。无言童子口吧吧，无舌人儿能解语。等闲操动没弦琴，海水腾波山自起。且道没弦琴作么生操？"以拄杖作操琴势，云："会么？若将耳听终难会，眼底闻声方始知。"

琼目温禅师

锦官万福寺琼目温禅师，戎州宜宾邓氏子。十五岁剃染。恒思此身无常，参谒诸方，闻紫芝和尚开堂，杖笠往参。充侍寮十五年，遂印可焉。后住万福，上堂："昔人聚石说法，今我法说亦空。石火电光，难为凑泊。"蓦拈拄杖卓，云："惟有者个，赤条条，光灼灼。有时和泥合水，社舞村歌；有时孤峰独立，挂月悬星。动则俾观音、势至结舌藏锋；静则令释迦、老子无本可据。且道利害在甚么处？"良久，云："参！"

护国寺为天然和尚点主，众请上堂："者曲录木床，是我天然法兄。捏不聚，擘不开的，今朝落在万福手里，于中七纵八横，齐行照用。"乃竖拂子召众，云："见么？兹我然兄，于一毫端，现大人相，与汝诸人道末后句去也。"复击禅床，云："闻么？复为汝等全身独露。若或不荐，万福不免别通消息。"抛下拂子，云："记取者枚毛拂子，再来号吼震三千。"

语嵩裔法嗣

嵩耳住禅师

嵩耳住禅师，渝州费氏子。初参破雪和尚，目不识丁，炼杜多行。后访牟尼山语嵩和尚，棒下见旨，乃印可焉。后住少峨山慈明寺，上堂："弘机独唱，千圣潜踪。截断众流，棒云无路。若个正因衲子，显大机，施大用，于石火闪电光中啐啄。纵夺人天，权衡佛祖。敲唱双行，杀活齐彰。碎凡圣窠窟，断生死根苗，犹未是向上事在，作么生是向上事[①]？王令已行天下遍，将军塞外绝烟尘。"

书云岊法嗣

舌响讷禅师

舌响讷禅师，定远龙氏子。参半天下，于林野和尚掌下有

[①] 《五灯全书》卷第一〇五补遗《少峨慈明嵩耳住禅师》无"作么生是向上事"。

省。回蜀,见书云和尚①,以印证焉。

上堂:"向上一句,千圣结舌。觌面一着,随处现成。折旋俯仰,露布本地风光;咳唾掉臂,全彰衲僧机柄。上根利智,如良骥见鞭影,追风千里;中下之流,似韩獹逐块,永忘其返。而今勿论上、中、下根,直教个个气宇如王。坐断千差路头,把定衲僧巴鼻。洞明顶颡正眼,觑破祖师关捩。且道如何是祖师关捩?四野严寒无处泊,散发披襟到画堂。"

上堂:"打开光明藏,现出本常理。大地绝点翳,四海清如洗。森罗与万象,都卢在里许。休言睹明星,诳惑痴男女。"

上堂:"炉鞴弘开,魔佛顿镕。钳锤高举,圣凡情尽②。个个焦头烂额,人人皮绽肉镕。任是百炼精金,到此也须失色。"卓拄杖,云:"拈出红炉金弹子,篮破诸人铁面门。"

丽眉采禅师

丽眉采禅师,泸阳人。得法于书云昷和尚,住金川之中岩。开炉上堂:"个事人人本具,何须向外讨觅。头头顶着青天,步步踏着实地。山僧不是妄言,要且理无二致。所以庞居士云:'神通并妙用,运水及搬柴。'若于此中透彻,一生参学事毕。其或未然,长连床上竖起脊梁,切莫瞌睡,抖擞精神,只看穿衣吃饭、运水搬柴底,毕竟是个甚么?参!"

佛成道,上堂:"居来十载为丛林,幸尔今朝佛道成。溪山

---

① 书云和尚:《五灯全书》卷第一○五补遗《西蜀定远舌响讷禅师》作"书雪昷"。
② 圣凡情尽:《五灯全书》卷第一○五补遗《西蜀定远舌响讷禅师》作"理凡情尽"。

云月浑闲事，只取金鳞上直绳。先师涅槃后，凄然感兴废。不肖扬家丑，扶起破沙盆。修残补破屋，先要得其人。啐啄同时节，三生似有因。今欲传家具，人天共证盟。放出三支箭，相将射一群。"遂召滔然、用初、朗旭三人过来，云："从上机关，千圣同鄽。一道圆光，万灵合辙。"蓦喝一喝，云："且道者个还入其数么？一轮皓月悬崖畔，几片残云挂岭头。"卓一卓，下座。

大冶法嗣①

舒光照禅师

舒光照禅师，蕲水人。避世入峨眉②绝顶，影不下山者，二十余载。忽一日欲下山，鸣鼓上堂："九旬限满，巧中藏拙。昼夜殷勤，拙中藏巧。养驯一个水牯牛，头角峥嵘世上少。今朝肆足印莓苔，笑杀平田黄大老。"辞世："形本无形，说亦无说，尽大地人难摸索。七十九年住娑婆，弹指光阴如梦觉。举步踢倒峨眉山，者边那畔总一个。"喝一喝，掷笔而逝。

---

① 大冶法嗣：《锦江禅灯目录》作"大冶况法嗣"。
② 峨眉：原本作"蛾眉"，下同。

耳毒泰法嗣

幻住明禅师

射洪会灵寺幻住明禅师，泸州曾氏子。嗣法于耳毒泰。上堂："雨过莓苔净，升堂说法时。斯缘谁解会，啼鸟上花枝。"

小参："初挝涂毒鼓，三举扑地钟。敌胜超群句，生蛇始化龙。咄！"

纯备德禅师

纯备德禅师，酆都李氏子。中年于幻住大师处剃染，诣耳毒和尚座下圆具，而嗣法焉。后住夔陵州黄陵禅院，上堂："立教明宗，须张缦天网子；活捉龙蛇，可以直下承当。安邦定国，要展揭世经纶；生擒虎兕，乃能全身担荷。所以祖师心印，壮似铁牛之机。去即印住，住即印破，只如不去不住。印即是，不印即是，于斯拟议，错过千山。少涉思惟，白云万里。致使三世诸佛总放不下，历代祖师全提不起。一大藏教诠注不及，伶俐衲僧自救不了。正恁么时，作么生履践？"喝一喝，云："振奋吒沙无向背，烁迦罗眼莫能窥。"

佛语御法嗣

寐堂秀禅师

重庆府香国寺寐堂秀禅师，湖广辰州府人。幼失恃怙，依湖山慧觉和尚之嗣佛语会下剃染，十八圆具。深研内外典集，未几屏去。铁脊焦团，受佛语记莂。嘱之南游，参遍诸方。己巳，归渝，就香国。

开炉，上堂："炉火乍燔，是铁是铜须经煅；橐籥大煽，若凡若圣尽销镕。淬般若之智锋，砺金刚之神剑。若是跃冶之金，徒劳锻炼。"蓦竖拂，云："者一星儿火种，自鹫峰发焰，嵩少腾芳。太白山中，标霞天之光彩；锦江江上，阐亘古之宗猷。如如意珠，似帝青宝，可以福国裕民，为祥为瑞，入圣超凡。而今落在香国者里，只得借曼殊普贤作炉头，势至圆通为冶匠，五百声闻缘觉作散工。扇火扇风，添煤添炭。山僧忍俊不禁，未免助其神用。"遂掷拂子，云："直下来也，急着眼觑。"

吼一等法嗣

文璧福禅师

唐安昙云寺文璧福禅师，眉州陈氏子。幼冲覃讦，染指释门。参遍诸方，后入吼和尚之室。秉拂上堂："柳舒金，梅正白。

几经霜凌几经雪,寒枝傲骨占春先,却把清香轻漏泄,惟佛与佛无分别。"挥拂子,云:"笋过东家作竹林,藕穿池面为荷叶。"

腊八,上堂:"积劫深怀疑弹子,实难吞吐出皇宫。六年雪岭时无懈,蓦地抬眸见已躬。此是大觉老人,在霜天月下悟得底。今日福上座,向情与无情焕然等现处。举似大众,还会么?若会得,天地虚空生汝心内,人物殿堂皆汝元常。若或未然,舍家出家本属何因?缁衣披度当为何事?正恁么时,且道大觉老人毕竟悟个甚么?"良久,云:"泥牛掣断黄金锁,铁马冲开碧玉关。"

改见月庵为昙云寺,上堂:"一点一画,涅槃妙心;一字一言,真实胜义。不是九重隆下,亲从刺史颁来,显示佛祖真机,开发人天眼目。所以道,若以眼见,乃文殊境界;若以耳闻,实观音妙体;若以心思,普贤床榻。且道毗卢遮那即今在甚么处?"顾左右,云:"不拟议时全体现,涉思惟处隔关山。"

瑞林莲法嗣

玉诺昌禅师

玉诺昌禅师,蜀南人。龆龄于瑞林和尚处剃染,至年圆具。初游讲肆,颇通经论。因看《圆觉经》,四大各离。始觉忙①然,遂遍参。归来彻困于淡竹老人,受记蓟于本师瑞林和尚。

---

① 忙:疑作"茫"。

康熙戊午，住成都府德元寺。上堂："吾年三十四，佛法总不识。张①登曲录床，浑无些子伎。全提临济宗，惟凭斯个力。头头绝覆藏，处处无踪迹。活泼泼耀古腾今，峭巍巍辉天鉴地。当阳露出端倪，扬眉已落第二。且如何是全提意旨？"卓拄杖，云："青天也皱眉。"

　　住南关外草堂寺，上堂："两度相催住草堂，且无佛法可商量。乌藤拈出全收放，杀活临机觌体彰。"呈拄杖召众，云："者木上座，在临济德山，有意气时添意气；在文殊普贤，不风流处也风流。落在昌上座手里，放行则万象生辉，把住则乾坤失色。空王殿上，一任簸土扬尘；粪扫堆头，遍现紫金光聚。有时为天中之天，有时作圣中之圣。胎卵湿化，鳞甲羽毛。承斯恩力，齐彰本地风光，各显神通妙用。与凡圣同源，千差一致。"复卓一卓，云："还委悉么？离相离名人不禀，吹毛用了急须磨。"

晓元济法嗣

大旭宗禅师

　　大旭宗禅师，蜀南建昌李氏子。龆年祝发，诣成都草堂寺，参晓元和尚座下圆具。巾瓶六稔，元痛以钳锤。契机之后，住窑山镇疆寺。

　　至节上堂："心珠灿灿绝纤尘，尽净常灵脱体新。无物与伊

---

① 张：《五灯全书》卷第一〇五补遗《成都德元玉诺昌禅师》作"强"。

堪比并，略侔日月合其明。众中有恁么人么？"问："月朗当空时如何？"师云："光映前街连后巷。"进云："月落后如何？"师云："剔起残灯阅简编。"进云："如何是窑山境？"师云："雨晴松竹翠，山寺木鱼声。"进云："如何是境中人？"师云："楼头歌舞后，犹昧乐宾俦。"进云："人境双忘时如何？"师云："篱边叶落无声响，岭上云归绝点痕。"乃云："六花乱坠，寒气逼人。日南长至，百卉萌生。山僧裹头大睡，谁管他人屋上霜凝。"以拄杖作圆相，云："会么？于中荐得，百千三昧，一时证得；神通妙用，无越此宗。人人向文殊眉睫上往来，个个于普贤行门中出入。高揖释迦，不拜弥勒。到恁么田地，有无不立，凡圣亦如，随缘放旷，任运逍遥。石头土块，动地放光；苍松翠竹，吾人本体。何必要山僧重叨呾也。如或未委，不惜唇皮再下注脚。"蓦拈拄杖卓，云："久立。"

佛冤纲法嗣

子开干禅师

嘉州九顶子开干禅师，本州辜氏子。生而有异，孤劲渊冲，志慕上乘。年十九，往洪椿坪，礼祖正师削染。后游成都昭觉，依师翁操策机辩，日究奥旨。圆具，礼辞。历谒尊宿，提撕心要，洞然无滞。时师翁谢事，冤领昭觉，复造其席。觉垂语云："牛过窗棂，头角四蹄俱过，因甚尾巴过不得？"师应声云："明破即不堪。"拂袖便出。即颂："浑身独步千峰外，无限风光意莫穷。揭石耕云横宇宙，尾巴尖上活渠侬。"觉又问："万法归一，一归何处？"师云："谁家店内无宿客。"觉云："未在，更道。"师立颂："一法凛然万法虚，山河大地一芙蕖。电光石火犹嫌钝，妙体堂堂位不居。"觉征云："不是心，不是佛，不是物，是个甚么？"师云："不敢妄生穿凿。"连颂二偈："心佛俱非不是物，神头鬼面绝謿讹。等闲放出辽天鹘，舒掌擎拳较不多。"又："相逢不识名和姓，伊向东西我自南。莫道长安风月好，到头终是自羞惭。"觉可之。其征彻直捷，迥绝见知。扣问咨参，了无惰念。觉解制，授以衣拂。

癸酉十月，师翁丈老人结制，命秉拂上堂："若论个事，一味寻常。骑声盖色，法法全彰。纵夺杀活，不犯锋铓。清风明月，不坐玉堂。快须攃瞎娘生眼，炯炯寒光照大唐。灵利衲僧，聊闻举着，直下承当。虽然如是，脚跟下与伊三十挂杖。且道利害在甚处？"卓拄杖，云："鸳鸯绣出从君看，不把金针度与人。"

天湛炽禅师

天湛炽禅师，汉之古洋州李氏子。凤植迥别，不类常童。九岁于兴元净明礼佛冤和尚削染，听事服劳，痛与鞭策。甲寅，冤领昭觉院务，制中同众打七。面触露柱，忽尔畅然。呈偈曰："无参参处却参参，三脚驴儿苦着鞭。骨碎皮穿肝胆露，血淋淋地染长安。"觉可之。

壬申结制，师翁老人命秉拂。拈拂子，云："法不孤起，仗境方生。时当秋末，万卉潜荣。或抑或扬，触目现成。岂不见置山河大地于一毫端，透顶透底，绝罗绝笼。显大机，明大用。触处普贤境界，发挥佛祖机筹。有时抛三放两，拈尾作头；有时充塞虚空，擘开华岳。麻三斤、庭前柏、青州衫，天下老和尚家私，一时打贴。"拂一拂，云："咦！步步登高易，平地吃跤难①。"击禅床，下座。

筹室灿禅师

筹室灿禅师，秦州王氏子。廿岁，礼普门端宗师剃染，法名胜灿。次年，就本邑护国圆应和尚座下圆具。腰包趋蜀，依昭觉佛冤和尚，巾瓶有年。觉尝拈"马祖一喝，百丈耳聋"公案。师才闻举，便掩耳。一日又问："毛吞巨海，芥纳须弥。且道是神通妙用，法尔如然？"师礼拜了归位，觉便归方丈。机缘相契，而受印可。

甲戌冬，职维那。结制，命秉拂上堂，云："赤体条条绝所依，生平莽鲁没思惟。一椎打就无今古，途路行人谁个知？是日升堂重漏逗，且喜当阳母自欺。灿上座昔年向者里打失眼睛，珠沉沧海。即今剑露丘墟，光射牛斗。人人具顶门正眼，个个超佛祖宗猷。耀古腾今，离见绝闻。当此之际，虚空倒卓，大海扬尘。应时及节即不无，且道结角罗纹一句，作么生道？"蓦呈拄杖，云："到者里，不惟踏不着佛祖关键，管教觑之不及。"卓拄杖，下座。

---

① 平地吃跤难：《五灯全书》卷第一○五补遗《兴元净明天湛炽禅师》作"深深入海难"。

锦江禅灯卷第十五

大鉴下第三十八世

竹浪生法嗣

翼云鹏禅师

翼云鹏禅师,蜀西汉安冯氏子。母预梦一僧入舍,觉而有娠。及诞之后,龆龄间,父携上般若①,见佛像俨然,即愿出家。父母不听。又二载,不乐俗务。父送礼不虚禅师剃发。读楞严咒,恍如旧识。将日课经典读毕,送入学馆三年,颇通儒。十九岁,上昭觉丈师翁处圆具。辛酉夏,师翁手札,命竹浪和尚回昭觉继席。

入院上堂,师出问:"如何是第一义?"觉云:"钟鼓分明。"进云:"恁么则金声振出千松碧,祖庭春动起潜龙?"觉云:"顶门上再亚②一只。"觉当晚小参,云:"诸佛说不着,祖师提不起。

---

① 原本作"般若",疑为"兰若"。
② 亚:疑作"压"。

于中有一物，无头一①无尾。且道是甚么物？咦！"师答云："一声天际外，非将物可比。"觉作听势，云："依稀似曲才堪听，又被风吹别调中。"

后觉命颂赵州石硚公案验之，师立颂："衲僧不见石硚，且喜亲闻略彴。原来觌面相承，等闲眨眼蹉过。"觉又以百丈野鸭公案征之，师辙②颂云："野鸭冲霄过，无端生殃祸。百丈不识机，鼻头都扭破。"

一日，觉示众，举崦溪水声公案考工。师仍颂："千里迢迢忙未歇，溪声闻举心中瞥。猛然触碎从前底，无奈家贫遇劫贼。"觉首肯之，遂书偈而荊焉。壬申春，出峡遍参。

义喆纯禅师

义喆纯禅师，蜀南洪州李氏子。诞而奇伟。六岁时，父携上天香院，见佛便礼。众异叹曰："此子疑是再来人也。"父母遂送智光印大师座下剃发。尝所出言，实而不华。诣雾中绿云关心一律师处圆具。闻竹浪和尚开法青城，结伴造席。值上堂，出问："未进步时如何？"浪云："且居门外。"进云："已进步时如何？"浪云："堂高数仞，地阔八埏。"进云："未进已进蒙师指，向上宗乘事如何？"浪云："一棒一条痕。"师便礼拜。通身汗下，若梦初觉，寸丝不挂，心境一如。自此投机，麈拂之下，多受其益，印以偈云："目前无法可相传，万象森罗理事圆。且喜阇黎

---

① 一：疑作"亦"。
② 辙：疑作"辄"。

亲荐得，从教收放在毫端。"后束装南游，乃遍参耳。

义奇一禅师

　　义奇一禅师，唐安陈氏子。幼时，群而不党，终日粥粥自娱。设问："你在此作甚么？"于地拈瓦砾示之。或曰："此儿夙植有因，熟习不忘。"龆龄，父母送礼菩田佛尊宿出家。凡所诵习，如识旧章。诣崇宁万寿晓元和尚处圆具，后觉而叹曰："身世无常，此心安寄。"

　　闻竹浪和尚开法凤林，瓢笠往参，遂充记室。值浪和尚上堂，垂语云"三十余年坐钓矶，而今方得展双眉。汀花水浒非他物，触处元来佛祖机"之句，不觉触碎鼻孔，披云见日，乃曰："应物现形，如水中月者，此也。从今不受天下老和尚舌头瞒。"遂放身自肯，面受记莂，云："急水滩头好放舟，波涛虽险妙随流。丝纶直透苍龙窟，信有鲲鲸上钓钩。"癸酉秋，买舟出峡东下。

懒石聆法嗣

非指明禅师

　　非指明禅师，江津熊氏子。嗣懒石聆和尚，依止华严数载。隐逸江津之静慈有年。尝有《颂古》行世，道眼精明，学探深赜。今略拈数则，以著师心：

丹霞烧木佛（颂）："离宫敕令降将来，簇锦攒花当下灰。惊起牛儿浑不见，行人得去邑人灾。"

石霜横刀水盆上傍置草鞋（颂）："空把瑶琴月下弹，无生曲调自超然。子期不谙何处去，孤①负渠侬意一翻。"

十八女子不系裙（颂）："衲僧鼻孔，活活鲅鲅；不系裙儿，洒洒落落。"

婆子烧庵（颂）："正恁么时，如贫得宝。焚却庵子，一了百了。"

日面佛月面佛（颂）："日面佛兮月面佛，一条拄杖两头秃。敲风打雨人不知，拄地撑天光煜煜。"

耨云实法嗣

佛敏讷禅师

古湟印心寺佛敏讷禅师，秦州天水姜氏子。卯岁出尘，参遍天下。末入阆中草堂，参耨云禅师。俄于掌卜领旨，始绍其裔。西宁缁素迎住古湟院，依本据令，阐扬双桂宗旨。

上堂："山野一向以来，白蹼生于嘴边，青草长于舌上。"遂按膝，咦一声："错下注脚。"

佛成道日，上堂："活惊杀，活笑杀，山头老汉没僤偓。无端夜半睹明星，两眼明明都填瞎。"卓拄杖，云："瞎！瞎！"

---

① 孤：通"辜"。

上堂，拈拄杖，云："木上座，于黑漆桶里住着，未敢轻示其人。"以杖置右手，云："今日出来指东话西，似与钵盂安柄也。虽然如是，且不得辜负拄杖子。何也？为伊顶门上有眼。"

竹镜嵩法嗣

文衡权禅师

眉州灯壁寺文衡权禅师，资阳吕氏子，生而质异。因父早丧，七岁依胞叔玄枢剃染。次造先知和尚受具，服劳三载，辞谒诸方。后入中严室，因缘相契，遂印可焉。

佛成道日，秉拂上堂："佳景时逢腊月天，严寒凝冻雪为帘。顿分一线回春令，却放梅花一着先。即今苾刍纳戒之日，乃丛林煅炼之时。本师三月遗规，九旬期会，人人于汲水拾薪边荐取，个个于穿衣吃饭处承当。命不肖登此座，转无上乘。"卓拄杖，云："者个是无上乘，那个是拄杖子？参！"举世尊睹明星悟道："一切众生俱有如来智慧德相，皆因妄想执着而不证得。"师云："老瞿昙须是顶天立地，到头知尾，不妨漏逗。只如远孙，又作么生行履？"视左右，云："切须仔细。"

其白富法嗣

融彻顶禅师

融彻顶禅师，蜀南人。幼岁礼其白禅师剃发。廿龄圆具，究心不辍。尝看六祖风幡因缘有省,遂受本师钵袋,继席玉泉寺。

康熙壬申冬,结制。正修毛居士请上堂:"今朝十月十五,行者考①钟伐鼓。"

玉泉结制,上堂:"惊起鱼龙跃舞,只将白棒提持。大地山河莽鲁,坐断诸佛关键。② 纲维从尚列祖,衲僧拟议思量。一棒打折驴腰,莫言不道③。"

上堂:"诸佛本无说,祖师未曾闻。留下一转语,千古镇乾坤。且道是甚么语?咻!"喝一喝,云:"今日冬月一,万卉俱凋悉。玉泉炉增焰,山门辉佛日。"蓦召众,云:"是何朕兆④?"良久,云:"庭前生瑞草,好事不如无。"复喝一喝,下座。

指云孝法嗣

勤正进禅师

勤正进禅师,陕西华州吴氏子。廿有七龄,观身世无常,诣四川重庆府华严禅院,礼指云禅师剃染。痛念生死,胁不至席者数年。就本堂圆具,侍师翁圣老人。至泸阳云峰寺,值上堂,问:"如何是父母未生前本来面目?"翁蓦头一棒,悟死。少顷渐苏,乃说偈云:"者回吃棒不寻常,始觉毗卢解脱场。万象森罗

---

① 考:疑为"敲"。
② 《五灯全书》卷第一○五补遗《蜀南玉泉融彻顶禅师》无"只将白棒提持。大地山河莽鲁"二句。
③ 莫言不道:《五灯全书》卷第一○五补遗《蜀南玉泉融彻顶禅师》作"莫道山僧莽鲁"。
④ 朕兆:即"征兆"。

皆拱手，拈来尽是返魂香。"云因而印证。后有《颂慈明榜》，文云："轮捶是谁搬弄，打破千年铁瓮？频频呼唤无他，不离自己作用。阿呵呵，总是一场大梦！"

浮石演法嗣

嵩云秀禅师

嵩云秀禅师，长安明州谭氏子。韶年，礼于一禅师落发。廿三岁，遂起身世无常之感。初参不会和尚，命看《指月录》，至"大道只在目前，要且目前难睹"，有个入处。于昭觉丈雪和尚座下圆具。后至方山云峰，依圣可和尚，椎拂久之。

一日，举"世尊睹明星"公案示众。师信口颂："独坐寒山意气赊，明星点眼绝周遮。掀翻海岳平如掌，情与无情共一家。"时浮石禅师为首座，圣老人命师送归院。机缘相契，而记莂云："狮子群中出队来，等闲哮吼震山隈。乌藤两手亲相付，顿使人天梦眼开。"

复至云峰职监寺。圣师翁命小参，僧问："如何是世尊不说说？"师云："有说即错。"进云："如何是迦叶不闻闻？"师云："有闻即差。"乃卓拄杖，云："者是德山大机。"喝一喝，云："者是临济大用。今日落在嵩上座手里，又作么生施设？"复卓一卓，喝一喝，云："若将耳听终难会，眼底闻声方始知。"

大器成法嗣

济得正禅师

济得正禅师，蜀南隆昌张氏子。幼岁于本邑正觉寺大器和尚座下脱白，圆具于云峰圣师翁处。结伴南游遍参，归来受本师印可。尝有《颂世尊初生》："初出母胎迥不同，指天指地让渠侬。云门须具超方眼，贼过张弓未是雄。"《颂庭前柏树子》："信手拈来了弗疑，龟毛兔角豁当机。眼中若是停金屑，辜负苍苍两道眉。"

法空证法嗣

素如佩禅师

素如佩禅师，陕西宁夏刘氏子。龆年，礼顺和禅师剃染。廿二岁，圆具于剑刃和尚。初参不二禅师请益，命看"万法归一。"后结伴入川，至方山云峰参圣可和尚。值上堂，师出问："赵州道：'万法归一。'毕竟一归何处？"圣云："面南看北斗。"于机下有省。

法空禅师辞圣和尚往住汉州开元年①，师随从。空曰："古人

---

① 开元年：疑作"开元寺"。

道：'举一不得举二，放过一着，落在第二。'且道一如何举？"师云："急水滩头牢把柁①。"空云："将柁②来看。"师便喝。空云："却是个棹子。"师云："切莫压良为贱。"于是印可。偈云："金毛狮子出林间，大地风生百兽潜。独步上方超异类，佳声丕振太无端。"

尝颂"产难因缘"："积雪凝冰结未消，一枝寒玉寄梅梢。灵苗不借东皇令，一段清香向外飘。"达磨会武帝（颂）："朔风凛凛入楼台，春意潜舒雪上梅。缕缕暗香浮岭外，相思无计势难回。"

赤松岭法嗣

乾御源禅师

乾御源禅师，蜀人。受印偈于赤松和尚。久住黔西，有录行世。后江浙归觐本师，命秉拂小参："神机密运，触类傍通，廓尔圆明，不落诸数。所以南询五十，锋铓初露于妙峰；楼阁门开，大机终涵于海藏。百千妙义，无量法门，总在一毛头上。彰显现前，一一无非受用。大众！既尔受用十分现前，因甚弥勒大士，却从远方归来？若向者里见得彻，黔天风月一团和气；脚跟不动，华藏周游。其或未然，不免曲引傍资。"拂一拂，云："七载离师海上游，归来时节正逢秋。篱边菊露三玄句，桂萼香浮意

---

① 柁：通"舵"。
② 柁：原本作"拕"，据文意改。

外幽。狮峰如画,胜景凝眸。碧水潭中龙奋迅,夺得云霞满袖头。"喝一喝。

嗣灯胤法嗣

隐南广禅师

隐南广禅师,金川沈氏子。廿岁礼嗣灯和尚剃染,侍关三载,日益深奥。灯出关,乃与圆具,久获印证。灯入寂灭定后,遍参诸方,复归兴国守师塔,遂有终焉之志。一日中岩丽眉大士,同德善居士供法衣,请上堂:"大庾岭头,曾①拈提不起;德善居士,和盘托出;牧野禅人,觌体承当。② 正所谓于食③等者,于法亦等。且因斋赞一句,作么生道?"靠拄杖,云:"到江吴地尽,隔岸越山多。"复召众,云:"幸我中岩丽眉法兄和尚开方便门,示真实相,普摄人天,各具本有。此段因缘,出善财一头地也。不涉烟水,登弥勒楼阁;不假修证,次补千佛位中。还委悉么?鸳鸯绣出从君看,不把金针度与人。"

---

① 《五灯全书》卷第一〇五补遗《金川兴国隐南广禅师》无"曾"字。
② 《五灯全书》卷第一〇五补遗《金川兴国隐南广禅师》无"和盘托出,牧野禅人"二句。
③ 食:《五灯全书》卷第一〇五补遗《金川兴国隐南广禅师》作"施"。

大鉴下第三十九世

舌响讷法嗣

大朗玺禅师

圆通大朗玺禅师,渝城杨氏子。印可,住三圣寺虎溪。寝食之余,织履施四来。住圆通,法衣至,上堂。拈衣云:"二十余年学个呆,无端祸事上身来。冤沉海底重重结,此日人天推不开。"

住新繁龙藏寺,上堂:"今朝七月一,衲僧讨巴鼻。夏暑犹未退,秋景又追逼。到家人自由,途中多涉力。"拂一拂,顾左右,云:"途中且置,到家一句作么生道?能为万象主,不逐四时凋。"

解制上堂:"开栏释钥,放出群牛。既无拘束,任尔优游。是则便是,切忌东触西触,犯人苗稼。咦!明年更有新条在,一声铁笛唤回头。"

晚参:"镜清有六刮,衲僧怯路滑。若要两相应,深锥须痛札。"书记问:"如何是就毛刮尘?"师云:"风行草偃。""如何是就皮刮毛?"师云:"赤刀烙锡。""如何是就肉刮皮?"师云:"滚汤沃雪。""如何是就骨刮肉?"师云:"庖丁解牛。"云:"只如髓又如何刮?"师曰:"撒手到家人不识,翻嫌脚瘦草鞋宽。"

己巳年十月一日晚,见法堂前草芊,以方便铲除之。俟释铲,云:"来生又做些罢。"入方丈,明晨行者趋进,已坐脱矣。涕洟双垂,颜色如生。腊三十三,寿七十四。塔于本山。

祖鼻法嗣

沧溪月禅师

沧溪月禅师,保宁沧溪李氏子,幼失恃怙。见壁间偈云"此身不向今生度,更向何生度此身"之语,遂有出尘之志。不得自由,遇一尊宿请益,令参柏树子话。无入处,矢志脱尘。闻月幢和尚开法,往参三载。一日,闻鼓声有省。值祖鼻和尚作座元,而印可。

住滇南曲靖府天王寺,佛诞上堂:"第一义谛,世尊未离兜率,露布了也;天下老和尚,未出方丈,露布了也;月上座未拈拄杖,露布了也。若待登曲录木床,已是落二落三。更要山僧口吧吧地,转没交涉。虽然如是,没量大人情性辣,满装一杓泼悉达。指天指地漫称尊,却被云门欲打杀。未审众中还有不甘者么?"良久,以拄杖横按,云:"青山只爱磨今古,渌水何曾洗是非。"

纯备德法嗣

法幢远禅师

法幢远禅师，蜀东万县宋氏子。得法于纯备德和尚。住夔陵州黄陵禅院，示安石慧禅人法语云："从上古人，亲近真善知识。勤劳刻苦，废寝忘餐。必将衣线下事究明，透顶透底。出罗笼，离窠臼，洒洒落落，无束无拘。等闲拈一语，示一机，动地惊天。为千百世之标准，方不姑①负参学之志。珍重！"

跋

原夫真常者，本无形状，元非比拟，放则万行圆满，收则千机寝削。菩提涅槃，真如佛性。金刚圈、栗棘蓬、光明幢、日月灯，种种异域，皆从此中流动充满。附物立名，难越其阃奥也。然而附天自高，附地自宁，附日月代明。虽云物无私映，尚不能灼尽昏衢。附之于灯，能破千年暗室。言体孤明独照，言用续焰联辉。所谓冥者皆明，而明终无尽。

此书不曰禅录，而名禅灯者，俾传之无穷也。岂非佛祖慧命之灯乎？自世尊拈华，迦叶微笑，乃至断臂安心，明镜非台，染污不得，即心即佛，一喝耳聋，显大机用，胁下还拳。于中卓树

---

① 姑：通"辜"。

光明幢，如宝丝网，因而光光相罗，遍摄寰区也。

本师丈老人初蒙双桂师翁印心已来，七坐道场，播扬宗旨。末后还蜀，节度使坤育张公偕见任寮寀，请辟圆悟祖庭。三十余载，应机接物之暇，于劫灰堆里，捃拾残篇断简，搜罗诸家语要，合集一书，名曰《锦江禅灯》。

癸酉秋，命彻生负稿东下，楞严灾枣。弟将古今知识，从真常体中，印明大事因缘，共相敷陈一段光明幢，联绵一盏无尽灯。虽云去圣时遥，且灵山一会，俨然未散，乃吾师卫法之苦心也。慨久远之无征，待传述之有自。间有挂漏，收摄未备。不能无望其同志高明者，寻讨补入云尔。

时康熙癸酉冬长至日，青城嗣祖沙门彻生熏沐敬跋

锦江禅灯卷第十六（附高僧神僧传）

唐多宝寺道因

　　道因，濮阳侯氏子。禀祜居醇，含章纵哲。覃讦之岁，粹采多奇；髫龀之辰，殊姿特茂。孝爱之节，慈顺之风，卒志于斯。① 年甫七岁，丁于内艰，溢粒绝浆，殆乎灭性。成人之德，见称州里。免丧之后，思酬罔极。出家之志，人莫移之②。便诣灵岩寺，求师落发③。诵习曾不浃旬，通《涅槃经》二帙。举众惊骇，谓为神童④，宿齿名流，咸所叹服。旋学律仪，又于彭城嵩法师所传《摄大乘》⑤，遂依科戒而为节文。年少沙门且令习律，晓《四分》者，方许入听。师⑥夏腊虽幼，业行攸高，独于众中迥见推重⑦。每敷摄论，义理精通⑧。

---

① 《宋高僧传》卷第二《唐益州多宝寺道因传》该处有"因心以极"四字。
② 人莫移之：《宋高僧传》卷第二《唐益州多宝寺道因传》作"人莫我移"。
③ 《宋高僧传》卷第二《唐益州多宝寺道因传》无"落发"二字。
④ 《宋高僧传》卷第二《唐益州多宝寺道因传》"神童"下有"落发已来，砥砺其行，揣摩义章，即讲涅槃"；句末有"及升上品"四字。
⑤ 《宋高僧传》卷第二《唐益州多宝寺道因传》"摄大乘"下有："嵩公懿德玄猷，兰薰月映。门徒学侣，鱼贯凫趋。讲室谈筵，为之器隘"。
⑥ 师：《宋高僧传》卷第二《唐益州多宝寺道因传》作"因"。
⑦ 推重：《宋高僧传》卷第二《唐益州多宝寺道因传》作"推揖"。
⑧ 义理精通：《宋高僧传》卷第二《唐益州多宝寺道因传》作"即令覆讲"。

后隐泰岳，凡经四秋。① 于是杖锡出山，子焉超迈，遍参归蜀，居于多宝寺。② 缁素③闻道誉，乃命开筵《摄论》《维摩》。时有宝暹法师，东海人也。殖艺该洽，尤善大乘。昔在隋朝，英尘久播，④ 暹公傲尔其间，仰之弥峻。每至师之论席，肃然改容。⑤ 师抗音驰辩，尽妙穷微。⑥ 益州总管邓国公窦琎、行台左仆射赞国公窦轨、长史申国公高士廉、范阳公卢承庆及前后首僚、西南岳牧并国华朝秀，重望崇班，共籍芳声，俱申虔仰。谢筵之后，乃于彭门山寺。⑦ 往经废毁，院宇凋弊，师慨然营缉，未移再稔，蔚成觉苑。⑧ 又以九部微言、三界式仰，缅惟法尽，将翳龙宫。遂于寺之北岩，刻多罗之秘帙，并毗尼之正文。⑨ 纵尧世之洪水襄陵，任赵简之北山燎狩，必无他虑，与劫齐休。既而清猷远畅，峻业遐昭，遂简宸衷，乃纡天綍。追赴京邑，止大慈恩寺，与玄奘法师翻译，校定梵本。兼充证义，每有难文，同加

---

① 《宋高僧传》卷第二《唐益州多宝寺道因传》下有："将诣洛中，属昏李陵夷法纲严峻，僧无徒侣，弗许游方。"
② 遍参归蜀，居于多宝寺：《宋高僧传》卷第二《唐益州多宝寺道因传》详作："恐罹刑宪，静念观音。少选之间，有僧欻至，皓然白首，请与偕行。迨至铜街，暨于金地，俯仰之际，莫知所在。咸谓善逝之力有感斯见。未几，因避难三蜀，居于多宝寺。"
③ 缁素：《宋高僧传》卷第二《唐益州多宝寺道因传》作"好事者羣"。
④ 《宋高僧传》卷第二《唐益州多宝寺道因传》该处有："学徒来请接武磨肩。"
⑤ 《宋高僧传》卷第二《唐益州多宝寺道因传》该处有："沉吟久之方用酬遣。"
⑥ 《宋高僧传》卷第二《唐益州多宝寺道因传》"抗音驰辩"下有"雷惊波注"，"尽妙穷微"下有"藏牙折角"。
⑦ 《宋高僧传》卷第二《唐益州多宝寺道因传》无"谢筵之后"四字，"乃于彭门山寺"后有"习道安居，此寺"。
⑧ 《宋高僧传》卷第二《唐益州多宝寺道因传》"慨然"后有"构怀专事"四字，"觉苑"作"净场"。
⑨ 《宋高僧传》卷第二《唐益州多宝寺道因传》"北岩"后有"刻书经典"四字，"刻"作"穷"，"并"作"尽"。

参酌。①

慧日寺主楷法师者,聪爽温赡,声蔼鸿都。首建法筵,请开奥义。帝城缁俗具来谘禀,欣焉相顾,得所未闻。师研几史籍,尤好老庄。咀其菁华,含其腴润。包四始于风律,综五声于文绪。故所讲训,内外该通。其专业者,《涅槃》《华严》《大品》②《维摩》《法华》《楞伽》等经,《十地》《地持》《毗昙》《智度》《摄大乘》《封法佛地》等论及《四分》等律。其《摄论》《维摩》,仍著章疏,已而能事毕矣。③

简州福聚寺靖迈

靖迈,梓潼人。少孺矜持,长高志操,特于经论研核造微。气性沉厚,不妄交结,游必择方。抵于京辅。贞观中,属玄奘西回。敕奉为太穆太和④于京造广福寺,就彼翻译。所须曳⑤力,悉与玄龄商量,务令优给。遂召证义大德,谙练大小乘经论、为时所尊尚者,得一十一人。师⑥预其精选,居慈恩寺。同栖玄、明

---

① 《宋高僧传》卷第二《唐益州多宝寺道因传》"兼充证义"后有"奘师偏奖赏之","同加参酌"后有"新翻弗坠,因有力焉"。
② 大品:即《大品般若经》。
③ 《宋高僧传》卷第二《唐益州多宝寺道因传》下有:"示疾终于长安慧日寺,则显庆三年三月十一日也。春秋七十二。越明年正月,旋神座于益部。二月八日,窆于彭门光化寺石经之侧,道俗送葬数有数千。弟子玄凝等嗣其香火。至龙朔中中台司藩大夫李俨制碑,欧阳通书焉。"
④ 和:《宋高僧传》卷第四《唐简州福聚寺靖迈传》作"后"。
⑤ 曳:《宋高僧传》卷第四《唐简州福聚寺靖迈传》作"吏"。
⑥ 师:《宋高僧传》卷第四《唐简州福聚寺靖迈传》作"迈",下同。

濬、辩机、终南山道宣,同执笔缀文,翻译《本事经》七卷。①

师后与神昉笔受于玉华宫及慈恩寺翻经院,皆推适变故,得经心矣。后著《译经图纪》四卷,铨序古今经目、译人名位、单译、重翻、疑伪等科,一皆条理,见编于《藏》。开元中,智昇又续其题目焉。

梓州慧义寺神清

神清,字灵庾。绵州彰明章氏子。② 昆季三人,皆有名望,师居乎仲。③ 处胎之际,母顿恶荤膻。及为儿时,虽随戏弄,遇像即礼④,逢僧稽颡。年十三,受学于绵州开元寺辩智法师。其法师严峻⑤,限念经千纸,方许落发。师即诵《法华》《维摩》《楞伽》《佛顶》等经。时乔琳为绵郡太守,惊其幼俊,躬自降礼请削染焉。⑥

至年十七,听习粗通,即讲《法华经》于慧义寺,依如律师

---

① 《宋高僧传》卷第四《唐简州福聚寺靖迈传》"栖玄"前有"普光寺","明濬"前有"广福寺","辩机"前有"会昌寺","道宣"前有"终南山丰德寺"。
② 此句《宋高僧传》卷第六《唐梓州慧义寺神清传》作"俗姓章氏,绵州昌明人也",句末有"生于大安山下"。
③ "昆季三人"句:昆季三人,作"昆季相次三人出俗,皆有名望"。师,《宋高僧传》卷六《唐梓州慧义寺神清传》作"清"。
④ 即礼:《宋高僧传》卷第六《唐梓州慧义寺神清传》作"礼足"。
⑤ 其法师严峻:《宋高僧传》卷第六《唐梓州慧义寺神清传》作"于时敕条","严峻"后有"出家者"。
⑥ 《宋高僧传》卷第六《唐梓州慧义寺神清传》"乔琳"前有"故相"二字,句末有"则大历中也"。

圆具。① 寻达大宗，乃诣上都。后以优文赡学，入内应奉。暮年钟其荼蓼，归慧义寺，讲导著述，略无闲日。以元和年中，终于本寺，迁神于白门兰若。②

师平昔好为著述，喜作编联。巨富其才，凿深于学。③ 三教俱晓，该玄鉴极，彝伦咸叙。④ 前后撰《法华玄笺》十卷、《释氏年志》三十卷、《新律疏要诀》十卷、《钞二众初学仪》一卷、《有宗七十五法疏》一卷（亦名《法源记》——解小乘所计五位色心、心所不相应、无为等法。体性业用，一皆详括，故云《法源》也。⑤）、《识心论》、《澄观论》、《俱舍义钞》数卷、《北山参玄语录》十卷，都计百余轴，并行于世。其⑥语录博该⑦三教，最为南北鸿儒、名僧高士之所披玩。寺居郪城之北，长平山阴，故云"北山"；统三教玄旨⑧，故云"参玄"也。⑨

东川序真赞云："与奘三藏道颜同摄物，异时一体耳。"海内学人望风而至。开成中，北山俱舍宗不泯者，师之余素乎。东川

---

① 《宋高僧传》卷第六《唐梓州慧义寺神清传》该句作："即讲《法华》一经，岁满，慧义寺依如律师受具戒。"
② 《宋高僧传》卷第六《唐梓州慧义寺神清传》"本寺"后有"峰顶"，句末有"即郪城北郭外也"。
③ 《宋高僧传》卷第六《唐梓州慧义寺神清传》"巨"前有"盖"，"凿"前有"亦"。
④ 《宋高僧传》卷第六《唐梓州慧义寺神清传》该处有"万人之敌也，受业弟子黑白四方计一千余人"。
⑤ 《宋高僧传》卷第六《唐梓州慧义寺神清传》"撰"后有"成"字，"《新律疏要诀》十卷"后有"亦谓《清钞》"，《法源记》后有"此盖"二字。
⑥ 其：《宋高僧传》卷第六《唐梓州慧义寺神清传》作"就中"。
⑦ 该：通"赅"。
⑧ 《宋高僧传》卷第六《唐梓州慧义寺神清传》该处有"实而为录"。
⑨ 《宋高僧传》卷第六《唐梓州慧义寺神清传》该句下有"观清之述作，少分明二权一实之经旨，大分明小乘律论之深奥焉。清貌古且奇，皙白而光莹。相国崔龟从时从事（东川）"。

涌潭僧正颜公著碑本寺。讲律临坛光肇，别附语录，略记师言行矣。

京师楞严院灵著

灵著，绵州刘氏子。年始志学，方遂出家，登戒。① 年四十，精《毗尼》，讲《涅槃》，一律一经勤于付授。晚岁，请问大照禅师，领悟宗风，守志弥笃。后诣长安，大敷②禅法。其慕师道者③，若鱼龙之会渊泽也。以天宝五年四月十日于安国寺趺坐④，怡然而化。塔于佛陀波利塔左，帝女娲坟右。内侍上柱国天水赵思侃撰塔铭，命弟子善运竖碑于塔所。⑤ 享寿五十六，僧夏三十六。

成都净众寺神会

神会，本西域石氏子，祖父徙居于岐之凤翔。师至性玄解，明智内发。大璞不耀，时人未知。年三十，方入蜀，谒无相大师，利根顿悟，冥契心印。无相叹曰："吾道在汝矣。"后德充慧

---

① 《宋高僧传》卷第九《唐京师大安国寺楞伽院灵著传（法翫）》该处有"寻师不下千里"。
② 大敷：《宋高僧传》卷第九《唐京师大安国寺楞伽院灵著传（法翫）》作"诞敷"。
③ 其慕师道者：《宋高僧传》卷第九《唐京师大安国寺楞伽院灵著传（法翫）》作"慕道求师者不减千计"。
④ 《宋高僧传》卷第九《唐京师大安国寺楞伽院灵著传（法翫）》"安国寺"后有："石楞伽经院。享寿五十六，僧夏三十六。将终，寺中丞多变怪，盖法门梁栋之颓挠也。著加趺而坐。"
⑤ 《宋高僧传》卷第九《唐京师大安国寺楞伽院灵著传（法翫）》该句作"内侍上柱国天水赵思侃命释子善运撰碑于塔所焉"。

广，郁为禅宗。① 寂照灭境，超证离念。即心是佛，不见有身。当其凝闭②，则土木其质。及夫妙用默济，云行雨施。蚩蚩群甿，陶然知化。睹貌迁善，闻言革非。至于廓荡，昭洗执缚，上中下性，随分令入。以贞元十年十一月十二日示疾，俨然跏趺③坐灭。春秋七十五，法腊三十六。沙门那提得师之道，传授将来。时南康王韦公皋，归心于师④，得其禅要。为立碑，自撰文并书，禅宗荣之。

成都圣寿寺南印

南印，姓张氏。明寤之性，⑤ 得曹溪深旨，无以为证。见净众寺神会禅师，始契心焉。⑥ 所谓："落机之锦，濯以增妍；衔烛之龙，行而破暗。"师遂出峡遍参⑦，自江陵入蜀。于蜀南江壖⑧，剃草结茆，众皆归仰，渐成佛宇。

贞元初年，高司空、崇文平、刘辟之后，改此寺为圣寿，初名宝应。师化缘将毕，于长庆初示寂入灭，营塔葬于寺右。⑨ 会

---

① 《宋高僧传》卷第九《唐成都府净众寺神会传》该处有"其大"。
② 《宋高僧传》卷第九《唐成都府净众寺神会传》该处有"无象"。
③ 跏趺：原本作"加趺"。
④ 归心于师：《宋高僧传》卷第九《唐成都府净众寺神会传》作"最归心于师，及辛哀咽追仰，盖粗入会之门"。
⑤ 《宋高僧传》卷第十一《唐洛京伏牛山自在传（一钵和尚南印）》该处有"受益无厌"。
⑥ 《宋高僧传》卷第十一《唐洛京伏牛山自在传（一钵和尚南印）》无"始契心焉"。
⑦ 《宋高僧传》卷第十一《唐洛京伏牛山自在传（一钵和尚南印）》无"遂出峡遍参"。
⑧ 蜀南江壖：《宋高僧传》卷第十一《唐洛京伏牛山自在传（一钵和尚南印）》作"蜀江之南壖"。
⑨ 《宋高僧传》卷第十一《唐洛京伏牛山自在传（一钵和尚南印）》"示寂"作"示疾"，"寺右"作"寺中"。

昌中，毁塔。大中，复于江北宝应旧基，仍建①此寺，还名圣寿。师有弟子义俛，复兴禅法焉。

缙云连云院有缘

有缘，东川梓潼冯氏子。至学②之年，往成都福感寺，事定兰开士，即宣宗师也。一日，帝以笔书其衫云："此童子与朕有缘"。由兹得名。③

大中九年，遇白公敏中出镇益部，请师开戒坛于净众寺。④应召京辇，讲传经律。⑤五腊后，海内游行，参见小马神照禅师，开悟契机。⑥

后居滁州华山数夏，复游武夷山，⑦时廉使李海为筑禅室。乾符三年，至缙云龙泉大赛山立院，因奏祠部给额，号龙安。住十八载，后迁连云院。⑧太守卢约请入州开元寺别院，四事

---

① 仍建：《宋高僧传》卷第十一《唐洛京伏牛山自在传（一钵和尚南印）》作"上创"。
② 至学：《宋高僧传》卷第十二《唐缙云连云院有缘传》作"小学"。
③ 《宋高僧传》卷第十二《唐缙云连云院有缘传》该句作："一旦宣召，帝以笔书其衫背云：'此童子与朕有缘'，由兹召体矣。"
④ 《宋高僧传》卷第十二《唐缙云连云院有缘传》该处作"开戒坛，即于净众寺具尸罗也"，无"请师开戒坛于净众寺"。
⑤ 《宋高僧传》卷第十二《唐缙云连云院有缘传》"应"作"续"，"传"作"习"。
⑥ 《宋高僧传》卷第十二《唐缙云连云院有缘传》该句作："五腊后，身披布褐，手执墨敕。海内游行，参见小马神照，凡同时丛林禅祖无不礼谒者。"
⑦ 《宋高僧传》卷第十二《唐缙云连云院有缘传》该句作"乃居滁州华山，及南游至武夷山"。
⑧ 《宋高僧传》卷第十二《唐缙云连云院有缘传》该句作："敕度七僧，住十八载。安而能迁止连云院焉。"

供施。①

天祐丁卯岁四月八日，示疾，而终于廨署。② 报龄七十三，腊五十二。宣宗③遗旨，嘱制置扬习司空主丧。于寺南园荼毗，拾舍利数百粒。④ 后收四十九粒，并遗骨一瓶，瘗于石塔。晋开运三年乙巳岁，文泰律师撰塔铭焉。

汉州开照寺鉴源

鉴源，不知何许人。素行甄明，范围律道，芯刍表率，形直影端。⑤ 后讲《华严经》，号为胜集。日供千人，其米粟常盈仓库，取之不竭，沿夏涉秋，未尝告匮。⑥

其冥感如此，其山寺越多征应。⑦ 有慧观禅师，见三百余僧持莲灯凌空而去，历如流星⑧。开元中，崔冀公宁疑其妖妄，躬自入山，预禁山四方各三十里，不得燃火。⑨ 至第三夜，有百余

---

① 《宋高僧传》卷第十二《唐缙云连云院有缘传》该句作："太守卢约以谌谅之诚请入州开元寺别院，四事供施焉。"
② 《宋高僧传》卷第十二《唐缙云连云院有缘传》该句作："天祐丁卯岁四月八日示疾。至六月朔日终于廨署。"
③ 《宋高僧传》卷第十二《唐缙云连云院有缘传》无"宣宗"二字。
④ 荼：原本作"茶"，误。《宋高僧传》卷第十二《唐缙云连云院有缘传》该句作："于寺南园荼毗，火灭，散分舍利数百粒。"
⑤ 《神僧传》卷第七《鉴源》无"素行甄明，范围律道，芯刍表率，形直影端"。
⑥ "日供千人"句：其米粟常盈仓库，《宋高僧传》卷第十五《唐汉州开照寺鉴源传》、《神僧传》卷第七《鉴源》皆作"其仓篅中米粟才数百斛"；"沿夏"原本作"沿夏"。
⑦ 《神僧传》卷第七《鉴源》该句作："冥感如此，后多征应。"
⑧ 历如流星：《宋高僧传》卷第十五《唐汉州开照寺鉴源传》、《神僧传》卷第七《鉴源》皆作"历历如流星焉"。
⑨ 躬自入山，预禁山四方各三十里，不得燃火：《宋高僧传》卷第十五《唐汉州开照寺鉴源传》、《神僧传》卷第七《鉴源》该句作："躬自入山宿，预禁山四方面各三十里火光。"

支灯现，兼红光千尺①。冀公蹶然作礼，叹未曾有。

时松间出金色手，长六②七尺许。有二菩萨，黄白二③色闪烁然。复庭前柏树梢昼现一灯，其明如日，横布玻璃山三里许。④ 有宝珠一颗，约有丈余，熠爚可爱。⑤ 西岭悬大虹桥，桥上梵僧，老幼间出。⑥ 有二炬烂然空中，如相迎送⑦。下有四菩萨，两两偶立，俱放身光，高六七丈。⑧ 复见前松林间，忽现梵宇，额篆书"三学"二字，下垂绣带二条。⑨ 东林之间，夜出金山，月当于午，金银二⑩灯列于知铉法师坟侧。韦南康皋，每三月，就寺设三百菩萨大斋。菩萨现形，捧灯持香，引挹插于山门炉中⑪。白中、敏中皆睹其瑞，重兴此寺。⑫ 大中八年，改额开照。其源律

---

① 《宋高僧传》卷第十五《唐汉州开照寺鉴源传》该处有"余"字。
② 《宋高僧传》卷第十五《唐汉州开照寺鉴源传》、《神僧传》卷第七《鉴源》无"六"字。
③ 二：《宋高僧传》卷第十五《唐汉州开照寺鉴源传》、《神僧传》卷第七《鉴源》皆作"金"。
④ 《宋高僧传》卷第十五《唐汉州开照寺鉴源传》、《神僧传》卷第七《鉴源》该句作："复庭前柏树上昼现一灯，其明如日，横布玻璃山可三里所。"
⑤ 《宋高僧传》卷第十五《唐汉州开照寺鉴源传》、《神僧传》卷第七《鉴源》该句作："宝珠一颗，圆一丈，熠爚可爱。"
⑥ 《宋高僧传》卷第十五《唐汉州开照寺鉴源传》、《神僧传》卷第七《鉴源》该句作："西岭山门悬大虹桥，桥上梵僧，老叟童子间出。"
⑦ 《宋高僧传》卷第十五《唐汉州开照寺鉴源传》、《神僧传》卷第七《鉴源》该处有"交过之状"。
⑧ 俱放身光，高六七丈：《宋高僧传》卷第十五《唐汉州开照寺鉴源传》、《神僧传》卷第七《鉴源》作"放通身光，可高六七十尺"。
⑨ 《宋高僧传》卷第十五《唐汉州开照寺鉴源传》、《神僧传》卷第七《鉴源》该句作："复见大松林后，忽有寺，额篆书'三学'字，又灯下垂绣带二条。"
⑩ 《宋高僧传》卷第十五《唐汉州开照寺鉴源传》、《神僧传》卷第七《鉴源》该处有"色"字。
⑪ 《宋高僧传》卷第十五《唐汉州开照寺鉴源传》该句作："菩萨现形捧灯，僧持香灯，引挹之炉在寺门矣。"
⑫ 《宋高僧传》卷第十五《唐汉州开照寺鉴源传》该句作："白中令敏中睹瑞，兴立此寺。"

师道化，与地俱灵。① 弟子传讲，东川所宗也。

彭州丹景山知玄

知玄，字后觉。嘉州洪雅陈氏子。② 曾祖图南，任梓州射洪县令。③ 母魏氏梦月入④怀，因而载诞。乳哺时⑤，凡见佛像僧形，必含喜色。五岁，祖令咏花，便⑥云："花开满树红，花落万枝空。唯余一朵在，明日定随风。"祖吟叹不怿，曰："吾育此孙，望其登第，以雪二代之耻。今见孺子志矣，非贻厥也，必从空门，乖所望也。"⑦ 七岁，果遇法泰法师在宁夷寺讲《涅槃经》。寺与居邻，师日就讲肆⑧。一聆法语，若睹前因。是夕，梦佛手摩顶。寤，启祖父，乞为出家。亲党观其志必不可夺，故听许之。⑨

年十一⑩削发，乃随师诣唐兴邑四安寺，授《大经》四十二卷，远公《义疏》，辩空师《圆旨》，共一百二十五万言，皆囊括

---

① 《宋高僧传》卷第十五《唐汉州开照寺鉴源传》该句作："大中八年，改额曰开照。其源律师道化，与地俱灵哉。"
② 《宋高僧传》卷第六《唐彭州丹景山知玄传》该句作"眉州洪雅人也"。
③ 《宋高僧传》卷第六《唐彭州丹景山知玄传》该处有："祖宪考邀省名场不捷。"
④ 《宋高僧传》卷第六《唐彭州丹景山知玄传》该处有"于"字。
⑤ 乳哺时：《宋高僧传》卷第六《唐彭州丹景山知玄传》作"虽乳哺未能言"。
⑥ 便：《宋高僧传》卷第六《唐彭州丹景山知玄传》作"不数步成"。
⑦ 《宋高僧传》卷第六《唐彭州丹景山知玄传》该处作："吾育此孙，望其登甲科，雪二代之耻。今见孺子志矣，非贻厥也，已必从空门，乖始望也。"
⑧ 肆：《宋高僧传》卷第六《唐彭州丹景山知玄传》作"集所"。
⑨ 《宋高僧传》卷第六《唐彭州丹景山知玄传》该句作："寤，启祖父，乞为勤策。亲党观其志必不可抑夺，故听之。"
⑩ 《宋高僧传》卷第六《唐彭州丹景山知玄传》该处有"遂其"二字。

深奥①。

　　方年十三，指捴缁徒，露老成之气。时丞相杜公元颖作镇西蜀，闻师名，命升堂讲谈于大慈寺普贤阁②。黑白二众日记数万指③，注听倾心，骇叹无已。自此蜀人弗斥其名，号"陈菩萨"耳。传云，师前身名知铉。汉州三学山讲《十地经》，感地变琉璃④。

　　师于净众寺辩贞律师处圆具。才听《毗尼》，续通《俱舍》。则长十山固律师之付授。复从本师下三峡、历荆襄，抵神京资圣寺，乃⑤四海三学之人会要之地。师敷演经论，僧俗仰观。户外之屦，日其骈填⑥。文宗皇帝闻之，宣入顾问，甚惬皇情。复习《唯识论》于安国信法师，又研习外典经籍，百家之言无不该综。师每恨乡音不堪讲贯，乃于象耳山诵《大悲咒》，梦神僧截舌换之，明日，俄变秦语矣。

　　有杨茂孝，乃鸿儒也。就师寻究内典，直欲效谢康乐。注《涅槃经》，多执卷质疑，随为剖判。致书云："方今海内龙象，非师而谁？"次杨刑部汝士、高左丞元裕、长安扬鲁士咸造门，拟结莲社。尝一日，师宴坐，见茂孝披紫服，戴碧冠。三礼毕，乘空而去。玄令人侦问，茂孝其夕诫其子曰："吾常欲落发披缁，汲瓶挈屦侍玄公，所累者簪冕也。吾盖棺时，殓以紫袈裟、碧芙

---

① 《宋高僧传》卷第六《唐彭州丹景山知玄传》该处有"矣"字。
② 《宋高僧传》卷第六《唐彭州丹景山知玄传》该处有"下"字。
③ 黑白二众日记数万指：《宋高僧传》卷第六《唐彭州丹景山知玄传》作"黑白众日计万许人"。
④ 《宋高僧传》卷第六《唐彭州丹景山知玄传》该处有"焉"字。
⑤ 乃：《宋高僧传》卷第六《唐彭州丹景山知玄传》作"此寺"。
⑥ 骈填：《宋高僧传》卷第六《唐彭州丹景山知玄传》作"多矣"。

蓉冠。"至是方验先见矣。

武宗御宇,初尚钦释氏,后纳蛊惑者议,望祀蓬莱山,筑高台以祈羽化。虽谏官抗疏,宰臣屡言,终不回上意。因德阳节缁黄会麟德殿,独诏师与道门敌,言神仙为可学不可学耶。帝叉手付老氏中"理大国,若烹小鲜"义,共黄冠往复。师陈:"帝王理道教化根本,言神仙之术,乃山林间匹夫独擅高尚之事业,而又必资宿因,非王者所宜。"辞河下倾,辩海横注,凡数千言。闻者为之股栗,大忤上旨,左右莫不色沮。左护军仇士良、内枢密杨钦义惜其才辩,恐将有斥逐之命,乃密讽贡《祝尧诗》。师立成五篇,末章云:"生天本自生天业,未必求仙便得仙。鹤背倾危龙脊①滑,君王且住一千年。"帝览诗微解。帝虽不纳忠谏,而嘉其识见口给也。

师即归巴岷旧山,例施巾栉,而存戒检愈更甄明。方扁舟入湖湘间,时杨给事汉公、廉问桂岭,延止开元佛寺。属宣宗龙飞,杨公自内枢统左禁军,以册定功高,请复兴天竺教,奏乞访师声迹。师复挂坏衣,归上国宝应寺。属寿昌节讲赞,赐紫袈裟,署为三教首座。帝以旧藩邸造法乾寺,诏师居寺之玉虚亭。

大中三年诞节,诏谏议李贻孙、给事杨汉公缁黄鼎列论义,大悦帝情。因奏天下废寺,各敕重建,大兴梵刹,师有力焉。命画工图形于禁中,其优重如是。与相国裴公休友善,同激扬中兴佛教,大行利济。②

---

① 脊:《宋高僧传》卷第六《唐彭州丹景山知玄传》作"背"。
② 《宋高僧传》卷第六《唐彭州丹景山知玄传》该句作:"与相国裴公休友善,同激扬中兴教法事。八年,上章乞归故山,大行利济。"

广明二年春,僖宗违难西蜀。后遣郭遵泰赍玺书,肩舆诏,赴行在。帝接谈论,颇解上心。左军容田令孜与诸达官问道勤重。帝欲旌其美,令诸学士撰师号,皆未惬旨,乃挥御翰云:"朕蒙师以开示,悟入《法华》之旨。悟者,觉也,明也。悟达大道,悟佛知见。又云:'悟者一刹那,不悟河沙劫。'所以悟者,真乘了然,成佛之义。今赐'悟达国师'为号,① 用表朕意。"师陈让不遂,乃乞归九龙旧庐。

成都净众寺无相

无相大师,乃新罗国王第三子,于本国郡南寺落发登戒②。以开元十六年,泛东溟至于中国③。唐玄宗召见,隶于禅定寺。后入蜀资中,谒智诜禅师。有处寂,异人,④ 武则天曾召入宫,赐磨纳九条衣,事必悬知,且无差跌。师未至之前,寂曰:"外来之宾,明当相见。"⑤ 师一日至,寂公问曰:"何号?"师曰:"无相。"⑥ 是夜授与摩纳衣,师遂入深溪岩谷坐禅。⑦

---

① 《宋高僧传》卷第六《唐彭州丹景山知玄传》该处有"虽曰强名"四字。
② 于本国郡南寺落发登戒:《宋高僧传》卷第十九《唐成都净众寺无相传》作"于群南寺落发戒"。
③ 《宋高僧传》卷第十九《唐成都净众寺无相传》该处有"到京"二字。
④ 《宋高僧传》卷第十九《唐成都净众寺无相传》该处有"有处寂者,异人也"。
⑤ 外来之宾,明当相见:《宋高僧传》卷第十九《唐成都净众寺无相传》作"外来之宾,明当见矣,汝曹宜洒扫以待"。
⑥ 《宋高僧传》卷第十九《唐成都净众寺无相传》该处作"间一日果至,寂公与号曰无相",后无问答之句。
⑦ 《宋高僧传》卷第十九《唐成都净众寺无相传》该处作"中夜授与摩纳衣,如是入深溪谷岩下坐禅"。

有黑犊二头，交角盘礴①，近身甚急，毛手入其袖，其冷如冰。扪摸至腹，师殊不倾动。每入定，② 五日为度。忽雪深丈余③，有二猛兽来，师自洗拭，裸卧其前，愿以身施其食。二兽从头至足，嗅匝而去。山居稍久，衣破发长，猎者疑是异兽，将射之。④ 师曰："吾乃修道人也。"猎者遂止。后入城市，昼在冢间，夜坐树下，行杜多行，人渐见重，为构精舍于墓前，长史章仇兼琼俱来礼谒。⑤ 属明皇违难入蜀，迎师入内殿供养。时成都县令杨翌，疑其妖惑，乃帖追出境外。⑥ 仍命二十余人曳之，及近师身，一皆战栗。⑦ 顷刻，大风卒起，沙石飞扬，直入厅内，飘帘卷幕。⑧ 杨翌⑨拜伏，忏毕风止，奉送旧所。由是遂劝檀越造净众、大慈、菩提、宁国等寺，外邑兰若、钟塔不可悉数。

　　先居净众本院，有一力士称舍力，伐柴供僧厨用。不知何许人也。忽一日至夜，持刀挟席，于禅座之侧逡巡，觉壁上似有物下，遂跃起以刀一挥，巨狮身首分于地矣，乃曳去瘗之，复以土拌灭其迹而去。质明，师召伐柴者谢之，已不见矣。尝指其浮图

---

① 《宋高僧传》卷第十九《唐成都净众寺无相传》该处有"于座下"三字。
② 《宋高僧传》卷第十九《唐成都净众寺无相传》该处有"多是"二字。
③ 《宋高僧传》卷第十九《唐成都净众寺无相传》无"丈余"。
④ 《宋高僧传》卷第十九《唐成都净众寺无相传》该句作"既而山居稍久，衣破发长，猎者疑是异兽，将射之复止"，下无"师曰"至"遂止"句。
⑤ 《宋高僧传》卷第十九《唐成都净众寺无相传》该句作："后来入城市，昼在冢间，夜坐树下，真行杜多之行也，人渐见重，为构精舍于乱墓前，长史章仇兼琼来礼谒之。"
⑥ 《宋高僧传》卷第十九《唐成都净众寺无相传》该句作："时成都县令杨翌，疑其妖惑，乃帖追至。"
⑦ 《宋高僧传》卷第十九《唐成都净众寺无相传》该句作："命徒二十余人曳之，徒近相身，一皆战栗，心神俱失。"
⑧ "顷刻"句：刻，《宋高僧传》卷第十九《唐成都净众寺无相传》作"之"，"内"作"事"。
⑨ 《宋高僧传》卷第十九《唐成都净众寺无相传》该处有："叩头拜伏，踹而不敢语。"

前柏树，曰："此树与塔齐，寺当毁矣。"至会昌废毁，树正与塔等。又言："寺前二小池，左羹右饭。斋施若少，则令淘浚自足。"① 果孚其言，而神异多如此类也。以至德元年，无疾示灭。春秋七十七。

简州慈云寺待驾

待驾，金水县王氏子。冲孺出家，常作②诡异。其父立名待驾，当天宝末年。练行精进，自号头陀。及玄宗巡幸，③ 削发为僧。去县二十里，开径芟茅，独居山泽，后成梵宇。④ 此山灵迹颇多，初名石城山。追明皇至剑门，山神见形迎驾，称姓李氏，敕赐与玄孙之称。后陟武担东台远望，祥云紫气盘结空界，问左右曰："此是何处？"对曰："乃石城山⑤。"遂悟山神扈卫之意，遂改云顶为慈云寺。师后卒于此寺。

郫县法定寺惟忠

惟忠，出家于郫县法定寺。乃后汉永平中佛法始流中国，便有置德净伽蓝，神光屡现。至宋释惠持，自庐阜辞远公法兄，誓

---

① "斋施若少"句：若，作"时"。自足，《宋高僧传》卷第十九《唐成都净众寺无相传》作"之"。
② 常作：《宋高僧传》卷第十九《唐简州慈云寺待驾传》作"作为"。
③ 《宋高僧传》卷第十九《唐简州慈云寺待驾传》该处有"果自诣府"。
④ 独居山泽，后成梵宇：泽，作"顶"。梵宇，《宋高僧传》卷第十九《唐简州慈云寺待驾传》作"一寺"。
⑤ 乃石城山：《宋高僧传》卷第十九《唐简州慈云寺待驾传》作"名城山"。

化岷蜀。属谯纵不道，令数辈操刃欲屠持。持乃弹指，其众惊奔僵仆。隋开皇四年，改名法定寺，有弥勒圣像。唐武德中，忽有枯渣沿江①而至，夜发光明，因雕作像首。贞观中，窦轨为长史，剑门佛首光见，引达于府。窦公令人迎取，数百人亦不能胜，乃令祝之②："可就法定寺否？"乃一人能举，窦遂造佛身，长史高士廉盖殿以安之。后有僧泛爱树其浮图，而获一巨蟹，身足二足余。是塔颇多灵异，人或将酒肉乘醉诣佛前，立见灾祸。

师于天宝中，于寺愈加精苦。无何塔为霆震，拔其塔心柱出外。忽有小木承代③，众咸怪之，罔测厥由。师乃叩搕于圣弥勒像，告诉天龙："合加畏重，何辄震击，夺塔心柱邪？"是知庶女叫而雷击景公台，诚有所感。一日，迅雷烈风，还同前震。覆睹之，乃龙神送旧柱安置如故。当其易柱，阴云四合，有四神人，以身扶翼，立与塔齐，其感物若此。会昌圮寺之前，舍利七粒出相轮上，白光满空，向西飞去，蜀皆所睹。将倒之时，赤光见于半天。④再置，其枣重荣也。师后终寺焉。

资州兰若院处寂

处寂，蜀西周氏子。师事宝修禅师，服勤寡欲，与物无竞，雅通玄奥。居山北，行杜多行。天后闻名，诏入内，赐摩纳僧伽

---

① 沿江：原本作"沿江"。
② 《宋高僧传》卷第十九《唐成都郫县法定寺惟忠传》该处有"任欲何往，遂言"。
③ 《宋高僧传》卷第十九《唐成都郫县法定寺惟忠传》该处有"之意"二字。
④ 《宋高僧传》卷第十九《唐成都郫县法定寺惟忠传》该处有"又此寺有大枣树，将毁寺之年其树枯瘁。及大中"句。

黎①。辞乞归山。涉四十年,足不蹈②聚落。常坐宴默不寐,有虎伏座下。资民所重,学其道者臻萃,由是颇形奇异如。无相大师自新罗国将来谒诜禅师,师预诫众曰:"外来之宾,明日当见,宜洒扫以待之。"明日,果有海东宾至。

开元初,新除太守王晔,本黄冠也。景云中,曾立少功,刺于是郡,终于释子苞藏祸心。上任处分,令境内应是沙门追集,唯师不下山。或劝师往参,免为厉阶。师谓弟子曰:"汝虽出家,犹未识业。吾之未死,王晔其如吾何?"迨乎王公上官三日,缁徒毕至。或曰:"唯处寂蔑视藩侯,弗来致贺。"晔微怒,屈诸僧,升厅坐已,将启怒端,问师违拒之由。愠色悖兴,僧皆股栗。晔俄然仆地,左右扶掖归宅。至厅后屏树,如被掴颊之声,禺中气绝。自此佥谓,罪加无辜之道人而至于此。③师于开元二十二年正月示灭。享年八十七,资中至今崇仰焉。

汉州栖贤寺大川

大川,不知何许人。沉默自居,节操弥厉,戒无窾穴,言不浪施。于汉州栖贤寺行四圣种法,克苦既增,绵竹之人皆宗奉之。④ 及乎终也,卧于寺外,白衣具床榻,相率舁归寺中,务营

---

① 黎:《宋高僧传》卷第二十《唐资州山北兰若处寂传》作"梨"。
② 蹈:《宋高僧传》卷第二十《唐资州山北兰若处寂传》作"到"。
③ "自此佥谓"句。佥,《宋高僧传》作"人"。罪加无辜之道人而至于此,卷第二十《唐资州山北兰若处寂传》一句作"为妄欲加诸道人一至于此"。
④ 克苦既增,绵竹之人皆宗奉之:《宋高僧传》卷第二十《唐汉州栖贤寺大川传》:"克苦既增川也,其乐也泄泄,绵竹之人无夙少率皆宗奉。"

丧礼。方当尸举，无何双鹿引前，若驾导焉。始履门阈，寺额奋然陨地，远近惊叹。又此山灵异，不容粗鄙。有僧法藏，不谨戒行①，多所违犯。神人掷于山下七里许，唯伤足指，从此无不悛革守戒。大历初，北山变成黄金色，上有楼阁，菩萨行道，斯须之间，乘云远举②。师素居此寺，与地俱灵，留影供养，如事灵祠焉。

唐西域难陀

梵僧难陀，华言曰喜，未详种姓。其为人，诡异不伦，恭慢无定。当建中年间，至于岷蜀。③ 时张魏公延赏之任成都，师自言："我得如幻三昧，尝入水不濡，投火无灼，能变金石，化现无穷。"

初入蜀，与三少尼俱行。或大醉狂歌，或聚众说法。戍将恶之，令擒捉。师被捉随至，乃曰："贫道寄迹僧门，别有药术。"因指三尼，曰："此皆妙于歌舞。"戍将乃重之，遂留④，为置酒肉夜宴，与之饮唱。乃假襦袴巾栉，三尼各施粉黛，并皆列坐，含睇调笑，逸态绝世。饮欲半酣，师谓尼曰："可为押衙蹋舞。"因徐进对舞，曳练回雪，迅起摩跌，伎亦绝伦。及至⑤曲终，而舞不已，师乃咄曰："妇女风邪！"师忽起，取戍将刀。众谓酒

---

① 戒行：《宋高僧传》卷第二十《唐汉州栖贤寺大川传》作"愿"。
② 乘云远举：《宋高僧传》卷第二十《唐汉州栖贤寺大川传》作"万形千状"。
③ 《宋高僧传》卷第二十《唐西域难陀传》该句作："当建中年中，无何至于岷蜀。"
④ 《宋高僧传》卷第二十《唐西域难陀传》该处有"连"字。
⑤ 及至：《宋高僧传》卷第二十《唐西域难陀传》作"良久"。

狂,① 悉皆惊走。遂斫三尼头,皆踣于地,血及数丈。成将大惊,呼左右缚师。师笑曰:"无草草也。"徐举三尼,乃筇竹杖也,血乃②所饮之酒耳。师仍坐饮宴,使人断其头,钉两耳于柱上,皆无血。身坐于席上,酒巡到,即泻入断处,面色亦赤,而口能歌,手能击掌应节。及宴散,其身自起,就柱取头安之,辄无瘢痕。

或言人吉凶事,多是谜语,过后方悟。成都有人供养数日,师忽不欲住,乃闭关留之。师即入壁缝中,及牵之渐入,唯余袈裟角,逡巡不见。来日见壁画僧影,其状如师③,隔日渐落。经七日,空有墨迹。至八日,墨迹已灭。有人早见师已在彭州界。后不知所之。

徐州安丰山怀空

怀空,阆州梁氏子。幼适本州耆阇山广福院削染。得戒之后游方,参学于大寂禅师④,洗然明畅。后至彭城安丰山挂锡,宴默。不数载,成大伽蓝。

尝有一僧,乘空而至,绕垣墙不息。或蹑莲华,或时履地,人或瞻睹。数日之后,礼辞师,且曰:"我三五稔却来依附。"言讫不见。师于兴元元年灭度。春秋八十八。长庆元年二月,方迁入塔。

---

① 《宋高僧传》卷第二十《唐西域难陀传》该处有"坐者"二字。
② 《宋高僧传》卷第二十《唐西域难陀传》该处有"向来"二字。
③ 师:《宋高僧传》卷第二十《唐西域难陀传》作"日色"。
④ 参学于大寂禅师:参学,作"慕学"。禅师,《宋高僧传》卷第二十《唐徐州安丰山怀空传》作"禅法"。

成都福感寺定光

定光，不知何许人。爰从入法，厥性弗拘。粝食断中，粗襦卒岁。方于庸蜀化导有缘，俄遭武宗毁废，例反儒宗。及乎佛日重晖，僧伦咸序，师同缔构寺宇。因铸大钟，计赤金万余斤。尔日，鼓籥灰飞，投炉火炽。有祥烟两道，自浮图相轮①冉冉射上，若虹霓焉。众皆引望，五色腾凌，相感如然，信鼓斯应，乃阿育王藏佛舍利之塔。②

太和初，南蛮蒙傪颠飘掠入益城，分蛮卒居于寺内。廊庑皆烹炙熏灼，僧皆奔迸。时塔顶出四道浓烟，③直上虚空。至夜，蛮蜑睹此奇异，乃禁止污秽。

雅州开元寺智广

智广，姓崔氏，不知何许人。德瓶素完，道根惟固。化行洪雅，特显奇踪。凡百病者造之，则以片竹为杖，指其痛端，或一扑之，无不立愈。至有瘫者则起，跛者则奔。

乾宁初，王氏始定成都。雅郡守罗（亡名）罢任，携师来谒蜀主。王氏素知奇术，呼为圣师。先是咸通中，南蛮王及坦绰来围成都，几陷。时天王现沙门形，高五丈许，眼射流光，蛮兵即

---

① 《宋高僧传》卷第二十七《唐成都福感寺定光传》该处有"最高处出"四字。
② 《宋高僧传》卷第二十七《唐成都福感寺定光传》作："万人引望，五色腾凌，相感如然，信鼓斯应，其塔是阿育王藏舍利之所。"
③ 《宋高僧传》卷第二十七《唐成都福感寺定光传》该处有"分穗"二字。

退。故蜀人于城北宝历寺立五丈僧相,后为牛尚书预毁。次兵火相仍,唯惧毗沙门之颓圮耳。王氏乃语师曰:"公之异术,道德动人,可宝历天王否?① 尚书行鲁曾梦天王曰:'令修吾像。'方事经营,持书忽到。请法力成之。"师唯其命。徙就天王阁下,居一隅小榻。每日病者填噎其门,日收所施二三十万钱。② 又发言劝人出材木,浃旬皆运堆积,令三纲掌管。

初师在雅郡本寺羯帝神堂内,居其半室。低门苦辱,不许女人到门。唯有一竹筶子,每斋受贶二十文,必投筶内。满则置之佛殿,声钟集众,自他平等分之。凡请斋者,师意止受二十文,③ 贶多不取。食毕而去,亦无辞告。其后益加神验,或遇病者,一捆一叱皆起。或令烧纸缗,掇散饮食;或遇甚痛恼者,捩纸蘸水,贴之亦差。光化元年,修天王阁工毕,乃循江渎池,咒食饲鱼。经夜,其鱼不啻万亿许④,皆浮水面而殒。其鱼俱生忉利天,复来报谢师恩。⑤

---

① "公之异术"句:公,作"郎"。可宝历天王否,《宋高僧传》卷第二十七《唐雅州开元寺智广传》作"乘此可料理天王否"。
② 每日病者填噎其门,日收所施二三十万钱:每日,《宋高僧传》卷第二十七《唐雅州开元寺智广传》作"翌日";"二三十万"作"二十万至三十万"。
③ 凡请斋者,师意止受二十文:《宋高僧传》卷第二十七《唐雅州开元寺智广传》作:"常日俗家请斋亦体广意,止施二十文。净饭菜豉汁,此外不许一物。"
④ 不啻万亿许:《宋高僧传》卷第二十七《唐雅州开元寺智广传》作"二尺已上,万亿许"。
⑤ 《宋高僧传》卷第二十七《唐雅州开元寺智广传》该句作:"聊蹑流水救十千鱼,生忉利同也。"

成都法聚寺圆相

圆相①，蜀人也。七岁出家，博综内外典籍，善属其文，时号奇童。内修律范，时②无间然。龙朔元年，有疾而终③。将启手足时，房内有虹若练，而直上虚空。寺角之铃④，无风自鸣，每夜有鼓角声，经百余日方息。从此，鸟雀不栖其屋。咸亨四年，甘露降于讲堂⑤。师终，弟子收文集三十余卷，刊行于世。

阆州常乐寺法融

法融，阆州严氏子。稚齿好朴，素恶华楚之服。父训令秉笔，便画佛形像。至于聚戏，搏沙为塔，所作无非佛事。年甫十三，见僧仪表表⑥，苦求出家。依长乐寺慧休法师剃染。经诵偕通，乃沾戒品，习讲《南山律钞》。后游云水，见嵩岳普寂禅师道峰孤峻，密付心印。⑦往弋阳福宁寺，丕振宗风⑧，学⑨者麇至。以太和九年，示疾而终。春秋八十九。门人奉神座入塔焉。

---

① 圆相：《宋高僧传》卷第二十九《唐成都府法聚寺员相传》作"员相"。
② 时：《宋高僧传》卷第二十九《唐成都府法聚寺员相传》作"人"。
③ 《宋高僧传》卷第二十九《唐成都府法聚寺员相传》该处有"于此寺"三字。
④ 寺角之铃：《宋高僧传》卷第二十九《唐成都府法聚寺员相传》作"寺塔铃索"。
⑤ 《宋高僧传》卷第二十九《唐成都府法聚寺员相传》该处有"前棕榈树焉"。
⑥ 僧仪表表：《宋高僧传》卷第二十九《唐阆州长乐寺法融传》作"释子抠其衣，坐执经卷"。
⑦ 《宋高僧传》卷第二十九《唐阆州长乐寺法融传》该句作："后游云水，见嵩岳普寂禅道风行，密付心印。"
⑧ 丕振宗风：《宋高僧传》卷第二十九《唐阆州长乐寺法融传》作"放荡闲居"。
⑨ 《宋高僧传》卷第二十九《唐阆州长乐寺法融传》该处有"道"字。

成都东禅院贯休

贯休，字德隐，金华兰溪登高姜氏子。七岁，父母雅爱，投本县和安寺圆贞禅师出家，为童时①，日诵《法华经》一千字，耳所暂闻不忘。与处默同削染，邻院而居。每隔篱论诗互吟，有僧见之，皆惊异。受具之后，诗名耸动于时。乃往豫章，习《法华经》《起信论》，皆精奥义，讲训且勤。本郡太守王慥笃重，次太守蒋瓌开洗忏戒坛，命师为监坛。

乾宁初，赍志谒吴越武肃王钱氏，因献诗五章，章八句。甚惬旨，遗赠亦丰。王立去伪功，朝廷旌为功臣，乃别树堂立碑，记同力平越将校姓名，遂刊师诗于碑阴，见重如此。

善小笔，得六法，长于水墨，②可观。受众安桥强氏药肆请，出罗汉一堂，云："每画一尊，必祈梦得应真貌，方成之，与常体不同。"自此游黟歙，与唐安寺兰阇黎道合。后思登南岳，北谒荆帅成汭。初甚礼，于龙兴寺安置。时内翰吴融谪官，相遇往来，论道论诗。融为师作集序，则乾宁三年也。寻被诬谮于荆帅，黜师于功安，郁悒中题砚子曰："入匣始身安，弟子劝师入蜀。"时王氏将图僭伪，邀四方贤士，得师甚喜，盛被礼遇，赐赍隆洽，署号禅月大师。蜀主常呼为"得得来和尚"。时韦蔼举其美号，所长者歌吟讽刺，微隐存于教化，体调不下二李、白、贺也。至梁乾化二年，终于所居。春秋八十一。

---

① 童时：《宋高僧传》卷第三十《梁成都府东禅院贯休传》作"童侍"，当是。
② 《宋高僧传》卷第三十《梁成都府东禅院贯休传》该处有"形似之状"四字。

锦江禅灯卷第十七

唐成都府永安

永安，嘉州洪雅人。身裁幺么，面色黧黔，言音鄙恶，而识量宽舒，大抵不可贽也。大中八年间，诣成都，造谒府帅白公敏中，请奏寺额。以其足跛，肩舆而至。人皆未尝见其登圊而旋溺也，故时呼为无漏师。安置圣寿寺且十日，白中令①僧五六，昼夜互守，而伺察之。内外饮食，亦略同常人，而无解衣去二行之意。详其十辰之积，便旋何所，毕不可知。司徒白公奏额到日，便辞归。眉郡判官卢求见之，谓为小沙弥耳。人云此师年已八十余矣。

兴元渠山亡名者

亡名者，不知何许人。居褒城西数十里，②中梁山，数峰回负，翠碧凝空。处于厥中，行事诡异，言语不常。恒见者弗惊，乍亲者可怪。平常酷嗜酒肉，粗重公行，又纲任众事，且多折中，号师上座。

---

① 《宋高僧传》卷第二十一《唐成都府永安传》该处有"俾差"二字。
② 《宋高僧传》卷第二十一《唐兴元府梁山寺上座亡名传》该处有"号"字。

时群缁伍一皆仿习，师知而叹曰①："未净心地，何敢逆行？逆行非诸人境界。谚云'金以火试'，待吾②试过。"开成中，忽作大饼，招集徒众，曰："与汝曹游尸陀林去。"盖城外山野多坟冢，所弃尸于此。师踞地舒饼，裹腐烂死尸，向口便啖，俊快之极。同游诸僧，皆掩鼻唾地而走。师大叫，曰："汝等能喂此肉，方可喂他肉也！"自此缁徒警悟，化成精苦，远近归信。时右仆射柳仲郢任梁府，亲往礼重。终时，年可八九十，真影存于山寺。至今梁、益、三辅间，止呼为兴元上座。奇踪异迹，未及详也。

唐法聚寺法江

法江，江东人。游岷蜀，居于法聚寺，③即隋蜀王秀所造也，④内有仁寿中文帝树舍利塔。师以慈悯为怀，多逆知其来，言无少悮⑤。尝在房中谓门人，曰："外有万余人，尽载帽，形且挛蜷，从吾乞救。汝速出寺外求之。"不见人物，弟子怪师之言何其倒乱。徙倚之间，有数十人荷担竹器中螺子至。师曰："此之是欤。"命取钱赎之，投于水中矣。

---

① 《宋高僧传》卷第二十一《唐兴元府梁山寺上座亡名传》该处作"唯此无惧，上座察知而兴叹曰"。
② 《宋高僧传》卷第二十一《唐兴元府梁山寺上座亡名传》该处有"一日一时"四字。
③ 《宋高僧传》卷第二十一《唐成都府法聚寺法江传》该处有"寺"字。
④ 《宋高僧传》卷第二十一《唐成都府法聚寺法江传》该处有"寺"字。
⑤ 悮：《宋高僧传》卷第二十一《唐成都府法聚寺法江传》作"误"。

彭州茶笼山罗僧

罗僧，蜀圣寿寺得果位人也。尝寝疾于五台山，同会僧俱不可测而瞻视之，曾无怠慢。将及九旬而病愈，临诀之际，曰："深感所苦而烦看视，今遂平复，由师之力。我住在剑外九陇郡之茶笼山尔。异日游方，无忘相访也。"暮岁而至蜀，历访群峰，遍询老樵辈。且曰："未尝闻兹山名。"乃叹曰："噫！病禅之妄也。"将回，遇山童曰："某是彼岩之聚沙者。"即前导而去。俄睹殿塔俨空，房廊环肃，果值昔之卧病者。迎门叙故，日将暮矣，而谓之曰："兹寺非得漏尽通不能至此，以我宿缘，一谐邂止。"曰："可寄一宵乎？"答曰："为未可尔！其克勤修证，至此何难？"乃命旧童送师归去。其僧回望，但见岩壁峭峻，杉桧莽苍而已，则开成中也。时悟达国师知玄着传之，次得僧可思，尤闲地理，命为玄作他日安堃兆之地。得丹景①前峰，其山若雉堞状，虽高低起伏，而中砥平。俄有里人耆老曰："古相传云，茶笼山矣。"

阆州光国院行遵

行遵，福州闽王王氏之仲子。后唐庄宗即位，入洛进方物，因留京邸。同光末，会明宗将入，兵乱相仍，乃自剪饰，变服为

---

① 丹景：《宋高僧传》卷第二十一《唐彭州九陇茶笼山罗僧传》作"景丹"。

僧，窜身巴蜀。逮晋开运中，状貌若七十余，然壮力不衰。或询其年腊，则必杜默。于阆中寓光国禅院，徒以律法住持。人不知之师之能否。有李氏子家命斋，饮啖之次，欻起，出门叫噪，若有所责。谓李曰："今夜有火，自东南至于西北，街坊邻居咸令备之。"是夕，果然煨烬无遗。众聚问其故。曰："昨一妇女衣红秉炬而过，老僧恨追不及耳。"

周净众寺僧缄者

僧缄者，姓王氏，京兆人。少而察慧，辞气绝群。大中十一年，杜审权下对策成事，秘书监冯涓，即同年也。乾符中，巢寇充斥，随流避乱。至渚宫投中令①成汭，汭攻淮海不利，遂削发出家。属雷满据荆襄，赵凝攻破之。梁祖遣高季昌诛灭也，江陵遂属高氏，师避地夔峡间。后唐同光三年，入蜀寻访冯涓，已死矣。遂居净众寺，而髭发皓然，且面色红润逍遥，然人不测其情伪焉。

邛州灵鹫山点点师

点点师，不知何许人也。孟氏广政中，隐邛南大邑山寺，多游廛肆中。虽事削染，恒若风狂。或与人接，必指點而言，故目是称焉。有命斋食者，酒肉不间，率以为常，俚人亦不厌也。日

---

① 中今：当作"中令"。

之夕矣,乃市黄白麻纸笔墨置,怀袖以归。行数里,沉酣而至瞑矣。所居之室,虽有外户,且无四壁。入后阖扉,人不得造。初邻僧小童蹑足伺之,见秉烛箕踞,陈纸笔于前,诃责大书。莫晓其文字,往往咄嗟,如决断处置。久之,明暗间熟视,闪烁若有人森列,状如曹吏,则襦裳非世之服饰,观者怖惧而退。诘旦微询其事,怒而弗答。居数载,邛筰之人咸神异之。后不知其终。

成都福感寺定兰

定兰,成都杨氏子。本阛阓间凶恶屠沽类。天与厥性,悔往前非,誓预六和,化行三蜀。当尔时,咸归信焉。造伽蓝一,号圣寿。与其缘未发,乃藏于佣保中。而父母早亡,无资可以追往。每遇讳辰,师悲哭咽绝。辄裸露入青城山,纵蚊蚋虻蝇,唼咋肤体,且云:"舍内财也。"用答劬劳,刺血写经。后则炼臂,至于拔耳剜目,喂饲鸷鸟猛兽。既而行步非扶导,而触物颠蹶。后有异人掌擎物,若珠颗然,内空眦中,斯须瞻瞩如故。冥告曰:"南天王还师眼珠矣。"远近惊骇。常谓人曰:"吾闻《善戒经》中,名为无上施。吾愿勤行,速要上果矣。"大中三年,宣宗诏入内供养。仰其感应之故,以优礼奉之。弟子有缘恒执事左右。六年二月中,又愿焚然肩膊。帝累劝勉,年耆且务久长修炼。师不奉诏,遂焚而绝。有缘表请,易名建塔,敕谥觉性,塔号悟真。蜀都止呼定兰塔院,于今香火不绝云。

成都兰若院洪正

洪正，姓常氏，未详何许人也。居于岷蜀间兰若。往因有疾，所苦沉绵，从复平宁。发誓恒诵《金刚般若经》，日以二十过为准，精持靡旷。时邻僧守贤夜坐，见二鬼使手操文牒，私相谓曰："取摄僧洪正。"一使曰："为其默念《般若》，傍有大奇荷护，无计近得。又患责限迟延，今别得计。见有直府东门者，姓常，又与僧同名，亦曾为僧来，共你①摄去，以塞违殿也。"守贤闻之惊异，且志其事。明日密问门子常洪正，已死。守贤先持《弥陀经》，后改业也。师后不测其终。

成都府雄俊

雄俊，成都周氏子。善讲说，无戒行。所受檀信，非法而用，且多狡诈，唯事疏狂。又经反，易服②入军垒，而因逃难，还入缁门。大历中，暴亡。入冥见王，诃责毕，引入狱去。俊抗声大呼曰："雄俊倘入地狱，三世诸佛即成妄语矣。曾读《观经》，下品下生者造五逆罪，临终十念，尚得往生。俊虽造罪，不犯五逆，若论念佛，莫知其数。"有一人，乃雄俊居邻，错取。频日念佛，亦暴死，却合得回。与雄俊传语云："若见城中道俗告之，我已得往生西方。"言毕，承宝台直西而去。

---

① 共你：《宋高僧传》卷第二十四《唐成都府灵池县兰若洪正传》作"供尔"。
② 易服：《宋高僧传》卷第二十四《唐成都府雄俊传》作"初服"。

梓州慧义寺清虚

清虚，梓州唐氏子。立性刚决，桀黠难防。忽回心，长诵《金刚般若》，三业偕齐，无有懈怠。尝于山林持讽，有七鹿驯扰，若倾听焉，声息而去。又邻居失火，连甍灰烬。唯师之屋飙焰飞过，略无焦灼。

长安二年，独游蓝田悟真寺。上方北院旧无井泉，人力不及，远取于涧，挈瓶荷瓮，运致极劳。时华严大师法藏闻师持经灵验，乃请祈泉。即入弥勒阁内焚香，经声达旦者三。恍忽若见三玉女在阁西北山腹，以刀子剜地，随便有水。师熟记其处，遂趋起掘之，果获甘泉，用之不竭。

四年，从少林寺①。山下有佛室②，甚宽敞，人无敢到，云鬼神居宅。尝有律师恃其戒行，夜往念律。见一巨人以矛刺之，狼狈下山，逡巡气绝。又持《火头金刚咒》僧，时所宗重。众谓之曰："君咒力无双，能宿彼否？"曰："斯焉足惧。"于是赍香火入坐持咒。俄而神出，以手擎足，投之涧下。七日不语，精神昏倒。师闻之曰："下趣鬼物敢尔。"即往彼，如常诵经。夜闻堂东有声甚厉，即念《十一面观音咒》。又闻堂中似有两牛斗，佛像皆振，咒既亡效。还持本经一契，帖然相次，影响皆绝。自此居者无患，神遂移去。

神龙二年，准诏入内祈雨。绝二七日，雪降。中宗以为未济

---

① 《宋高僧传》卷第二十五《唐梓州慧义寺清虚传》该处有"坐夏"二字。
② 山下有佛室：《宋高僧传》卷第二十五《唐梓州慧义寺清虚传》作"山顶有一佛室"。

时望,令就寺更祈请。即于佛殿内精祷,并炼一指。才及一宵,雨周千里,指复如旧。才遇大水,寺屋皆垫溺。其院无苦,若无涝没。凡诸异验,皆如此也。

汉州开化寺亡名

汉州开化寺亡名,先因入寺见瑞应交现,遂誓舍身,克苦为期。忽于殿中焚香次,俄睹地屋皆为琉璃色,有菩萨乘五色云下庭中,曰:"汝极坚至,必当得道,吾来证汝。"亡名叩头礼拜。斯须不见。寺僧至,云:"学院内皆变琉璃色。"叹嗟不已。其僧复勤节行焉。

成都府费长房

成都费长房,本预缁衣。周朝从废因俗,博通妙精玄理。开皇之译,即预搜扬,敕召入京,从例修缉。以列代经录散落难收,佛法肇兴,年载芜没,乃撰《三宝录》一十五卷。始于周庄之初,上编甲子,下录年号。并诸代所翻经,部卷目轴,别陈叙得,在通行阙于甄异。录成陈奏,下敕行之,所在流传。

伧僧慧韶

慧韶①,陈氏子。本颖川太丘之后,避乱居于丹阳之田里。

---

① 韶:原本作"诏",《锦江禅灯目录》作"韶",下文亦作"韶","诏"字当误。

性恬虚，寡嗜欲，沉毅少言。童幼早孤，依兄而长。梯友①之至，闻于闾阎。十二厌世，出家具戒，便游京扬，听庄严旻公讲释《成论》。弘音历耳②，记注略尽。谓同学慧峰曰："吾沐道日少，聊知旨趣，似有夙缘，将非所闻义浅，为是善教使然乎？"③ 乃识④听开善藏法师讲，遂觉理与言玄，便尽心钻仰。当夕感梦，往开善寺采得李子数斛，撮欲啖之，先得枝叶。觉而悟曰："吾正应从学，必浅⑤深极矣。"寻尔，藏公迁化。有龙光寺绰公继踵传业，便回听。既阙论本，制不许住。惟有一被，又属严冬，便撒之用充写论，忍寒连喋，方得预听。文义兼善，独见之明，卓高众表。辩灭谛为本有，用粗细而折心，时以为穿凿，有神思也。

梁武陵王出镇西蜀，闻彼多参义学，必须硕解弘望，方可闻宣。众议荐举，皆不合意。王曰："忆往年法集，有伧僧韶法师者，乃堪此选耳。若得同行，想能振起边服。"便邀之至蜀，于诸寺讲论，开导如川流。尝于龙渊寺披讲。将讫，静坐房中，感见一神，青衣恰服，致敬曰："愿法师常在此弘法，当相拥卫。"言讫而隐。遂接席数遍，清悟繁结。昔在杨都，苦气疾，缀虑恒勤。及至蜀讲，众病皆除，识者以为寺神之所护矣。于时成都法席恒并置三四，法鼓齐振，竞敞玄门，而师听徒济济，莫斯为盛。

---

① 梯友：《续高僧传》卷第六《梁蜀郡龙渊寺释慧韶传》作"悌友"，当是。
② 弘音历耳：《续高僧传》卷第六《梁蜀郡龙渊寺释慧韶传》作"才得两遍"。
③ "谓同学慧峰曰"句："聊"，作"便"。"似有夙缘"，《续高僧传》卷第六《梁蜀郡龙渊寺释慧韶传》作"斯何故耶"。
④ 识：《续高僧传》卷第六《梁蜀郡龙渊寺释慧韶传》作"试"。
⑤ 浅：《续高僧传》卷第六《梁蜀郡龙渊寺释慧韶传》作"践"。

阆中宝渊

宝渊，阆中陈氏子。年二十三，于成都出家，居罗天宫。欲学《成实论》，为弘通之主。州乡术浅，不惬凭怀。齐建武元年，下都住龙光寺，从僧旻法师禀受五聚。经涉数载，义颇染神。旻曰："此君任性俊警，智虑过人。但恨回忽不伦，动静险躁。若值通人优接，当成一世名士；若不遇时，不得其死，必当损辱大法矣。"

师酷好蒲扑，使酒挟气，终日狼忙，无所推下。旻累谏晓喻，反以为仇。因尔改涂，复从智藏，采孺①先业。自建讲筵，货财周瞻，笃励辛勤，有倍恒日。每言："大丈夫当使人事我，何能久侍人？"乃广写义疏。贵市王征南书，缄封一簏。有意西归，同寺慧济谑之曰："昔谢氏青箱不至，不得作文章。今卿白簏②未来，判无讲理。"师曰："殊不然，此乃打狗杖耳。"因带帙西返，还住旧寺。标定义府，道俗怀钦，于是论筵频建，听众数百。自重名行，少宾知己。沙门智训游学京华，数论通敏，同还本壤，投分与交，师弗许也。后寺库犯官，师自恃名高一州，为物所让，以身代当，强悍不弭。至于事成，知当必败，因尔出郭，于路以刃自刎。时年六十一矣，即普通七年也。

---

① 孺：《续高僧传》卷第六《梁益州罗天宫寺释宝渊传十七》作"听"。
② 白簏：《续高僧传》卷第六《梁益州罗天宫寺释宝渊传十七》作"白麈"。

安汉宝象

宝象，安汉赵氏子。后居绵州昌隆之苏溪。天性仁让，慧心俊朗。婴孩有异，二亲欲试其度，以诸彩帛、花果、弓矢、书疏罗置其前。师便拨除饼果，而取书疏。众共叹异，咸知必有成济也。

及年七岁，有缘至巴西郡。太守杨眺问云："承儿大读书，因何名为老子？"师曰："始生头白故也。"眺密异之。十六，事梁平西王。初为道士童子，未学佛法。平西识其机鉴，使知营功德事。因见佛经，欣其文名，重其义旨，就检读诵，迷悟转分，恒求佛法，用祛昏漠。年二十有四，方得出家，即受具戒。先听律典，首尾数年，略通《持犯》，回听《成实》。传授忘倦，不吝私记，须便辄给，研心所指，科科别致。末又听韶法师讲，偏穷旨趣。

武陵王闻师，大集摩诃堂，令讲《请观音》。初未缀心，本无文疏。始役情思，抽帖句理，词义洞合。听者盈席，私记其言，因成疏本，广行于世。后还涪川，开化道俗。外典佛经相续训导，引邪归正十室而九。又钞集医方，疗诸集苦。或报以金帛者，一无所受。便有衔义怀德者，舍俗出家；或缘障未谐者，尽形八戒。师虽道张井络，风播岷峨，而志意颓然。唯在通于正法，诚心标树，不竞人物。见《大集》一经未弘蜀境，欲为之疏记，使后学有归。乃付着经律，就山修缵，而众复寻之，致有烦扰。再稔方就，一无留难。初至《虚空藏品》于义不达，闭目思之。不觉身上空中离床三四尺许，欻然大悟。竟文慧发，写不供宣，据此为言，志力难拟矣。

阆中实海

实海①，阆中龚氏子。少出家，有远志。承扬都佛法崇盛，便决誓下峡。既至金陵，依云法师听习《成实》。旁经诸席，亟发清誉，乃引众别讲，徒属兼多。于时梁高重法，自讲《涅槃》，命师论佛性义。便升论榻。虽往返言晤，而执鍮鉐香炉。帝曰："法师虽断悭贪，香炉非鍮不执。"师应声曰："陛下位居宸极，帽簪非纛不戴。"帝大悦，众咸惊叹。

及后还蜀，住谢寺②，大弘讲肆。武陵王纪作镇井络，敬爱无已。每就师宿，请谈玄理，乃忘昼夜。至旦，王将盥手，日影初出。王曰："日晖粉壁，状似城中；风动刹铃，方知寺里。"其晨，车盖迎王，马复嘶鸣。师曰："遥看盖动，喜遇陈思；忽听马鸣，庆逢龙树。"相与欣笑而出。王升车，谓御从曰："听海法师言词，令我盘桓而不能去。"其辨给无方，为此例也。周氏跨蹑梁益、庸公镇方弥加深敬，越于恒伍。时年八十，谓门人法明曰："吾将逝矣③。一无前虑，但悲去后图塔湮灭耳，当露尸以遗鸟兽。"及建德之年，果被除屏。今院宇荒毁，唯余一堂，容像存焉。

---

① 实海：《锦江禅灯目录》作"宝海"。
② 住谢寺：《续高僧传》卷第九《周益州谢镇寺释宝海传一》作"住谢镇寺"。
③ 吾将逝矣：《续高僧传》卷第九《周益州谢镇寺释宝海传一》作"吾死至矣"。

资州智方

智方，资中人。其先东吴远祖宦于西蜀，遂乃成家。童稚出家，依州郭龙渊寺轮法师处。早与宝海周旋，同往扬都云法师座下，而机辩爽利，播名扬越。每讲商略词义，清雅泉飞，故使士俗执纸抄撮者，常数百人。

初讲《法华》，至《宝塔品》高妙，遂序王释义了，乃曰："何必昔佛国土有此高妙，即杨都福地亦甚庄严。至如弥天七级，共日月争光；同泰九层，与烟霞竞色。方井则倒垂荷叶，圆栭则侧布莲花。似安住之居南，类尼佉之镇北。耳闻目见，庶可联衡。"录得者秘以赍归益部，呜呼嗟叹为惊绝。故其语出成章，状如宿构。宝海频来击难，发其声采，故海问曰："三变此方，改秽成净，亦能变凡成圣否？"答曰："化佛甚多，狭故须广。凡圣自尔，何劳改变？"又难："若尔则六十小劫，谓如食顷。但是圣睹，凡不能睹，凡圣俱睹，凡望俱圣。"师笑曰："高座何曾道此，乃是自道自难耳。"海觉言失，乃调曰："三隅木斗，何谓智方？"寻声报曰："瓦砾洿池，那称宝海？"众大笑而散。及疾甚，海恒来看慰，乃谢曰："智方不能摄养，致此沉痾。仰劳仁者数来垂问，愿生善见①，常与同游。"俄而，异香满室。中夜，卒于益部。年九十余。

---

① 愿生善见：《续高僧传》卷第九《隋益州龙渊寺释智方传二》作"愿生善处"。

成都玄续

玄续，姓桑，成都人。出家既久，经纶道业。《涅槃》《成实》，所学之宗。常讲《法华》，导引蒙晓。然风彩高峻，容止方复。言谈之际，机候变通。达外书，工草隶。时吐篇什，继美前修，又能折节下人。僮少道俗有才调者，命来与语，爱而狎之。至于侯王雄伯、名儒大德，便傲然特立，不以介意，而神爽更高，辩洽电疾。

有梓州东曹掾萧平仲者，梁高之孙也。博学机关，当时绝偶。往参谈叙，文集相示，平仲尚之，从容曰："仰承高怀，蔑略诸贵等。今蒙礼顾，深愧非人。"师曰："诸贵骄蹇，须以骄蹇对之；明公泛爱，故以泛爱相答。"仲曰："法师从来不尔。今日忽然，疑是虚谈，恐非实录。"答曰："贫道待公之虚实，亦如公遇续之实虚耳。"相与欢笑。

尝为宝园寺制碑铭，中有弹老庄曰："老称圣者，庄号哲人。持萤比日，用岳方尘。"属有祭江道士冯善英，过寺礼拜，见而恶之。谓师曰："文章各谈其美，苦相诽毁，未识所怀。若不除改，我是敕使，当即奏闻。"师曰："文章体势，非尔所知。若称敕使，欲相威胁者。我寺内年别差人当庄，此是敕许，亦是敕使。卿欲奏我，我当庄人亦能奏卿。"英虽大恨，无如之①。

---

① 无如之：《续高僧传》卷第十三《义解篇》作"无如之何"，下另有禅语，兹不具引。

河南道基

道基,姓吕氏。河南东平人也。素挺生知,誉标岐嶷。年甫十四,负帙游于彭城。博听众师,随闻成德。讨论奥旨,则解悟言前;披析新奇,则思超文外。故徐许腾其明略,河海重其义方,致使侪等高推,前修仰上①。隋太尉尚书令杨素负材经国,任总权衡。尝奉清猷,躬申礼敬。叙言命理,噎叹而旋,顾诸宰伯,曰:"基法师,佛法之后寄也。自见名僧,罕俦其匹。"即请于东都,讲扬心论,既夙承风驾,体预当衢。游刃众部,玄机秀举,遂能谈泻河倾,响对雷动。

于时大业初岁,隋运会昌。义学高于风云,缙绅峙于山岳,皆拥经讲肆,问道知归。踵武相趋,遏迩鳞萃。乃缵《杂心玄章》,并抄八卷,② 共传于世。成得诸门,自昔相导,皆经纬剖裂。词飞戾天,控叙抑扬,范超前古,自尔四海标领。盛结慧日道场,皆望气相师,指途知返。以师荣冠望表,韵逸寰中。

大业五年,敕召来止。遂即对扬玄论,允塞天心。隋后解统玄儒,将观释府,总集义学,躬临论场。銮驾徐移,鸣笳满于驰道;御筵暂止,驻跸清于教门。自大法东流,斯席为壮观也。时披辩之徒,俱开令誉。及将登法座,各擅英雄而解有所归,并揖师而为玄宰。名居众望,德展经纶。先创宏纲,次光帝德。百辟卿士,咸异希声。

---

① 上:《续高僧传》卷第十四《唐益州福成寺释道基传》作"止"。
② 《续高僧传》卷第十四《唐益州福成寺释道基传》该处有"大小两帙"。

有隋坠历,寇荡中原,求礼四夷,宣尼有旨。乃鼓锡南郑,张教西岷。于是巴蜀奔飞,望烟来萃。莫不廓清游雾,邪正分焉。教阅大乘,弘扬《摄论》。厘改先彻,缉缵亡遗。道迈往初,名高宇内。以听徒难袭,承业易迷,乃又缀《大乘章抄》八卷,并词致清远,风教伦通。故览卷履轼者,若登龙门,信鸿渐之有日矣。故贞观帝里、宇内知名之僧,传写流辉,实为符契。但以世接无常,生涯有寄,将修论疏,溘尔而终。以贞观十一年二月,卒于益部福感寺。春秋六十有余。

颖川灵睿

灵睿,姓陈。本惟颖川,流寓蜀部益昌之陈乡。祖宗信于李氏,其母以二月八日道观设斋,因乞有子。还家,梦在松林下坐,有七宝钵于树颠飞来入口,便觉有娠,不喜五辛[1]。及其诞后,设或食荤,母子头痛,于是持斋[2]。八岁,二亲携至道士处,令诵《步虚词》,面孔血出。还家入田,遇智胜法师,便曰:"家门奉道,自欲奉佛。"随师出家,即将往益州胜业寺为沙弥。一夏之中,《大品》暗通。

开皇之始,高丽印公入蜀讲"三论",又为印之弟子。常业《大乘》,后随入京,流听诸法。大业之末,又返蜀部,住法聚寺。武德二年,安州皓公上蜀,在大建昌寺讲开《大乘》,师止法筵三年。后还本住,常弘此经。又二年许,寺有异学。《成实》

---

[1] 《续高僧传》卷第十五《唐绵州隆寂寺释灵睿传四》该处有"诸味"。
[2] 持斋:《续高僧传》卷第十五《唐绵州隆寂寺释灵睿传四》作"遂断"。

朋流，嫌此空论，常破吾心，将兴害意。师在房中北壁而止。初夜还床，栖遑不定，身毛自竖，移往南床坐。至三更，忽闻北壁外有物撞度，达于卧处。就而看之，乃漆竹笴槊，长二丈许。向若在床，身即穿度。既害不果，又以银铤雇贼入房。师坐案边，觅终不获，但有一领甲在常坐处。师知相害之为恶也，即移贯还绵州益昌之隆寂寺。身相黑短，止长五尺。言令所及，通悟为先。常讲《大乘》以为正业。

贞观元年，通州骞禅师作檀越，尽形供给。至七年八月二十五日夜，师梦衣冠来迎，骞往西方去，徒众钵中皆空无物。至三十日，寺内钟磬①一时皆鸣。骞至三更，据绳床，跏坐而终。师周流讲②唱，传化不绝。至二十年八月二十四日三更，大风忽起。众闻声曰："灵睿法师来年十月，往南海大国光明山西阿，观世音菩萨所受生也。"至期十月三日，合寺长幼道俗见幡华从空而下，菩萨满寺。师犹坐房中看经。③外有僧告师曰："幡花异香充寺。"师闻捉经出看，敛容立终。坚住不倒，扶卧房中，三更忽起，跏坐如生。刺史躬手付香供养，道俗相送归东度山，设大会。时年八十三矣。然其洁清，自童稚不饮荤辛，获如是报云。

定林寺僧副

僧副，太原祁县王氏子。弱冠清苦④，鉴彻绝群。年过小学，

---

① 寺内钟磬：《续高僧传》卷第十五《唐绵州隆寂寺释灵睿传四》作"寺钟大小七口，铜磬十余"。
② 《续高僧传》卷第十五《唐绵州隆寂寺释灵睿传四》该处有"睿自此后"。
③ 《续高僧传》卷第十五《唐绵州隆寂寺释灵睿传四》该句作："晚讲入房，看疏读经"。
④ 弱冠清苦：《续高僧传》卷第十六《梁钟定林寺释僧副传一》作"弱而不弄"。

识成大量,乡党称奇。不仁者远,而性爱静。游无远近,裹粮寻师,访所不逮。有达磨禅师,善明观行。循扰岩穴,言问深博,从而出家。义无再问,一贯怀抱,寻端极绪,为定学宗。后乃周历讲座,① 经论,并知学唯为己,圣人无言。

齐建武年,南游扬辇,止于钟山定林寺。师美其林薮,得栖心之胜壤也。行逾冰霜,言而有信。三衣六物,外无盈长。应时入里,道俗式瞻。加以王侯请道,颓然不怍。咫尺宫闱,未尝谒觐。既行为物览,道俗攸属。梁高素仰清风,雅为嗟赏,乃命匠人考其室宇于开善寺,以待之,恐有山林之思。

师每逍遥于门,负杖而叹曰:"环堵之室,蓬户瓮牖。匡坐其间,尚足为乐。宁贵广厦而贱茅茨乎?且安而能迁,古人所尚,何必滞此,用赏耳目之好耶?"乃有心岷岭,观彼峨眉。会西昌侯萧渊藻出镇蜀部,即拂衣附之,爰至井络。虽途经九折,无忘三念。又以少好经籍,执卷缄默,动移晨昏,遂使庸蜀禅法自此大行。

久之,还返金陵,复住开善。先是胡翼之山有神人现,以慧印三昧授与野人何规,曰:"可以此经与南平王观,为病行斋三七日也。若不晓此法,问之于副。"时以访之,果是其曾所行法。南平遂行斋祀,疾便康复。岂非内因外构,更相起予? 不久,卒于开善寺。春秋六十有一,即普通五年也。窆于下定林之都门外。天子哀焉,下敕流赠。初有劝修福者,师②厉声曰:"货财延命,去道远矣。房中什物并施招提僧。予殁之后,但弃山谷,饱

---

① 《续高僧传》卷第十六《梁钟定林寺释僧副传一》该处有"备尝"二字。
② 《续高僧传》卷第十六《梁钟定林寺释僧副传一》该处有"力疾而起"。

于鸟献①,勿营棺垄,以乖我意。"门徒涕泪不忍从之,将为勒碑旌德。而永兴公主素有归信,进启东宫,请著其文。有令,遣湘东王绎为之树碑于寺。

弘农昙询

昙询,杨氏,弘农华阴人,后迁宅于河东郡。弱年乐道,久滞樊笼。年二十二,方舍俗事,远访岩隐。游至白鹿山北霖落泉寺,逢昙准禅师而蒙剃发。又经一载,圆具。谨摄自修,宗禀心学而专志决烈。同侣先之,圆备戒律,又诵《法华》。初夏既登,还师定业。承僧稠据于苍谷,遂往问律。稠亦定山郢匠,前传所叙。师以声光所被,遥相揖敬。住既异林,精融理极,思展言造。每因致隔,但为路罕人踪,冈饶野兽。栖幽既久,性不狎尘。来往质疑,未由樵迳。直望苍谷,以为行表。荆棘砂砾,披跨不难。岩豁幽阻,攀缘登陟,志存正观,不以邪道自通。又以旁垂利道,由曲前而通滞。吾今漂指虽艰,必直进以程业。用斯微意,随境附心,不亦善乎。每云:"与其失道而幸通,宁合道不幸而穷耳。故履践重阻,不难涂穷。"

后经三夏,移住鹿土谷修禅。属枯泉重出,鹿麑绕院,故得美水驯兽,日济道邻。从学之徒,相庆兹瑞。时因请法,暂往云门。值径阴雾昏,便成失道。赖山神示路,方会本途。此乃化感幽冥,神明翊卫。时有盗者来窃蔬菜,将欲出园,乃为群蜂所

---

① 献:《续高僧传》卷第十六《梁钟定林寺释僧副传一》作"兽"。

螯。师闻来救，慈心将治，得全余命。尝有赵人远至，殷勤致礼，陈云："因病死稣，故蒙恩泽。往见阎王诘问，罪当就狱。赖有昙询禅师来为请命，王因放免。生来未委，访寻方究。"又山行，值二虎相斗，累时不歇。师乃执锡分之，以身为翳。语云："同居林薮，计无大乖，幸各分路。"虎低头受命，便饮气而散。屡逢熊虎交诤，事略同此。而或廓居榛梗，唯师一踪，入鸟不乱，兽见如偶。斯又阴德感物，显用成仁，何以嘉焉。每入禅定，七日为期。白虎入房，仍为窟宅。独处静院，不出十年。自有禅踪，斯人罕拟。自尔，化流河朔，盛阐禅门。杖策裹粮，鳞归雾结。隋文重其德音，致诚虔敬，敕仪同三司元寿，亲送玺书兼以香供。以开皇十九年，风疹忽增，卒于柏尖山寺。春秋八十，五十五夏矣。

锦江禅灯卷第十八

郪江僧渊

僧渊，姓李，郪人。家本巨富，为巴蜀所称。及师初诞，天雨铜钱于庭。家内合运，处处皆满。父运钱疲劳，嘘唱云止，钱不复下。仓内贮米，但及于半，忽满溢出。亲姻外内，莫不惊叹其福①。自少至长，志干殊人，行则安徐，坐必跏趺。②眼光外射，焰焰发越。容色玉润，状若赤铜。声若洪钟，响发林动。两足轮相十角分明，二手九井纹理如画。

年十八，身长七尺，其父异之，禀命③出家。二亲送至城西康兴寺落发，今福缘寺是也。博寻明师，凡读经论，经耳不忘，蕴括怀抱。奉戒守素，大布为衣，瓶钵之外，无所蓄积。与同寺毅法师交游，二人乃蜀郡僧中英杰也，相随入京，博采新异。有陟岵寺沙门僧宝，禅道幽深，帝王所重。便依学定，豁尔知津，经涉炎凉，详核④词义。师研精定道，毅博通经术。丘、索草隶，靡不留心。

---

① 莫不惊叹其福：《续高僧传》卷第十八《隋西蜀郡福缘道场释僧渊传二》作"莫不叹其福报也"。
② 行则安徐，坐必跏趺：《续高僧传》卷第十八《隋西蜀郡福缘道场释僧渊传二》作"行则安而徐动，坐则俨而加趺"。
③ 禀命：《续高僧传》卷第十八《隋西蜀郡福缘道场释僧渊传二》作"命令"。
④ 核：《续高僧传》卷第十八《隋西蜀郡福缘道场释僧渊传二》作"覆"。

周武废教，便还故寺，割东行房以为私宅，余者供官。隋氏运开，更新缔构，领匠伐木。连雨两月，师执炉祈请，随语便晴。造塔须金盘，又请地府，随言即掘，应命藏开，用足余金还归本窟。详斯福力，今古未闻。常给孤独，不逆人意，远近随助，泉布若流。又以锦水江波没溺者众，便于南路欲架飞桥，才扣此机，众事咸集。昔诸葛武侯指二江内，造七星桥，造三铁锌，长八九尺，径三尺许，人号铁枪。拟打桥柱，用讫投江，须便祈祠，方可出水。师造新桥，将行竖柱，其锌自然浮水，来至桥津。及桥成也，又自投水。道俗歌谣，于今逸耳。渊毅二师并为物轨，晨夕问法，无亏遗寄。毅以仁寿二年十二月十二日寅时，告弟子曰："三界无常，吾将逝矣①。"言终神谢，福缘本住。春秋六十有九。师闻之，悯然曰："毅师已往，我岂独留？"俄而遘疾，遗与同瘗，即以其月十四日亦化。春秋八十有四。至十七日，并窆于九里堂。刊石纪之于寺堂，陈子良为文。

益州响应山法进

法进，住益州绵竹县响应山玉女寺，为辉禅师弟子。后于定法师所受十戒，恭谨精诚，谦恪为务，唯业坐禅。寺后竹林，常于彼坐。有四獠虎，绕于左右，师语："勿泄其机。"② 后习③水观。家人取柴，见绳床上有好清水，拾两白石安着水中。师暮还

---

① 吾将逝矣：《续高僧传》卷第十八《隋西蜀郡福缘道场释僧渊传二》作"吾其化矣"。
② "有四獠虎"句：獠虎，《神僧传》卷第五《释法进》作"老虎"；勿泄其机，《续高僧传》卷第十八《释法进》，作"勿泄其相也"。
③ 习：《续高僧传》卷第十八《释法进》、《神僧传》卷第五《释法进》皆作"教"。

寺，弥觉背痛。问其家人："汝安石子？"师令明往可除此石。及旦，师仍禅定。家人还见清水如初，即除石子，其痛即愈。因尔习定，不出此山。

郫筒慧熙

慧熙，益州郫人，姓赵。童稚出家，善明篇韵，文笔①宛而成章。与绵州震响寺荣智齐名，俱为沙弥，卓异翘秀。后与成都大石寺沙弥道微连韵赋诗，微有言隙。因即屏绝人事，栖心禅业。年登受具，周闻经律，摘采英华，用为赏要。摄论杂心，精搜至理，尤耽三论，是所观门。尝难基法师尘识义，初问以小乘。基以大乘通之，师笑曰："大无不摄，但失小宗。"

晚住州南空慧寺。立性孤贞，不群诸偶。弊于食息，专想虚玄。一坐，掩关二十余日。众以不食既久，恐损身命，假以余词曰："国家搜访艺能甚急，今不食闭门。世人谓圣，愿息流言，可时处众。"师惧矫饰，便开门进食。由是，迄今将三十载一身独立，不畜侍人。一食而止，不受人施。有讲便听，夜宿本房。但坐床心，两头尘合。自余房地惟有一踪，余并莓苔、青絮，衣服弊恶，仅免风寒。冬则加衲，夏则布衣，以冬破衲，悬置梁上。有闻师名，就房参拜，迎逆接候，累日方见。时发幽问，吐言高迥，预有元席，皆共惮之。年九十卒。

---

① 《续高僧传》卷第二十《释慧熙》该处有"所趣"二字。

台州世瑜

　　世瑜，姓陈氏，住台州。父母早亡，佣作取济。身形伟壮，长八尺三寸。希向佛理，无由而达①。大业十二年，往绵州震响寺伦法师处出家，一食头陀，勤苦如常。次往利州籍住寺，后至益州绵竹县响应山。独住多年，四猿供给山果。有信士姓母，过山，惊讶深山常烧熏陆、沉水等香。行至山半，见两人形青色，状貌希奇，各负莲华、蔗芋而上。遂问其所往，云："我供给禅师去。"然居山三年，食米一石余②。六时行道，以猿鸟为侣。初唯一泉，后有三泉并出。

　　贞观元年，梦有四龙入怀③，既觉，大悟三论宗旨。遂往灵睿法师讲下，所闻词理，宛若旧识，寻则而覆述。便往绵州，住大施寺，后④往崇乐寺。言欲游方去，或曰："此即诸方也⑤。"复还大施⑥，香气满室，坐处涌三金钱。师乃跏坐，手执炉而逝。有刺史刘德威喜所未闻，作龛安之，三年不倒。春秋六十三矣。

绵竹惠宽

　　惠宽，绵竹孝水杨氏子。父名玮，系三洞先生五经博士，崇

---

① 无由而达：《续高僧传》卷第二十《释世瑜》作"无由自达"。
② 一石余：《续高僧传》卷第二十《释世瑜》作"一石七斗"。
③ 四龙入怀：《续高僧传》卷第二十《释世瑜》作"四龙来入心眼"。
④ 《续高僧传》卷第二十《释世瑜》该处有"至十九年四月八日"。
⑤ 此即诸方也：《续高僧传》卷第二十《释世瑜》作"只此寺者是诸方也"。
⑥ 《续高僧传》卷第二十《释世瑜》该处有"本房"二字。

信道法，无敦释教。绵、梓、益三州之人，每岁率送租米，投于玮家，令保一年安吉，皆与符章而去。① 初玮妻怀孕，而忽改易②，恶厌五辛，乃生一女，名为信相。性好闲静，无缘嗜欲。玮妻复怀妊，身极安隐，恒有异相。及其生时，母都不觉，如羊始达③。寻有异香，总不啼叫。臂垂过膝，身恒香洁，不近腥臊。年五六岁，与姊信相于静处兀坐。二亲怪问，答曰："佛来为说般若圣智④法门，共姊评论法相。"父是异道，不解其言，附口录得二百余纸。

近有龙怀寺会法师闻有奇相，至其家。父以示之，会曰："并合佛经，无所参错。有异，禅师不知何来。"于净慧寺入火光三昧，召信相来，入此三昧。及至不入，云是火聚。禅师曰："何不以水灭之。"信相即作水观灭火而入。禅师验知可为法器⑤，劝令出家。父母婿家俱不许可。诸道俗宰官出财赎之，因尔得度。姊与师同时出家。随蜀王秀在益，请入城内。妃主为造精舍，镇恒供养。有造功德须物者，烧香祈请，掘地获金，无不充足，斯事非一。至于食饮，或一日三食，或经岁序不食。⑥ 时人目之为圣尼，即今⑦犹号圣尼寺也。

师年十三，常乐独坐。面无怒相，言常谦下。依空慧寺胤禅师、龙怀寺会阇黎座下。随闻经律，一览无遗。未闻之经，⑧ 有

---

① 《续高僧传》卷第二十五《释惠宽》该处有"而车马拥门如市"。
② 而忽改易：《续高僧传》卷第二十五《释惠宽》作"心性改异"。
③ 如羊始达：《续高僧传》卷第二十五《释惠宽》作"忽然自出都无恶露"。
④ 《续高僧传》卷第二十五《释惠宽》该处有"入等"二字。
⑤ 可为法器：《续高僧传》卷第二十五《释惠宽》作"深入诸定"。
⑥ 《续高僧传》卷第二十《释惠宽》该处有"欲食便食，不食乃经岁序"。
⑦ 《续高僧传》卷第二十《释惠宽》该处有"本寺"。
⑧ 《续高僧传》卷第二十《释惠宽》该处有"曾不知义"。

难问者，皆为通之。初造龙怀寺，会有徒属二百余人，并令在役。唯放于师，有怨及者，会曰："斯人是吾本师，何得使作？"昔周灭法，依相禅师隐于南山。

徐州智诜

智诜，字惠成，徐州徐氏子。炫法师之弟也。少聪敏，有志节。在蜀游学，务勤律肆。会周武陵法，因事入关。不果所期，遂隐南岭，终南太白，形影相吊。有隋革命，光启正法。招贲硕德，率先僧首，即于长安敷扬律藏。

时益州蜀王秀请师还蜀。及至之日，王自出迎。住法聚寺，道俗归崇。寺设大斋，遐迩俱赴①，师屏气寂然。② 性不受施，不妄干物。后以人事甚繁，不时喧扰，乃辞入龙居山寺，幽栖深阻，轨迹不通。王数延出，师称疾不起。时王意欲登剑阁，廓清井络。王与师书，师答书请归国化，便略答云："辱使至止，并以诚言。披阅循环，一言三复。文清渌水，理破秋毫。贫道戒行多阙，化术无方，宅身荒谷，四十余载。狎鱼鸟以樵歌，习禅那思般若。以此卒岁，分填沟壑。不谓耆年有幸，运属休明。伏惟相王殿下，德隆三古，道振百王。公肯攘臂而归旧里，衣锦而旋本邑。百姓有再生之期，万物起息肩之望。缙绅君子，捧玉帛而来仪；慷慨丈夫，委干戈而伏道。昔长卿返蜀，徒擅清文；邓艾

---

① 遐迩俱赴：《续高僧传》卷第二十一《释智诜》作"无不来赴"。
② 《续高僧传》卷第二十一《释智诜》此句作："将食捉筋，问炫法师，曰：'此处护净不？'答曰：'初还未得捡校，承道不护净。'乃掷筋而起，曰：'宁啖屠儿食？'此净铜何得啖也。诸僧数千一时都散，其严忌若此。故其在众屏气寂然。"

前来，未能偃武。公华阳甲族，并络名家，捧日登朝，怀金问道。剑南长幼并俟来苏，岂藉微风，自然草靡。其诸首领①，越境参迎。"王得书示，返辔还蜀。军众先作礼曰："人物争归，律师之力也。"以武德元年十月一日卒，而逝年八十矣。

成都智炫

智炫，成都徐氏子。初生，室有异光。少小出家，入京听学数年，遂擅名京洛，学众推崇。请令覆讲，瓶泻无遗。会周武帝废佛乘，欲存道教，于是诏华野高僧、方岳道士大集京师，于太极殿陈设高座。帝自躬临，敕道士先登。道士张宾为首，登高唱言曰："原夫大道清虚，淳一无杂。祈恩请福，上通天曹。白日升仙，寿与天地同毕。风教先被中夏，无始无终，含生赖之以得长生。洪恩厚利，不可校量。岂知佛法虚幻，言过其实，不容本土，客寓中华。百姓无知，信其诡说。今日欲定臧否，可出头来看。襄城公何妥？自行如意。"座首少林寺等行禅师发愤而起。诸僧止之曰："今日事大，天帝在此，不可造次。知禅师为佛法大海，然应对之间，复须机辩。"众共谋议，若非蜀炫无以对扬，共推如意，以将付炫。炫既为众所推，又忿张宾浪语，安庠②而起，徐升论座。坐定，执如意谓张宾曰："先生向者所陈'大道清虚，淳一无杂'，又云'风教先被中夏者'，未知风教起自何时？道教于何处说？又言'佛法不容本土，客寓中华'，可辩道

① 其诸首领：《续高僧传》卷第二十一《释智诜》作"当劝诸首领"。
② 庠：疑为"详"字。

是何时生？佛是何时出？"宾曰："圣人出世，有何定时？说教兴行，有何定处？道教旧来本有，佛法近自西来。"炫曰："若言无时，亦应无出。若无定处，亦应无说。旧来本有，非复清虚。上请天曹，岂得无杂？寿与天地同毕，岂得无始无终？"宾曰："道人浪语，为前王无识，留汝等辈得至于今。今日圣帝，尽须杀却。"帝恶其理屈，令舍人谓之曰："宾师且下。"宾既退。帝自升高座言曰："佛法中有三种不净：纳耶输陀罗生罗睺罗，此主不净，一也；经律中许僧受食三种净肉，此教不净，二也；僧多造罪过，好行淫泆，佛在世时，徒众不和，递相攻伐，此众不净，三也。主、法、众俱不净。朕意将除之，以息虚幻。道法中无此事，朕将留之，以助国化。"顾谓炫法师，曰："能解此三难，真是好人。"炫应声谓曰："陛下所陈，并引经论，诚非谬言。但见道法之中三种不净，又甚于此。按天尊处紫微宫，恒侍五百童女，此主不净，甚于耶输陀罗之一人；道士教中，章醮请福之时，必须鹿脯百柈、清酒十斛，此教不净，又甚于三种净肉；道士罪过，代代皆有，千古乱常，姜斌犯法，此又甚于众僧。僧众自造罪过，乃言佛法可除，犹如至尊享国，严设科条，不妨逆子叛臣相继而出。岂以臣逆子叛，遂欲空于大宝之位耶？大宝之位，固不可以臣子叛逆而空。佛法正真，岂得以众僧犯罪而废？"炫雅调抑扬，言音朗润，虽处大节，曾无惧颜。帝愕然，良久谓炫曰："所言天尊侍五百童女，出何经？"炫曰："出道《三皇经》。"帝曰："《三皇经》何曾有此语？"炫曰："陛下自不见，非是经上无文。今欲废佛存道，犹如以庶代嫡。"帝动色而下，因入内。群臣僧众皆惊曰："语触天帝，何以自保？"（以周武非嫡故）炫曰："主辱臣死，就戮如归，有何可惧？乍可早亡，游神净土，岂与无道之君同生于世乎？"众皆壮其言。明旦出敕，二教俱废，仍相器重，许以婚姻，期以共政。法师志操逾厉，与同学三人走赴齐都。时周齐之界皆被枪布棘，彼有富老，姓张，铺毡三十里令炫得过至齐。盛为三藏，名振东国。武帝破邺，先遣追求。帝弟越王宿与法师厚善，恐帝肆怒，横加异责。乃鞭背成痕，俗服将见，越王先为言曰："臣恨其逃命，已杖六十。"令脱衣见帝，帝变色曰："恐其怀惭远逝，以至死亡。所以急追，元无害意。"责越王曰："大丈夫何得以杖捶相辱？"待遇弥厚，与还京师。

武帝崩，隋文作相，大弘佛法。两都归趣，一人而已。岁景将秋，怀土兴念，又以蜀川迥远，奥义未宣，援首西归。心存敷畅，蜀王秀未之知也。时长史周宣明入朝赴考，隋文帝谓之曰："炫法师安和耶？"宣明惊惶，莫知所对。文帝曰："一国名僧，卿遂不识，何成检校？"宣明稽首陈谢死罪。及还，先往寺参礼。寺旧在东，逼于苑囿，又是鄱阳王葬母之所，其王至孝，故名孝爱寺。宣明供养无阙，至大邺改为福胜寺。法师宣扬，觉倦入隐三学山，触目多感，遂游山诗曰："秀岭接重烟，崟岑上半天。绝岩低更举，危峰断复连。侧石倾斜涧，回流泻曲泉。野红知草冻，春来鸟自传。树锦无机织，猿鸣讵假弦。叶密风难度，枝疏影易穿。抱帙依闲沼，策杖戏荒田。游心清汉表，置想白云边。荣名非我顾，息意且萧然。"年一百二岁，不病而卒。

武阳道会

道会,犍为武阳史氏子。初出家,住益州严远寺。气宇高简,雅调逸群。四方道俗旦夕参候。犹以蜀门小狭,闻见非广,乃入京询访。经十余年,经论史籍,博究宗领。还蜀,欲大开释教,导引后锐。时属乱离,不果心行①。会皇运初兴,率先招抚。詹俊、李袠首途巴蜀,师上疏曰:"会弟性不肖,家风失坠。封爵虽除,诏敕犹在。门生故吏,子孙成列。并奋臂切齿,思效力用。即日剑门虽启,巫峡负固。师请躬率徒隶,振锡启途。折简宣威,开怀纳款。军无矢石之劳,主有待成之逸,此亦一时之利也,惟公图之。"为使淹留,遂不行于时。

国初僧尼道士,所在多度。有道士宋冀,是彼梁栋。于隆山县新立道观,屋宇成就,置三十人。师经总管段伦陈牒,改观为寺。其郭内住者并是道宗,不伏移改。嘱安抚大使李袭誉巡察州县,师以事达,乃引兵过城。四面鸣鼓,一时驱出。举宗怨诉,哗嗜街衢,师曰:"未能令天下改观为寺,此之一所终不可夺。"遂依立寺,至今不毁。

武皇登遐,入京朝观②,因与琳师同修辨正。有安州皓师在蜀弘讲。人有嫉者,表奏云反,又述法会觇候消息。遂被拘执,身虽在狱,言笑如常。为诸在狱讲释经论,经春至冬。诸僧十数,衣服褴缕,不胜寒酷。京师有无尽藏,恒施为事。师致书

---

① 不果心行:《续高僧传》卷第二十四《释道会》作"不果心术"。
② 观:疑为"觐"。

曰："自如来潜影西国,千有余年,正法东流五百许载。虽复赤髭青眼,大开方便之门;白脚漆身,广示归依之路,犹未出于苦海,尚陆沉于险道。况五众名僧,四禅教首。头陀聚落,唯事一餐,宴坐林中,但披三纳。加以无缘之慈,想升锤以代鸽;履不轻之行,思振锡以避虫。今有精勤法子,清净沙门,横被囚拘,实非其罪。遂使重关早落,睹狱吏而魂飞;清室晚开,见刑官而思尽。严风旦洒,穿襟与中露俱飘;繁霜夜零,寒心与死灰同殪。若竟不免沟壑,抑亦仁者所耻。"书达,即送裘鞋给之。及事释还乡,三辅名僧送出郭门。师与诸远僧别诗曰:"去住俱为客,分悲损性情。共作无期别,时能访死生。"道俗闻者,皆堕泪。

梓潼植相

植相,梓潼涪郝氏子。尝任巴西郡吏,太守郑贞令师卖献物。下扬都,见梁祖。王公崇敬三宝,便愿出家。及还上蜀,决誓家属,并同①妻子既同师志,一时薙落出家。于梁大同中专习苦行,一食常坐,正心佛理,以命自期。

南武都,今孝水县也。有法爱道人高炫道术,师往观之。爱于夕中,以咒力现大神,身着衣冠,容相瑰伟。来举绳床,离地四五尺。便诵戒,神即驰去。斯须复来举床,仅动一角,如前复去。俄尔,又来在师前立。师正意贞白,初无微动。寻尔复去,

---

① 同:《续高僧传》卷第二十五《释植相》作"其"。

于屋头现面。舍栋破裂,其声甚大,师亦无惧。神见不动,便来礼拜,求哀忏悔。至旦,语爱曰:"汝所重者,此是邪术,非正法也,可舍之。"师往益听讲,以生在边鄙,言颇涉俗。虽遭轻诮,亡怀在道,都不忤意。又因行路寄宿道馆,道士素闻师名,恐化徒属,拒不延之。其夜,群虎绕院相吼,道士等通夕不安。及明,追之,从受菩萨戒焉。

又曾行弘农,水侧见人垂钓。师劝止之不从①,即唾水中。忽有大蛇,擎头四顾,来趣钓者。因即归命,投师出家。时梁道渐衰,而涪土军动。与象法师分飞异域,象入静林山。师入青城山,聚徒集业。梁王萧扐素相钦重,供给獠民,以为营理。未暇经始,便感重疾,知命不救,谓弟子曰:"常愿生净土,而无胜业。虽不生三涂,亦不生天堂,还生涪土作沙门也。汝等努力行道,方与吾会。"跏坐,俨然奄便迁化。时年三十有四。

吴人僧林

僧林,吴人。深有德素,行能动物。梁大同中,上蜀,至潼州。城西北百四十里有豆圌山,上有神祠,土民敬之,每往祭谒。师往居之,禅默累日。忽有大蟒萦绳床前,举头如揖让者。师为授三归,受已便去。自尔安怗,卒无灾异。其山北涪水之阳素来无猿,师自栖托已来,便有两头依师而住。有见②度水而来,及师出门,猿还泅渡而去,如此非一。年月淹久,孚乳产生,乃

---

① 《续高僧传》卷第二十五《释植相》该处有"其言"二字。
② 有见:《续高僧传》卷第二十五《释僧林》作"有初见者云"。

有数十。有时送师至龙门口,伫望而返。后往赤水岩,有敞寺,屋宇并摧,只有基址①。便即露坐,有虎蹲于师前,低目而视。师乃为说法,良久便去。尔后,孤游雄悍,不避恶兽。常行仁济,感化者多。末卒于潼郡。

康居道仙

  道仙,一名僧仙,康居国人。以游贾为业。梁周之际,往来吴蜀。江海上下,集积珠宝。故其所获赀货乃满两船,时或计者云:"直钱数十万贯。"既怀宝填委,贪附弥深,唯恨不多,取验吞海。行贾达于梓州新城郡牛头山,值僧达禅师说法曰:"生死长久,无爱不离。自身尚尔,况复财物?"师初闻之,欣勇内发,深思惟曰:"吾于生多贪,志慕积聚。向闻正法,此说极乎。若失若离,要必当尔。不如沉宝江中,出家离着,索然无扰,岂不乐哉?"即沉一船深江之中。又欲更沉,众共止之,令修福业。师曰:"终为纷扰,劳苦自他。"即又沉之。便辞妻子。又见达房凝水滉漾,知入定,信心更重。

  投灌口山竹林寺而出家。初发落日,对众誓曰:"如不得道,不出此山。"即迥绝人踪,结宇岩曲。禅学之侣,相次屯焉。每览经卷,始开见佛在某处,无不哽咽:"我何不值,但见遗文。"如是挺卓不群。②或有造问学,皆以善权答对,冥符正法。自初入定,一坐四五日,率以为恒。有时预告明有客至,皆如其说。

---

① 基址:《续高僧传》卷第二十五《释植相》作"丛林"。
② 《续高僧传》卷第二十五《释道仙》该处尚有"野栖禽狩"四字。

梁始兴王澹褰帷三蜀，礼以师敬，携至陕服沮曲。以天监十六年至青溪山，有终焉之志，便剃草止容绳床。于时道馆崇敞，巾褐纷盛，屡相呵斥，甚寄忧心。师乃宴如，曾无屑屑之意。一夕，道士忽见东冈火发，恐野火焚害师。各执水器来救，见师方坐，大火猛焰洞然，咸叹火光神德。道士李学祖等舍田造像。寺塔欻成，远近归信十室而九。州刺史鄱阳王恢躬礼敬而受其法。

天监末，始兴王冥感于梁泰寺，造四天王。每六斋晨，常设净供。师后赴会，四王顶上放五色光，师所执炉自然烟发。太尉陆法和昔微贱日，数载在山，供师给使。僧有肆责者，师曰："此乃三台贵公，何缘骂辱？"俱不测其贵也，和果遂升衮服。师或劳疾，见缥衣童子从青溪水出，碗盛妙药，跪而进服，无几便愈。

居山二十八年，复游井络，化道大行。时遭酷旱，百姓请祈。师即往龙穴，以杖扣门，数曰："众生何为嗜睡如此？"语已登遐，即玄云四合，大雨滂注。民赖斯泽，咸来祷赛，钦若天神。有须舍利，即为祈请，应念即至，如其所须。

益州青城山香阇黎

香阇黎者，莫测其来。以梁初至益州青城山飞赴寺，欣然有终志。时俗每至三月三日必往山游赏，多将酒肉共相酬乐。师常劝喻，竟无改移。次年三月，亦如前集。例坐已了，师令人于座穿坑方丈，人莫知意。谓人曰："檀越等恒自饮啖，未曾与我。今日为众须餐一顿。"诸人争奉肴酒。随得随尽，若填巨壑，识者怪之。至晚曰："我大醉饱，扶我就坑，不尔污地。"及至坑所，张口大吐。鸡肉出口即能飞鸣，羊肉出口即驰走。酒食乱出，将欲满坑，鱼鲴鹅鸭游泳交错。众咸惊嗟，誓断辛杀。迄今酒肉永绝上山，此师之德风犹存。

益州别驾罗研朝梁，志公谓曰："益州香贵贱？"答曰："甚贱。"初不知是人也。志曰："既为人所贱，何为久留？"研亦不测此语，或曰："想是青城香阇黎也。"遂往山具述。师曰："檀越远来，固非虚说。"其夜便化，弟子等营墓将殡，怪棺太轻，及开，止见几杖而已。

益州多宝寺猷禅师

益州多宝寺猷禅师，慈道人杨氏子。勤读诵，四十余年，日夕不舍。房后院壁图九想变，露置绳床，棕被覆上。昼依僧例，夜则寝中。亘一日，方出一食，如是渐增七日方食。僧以为常，弗之怪也。如此，又经二十余年。忽经一月而不出者，不畜侍人。佥议不出只是入定，不劳看之。忽一夜风雨盛，画壁廊倒。及旦，众往视之，试拨棕被，一无所见，唯绳床坐褥存焉。

狂人僧度

僧度，不知何人。去来邑野，略无定所，① 时人号为狂人。

---

① 《续高僧传》卷第二十五《释僧度》该处有"言语出没时有预知"，无"时人"二字。

周赵王在益州，有郫民与王厚，便欲反。或有告者，王未之信。至旦，郫兵果至。王厚者为主，在城西大街方床大坐。时师乃戴皮靴一只，从城西遗粪而走。至盘陀塔，弃靴而回。众怪之，而莫测也。又复将反者，以纸笔请师定吉凶，便操笔作"州度"两字。反者喜曰："州度与我，斯为吉也。"择曰："彼往我亡，我往彼亡，重必克之。"时赵王据西门楼，令精兵三千骑往。始交即退，随后杀之。至盘陀，斩郫兵千余人，今塔东特高者是。于后方验师戴皮相，"皮""郫"声同；遗粪而走，散于塔地，所言州度（徒各切）反即斫头。目前取验，定后，人闻于王，遣人四追，遂失所在。

成都卫元嵩

卫元嵩，益州成都人。少出家，为亡名法师弟子。聪颖不偶，尝以夜静侍傍曰："世人汹汹，贵耳贱目。即知皂白，其可德哉！"名曰："汝欲名声，若不佯狂，不可德也。"师心然之，遂佯狂漫走，人逐成群。触物摛咏，周历二十余年。亡名入关，移住野安。自制琴声，为《天女怨心风弄》。有传其声者，尝谓兄曰："蜀土狭小，不足展怀。欲游上京与国士抗对，兄意如何？"兄曰："当今王褒、庾信名振四海，汝何所知，自取折辱。"答曰："彼多读书，自为文件。至于天才大略，非其分也。兄但听看！"即轻尔造关，为无过所。乃着俗服，关中却回。防者执之，师诈曰："我是长安于长公家人，欲逃往蜀耳。"关家迭送至京。于公曾在蜀与师交游，而忽得相见，不胜其忧，高贵名士靡所不诣。即上废佛教，自此还俗。周祖纳其言，又与道士张宾密加扇惑。帝信而不猜，便行屏削。师制《千字诗》，略云"龙首青烟起，长安一代丘"是也。并符谶纬，事后晓之。

隋开皇八年，京兆杜祈死，三日而稣，云："见阎罗王。问曰：'卿父曾作何官？'曰：'臣父在周为司命上士。'王曰：'若然错追，可速放去。然卿识周武帝不？'答曰：'曾任左武侯司法，恒在阶陛，甚识。'王曰：'可往看汝武帝去。'一吏引至一处，门窗椽瓦，并是铁作。于铁窗中，见一人极瘦，身作铁色，着铁枷锁。祈见泣曰：'大家何因苦困乃尔？'答曰：'我大遭苦困，汝不见耳。今得至此，大是快乐。'祈曰：'作何罪业，受此苦困？'答曰：'汝不知耶？我以信卫元嵩言毁废佛法，故受此苦。'祈曰：'大家何不注引卫元嵩来？'帝曰：'我寻注之，然曹司处处搜求，乃遍三界，云总不见。若伊朝来，我暮得脱，何所更论。卿还语世间人：为元嵩作福，早来相救；如其不至，解脱无期。'"祈稣不忘冥事，劝起福助云。

广汉尚圆

尚圆，姓陈，广汉雒人。出家以咒术救物。梁武陵王萧纪宫中，鬼怪魅诸婇女，或歌或哭，纷然乱举。王乃令善射者控弦拟之，鬼乃现形，即放箭射鬼，便遥接还返掷人，久而不已。闻师持咒，请入宫中。诸鬼竞前作诸变现，龙蛇百兽倏忽前后，在空在地，怪变多端。师安坐告曰："汝小家鬼，何因敢入王宫？能变我身，饶变万种①，只是小鬼。尔等住，听我一言。"诸鬼合掌住立，师始发云："南无佛陀，鬼皆失所。"自尔安静。武帝闻召，大蒙赏遇。值梁覆扰，师行至蜀，所有痛恼因之护卫。年八十一，终所住治城。②

想思寺无相禅师

涪州想思寺无相禅师，③不知何来。忽至山寺，④不异恒人。其寺在涪州上流大江水北崖侧。有铭方五尺许，字如掌大，都不可识。下有佛迹，相去九尺，长三尺许。蹈石如泥，道俗敬重。相以一时渡水无船，乃以钵安水中，曰："何为常擎汝，汝可自渡。"便取芭蕉叶搭水，立上而渡。钵随后来，须臾达岸。时采樵者，见之相语。师觉便辞去，徒众苦留不住。至水边入船，诸人礼请，不与篙楫。乃捉船舷直渡。不顾而去。⑤莫测所往。

绵州童进

童进，绵州李氏子。出家之后，不拘礼度，唯乐饮酒，谓人曰："将瓶等身而灌满，师犹未醉。"尝以酣醉狂歌，遗尿臭秽，众共非之。有识者曰："凡圣难测⑥。"会周武东征，云须毒药，

---

① 饶变万种：《续高僧传》卷第二十五《释尚圆》作"则可自变万种"。
② 《续高僧传》卷第二十五《释尚圆》该处有"今已摩灭"四字。
③ 《续高僧传》卷第二十五《涪州想思寺无相禅师者》该处有"非巴蜀人"四字。
④ 《续高僧传》卷第二十五《涪州相思寺无相禅师者》该处有"随众而已"四字。
⑤ 《续高僧传》卷第二十五《涪州相思寺无相禅师者》该处有"即令寻逐"四字。
⑥ 凡圣难测：《续高僧传》卷第二十五《释童进》作"此贤愚难识"。

敕泸州营造，置监吏力獠采药。蝮头、铁猩、鹫根、大蜂、野葛、鸩羽等数十种，酿以铁瓮。药成，着皮衣，琉璃障眼，方得近之。不尔，气冲成疮致死。药着人畜，肉穿便死。师闻之，往彼监所，官人弄曰："能饮一杯，岂非酒士？"师曰："得一升，解酲。"官曰："任饮多少，何论一升！"便取铁杓于药瓮中，取一杓饮之。言谑自若，都不为患。道士等闻皆来看，师又举一杓以劝之。皆远走避，或曰："此乃故杀人，何得无罪？"师曰："无所苦药，进自饮，有谁相劝？"乃噫曰："今日得一醉。"卧方石上，俄尔遗尿，所著石皆碎。良久，睡觉，精爽如常。隋初，无疾而终。① 弟子检校衣服、床褥，皆香洁非常。

净德寺富上

富上者，莫测何许人。恒依益州净德寺宿。埋一大笠在路，昼日兀坐读经。人虽去来，不唤令施；有掷钱者，亦不咒愿。每于静路，不入闹中，状如五十。虽在多年，过无所获，有信心者曰："城西城北，人稠施多，在此何为？"答曰："一钱两钱，足养身命，复用多为？"

陵州刺史赵仲舒乃三代之酷吏也，甚无信敬。闻故往试，骑马直过，佯堕贯钱。师但读经，目未曾顾。去远，舒令取钱，师亦不顾。舒乃返来，曰："你见我钱堕地以不？"曰："见。"问曰："钱今何在？"曰："见一人拾将去。"舒曰："你终日在路，

---

① 《续高僧传》卷第二十五《释童进》该句作："隋初得度，配等行寺，抱疾月余而终。"

唯乞一钱。岂有贯钱在地，而不取耶？见人将去，何不止之？"答曰："非贫道物，何为浪认。"仲舒曰："我欲须你身上袈裟。"师曰："公能将去，复有与者。"① 即叠授与。仲舒下马礼谢，曰："弟子周朝人，官历三代。大与众僧往还，少有不贪者。闻名故谒，本非恶意，请往陵州。"师曰："大善，然贫道广欲结缘，愿公助国安抚，即是长见受供养也。"舒辞叹，曰："僧中有人，不可轻慢。"尔后不见。益州人蓟相者从扬州还，见之，亦埋笠路侧，颜状如常。

莫测德山

德山，不知何许人。② 一日厌世，弃妻子入山修道。须发不暇削，衣食不暇给，唯息缘静念，为悟自性③。人莫知其观行，视其相状如得定者。时游化竹林龙池，开悟道俗，以清简为本，每云："烦乱之法，道俗同弊。故政烦则国乱，心烦则意乱，水清则鱼石可见，神清则想倒可识。学清简者，尚自喧烦。况在乱使，焉可道哉？"

绵州慧琳

慧琳，绵州神泉薛氏子。以隋初，隐于建明寺。清虚守静，

---

① 公能将去，复有与者：《续高僧传》卷第二十五《富上者》作"欲相试耳，公能将去，复有与者，可谓得失一种"。
② 《续高僧传》卷第二十五《释德山》该处有"姓山氏"三字。
③ 为悟自性：《续高僧传》卷第二十五《释德山》作"为得性也"。

与物不群。寺有塑像，常勤供养，像为生须三十六茎。

大业末年，扫一古坟，竖二竹竿，云是天眼。后忽拔一，云："弘农扬为魔所拔也。"不久，义宁嗣历。有时着复衣，夏坐坟上。日虽炎赫，身无热状；口虽涉道，形同于俗。言谈之次，以理居先。

雒县先有育王浮图。师忽一时历村，借车三百乘，云："欲向雒县迎浮图于此安置。"未经旬日，遂被火烧。武德年中，潜伏草野，人莫知也。彼有杨祜师，不测何人，直往草中相见。曾生未面，宛若旧朋，各云："别来八百年矣。"曾为人咒病得差，病者令女赍裙以施，女遂留衣送直。师遥见谓曰："但将裙来，我不须钱。"女惊其圣。以贞观四年，示从物故。

锦江禅灯卷第十九

苦形慧聪

慧聪，姓王。出家已后，游行斋讲，手不释卷。寻经旨趣，心自欣跃。苦形节食，行知足行。自云："《法华经》常不轻菩萨，不专读诵经典。但行礼拜四众，尚得六根清净，我何为不礼诸佛世尊？"即于别院闭门，常礼万五千佛，依经自唱，一一礼之。寺僧怪其所作，于壁隙伺之，见礼拜头下，天龙八部等亦头下，数数非一。诸人来其院者无不心战走出，恒闻异香蔚蔚。及尔终后，贞观年中，院无人往，每夜常闻弹指、礼拜、行道等声。

贝州智隐

智隐，贝州李氏子，即华严藏公之弟子。剃染之后①，遵弘道业，慧解所传，受无再请。而神气俊卓，雅尚清虚，谈吐佛乘②，听者忘倦。

开皇七年，敕召藏公，师与入京。住大兴善寺，通练《智度

---

① 《续高僧传》卷第二十六《释智隐》该处作"自少及长"。
② 谈吐佛乘：《续高僧传》卷第二十六《释智隐》作"时复谈吐"。

论》《阿毗昙论》及《金刚般若论》。明其窟穴，解兼伦例。众举绍隆，下敕补充讲论。于经藏寺仍扬前部，微恙而终①。敕送舍利于益州之法聚寺，即蜀王秀之所造也。道贯西蜀，开化弥昌，倾其金贝，无不兴从②。不接旬而塔成就矣，及将下瘗，天雨银花放白色光，如此非一。正入塔时，感五色云覆于函上，团圆如盖，大鸟六只旋绕云间，闭讫俱散。人以事闻，蜀王大悦。

会州法凝

法凝，会州人，姓庞氏。初，齐武帝梦游齐山，不知在何州县，散颁天下觅之。时师之父老奏称去州城北七里，有臣人山，旧号齐山。武帝遣于上立精舍，度僧给田业。师以童子，在先得度，专心持戒，道德日新。兼以究心，时则诵经③。后习禅定，或三日出定，或七日出。众往于窗中窥见，容或禅定，便经一月出。犹不饮食，众④往劝之。虽复进食，渐取少分。

年至七十，于佛像前置座而坐，初烧一指，昼夜不动。火然及臂，弟子辈欲往扑灭⑤。师禁之不许，臂然火焰弥炽，遂及身支。⑥七日七夜，众皆顶礼赞叹。⑦至身炼尽，唯有聚灰。众共起

---

① 微恙而终：《续高僧传》卷第二十六《释智隐》作"仁寿创福"。
② 无不兴从：《续高僧传》卷第二十六《释智隐》作"寻即成就"。
③ 《续高僧传》卷第二十七《释法凝》该句作："但以坐禅为念，出禅则诵经。"
④ 众：《续高僧传》卷第二十七《释法凝》作"大德名僧"。
⑤ 弟子辈欲往扑灭：《续高僧传》卷第二十七《释法凝》作"诸人与弟子欲往扑灭"。
⑥ 《续高僧传》卷第二十七《释法凝》该句作："及有叫唤者，复有禁止不听者。臂然火焰弥炽，遂及身。"
⑦ 《续高僧传》卷第二十七《释法凝》该句作："七日七夜，时俗男女有号哭自捶者，又有顶礼赞叹者。"

塔，今精舍犹在。①

涪陵僧崖

僧崖，涪陵牟氏子。晋义熙九年，朱龄石伐蜀。涪陵獽三百家随军平讨，因止千②广汉金渊山谷，师即其后也。而童幼少言，③每游山泉，必先礼而后饮。或谛观不瞬，坐以终日。人问其故，答曰："是身可恶，我思之耳，后必烧之。"及年长从戎，毅然刚正。尝随伴捕鱼，得己分者用投诸水，谓伴曰："杀非好业，我今举体皆同众生④。"遂舍家出家，而修禅观。⑤

时獽首领数百人共筑池塞，资以养鱼，师往彼观望。忽有异蛇长尺许，头尾皆赤，须臾长大，乃至丈余，围五六尺。獽众奔散，蛇便趣水，举尾入云，赤光遍野。久之，乃灭。寻尔，众聚，具论前事，师曰："此无忧也，但断杀业，蛇不害人。"又劝停池堰，众未之许。俄而，堤防决坏。时依悉禅师，施力供侍，虽充驱使而言语讷涩；举动若痴，然一对一言而合大理。经留数载，无所异焉。

---

① "至身炼尽……今精舍犹在"二句：《续高僧传》卷第二十七《释法凝》作："至身尽唯一聚灰。众共理之，于上起塔。今唯有一精舍在，余皆摧灭。"
② 千：《续高僧传》卷第二十七《释僧崖》作"于"，当是。
③ 《续高僧传》卷第二十七《释僧崖》该处有"不杂俳戏"四字。
④ 我今举体同众生：《续高僧传》卷第二十七《释僧崖》作"我今举体皆现生疮"。
⑤ 《续高僧传》卷第二十七《释僧崖》该句作："誓断猎矣，遂烧其猎具。"

玄武绍阇黎

绍阇黎，梓州玄武蒲氏子。未出家前，山行见一大虫甚瘦，又将一子，于涧中取虾为食。① 师叹曰："此虫应在深山，饥之甚矣。等是一死，不如充此之饥。"乃脱衣往卧虫前，虫乃避去。后方出家，唯诵经行道，更无异行。大业之初，汝州界虫暴非常，三五十人持杖而行，伤人既多。② 师往其处，立茅蓬而坐，虫并远去，道路清夷。年一百九岁，乃见疾而终。弟子收舍利，竖塔藏之阿原。③

雒县法建

法建，广汉雒县朱氏子。诵经千卷，闲暇遨游，俗无所测。或闭门数日不出④，亦无所食，唯闻诵经。然小声吟讽，音不外彻。有人倚壁窃听临响，但闻亹亹溜溜，似伏流之吐波。时乃一出，追从无闻。武陵王东下，令弟规守益州。魏遣将军尉迟迥伐蜀，规既降款。城内大有名僧，皆被拘禁。至夜，忽有光明。迥

---

① 于涧中取虾为食：《续高僧传》卷第二十七《沙门绍阇梨》作"于涧中取鰕子，鰕子又不可得"。
② "大业之初"句：而行，作"不敢独行"；伤：《续高僧传》卷第二十七《沙门绍阇梨》作"害"。
③ 乃见疾而终。弟子收舍利，竖塔藏之阿原：《续高僧传》卷第二十七《沙门绍阇梨》作："乃见疾，谓弟子曰：'我欲露尸乞诸虫鸟，而彪嫌我身。生尚不食，岂死能尝？可焚之无余烬。'弟子等不忍依其言，乃露尸月余。鸟兽不犯，乃收葬之。"
④ "或闭门数日不出"句：或，《续高僧传》卷第二十八《释法建》作"忽"；数，《续高僧传》卷第二十八《释法建》作"累"。

遣人寻光,乃见诸僧并睡,唯师端坐诵经,光从口出。迥闻,自到师座,顶礼坐听。至旦,迥问曰:"法师昨夜所诵何经?"① 答曰:"《华严经》下帙十卷。"迥曰:"何不从头诵之?"答曰:"贫道诵次到此耳。"迥曰:"法师诵得几许?"答曰:"贫道发心欲诵一藏,情多懈怠,今始得千卷。"迥惊疑不信,将欲试之,曰:"屈总诵一遍,应不劳损耶?"师曰:"读诵经典,沙门常事,岂惮劳苦?"乃设高座,令诸僧众并执本听。法师登座为诵,成似急流之注峻壑,其吐纳音句、呼噏气息或类清风之入高松。众闻其余音②,情疏意逸,空望尘躅。七日七夜,数已满千,犹故不止。迥起谢曰:"弟子兵将,不得久停,请从此辞。"诸僧因并释放。迥出叹曰:"自如来称灭之后,阿难号为总持,岂能过此?蜀中乃有如此僧,所以常保安乐。奇哉!奇哉!"师年八十终。

益州慧恭

慧恭,成都周氏子。周武未废佛教之时,与同寺惠远结契勤学,远直诣长安听采。师长往荆扬访道,游于京师,听得《阿毗昙论》《迦延》《拘舍》《地时》③《成实》《毗婆沙》《摄大乘》并皆精熟。还益州讲授,卓尔绝群,道俗钦重,䞋施盈积。师从江左来还,二人相遇欣欢,共叙离别三十余年,而同信宿。其言谈远如泉涌,师竟无所道。远问师曰:"离别多时,今得相见,

---

① 《续高僧传》卷第二十八《释法建》作:"至旦始休,迥问曰:'法师昨夜所诵名作何经?'"
② 众闻其余音:《续高僧传》卷第二十八《释法建》作"聪明者才似闻余音"。
③ 地时:疑为"地持"。

庆此欢会，伊何可论？但觉仁者无说，① 无所得耶？"师对曰："为性暗劣，都无所解。"远曰："大无所解，可不诵一部经乎？"师答曰："唯诵得《观世音经》一卷。"远厉色曰："《观世音经》，童子皆能诵之②。且仁者童子出家，与远立誓望证道果。岂复三十余年唯诵一卷经，如指许大？是非暗钝，懒惰所为，请与断交。愿法师早去，无增远之烦恼也。"师曰："经卷虽小，佛口所说。遵敬者得无量福，轻慢者得无量罪。仰愿暂息瞋心，当为法师诵一遍，即与长别。"远大笑曰："《观世音经》是《法华经·普门品》。远已讲之数过百遍，如何始欲闹人耳乎？"师曰："外书云'人能弘道，非道弘人'，但至心听佛语，岂得以人弃法？"乃于庭前结坛，③ 安高座，绕坛数匝，顶礼升高座。远不得已，于檐下据胡床坐听。师始发声唱经题，异香氤氲遍满房宇。及入文，空中作乐，天雨四华，乐则嘹亮振空，华则雰霏满地。念经讫，下座，华乐方歇。④ 惠远接足顶礼，泪下交流，谢曰："惠远之量，一篝灯耳。⑤ 敢行天日之下，乞暂留赐见教诲。"师曰："非恭所能，诸佛加被之力也。"即日拂衣长揖，沿流而去。尔后访问，竟不知其所之。

---

① 《续高僧传》卷第二十八《释慧恭》该处有"将不得"二字。
② 《续高僧传》卷第二十八《释慧恭》该处有"何烦大汝许人乎"。
③ 《续高僧传》卷第二十八《释慧恭》该处有"坛中"二字。
④ 《续高僧传》卷第二十八《释慧恭》该句作："经讫，下座。自为解座梵，讫花乐方歇。"
⑤ 《续高僧传》卷第二十八《释慧恭》该句作"慧远嗅秽死尸"。

眉州法泰

　　法泰，眉州隆山县吕氏子。初为道士十余年。一日，忽自悟其非，① 回心正觉，因即剃除。始诵《法华经》，寻即通利，乃精勤写《法华经》一部，数有灵瑞。欲将向益州装潢，令一人担负。② 行至笮桥③，桥忽断，师在后，负担人俱坠水中。人浮得出，担没不见。师于岸上搥胸号哭曰："其余俱是闲事，何忍溺经？"即高声唱言："如能为漉得者，赏钱两贯。"时有一人闻之，脱衣入水，求之数度。只得钱与衣幞，而不得经。师转悲泣，巡岸上下，望小洲上有一幞，命人取之，乃是经也。草木擎之，宛无湿处。师不胜欢喜，即以三千钱偿所漉人。曰："法师悲号剧丧父母，故为代觅，非是贪钱。弟子虽庸夫，亦知福报。请以此钱充庄严之直。"言讫遁去。更欲与言，不知何往④。

　　师至成都装潢，以檀香为轴，表带及帙并函将还本寺别处安置，夜有异香。师勤诵持，昼夜无间⑤。时彪法师为邻，夜欲看读。恒嫌师闹乱其心，曲自往请，令低声。乃见师前大有人众，皆胡跪合掌。彪退流汗，即移所住。师年八十终矣。

---

① 一日，忽自悟其非：《续高僧传》卷第二十八《释法泰》作"中间忽自悟"。
② 《续高僧传》卷第二十八《释法泰》该处有："一头以笼盛钱二千，束缚经置钱上，一头是衣服。"
③ 行至笮桥：《续高僧传》卷第二十八《释法泰》作"担行至地名笮桥"。
④ 不知何往：《续高僧传》卷第二十八《释法泰》作"去已远矣"。
⑤ 昼夜无间：《续高僧传》卷第二十八《释法泰》作"一夜一遍"。

绵竹宝琼

宝琼,益州绵竹马氏子。少年出家,清贞俭素。读诵《大品》,① 率以为常。历游邑落,但劝尊敬佛法。② 晚移州治,住福寿寺,率励坊郭,邑义为先。每结一邑,必三十人,合诵《大品》,人各一卷,月营斋集,依次而诵。如此义邑,乃盈千计。四远闻者,皆蒙造款。师乘机授化,望风靡服,而卑弱自持。先仁后德,经行拥闹,下道相避。言问酬对,怡声谦敬,不媚于时。本邑、连比、什邡诸县并是道民,尤不奉佛。僧有投寄无容施者,致使老幼之徒于沙门像不识者众。师虽桑梓,习俗难改,徒有开悟,莫之能受。李氏诸族正作道会,邀师赴之,③ 不礼而坐。佥谓:"不礼天尊,非法也。"师曰:"邪正道殊,所事各异。天尚不礼,何况老君!"众议纭纭,颇相陵侮。师曰:"吾礼非所礼,恐贻辱也。"遂礼一拜,道像并座动摇不安。又礼一拜,连座返倒摧残在地。道民相视,谓是风鼓,竞来周正。师曰:"斯吾所为,勿妄怨也。"初未之信,既安又礼,依前崩倒。合众惊惧,举堂礼师。一时回信,从受归戒。傍县道党,相将叹讶,咸复奉法,不敢故违④,皆受菩萨戒也。县令高达素有诚敬,承风敷道,更于州寺召僧弘讲,阖境倾味,自此而繁。以贞观八年,终于所住。

---

① 《续高僧传》卷第二十八《释宝琼》该处有"两日一遍"四字。
② 《续高僧传》卷第二十八《释宝琼》该句作:"历游邑落,无他方术,但劝信向尊敬佛法。"
③ 《续高僧传》卷第二十八《释宝琼》该处有"来既后至"四字。
④ 不敢故违:《续高僧传》卷第二十八《释宝琼》作"时既创开释化"。

康居明达

明达，康居康氏子。童稚出家，严持戒律，受戒之后，① 便护五根。年及具足，行业弥峻，胁不着席，日无再饭。外仪轨则，内树道因，广济为怀，游行在务。

以梁天监初，来自西戎，至于益部。时巴峡蛮夷，鼓行抄劫，州郡征兵，克期诛讨。师愍其将苦，志存拯拔。独行诣贼，登其堡垒。慰喻招引，未狎其情。俄而，风雨晦冥，雷霆震击，群贼惊骇，恻尔求哀。师乃教具千灯，祈诚三宝。营办始就，昏霾立霁，山泽通气，天地开朗。翕然望国，并从王化。褴负排薮，獭兽前趋，其徒充泽，遂使江路肃清，往还无阻。兵威不设而万里坦然，师之力也。后因行役中，路逢有人缚豚在地，声作人语曰："愿上圣救我！"师即解衣，赎而放之。

尝于夜中索水洗脚，弟子如言而泥竟不脱。重以汤洗，如前不去，乃自以水灌之，其脚便净。师曰："此鱼膏也，莫测其所从。"行至梓州牛头山，欲构浮图②。不访材石，直觅匠工，道俗莫不怪其言。于时三月水竭，即下求水③，乃于水中得一长材，正堪刹柱，长短合度，佥用欣然，仍引而竖。至四月中，涪水大溢，水流翳江④，自泊村岸，都无溜者。师率合缁素，通皆接取。

---

① 严持戒律，受戒之后：《续高僧传》卷第二十九《释明达》作"严持斋戒，初受十戒"。
② 《续高僧传》卷第二十九《释明达》该处有"及以精舍"四字。
③ 即下求水：《高僧摘要》卷第四《释明达》作"即下求木"。
④ 水流翳江：《续高僧传》卷第二十九《释明达》作"木流翳江"。

从横山积,创修堂宇,架塔九层。远近并力,一时缮造;役不逾时,欻然成就。而躬袭三衣,并是粗布,① 寒暑无革。有时在定,据于绳床,赫然火起,众往扑灭,唯觉清凉。

有沙门僧救疾患挛躄,来从乞瘥。师便授杖令行,不移晷景,骤步而返。斯阴德显济,功不可识,其例甚矣。又布萨时,身先众坐。因有盗者穿墙负物,既出在外,迷闷方所,还来投寺。喻而遣之,化行楚蜀,德服如风。② 故使三蜀氓流,或执炉请供,或散华布衣,或舍俗归忏,或蔫落从法。日积岁计,而不可纪。

南昌僧晃

僧晃,绵州涪城南昌冯氏子。形长八尺,颜貌瑰伟,威容整肃,动中规矩;而鹰眼虎身,鹅行象步,声音雄亮。志略宏远,③ 志学之年④。文才博达,时共声誉。尝梦手擎日月,太虚中坐,便晃然厌俗。欣慕出家,私即立名为僧晃也。父母未许,拘械两足,系于屋柱。矢意绝命,誓心无改,⑤ 锁自开解。乃叹曰:"夫志之所及,山岳以之转,江河以之绝,城台以之崩,瀛海以之竭,日月为之潜光,须弥为之崩颓,星辰为之改度,嘉树为之折摧,况复金木之与桎梏,奚足系吾心哉!"二亲顾其决志⑥,遂依象法师出家。

---

① 《续高僧传》卷第二十九《释明达》该句略有"破便治补"。
② 《续高僧传》卷第二十九《释明达》该句作:"遂喻而遣之。故达化行楚蜀,德服如风之偃仆也。"
③ 《续高僧传》卷第二十九《释僧晃》该处有:"纲维法任有柱石焉,故使岷巴领袖咸所推仰。"
④ 志学之年:《续高僧传》卷第二十九《释僧晃》该处作"昔年在志学"。
⑤ 《续高僧传》卷第二十九《释僧晃》该处有"不移旦夕"四字。
⑥ 《续高僧传》卷第二十九《释僧晃》该句作:"二亲顾其冥感,任从道化。"

受业学通,纲维法任。① 乃岷巴之领袖,而咸所推仰焉。

梓州智通

智通,梓州陈氏子。八岁出家,为正道法师弟子。后诵《法华》,并习讲业②。善持威仪,奉戒贞苦。常有双鹅依时听讲,每日③两度放光。至唐贞观年间,升座,告众曰"吾今永别",言讫而逝。春秋九十七矣。

陕州悟诠

悟诠,号觉海,有慧性。峡州有富人程夷伯者,年二十九,一夕,梦其父曰:"汝今年当死,可问觉海。"其人茫然不晓。一日,有僧说相,负觉海字。程请一相,问云:"我寿几何?"觉海曰:"老僧皆无求,但觅水一杯。"呵气入水中,令程饮之,曰:"今夜有吉梦,可相报。"即夜,梦至一官府,左廊男妇,衣冠严整,皆相忻悦;右廊男妇,尽枷锁缧绁,哀号涕泗;傍有人云:"左廊是修舍桥路人,右廊是毁坏桥路人。若尔要福寿,可自择取。"程即梦觉,发心凡百里之内桥梁路道,一一修整。工毕,觉海复来云:"汝作此事,可延十年。"程自是于道路上,用工不

---

① 《续高僧传》卷第二十九《释僧晃》该句作:"学通大小,夙夜匪懈。"
② 并习讲业:《续高僧传》卷第二十九《释智通》作"并讲在牛头山"。
③ 《续高僧传》卷第二十九《释智通》该处作"讲百余遍"。

倦。寿九十二，五世昌盛。①

巨鹿僧稠

僧稠，姓孙氏。元出昌黎，末居巨鹿之瘿陶。性度纯懿，一览佛经，涣然神解。幼落发为沙弥。时辈每暇常角力为戏，而师以劣弱见凌侮，遂羞之。乃入殿中闭户，抱金刚足而誓曰："我以羸弱为等辈轻侮。汝以力闻，汝当相佑我。捧汝足七日，当与我力，如不与，必死无还②。"至第六日将曙，金刚形现，手执一钵筋，谓师曰："小子欲力，当食此筋。"师辞以斋，故不欲食。神乃怖以杵，师惧，遂食。神曰："汝已多力，然善持教勉旃。"神去，达晓乃还。③ 同列复戏侮，师曰："吾有力矣，恐汝不能堪。"众试引其臂，筋骨强劲，殆非寻常，众方惊疑。师曰："吾与汝试之。"因入殿中横蹋壁行，自西至东凡数百步，又跃首至于梁数四，仍引重千钧，拳捷骁麁，众皆惊服。

尝住嵩岳寺。僧有百人，泉水才足。忽见妇人弊衣挟彗，却坐阶上听僧诵经。众不测为神人，便诃遣之。妇有愠色，以足蹋泉，水立枯竭，身亦不现。众以告师，遂呼："优婆夷！"三呼乃出。便为神曰："众僧行道，宜加拥护。"妇人以足拨于故泉，水即上涌，众叹异之。

后诣怀州西王屋山修习前法。闻两虎交斗，咆响震岩，乃以

---

① 此传具载《神僧传》卷第二《悟诠传》。
② 《神僧传》卷第三《僧稠传》该处有"志也"二字。
③ 《神僧传》卷第三《僧稠传》该句作："神去且晓，乃还所居。"

锡杖中解，各散而去。一时，忽有仙经两卷在于床上，师曰："我本修佛道，岂拘域中长生者乎？"言已，须臾自失。后移止青罗山，凡为入定，① 每以七日为期。闻有敕召，俱无承命，苦相敦喻，方遂允请。即日拂衣将出，山阙两岫忽然惊震，响声悲切，骇扰人畜，禽兽飞走②三日。师顾曰："慕道怀仁，触类斯在。岂非爱情易守，放荡难持耶？"乃不约事留，杖策漳滏。

霍山僧群

僧群，清贫守节，蔬食持经。居罗江县之霍山。构立茅室，孤在海中，上有石盂，水深六尺，常有清流。古老相传是群仙所宅。师因绝粒，其庵舍与石盂隔一小涧，常以木为梁，由之汲水。年至一百三十，忽见一折翅鸭当梁头。师将举锡拨之，恐其转伤，因此回归，遂绝水数日而终。临终，谓左右曰："我少时曾折一鸭翅，验此以为报也。"③

康居邵硕

沙门邵硕，康居国人，与志公最善。出入经行，不问夜旦④。后游益州，以滑稽言能发人欢笑，因劝以善，家家喜之。若至人

---

① 后移止青罗山，凡为入定：《神僧传》卷第三《僧稠传》作"后移止青罗山，受诸疠疾供养。情不惮其臭溃，甘之如荠。坐久疲顿，舒脚床前。有神辄扶之，还令加坐，因屡入定"。
② 《神僧传》卷第三《僧稠传》该处有"如是"二字。
③ 此传具载《神僧传》卷第三《僧群传》。
④ 《神僧传》卷第四《邵硕传》该处有"意欲求之则去"。

家眠地，必有人死；就人求细席，必有小儿亡，时咸以此为谶。至四月八日，成都行化，于众中作狮子形。即日郫县亦言见师作狮子形，乃悟其分身也。刺史萧慧开及刘孟明皆挹事之。孟明以男子衣与二妾穿，试师云："将此二人给公为左右，可乎？"师好韵语，乃谓明曰："宁自乞食以清燕，不能与阿夫竟残年。"后忽着布帽诣明。少时明卒，先是孟明长史沈仲玉改鞭杖之格，严重常科。师谓玉曰："天地嗷嗷从此起，若除鞭格得刺史。"玉除之。及明卒，仲玉果行州事。是年九月将亡，谓沙门法进曰："愿露骸松下，然脚须着屦。"进诺之。已而化，升其尸露之。明日往视，失所在。俄有自郫县来者，曰："昨见硕公着一屦行市中，曰：'为我语进公，小儿见欺，止为我只屦。'"进惊问之沙弥，答曰："舁尸时一屦堕地，行急，不及系也。"

始州惠主

惠主，始州永归县贾氏子。六岁出家，为斌法师弟子。于黄安县造七寺、梓潼县造十寺、武连县造三寺。初年登冠，欲受具足。当境无人，乃入京于甘露寺受戒。唯听"四分"，余义傍通。梦三日三夜天地暗冥，众生无眼，过此忽明，眼还明净，觉已汗流。一百日后，周武帝毁教，方知征应。即返故乡南山藏伏，唯食松叶，异类禽兽同集无声。或有山神送伏苓、甘松香。获此供养，六时行道，禽兽随行。礼佛诵经，似如听仰，仍为幽显受菩萨戒。后有猕猴群共治道，师曰："汝性躁扰，作此何为？"曰："时君异也，佛日通也。"深怪其言，寻尔，更有异祥龙飞兽集。

香气充山，其类众矣。①

襄州慧璇

　　慧璇，姓董氏。少出家，在襄州。周武帝灭法后，南往陈转②入茅山，听明师"三论"。又入栖霞，听悬布法师"四论"③、《大品涅槃》等。晚往安州大林寺，听圆法师《释论》，凡所游刃，并契幽极。又返乡梓，住光福寺，居其山顶，以引汲为劳。将移他寺，夜见神人，身长一丈，衣以紫袍，顶礼师曰："奉请住此当讲大乘，勿说小乘④。其小乘者，亦如高山无水，不能利人；其大乘者，犹如大海。此山多佛出世，一人读诵讲说大乘，能令所住珍宝光明，眷属荣胜，饮食丰饶。⑤惟愿弘持，勿孤⑥所望。法师须水，此易得耳，来月八日定当有水。小神自往剑南慈母山大泉请龙王去。"言已不见。恰至来月七日初夜，大风卒起，从西南来，雷震雨注，在寺北汉高庙下佛堂后百步许，通夜相续，至明方住。惟见清泉香美，合众同欢。

---

① 此传具载《神僧传》卷第五《惠主传》。
② 转：《神僧传》卷第六《慧璇传》作"朝"。
③ 四论：佛教四部经论的合称，即《中观论》《十二门论》《百论》《大智度论》。"三论"则不包括《大智度论》。
④ 《神僧传》卷第六《慧璇传》该处有："为虑"二字。
⑤ 《神僧传》卷第六《慧璇传》该处有："若有小乘，前事并失。"
⑥ 孤：通"辜"。

简州道昭

道昭，简州康氏子。少时因得疾不悟，云"至冥司，见善恶报应之事"，遂出家。住太行山四十年，戒行精苦，往往言人将来事。初若隐晦，后皆明验。尝有二客来，一曰姚邈，举明经；一曰张氏，以资荫。师谓张曰："君授官四政，慎不可食禄范阳。四月八日得疾当不救。"次谓邈曰："君不利簪笏。如能从戎，亦当三十年无乏。有疾勿令胡人疗之。"其年张官于襄、邓间，后累选。尝求南州，亦皆得之。后又选，果授虢州卢氏县令，到任两日而卒，果四月八日也。后方悟范阳即卢氏望也。邈举不第，从知于容州假军守之名三十年，累转右职。后因别娶妇，求为傧者，因得疾，服姬黄氏药而终。后访黄氏本末，乃洞主所放出婢，是胡女也。①

嘉州常罗汉

嘉州僧常罗汉，频劝人设罗汉斋会，故得其名。杨氏媪嗜食鸡，平生所杀不知其②数。既死，家人修冥福③，道士方拜章。师忽至，告其子曰："吾为汝忏悔。"杨家甚喜，设座延入。师顾其仆，曰："去街东第几家，买花雌鸡一只来。"如言得之，命杀以具馔。杨氏泣请，曰："尊者见临，非有所爱惜。今日启醮筵，

---

① 此传具载《神僧传》卷第八《道昭传》。
② 其：《神僧传》卷第九《常罗汉传》作"千百"。
③ 修冥福：《神僧传》卷第九《常罗汉传》作"作六七斋，具黄篆醮"。

举家内外久绝荤馔，乞以付邻家。"师曰①："不可。"必欲就煮食。既熟，就厅踞坐，折肉满盘，分置上真九位，乃食其余。斋罢，不揖而去。是夕卖鸡家及杨氏悉梦，媪至谢曰："在生时罪业，见责为鸡。赖罗汉悔谢之赐，今既脱矣。"自是郡人作佛事荐亡，幸其来以为冥涂得助。绍兴末年卒，肉身久而不坏。

长乐道汪

道汪，长乐潘氏子，幼随叔在京。年十三，投庐山远公出家，研综经律，雅善《涅槃》，行道数十余年②。尝行梁州，师为羌贼所围，垂失衣钵。与弟子数人誓心共念观世音。有顷，觉如云雾覆身，群盗推索不见，于是获免。后闻河间玄高法师禅慧深广，欲往从之。中路值吐谷浑之难，遂不果行，于是旋于成都。征士费文渊，初从受业，乃立寺于州城西北，名曰祇洹。化行巴蜀，誉洽朝野。梁州刺史申坦与师有旧知，垣后致故。师将往省之，仍欲停彼。费文渊乃上书刺史张悦曰："道汪法师识行清白，风霜弥峻，卓尔不群，确乎难拔。近闻梁州遣迎，承教旨许去。阖境之论，佥曰'非宜'。鄜州边荒，僧尼出万，禅戒所资③是赖。岂可水失其珠，山亡其玉？愿鉴道俗之诚，令四辈有凭也。"悦即敦留，遂不果行。悦还都，具向宋孝武述师德行。帝即敕令迎接为中兴寺主。师乃因悦固辞以疾，遂获免。于是谢病下帷，

---

① 《神僧传》卷第九《常罗汉传》无"曰"字。
② 行道数十余年：《高僧传》卷第七《释道汪》作"蔬食数十余年"。
③ 《高僧传》卷第七《释道汪》该处有"一焉"二字。

绝窥人世。后刘思考临州,大设法祀,请师讲经,乃应请。或问:"法师常誓守静,何以亏节?"答曰:"刘公笃信,方欲大法凭之,何辞小劳耶?"

嘉州慧持

慧持法师,游峨眉山,遂于嘉州道傍大树内入定。政和三年四月,风雨暴作,树为摧折。捕盗官经历,见其须发盖体,甲瓜绕身,颇异之,遂奏于朝廷。有旨令肩舆至京。时西天总持以金磬出其定,乃问:"何代僧?"法师曰:"我东林远法师弟也。因游峨眉,不记时代几何。"仍问:"远法师在否?"总持曰:"今问递代,约七百年矣,安得在耶?①"遂不复语。再问曰:"欲归何方?"师曰:"陈留县。"复入定矣。

冀州慧叡

慧叡,冀州人,少出家。执节清峻,常游方而学经。行蜀之西界,为人所略,常使牧羊。有商客信敬者见而异之,疑是沙门,请问经义,无不综达。商人即以金赎之。既还,袭染衣,笃学弥至。游历诸国,乃至南天竺界。音译诂训,殊方异义,无不必晓。

---

① 《雪堂行拾遗录》该句作:"今化去七百年矣,安得在耶?"

泸州罗贯山和尚

泸州罗贯山和尚（即建文皇帝）。诗云："流落江湖数十秋①，归来不觉雪盈头。乾坤有恨家何在？江汉无情水自流。长乐宫中云气尽②，朝阳阁外雨声愁。新蒲细柳年年绿，野老吞声笑未休。"书壁："阅罢《楞严》罄懒敲，笑看茅屋与团标。南游漳海千层迥，北望天门万里遥。金锄削下青丝发，袈裟换却衮龙袍。百官未审归何处，惟有群鸦早晚朝。"

希夷陈先生

希夷陈先生，讳搏，普州崇龛乡人。因游学至华山，见山峦崄巇，于绝巘巇人难措足处，一卧数十载。宋太祖向其高风，诏不出山者三。大清十一年甲午，有僧彻纲，侍丈雪和尚，客邸卧石，作诗以赞之："丈夫步骤没来由，日把华山当枕头。卧去历今五百载，局残殊觉几千秋。烧还风雨天为屋，食服云霞气若牛。十二时输君使用，不知谁是我同流。"

嘉兴楞严寺达观法师

嘉兴③府楞严寺达观法师，寓阆中太平寺礼大悲菩萨像赞。

---

① 数十秋：《大明高僧传》卷第三《沙门释应能传》作"四十秋"。
② 长乐宫中云气尽：《大明高僧传》卷第三《沙门释应能传》作"长乐宫中云影暗"。
③ 嘉兴：《锦江禅灯目录》作"嘉禾"。

时万历戊子长至日:"稽首圆满自在尊,尘刹恒飞无碍轮。碾破一切诸极苦,普令众生获悲智。智则对境了无情,悲则逆顺咸拔济。此智在眼洞十方,此悲在心益三世。三世十方量无量,手眼是须千万种。如是妙用等水月,昭然可见不可捉。分身散影初无常,慈视万物皆刍狗。若人于是见菩萨,是人即是菩萨子。离此别求奇特事,是则魔鬼坏正法。"

德升顽庵

德升,号顽庵,汉州何氏子。幼溺尘滓,稍长梦醒。二十得度,游心讲席。四众以义虎推焉。忽以知解白谦,翻然易辙,更衣顶笠,谒文殊道和尚,恳示佛法省要之旨。道说偈曰:"契丹打破波斯寨,夺得宝珠村里卖。十字街头穷乞儿,腰间挂个风流袋。"师将拟对,道叱曰:"莫错!"于是退参三年,方领前旨。入闽鼓山礼觐竹庵,问:"国师不跨石门句,意旨如何?"竹庵应声曰:"闲言语。"言下顿悟。后有僧问:"如何是无位真人?"师曰:"闻时富贵,见后贫穷。"①

犍为陈道人

犍为陈道人,示赵乡绅偈:"食饱无忧乐以哉,者场春梦几时回?君欲醒时连忙醒,莫教藤枯树倒来。杖履寻幽日径斜,天

---

① 此传具载《大明高僧传》卷第八《南康军云居寺沙门释德升传》。

风吹我入烟霞。云高法界三千丈，春满檀那百万家。祖佛递相传密印，明僧次第授袈裟。西来大意头头现，鸟啸猿啼转法华。"

瓦屋山角端

瓦屋山角端，此山从无虎豹。僧寿安语杨升庵曰："而今有兽，不知其名。类画图中之角端。食虎豹，而不伤人。僧护之，以卫此山。"庵曰："予闻角端止杀，今又闻除害，其瑞在麟之上矣。"

开元寺张三丰

开元寺张三丰，夔州开元寺。国初张三丰与手僧广海，尝赠诗云："深入浮屠断世情，舍摩他行恰相应。天花隐隐呈微瑞，风叶琅琅咏大乘。密室昼闲云作盖，空亭夜静月为灯。魂销影散无何有，到此谁能见老僧。"别时留草履一双、沉香三片而去。后海以诗及二物献之，文皇答赐玉环一枚、千佛袈裟一领。

嘉州凌云寺千峰大师

嘉州凌云寺，元时为战场。至正德间，僧千峰曾为狱卒，囚徒甚伙。峰曰："世乱刑繁，多不当罪。吾怜汝释之，我亦从此逝矣。"遂削发为僧，结茅九峰山，其建竖功绩颇多，兹不繁录。千峰肉身现存释迦舍利塔、舍利泉前。考碑，乃九顶清素禅师十一世孙也。清守道讳楫傅公，梦感，从建塔房、新金衣焉。塔主心通，请圣可禅师安居于此，尝书赞于壁云："石可烂兮铁可销，何如色体更坚牢？法身有相还知否？入眼舟从万里桥。"有刮胸验真伪，辄发痈，忏谢愈，因而人无敢侮矣。

古寺杨关主

古寺杨关主悟空洪仁禅师，绵竹杨氏子，结茅于青城山。蜀王献过江闻风，发帑藏以供给。创龙楼宝阁，颜曰光严寺。以净因寺经藏，蜀板宋笺牙签锦盖，莫与京者。设于中，为四众俱瞻之地。劫运虽赭，而宝范犹存。关主肉躯衣金窣堵波无恙。戊辰春，昭觉八十叟丈雪醉老人率众翻绎，乃师之愿海也。左有嵯峨寺，同时亦有蜀板藏经。劫火黍离，被风雨所蠹。净因大伽蓝所藏经板亦随灰烬，今锦官西关外之万福寺也。

峨眉道者

峨眉道者，蜀人。戒律精严，不下山者二十载。一日，有布衣青袂昂然一伟人来，与语良久，期以明年是日复相见。待明年是日，道者沐浴端坐而逝。迨暮，伟人果来，问："道者安在？"曰："亡矣。"伟人叹息良久，书数语壁间，语曰："落日斜，西风冷，幽人今夜来不来？教人立尽梧桐影。"字画飞动，如翔鸾舞凤，非世间笔也。（或谓吕洞宾）

锦江禅灯卷第二十

凉州贤护

贤护,凉州孙氏子。来止广汉阎兴寺。常习禅定为业,兼严律行①,纤毫无犯。以晋隆安五年卒。临亡,口出五色光明,照满寺内。遗言使烧身,既而肢节都尽,唯一指不然。②

高昌法绪

法绪,高昌人。德行清谨,矢志修禅。后入蜀,于刘师冢间头陀山谷,虎兕不伤,诵《法华》《维摩》《金光明》。常处石室中,率以为常。盛夏于室中圆寂,七日不臭,有异香,经旬不散。③ 每夕放光,照彻数里。村人即于室傍,为起塔焉。

---

① 兼严律行:《高僧传》卷第十一《释贤护》作"又善于律行"。
② 《高僧传》卷第十一《释贤护》该句作:"遗言使烧身,弟子行之。既而肢节都尽,唯一指不然,因埋之塔下。"
③ "盛夏于室中圆寂"句:圆寂,《高僧传》卷第十一《释法绪》作"舍命";有异香,《高僧传》卷第十一《释法绪》作"尸左侧有香"。

凉州法成

法成，凉州人。十六出家，学通经律。不饵五谷，唯食松柏脂。孤居岩穴，习禅为务。元嘉中，东海王怀素出守巴西，闻风遣迎，会于涪城。夏坐讲律，事竟辞反，因停广汉，复弘禅法。后小疾，便告众云："法成常诵《宝积经》，于是自力诵之，始得半卷，气劣不堪。"乃令人读之，一遍方竟①，合掌而卒。侍疾十余人咸见空中有绀马背负金棺，升空而逝。

郫筒法期

法期，郫县向氏子。早丧二亲，事兄如父。十四出家，从智猛咨受禅业，与灵期寺法林共习禅观。猛所谙知，皆已证得。后遇玄畅，复从进业。及畅下江陵，师亦随从。十住观门，所得已九。有师子夺迅三昧，唯此未尽，畅叹曰："吾自西涉流沙，北履幽漠，东探禹穴，南尽衡罗。唯见此一子，特有禅分。"后卒于长沙寺，春秋六十有二。神光映彻数里，体更香洁。②

炖煌道法

道法，炖煌曹氏子。弃家入道，专精禅业，亦时行神咒。后

---

① 方竟：《高僧传》卷第十一《释法成》该处作"才竟"。
② 《高僧传》卷第十一《释法期》传末尚有："时蜀龙华寺又有释道果者，亦以禅业显焉"。

游成都,为王休之、费铿之请,于①兴乐、香积二寺主。训众有法,常行分卫,不受别请。及僧乞食所得,常减其分,以施虫鸟。每夕辄脱衣露坐以饲蚊虻。② 后入定,见弥勒放脐中光照三涂果报,于是深加笃励,常坐不卧。元徽二年,于定中灭度,平坐绳床,貌如恒日。

成都普恒

普恒,成都郭氏子。为儿童时,尝于日光中见圣僧在空中说法,向家人叙之,并未之信。后苦求出家,依止安乐寺。独处一房,不立眷属。习静业禅,善入出住。与蜀韬律师为同意。自说入火光三昧,光从眉直下,至金刚际,于光中见诸色像。先身业报,颇亦明了。宋昇明三年卒,春秋七十有八。

临邛法淋

法淋,晋原临邛乐氏子。少出家,止蜀郡裴寺。专好《戒品》,研心《十诵》。常恨蜀中无好师宗。俄而,隐公至蜀,师乃克己握锥自刺,昼夜如常③。及隐还陕西,随从数载,诸部毗尼,洞尽心曲。后还蜀,住灵建寺,益部僧尼无不宗奉。常祈心赡

---

① 于:《高僧传》卷第十一《释道法》作"为"。
② 《高僧传》卷第十一《释道法》该处有"如此者累年"。
③ 昼夜如常:《高僧传》卷第十一《释法琳》作"以日兼夜"。

养①。每诵《无量寿》及《观音经》,辄见一沙门,形甚姝大,常在师前。至齐建武二年,寝疾不愈,注念西方,礼忏不息。见诸贤圣皆集目前,乃向弟子述其所见,令死后焚身。言讫,合掌而卒。即于新繁路口积木燔尸,烟炎冲天,三日乃尽。收敛遗骨,即于其处而起塔焉。

安汉僧庆

僧庆,巴西安汉陈氏子,家世业儒②。庆生有异瑞。十三出家,依义兴寺。净修梵行,愿求见佛。先舍三指,末誓烧身。渐绝粮粒,唯服香油。到大明三年二月八日,于蜀武担寺西,对其所造净名像前,焚身供养。刺史张悦躬出临视,道俗侨旧,观者倾邑。行云结盖,苦雨悲零。俄而,晴景开明,天色澄净,见一物如龙,从积升天,时年二十三。天水太守裴方明为收设利起塔。

郫筒僧生

僧生,郫县袁氏子。少龄出家,以苦行致称。成都宋丰等请住三贤寺。诵《法华经》为业。③ 尝于山中诵经,有虎来蹲其前,诵竟乃去。后每至讽咏,辄见左右四人为侍卫。年虽衰老,而翘

---

① 赡养:《高僧传》卷第十一《释法琳》作"安养"。
② 家世业儒:《高僧传》卷第十二《释僧庆》作"事五斗米道"。
③ 《高僧传》卷第十二《释僧生》该句作:"诵《法华》,习禅定。"

勤弥厉。后微疾，便语侍僧云："吾将去矣①。"遂怡然取疾②。

铜梁显嵩

显嵩，西蜀重庆铜梁李氏子。饱参倦游，出世住巴川之宣密院，三十年迹不出闑。绍兴中，集众说偈曰："八十年中尝浩浩，宏开肆货摩尼宝。也无一个共商量，不是山僧收铺早。"言讫，端坐而逝。荼毗，舍利无算。时有净业和尚，石照文氏子。少业屠，有羊方乳二羔，将杀之。二羔衔其刀，跪伏于门，若乞母命。师感叹，弃家为僧。力参宗匠，忽大悟，作偈曰："昨日罗刹心，今朝菩萨面。罗刹与菩萨，不隔一条线。"③

名山禅惠

禅惠，名山人。家世业儒，屡举不第。元符间，郡守吕由诚见以僧敕戏之，遂弃儒从释。力参祖道，得大开悟。初住本邑天宁寺，出入必策马乘舆。诸耆宿言："以佛法贵乎苦行，固不宜乘舆马、服绮绣。"师答以偈曰："文殊驾狮子，普贤跨象王。新来一个佛，骑马也无妨。"凡所说法，机锋敏捷。有语录行世。④

---

① 《高僧传》卷第十二《释僧生》该处有"死后可为烧身"。
② 遂怡然取疾：《高僧传》卷第十二《释僧生》作"弟子依遗命"。
③ 此传见于《大明高僧传》卷第八《巴川宣密院沙门释显嵩传》（附净业）。
④ 此传见于《大明高僧传》卷第八《名山天宁寺沙门释禅惠传》。

涪陵宝崖

宝崖,涪陵人。幼寡言不嬉戏。弃家为僧,以布裹五指烧之。曰:"信佛如此可也。人以为风,何不治之?"答曰:"身在空耳,四大五肢复何有耶?"投火灭身,而心不坏。

石岩昆法师

石岩昆法师,江陵人,住涪州方广寺。家世业儒,累举不第,遂弃游释门。精严戒律,澄心禅观。虽探赜大乘诸部,而专事缄默。临终预知时至,集众说偈曰:"幻躯因妄动,藏法为伊演。有念有形迁,无心无垢染。尘尘尽法身,刹刹皆天眼。来去等空华,死生谁宛转?"言讫,端坐而逝。世寿六十有九,腊二十八夏。

天竺阿世多尊者

唐阿世多尊者,天竺人。唐时入中国,止灌口灵崖山。常令白牛下山,募粮取水。神异变幻甚多。今灵崖有石刻像存。

资县道慧大师

道慧,资县人。与德阳令樊鼎遇,为方外交。万历癸丑夏,樊病甚，因亢日梦帝，命作桐柏山神，以书问之。师谓之曰："诸业由心造，诸果由心证，帝命由心改，公平日见地，怎么生于此着念？"樊又问："病痛甚奈何？"师曰："提起主人公。"樊问："谁为主？"师曰："觉痛者是。"樊曰："四大解散，痛亦不知，谁为觉者？"师曰："觉原无痛，痛亦非知；知觉无痛，痛痛即离。岂待四大解散？若必解散，如何有呼痛求针之鬼？觉体无边际，四大浮沤耳。"樊大有省。

崇庆州明采

明采，崇庆州人。少度为僧。及长，精止观法门。不立文字。万历四十五年，示寂。其夜，僧徒百许人见有紫气投西南而去。有偈云："念灭灭亦灭，更有何不灭？本来原无说，皎月当空彻。"

汉州明本大师

明本，汉州人。少依于姊丈高晟家，伐薪执爨。一日，山中载薪回，驴不行，怒砍其耳，血流被地。心即悔悟，遂祝发为僧。入什邡高山寺有年，功行极苦。坐化之日，人有朝銮华山来者，见本只履入山，云："失一履于禅榻下，可令吾徒寄送。"见者至，方知其已化矣。

香水空庵大师

空庵，彰明县香水寺僧。得悟禅宗。每岁买药以济病者，以谷粟饲鸟，至千百下食环集肩背。善吟咏，有语录行世。百有余岁，方坐化。

华阳德爱大师

德爱，号印心，华阳人。生而失恃怙。乳媪不饮茹酒荤，方咽乳。七岁出家，聪慧好道。通儒佛，兼知医，历阅山水，遇病辄施药救之。壬子岁荒，饭僧及流民，获济者众。晚年归刹止观栖禅。乙卯十二月，忽示徒众曰："吾于十四日，复归造化。"至期，西向说偈而终。鼻下双珠尺余，面色如生。茶毗夜，西上红光，竟夕不散。有徒克绍宗风。大中丞吴公，题曰"莲华净域"。

百花万竹大师

万竹讲师，名绍乾，号一清。性恬淡笃学。向峨岭雪岩葺茅茨，仅可容膝，茹菜三年，神气和畅。还成都，与道友犀泉结庐百花潭上，直究心宗，更号万竹。一日，幡然若醒，向道甚力。遂入南都讲肆，听法者如市。复挂席五台，刺血研金，书《法华经》九载。旋入燕京，栖普贤庵，刊行《弥陀笺注》，日讲诸经。陈、李二圣母遥授紫衣敬礼之。时鹫峰寺有栴檀像，人皆莫知其源。师一见，识之曰："乃世尊天宫为母说法时，优填王思之刻像。既成，上升虚空。佛即摩顶记云：'千年后当往震旦，利益有缘。'故今千年，像自出现。"后还蜀，卓锡浣花。都门绅衿赠送诗章，太史黄公、刘公皆有诗送，见《续补艺文》。师既归里，有绅何观察及士大夫日与谈宗门中事。蜀王施木，构讲堂于浣花溪之侧。一日，登堂集众，端坐而逝。

华阳妙琴法师

妙琴，字无弦，华阳人。母高氏有娠，每见异像，生而姿貌奇古。内外典籍，过目成诵，善诗工书画。或得其篇章者，珍重如宝。后入楚，以画牛得名，俗称牛和尚。返蜀，住草堂。构室桤东，有梅萼千株，画梅入妙，自号梅屋老人。学宪五岳陈公。嘉而重之，遂与学琴赓咏。万历九年，趺坐，道偈而终。

安县雪庵大师

雪庵乐静大师，安县谭氏子。嘉靖壬辰，祝发，南参。还蜀，嗣海藏。住道峰院，静修悟真。万历十一年元旦，索笔书偈曰："只此沤泡幻影，相随六十余年。横眠三界刹那，无处颠倒人间。皎然空花影绝，见闻寂寂虚闲。问取雪庵面目，处处绿水青山。"书毕，跏趺而逝。

九峰无遐大师

无遐,不知何许人,居九峰山绝顶修行。时往来村落中,见村民马忠女甫周岁有病,以破布缯饵之,立愈。又曰:"此女当贵。"后适庠生赵之辛,果封恭人。常至县诣边氏家。一徒羡其侈丽,曰:"汝栾之,何不遂来?"后三日,徒死。边氏举一子,哭不食乳。师往探,摩其顶,曰:"既来何须哭耶?"子遂辍哭。一日,语弟子曰:"吾将逝矣,可为我治斋,邀诸山一别。"诸僧至陪。斋毕,一笑而逝。

荣昌真容大师

真容,荣昌徐氏子。自幼诣观音寺,礼佛守剃发。受戒后,卒。便生于壁山魏伯禄家。年十七,不能言。一日,谓其家曰:"吾生前乃观音寺僧,今当还寺。"寻往,僧徒参见,即知其名。随令取原收舍利古画,次第拜其父祖坟墓,乃谭生前,事皆不爽。众往谒者,意之诚否,悉皆先知。邑令周俊秘使人往观,师先夜令徒一人具茶往候于途,人皆异之,号为神僧。后无恙,跏趺而化。

豫章实相大师

实相,豫章人。万历壬辰,卓锡广元之雪峰。解文字。时游戏诗画、诸经典籍，翻刻七百则，公案、评唱若干卷，达官士人多采藏焉。临终种种异瑞，太史黄辉为作塔铭。

昭化晓宗大师

晓宗，昭化僧。南游三十余年。万历丙申，归居县之梵天院。跪诵《法华》，禁步不出五载。后结室于人头山麓。戊午秋，集缁素，告以将别。众以为他往，恳留之。曰："未也。"嗣当辞谢。兹山狼虎纵横，人不敢出户。是夜，诸人梦寐中俱闻叩门作谢声。待旦，往视，则跏趺逝矣，鼻垂玉箸至膝。众修塔以藏焉。

古城知慧菩萨

知慧菩萨，古城周晓师女。生而不食荤，喜诵经典。年十九，有问字者，慧辄自面壁经旬不起。尝绝粒，食柏叶。成化五年，辞父母，游至江利口白马寺经楼上，自焚香，结跏坐入灭。正历酷暑，无臭不朽，神显灵异。彼都人士遂以沙筑其身，装塑成像，号知慧菩萨。众皆争事之，灵异响应。

磻溪寺孤舟禅师[①]

孤舟禅师，不知何许人。万历初，至真安磻溪寺面壁数年。

---

① 禅师：《锦江禅灯目录》作"法师"。

一日，谓主僧曰："明日予逝矣，寺外二树将折。一折有声，即主僧长老；一折无声，即予也。"次日二树果折，说偈曰："勘破无无世界，了然何物心头。自性已归圆寂，清风明月自然。"端坐而逝。

三楚福湛法师

福湛，号天渊，楚人。居蓬溪智林。勤苦修行，解悟空寂，为时禅宗。所著有《天渊录》二卷。及卒，有偈云："七十七年一笑终，倒骑木马吼西风。我今脱壳飞腾去，明月清风一样同。"

遂宁了用法师

了用，号雪机，遂宁张氏子。少善应赴，偶闻有向上事，感悟。静坐数年，深有所得，印证于天渊和尚。尝作《山居诗》，有云："傍树修庵倚翠岑，烟霞缭绕白云嵚。愚痴自合栖泉壑，潦倒何妨论古今。怪石溪边涂去迹，浮岚岩下绝来痕。始因入道藏幽谷，截断攀援更莫寻。"年七十二卒，其日彩霞覆寺，人咸异之。

河西玄畅法师

玄畅，河西金城赵氏子。少时，家门为胡虏所灭，祸将及师。虏帅见师貌古清奇，而止之曰："此儿目光外射，非凡童也。"遂获免。后往凉州出家,本名慧智,遇玄高事为弟子。高每奇之,因改名玄畅,以表付嘱之旨。其后,虏房剪灭佛法,害诸沙门,唯师得脱。元嘉二十二年闰五月间①,发自平城。路由代郡上谷,东跨太行,北经幽冀,南转将至孟津,唯手把一束杨枝,一扼葱叶。房骑追逐,将欲及之,乃以杨枝击沙,陡然天暗,人马不能前进。有顷,沙息,骑已复至。于是投身河中,唯以葱叶内鼻孔中通气度水。于八月,达于扬州。

洞晓经律,深入禅要,占记吉凶靡不诚验,坟索子氏多所该涉。至于世技杂能,罕不毕备。初《华严》大部,文旨浩博,终古以来未有宣释。师乃竭思幽寻,提章比句,传讲无匹②。又善"三论",为学者之宗。宋文帝深加钦重,请为太子师。再三固让,弟子谓之曰:"法师方欲弘道济物,广宣名教。今帝王虚己相延,皇储蓄礼思敬。若道扬圣躬,则四海归德。今矫然高让,将非声闻耶?"师曰:"此可与智者说,难与俗人言也。"及太初事故,方知先觉。

自尔迁憩荆州,止长沙寺。时沙门功德直出《念佛三昧经》等,师刊正文字,辞旨婉切。又舒手出香,掌中流水,莫之测也。迄宋之季年,乃飞舟远举,乃适成都。初止大石寺,乃手画金刚密迹等十六神像。至昇明三年,又游西界,观瞩岷岭。乃于岷山郡北部广阳县界齐后山,遂有终焉之志。仍倚岩傍谷,结草为庵。弟子法期见神人乘马,着青衣绕山一匝,还示造塔之处。以齐建元元年四月二十三日终也。

---

① 间:《高僧传》卷第八《释玄畅》作"五月十七日"。
② 传讲无匹:《高僧传》卷第八《释玄畅》作"传讲迄今,畅其始也"。

平田普岸法师

普岸，汉东蔡氏子，得法于百丈。太和年中，谓众曰："吾山水之游未厌，诸人勿相留滞。天台赤城、道猷曾止，华顶石梁、智者降魔，将游之也。"自襄阳迤逦，从沃州天姥入天台西门，得平川谷中一大舍峰，名平田，结茅居之。① 未几，见虎乳子，瞪目视师。遂以杖按其头，曰："贫道闻，此山神仙窟宅、罗汉隐居，今欲寄此安禅，檀越勿相惊挠。"经宿，虎领子而去。癸丑，众力营构丈室，成平田院。示众："大道虚旷，惟一真心。善恶勿思，神清物表。随缘饮啄，更复何为？"

内江慧永法师

慧永，内江潘氏子。与慧远同师道安，相期结屋罗浮。及远为安所留，师乃先至浔阳。刺史陶范留憩庐山舍宅，为西林寺以居之，峰岭别立茅室。尝有一虎驯伏。入其室者辄闻异香，因号香谷。②

---

① 得平川谷中一大舍峰，名平田，结茅居之：《宋高僧传》卷第二十七《唐天台山福田寺普岸传》作"得平川谷中峰名大舍，号平田是也。观其山四舍郁翠，东西山石门而有三井龙潭。东入石桥圣寺，乃是绿身道猷尊者，结茅居此"。

② 此传当转录于《佛祖纲目》卷第二十五《支遁法师隐居剡》附慧永传。

怀州灵灿法师

怀州灵灿，远公之门人。禀性淳直，宽柔着称。游学邺，研蕴正理，深明《十地》《涅槃》，备经讲授。随远入关，十数之一也。住大兴善寺，因远公去世，众侣无依。开皇十七年，奉敕补次为众主。于净影寺，传扬故业，积经年稔。仁寿兴塔，降敕令送舍利于怀州之长寿寺。初建塔将下，感一雄雉集于函上，载飞载止，曾无惊惧。与授三归，便近人驰绕，似如听受，回头鼓舞，欣跃自娱。覆勘其形，实非其雉，乃彩凤也①。

楚琦大师②

楚琦，蜀人。笃信西方，因抵燕京，闻楼鼓声大彻。洪武初，三诏说法京都，皇情大悦。后筑室号西斋，一意净业。常见大莲华充满世界，弥陀在中，众圣围绕。将示寂，书偈曰："吾行矣。"人问："何往？"答曰："西方。"又问："西方有佛，东方无佛耶？"乃厉声一喝，泊然而逝。

峨山牟罗汉

牟罗汉，眉山人，名安。以厢公隶卒，如岷山。涉上清坂，

---

① 乃彩凤也：《续高僧传》卷第十《释灵璨》作"身具五采羽毛希世，以状奏闻，敕勘瑞图，云彩鸾也"。
② 楚琦：《锦江禅灯目录》作"楚奇"。

忽遇髯者，顾笑，曰："汝饥，何不食柏子耶？"摘子投其口。顾髯者，不复见矣，遂不火食。大雪埋室，庭有大瓮贮水，解衣就浴。江水暴涨，舟不可行，或戏指其笠，曰："乘此渡可乎？"师遂置笠水面，趺坐其上，乱流以济。人呼为牟罗汉耳。

江安印满法师

印满，大千江安人。初不知书，因读《观音经》有悟，遂能文。有僧云："及八角磨盘、七重行树，于室中渠演之。"曰："大道原空，八角磨盘何处转；本来非有，七重行树不须栽。"题水际观音阁："昙影一江，兜率院天凝水月；身香五分，婆罗门女散栴檀。"题忏筵："旋忏旋为，若是不为何用忏；非空非色，但凡有色总成空。"题佛殿："皇朝大一统，三教敷崇；天子寿万年，亿兆称颂。"僧舍云："补衲迎红日，开窗推白云。"题佛阁："白日住虚空，千古慧光弥宇宙；金身来净土，三乘蕊典遍河沙。"题文昌祠："半壁拱天心，开北极图书洞府；六星明斗上，应人间豪杰昌期。"开口皆佳句也。

圣寿院冲古大师

圣寿院僧冲古，主于诗。其挽光献太后云："昔补一天成大业，晚扶双日耀重离。"有诗五百余篇，题曰《锦屏集》。又僧推聪能诗，曾赋春阴云："好花分日少，闲草占春多。"亦佳句也。

成都承远法师

法师承远,始学于成都唐公。至荆州,进学于王泉真公,真公授师以衡山,乃为教魁,相从而化者众①。有弟子法照,初居庐山,由正定聚,梦趣安乐国。见蒙恶衣侍佛者,师问:"为何人?"②佛曰:"衡山承远也!"觉而见之,相肖,乃从而学,传教天下。法照在代宗时为国师,乃言其师有异德,天子南向而礼焉。度其道不可征,乃名其院额曰般舟道场,用尊其位。师始居山西南岩石窟,人馈之食则食,不馈则食土泥、茹草木。后策杖腾空,不知何往也。

裴氏鹦鹉

裴氏鹦鹉,成都尹韦皋记曰:"人有献鹦鹉者,河东裴氏谓:'此鸟名载梵经,智殊常类。'常狎而敬之。始告以六斋之禁,及午后非时、终夕不食;或教以持佛名号,仰首奋翼,若善承听。每清景永夜发和雅音,阿弥陀佛声声相续。一日,有憔悴容训养者,鸣磬而告之曰:'将去此而西归乎?'每一击磬一称佛,十击磬而十念成,敛翼委足掩然而绝。案释典:十念成,往生西方。'又云:'得佛惠者,殁有舍利。'遂命火焚之,得舍利十余粒。贞

---

① 相从而化者众:《佛祖统纪》卷第二十六《法师承远》作"人从而化者万计"。
② 《佛祖统纪》卷第二十六《法师承远》无"师问:'为何人?'"。

元十九年九月记。"①

成都僧诵法华经

成都有僧②，诵《法华经》甚功。一日，有山仆来请入溪，见跨溪一阁。仆入报，出谓僧曰："先生请师诵经。"诵至宝塔品，先生野服藜杖，两眉垂肩，揖入焚香而听③。设饭杞秌菊若甘露，觑一锾。仆送至中途，师问："先生何姓名？"仆曰："姓孙。"复于僧掌书"思邈"字。僧方嗟骇，仆忽不见。复回寻索三日，竟迷路。归视觑，乃金钱一百。由兹一膳，身轻无疾。《唐史》言百五十岁，野录请诵经时在国初，则又三百年矣。

九顶海通行僧

沙门海通，于嘉州大江之滨凿石为佛，高三百六十尺，覆以九层之阁，颜曰"凌云"。

梵僧西天三藏

梵僧西天三藏钵怛罗，至蜀，自言从摩伽陀国至益州，途经

---

① 此传当录自《佛祖统纪》卷第二十八《往生禽鱼传》。
② 《佛祖统纪》卷第三十九该句作"案《湘山野录》云：国初成都有僧"。
③ 揖入焚香而听：《佛祖统纪》卷第三十九作"焚香揖听"。

九万九千三百八十里,时建光天元年也①。三藏自言已二百七十岁。

成都光远法师

成都沙门光远,游西天,还,诣阙,进西天竺王子殁徒曩表、佛顶印及舍利,若干贝多叶、菩提树叶。诏三藏施护译其表,曰:"伏闻支那国有大天子,至圣至神,富贵自在。自惭福薄,无由朝谒,远蒙皇恩。赐金刚座、释迦如来袈裟一领,即已披挂供养。伏愿支那皇帝福慧圆满,寿命延长,一切有情度诸沉溺。谨以释迦舍利,附沙门光远以进。"②

明概法师表

明概法师表决对傅奕废佛僧事:"师闻三皇统天,五帝御寓。道含弘而远大,德普覆而平均。敷善教以训民,布慈心而育物。逮乎中古,其道弗亏。故汉武钦明,见善而弗及;显宗睿哲,体道而弗居。遂能纡屈尊仪,甘泉礼金人之瑞;翘想梦寐,德阳降铜像之征。于是秦景西游,越流沙而访道;摩腾东入,跨葱岭而传真。遂得化渐汉朝,寺兴白马之号;道流晋世,刹建青龙之名。其间盛写尊仪,竞崇寺塔,腾慧云于落仞,涌法水于穷源。"

---

① 时建光天元年也:《佛祖统纪》卷第四十二作"时蜀主王建,光天元年也"。
② 此表见于《佛祖统纪》卷第四十三。

文富万言。第略记耳。①

峨眉通天和尚

通天禅师,讳明彻,京兆同州潘氏子。嗣法于铁山禅师,乃临济二十五世孙也。吊影孤单,历半天下。后游峨眉,隙地为庵,名曰圆觉。兀坐终日,熊猿作伍,烟霞为邻。丁亥岁,神宗闻之,赐紫衣龙藏,颜曰"护国草庵寺"。迨辛丑十一月十二日,示微恙,书偈:"七十六年幻化身,东西南北苦劳生。今朝惹得虚空笑,大地原来不是尘。"塔全身于千佛顶。

洪椿坪得心和尚

得心律师,巴东人。因礼普贤,值大椿,憩于下。常修净业,昼夜六时弗间。日居月诸,云输霞委,忽成丛席,以树名曰"洪椿坪"也。劫运斯逢,秋毫无犯,两川共尊,实师之愿海渊弘矣。

木栋可尊法师

渝州木栋可尊古法师,持正严行,威德逼人。尝讲《法华》,至"唯佛与佛乃能知之",遂执卷,召众曰:"还知么?"众答不

---

① 此表见于《广弘明集》卷第十二。

恰。自代云："向下文长，付在来日。"因以两川称为义虎也。

内江澄江宗主

澄江宗主，内江复觉寺僧。三学该炼。唱提千七百则公案，如"青云吐月""精操玄文""似远客还乡""出入劫云中，匡徒剑戟里"。暮年，折一足，世称云门再来。后示寂于峨眉山塔标伏虎寺。世寿八十三，坐腊五十九夏。

蓬溪高原论师

辅慈沙门，高原昱蓬溪人。廿岁，犹粥粥然，似无能者。偶，友人激曰："终南山多异人，可往叩焉。"师至终南，寓窥基法师遗址，果值异人，授以《唯识论》，淬砺九载。后抵燕都，值肯堂王公论唯识义，师曰："大觉湛然，识于何生？佛智历然，识向何灭？若执唯识真实有者，遮唯识也。如是，则天亲不得已以有颂，护法等不得已以有论。"

师于万历辛亥，挂搭于江宁南屏。不得已操觚诠注，务显永明宗镜。摄性相以双圆，弥勒阐宗，依一真而摹相。心空识空，则三十为缀；识灭论灭，即九大焉依？本如吴公见以助喜，即捐金寿梓。师曰："乍寻兹义，文隋龃龉。竭思群经，穷研众论。支颐瞪目，振逸忘劳。更讯大方，渐通线径。"剞劂既就，海内强学，无不沾濡。密云悟和尚过南屏，师以稿示之。密阅数纸，批云"瘦狗过沙溪"，掷之而去。师回蓬溪青莲寺示寂焉。骨槠白如雪，坚石硬如钢。塔于本寺之蕊峰。世寿九十,坐六十四夏。

东山寺无为和尚

长寿东山寺无为律师,前身即本寺杨关主也,临终曰:"我二十年后再来。"遂将方丈锁封而逝。追廿载,缁素梦师祖回山。翌日,设香恭迎,见一僧年将二十,且笑且言曰:"吾来矣,汝等可将我封号开了。"便入方丈,坐谈往事,历历指陈,缁素莫不惊异。后又上山欠水,自往鹤游坪龙王洞,兀坐七日,募一小龙携回。入灭时,门弟子恐后龙难制伏,遂白师遣下山矣。师不善诗对。有涪郡冢宰夏公访师,因猫儿往过,夏即出对曰:"小小猫儿拖虎尾。"师应声对曰:"细细虾子带龙须。"其灵异聪利,不止如此。两川深慕其道德焉。

燃灯寺钧天大师

钧天,广乐内江石氏子。神清俊儒,戒月孤圆。尝题接引佛壁曰:"久立地等世上人,一齐同路;长伸手接娑婆客,打伙共行。"崇祯丙戌,闻闯寇陷宸京,而献贼亦叛蜀。携徒宗叵,遁迹于然灯寺之绝顶,不粒而终。寿七十二,塔于本山。

昭觉惟一大师

昭觉惟一真常禅师,未详法嗣。尝作牧牛颂曰:"峥嵘头角出常流，踏遍溪山得自由。一朝摸着牛儿鼻，牵向人间卖不休。"

江安辽阳大师

辽阳，三韩人。边镇之幼子也，以失守，问罪当在死数。父以钱赎之，得避俗为僧。精勤懔厉，苦行标节。不畜钱帛，随得随施。居江安土桥，恶染风疹。于康熙庚戌冬，密有烧身之意。尝自积薪高丈余，中开一龛，足容己身。弟子德法苦谏不从，倾囊设大施会讫，入龛自焚。遗命："碎骨和粉，弃江中。"遂遵之。后徒德玉南还，为师作忌。有云："持锹上法堂，为觅先师骨。先师临终时，分付鳖鱼腹。何哉要如斯，喜唱船子曲。咄！善渔父和实难齐，欸乃一声山水绿。"

禹门策眉尊宿

遵义禹门策眉禅师，黎氏子。幼为邮吏，而桂子兰孙，缁素百有余人。因甲乙之革，依本师丈雪和尚削染。金汤法社，敞建丛林。乙卯冬杪，过昭觉，省觐本师。行至渝州，偶问门徒："此去成都远近？"众曰："半月程。"师曰："只可半途。"命庄香遥礼毕，端坐而逝。世寿八十八，僧腊三十。塔于内江般若寺也。

讳号雷同传

两杨雄，两李膺，两王褒，两文与可。杨雄，成都人，作

《大元经》①者。汉王褒，资中人，作《贤臣颂》者。晋李膺，涪城人，作《益州记》者。汉李膺，为益州太守。《寰宇记》云："城西三里有李膺宅。"后周王褒，同庾信从益州赵王出镇之蜀，褒有奉贺诗。杨雄持节入蜀，迎梁主萧岿者。文与可，盐亭人，与东坡先生同时，善写竹。已上皆宦游人也。今涪州有文姓者，亦号与可，深可慨叹。

宋孙明复曰："《太铉》一书，乃明天人始终之理，君臣上下之分，盖疾莽而作也。"王介甫②诸家以年数考之，谓子云："与莽不相及，上符命投阁。"恐系谷子云事。凿凿有据，是何人忍于污蔑贤者于史中？③

攀高传

凡别名更号，万不可犯。前辈如憨山老人，时人喜憨字，效而称之——憨松、憨石、憨月、憨浪。本师破老人，时人亦效而喜焉——破浪、破雪、破峰、破石。牧云叔住尝④熟县破山寺拈古内谓："破山则不然，末学聆之，疑翳载胸。"又如木陈、浮石，亦先辈号也，《高僧传》备具。苍颉造字如河沙，何故笃羡此音之美？如天皇、天王两道悟参错，费尽后昆脚手。

---

① 《大元经》："元"当为"玄"，即《太玄经》。
② 王介甫：即王安石（1021~1086）。
③ 该段当录自明曹学佺所撰《蜀中广记》卷一百一。
④ 尝：当为"常"，即今江苏常熟市。

后 跋

昔如来在世，预以末法，嘱累帝释及诸国王，良由天力可摧万邪，王威可率兆庶，而遗法付嘱者，意在仗庇流通。以四众之微弱，恐三宝之废毁，藉王者之威力，令有不肖者寝其纰紊，助大猷以维新，扇皇风以遐畅，所以历朝地主、公卿、士庶一聆分卫，无不倾心呵护也。故众生非佛法不能自度，佛法非众生不能弘宣。

佛又自记嘱累流通，惓惓有以，知世尊慈悲法施。设使无量国土有一人不闻是法者，未满如来本怀。今吾南洲有一伙男子，颇称猛利，一聆玄诲，即竖起眉毛，彻悟根源，真常独露，语嘿动静为天下法，斯乃折芦导世之徒也。又有一类操白业底，足迹遍天下，诗名满世间，便谓已证已得。从而，呵佛骂祖，放旷无检，声色货利，居然常人而高谈阔论。明欺一世，岂欺世乎？乃自欺也。又有一种，洋洋焉形影相吊，言于未来乃静极光通，神清可挹，俗之所谓神僧者，此也。又有一般操黑业人，钝根乐小法，不自信作佛。

仁者，彼既丈夫我亦尔！怯弱于谁？此一放过，不知打向何方何道里去！且目击耳闻同窗之辈，多少英俊精灵剥尽，惶惶焉，又一生了。观古之尊宿几十年点胸自许后，为明眼人煅炼方始省悟。及其悟后，奉戒愈精，检过愈密，甚至向折脚铛下，入山磨炼真去就，岂非识法者惧？

　　迩来学者，顺则喜，逆则悲，皆大法不明之咎。故宋受子罕之言，囚于墨翟；鲁信季孙之说，逐于尼丘。二子之贤，弗能自保，况蠢蠢之徒耶？爰佛法弘化，贵乎时节因缘。缘与时违，化将焉托？且巴蜀未蔡，何缘千年九易，土石俱焦。

　　闻昔染指法味时，即有稗官野史之志。自戊午入蜀省勤，恨兵戈扰攘，典籍荡废，而有无征不信之失。本师于己酉秋，遂发大藏，考验传灯，取其师承有据者笔之，不敢以影响参合疑误后人，颜其名曰"锦江禅灯"。越己未七旬大年，虽老且病，未尝不手披目阅，以订其讹。

　　闻等幸集康衢，忝序班首。劝诸同志，悟自本心，见自本性，受用自家境界。为大导师，作人天眼。于此三有大城，随机应化；令彼十二类生，与我无异。

则住荆楚弘山崇慧寺彻聱谨跋